口相唇型集

李英才

圓方出版社

李英才，廣東電白縣人，沉醉術數，雅好琴箏，自稱「相琴兩癡」。一九八四年開始在社區設班公開教授掌相學及風水學，學生人數為全港之冠。所辦課程，相理、心理、哲理、情理共冶一爐，課堂上生動活潑，為全港唯一一位最專業而細緻、實例最多的術數老師，並為傳媒爭相報道。

英才與恩師黎峰華情同父子

2017丁酉年接印大會
靜觀步堂（第六代）掌門傳位
黎峰華 博士主持

2017丁酉年接印大會
靜觀步堂（第六代）掌門傳位
黎峰華 博士主持

2017丁酉年接印大會
靜觀步堂（第六代）掌門傳位

2017丁酉年接印大會
靜觀步堂（第六代）掌門傳位
黎峰華 博士主持

KAN AND SERMAN

序一——烏隨鸞鳳飛騰遠

自小對醫、卜、星、相、山等玄學術數有着濃厚興趣的我，但因害怕跟錯師傅後難以糾正錯誤，所以一直遲遲未敢亂學。我認為，正確的術數一定要從基礎學起，更需要良師親授才能得到真正的學問知識。幸運地，在機緣巧合之下，我得遇恩師李英才師傅有謂「入門引路需口授，功夫無息法自修」。在他悉心教導下，將相學傳授給我，使我培養了相學的根基和處世之道。

二〇〇八年六月二十五日，是兩年半的手相課程的第一堂，由那時開始，轉眼間已經大約有十四年光景了。直至現在，我仍然跟着李英才師傅習相學，因為相包含的範圍非常之廣闊。

以手相學為例，掌型有西方七別掌、中國五行掌而組合五百個變化之外，八卦宮位、西洋星丘、十四區界別、指甲指型分類、五大主紋、五十六條雜線和極少流傳的十四條靈異線；而手掌的軟硬、皮質粗幼、紋狀氣色、溫度冷熱、手背厚薄、掌心變化、骨節形態及手相的十四骨級別，令我如夢初醒下啟蒙恩師對手相的深入研究。

面相基本有十大面型，相格七十二另有二十飛禽三十走獸。凡人論相可由耳朵、前額、印堂、眉毛、眼睛、顴相、鼻子、法令、人中、嘴巴、面頰、面頤、腮旁、面頷和面頦，再仔細分的還有十三部位，內含二百六十七個部位，且互相扣連，從而得知面相內的精密程度是如何分佈。過去的古籍雖然有所記錄，但在課堂上一而再反覆實例辯證，確令我茅塞頓開，有如返回古代一刻去見證千年相法的精要。

內相有分肩、膊、臂、腰、背、腹、臍、胸、臀、股肱、腿膝、肌肉、頸項、頭型、谷道、恥毛、骨節、相乳、下部、囊莖、陰部、膚質氣色及五行骨骼。

動相可分行相、坐相、食相、臥相、哭相、笑相情態相及微動作。

眼神是人類最複雜的器官，它變化不定其蘊藏着每個人的本性，感情生活，運氣好壞，希望將來，才智能力，人生經歷，心中所恃，心有所忌和承擔能力。尤其曾在課堂上見證到十種陰陽眼的實例相法，簡直匪夷所思，實不由我不相信李師傅的精湛相術，坊間能做到這一點的，應該是絕無僅有。

氣分為呂氣和律氣，氣在皮內有五種；氣出於四穴而現於四門；色在皮外有十二色；而氣色則有五層三色。

開口為聲，閉口成音，包含起承轉合抑揚頓挫，聲音有男聲女聲之分，亦有金、木、水、火、土五行之聲，聲音亦可相人於無形，最高境界只聽一音而斷人的名、利、權、色、妻、財、子、祿、貴賤和榮枯。

以上是我十四年來所學所歸納的概括，未能詳盡於此，因為每一個都可成獨立專科題目。

我的職業要求我凡事都以事實作真相。李師傅與坊間師傅的不同之處在於，只要有人、有實相，便樂意接受挑戰，以真人對答印證真假，讓台下學員見識到有品、無品、劣品或存心留難的人性場面的撕裂。十多年見盡李師傅循循善誘下改變挑戰者的態度；當然，也有一些冥頑不靈、死不認錯的例子。百種人生百種相的實證，正正就是無數師兄姐們留在課室以十年計的理由。

現今社交媒體發達，術數界很多自稱大師的人都喜歡在網絡上自圓其說，往往只以一張照片或一雙油墨掌印作示範，在完全缺乏實證的情況下，便說掌印主人是富豪高官、是總統元首，全憑其當年提點才有今天成就，這一點確令我深深明白擇師學藝的重要性。

這十多年學習途中，在台下親身見證無數實例嘉賓演繹，印象最深刻的一次是，多年前有一名姓梁的中年男士，面無四兩肉且眉疏薄弱，雙腳帶殘障但滿臉色慾，因看過恩師著作《千眉譜》，透過關係而上台挑戰恩師學問。

梁性男士在台上劈頭一句就問《千眉譜》哪有一千眉相？世上哪有一千種眉形存在？態度極為囂張無品。但恩師語帶幽默、面帶笑容回答：「《神相全篇》何曾提及神怪之說？《神相水鏡集》又何曾提過用水用鏡來觀相？《三命通會》也不見得只論三命！閣下要執拗書名用字，似乎有強詞奪理之嫌？」當刻梁性男士啞口無言，及後更被恩師據此人面相直斥其藉身份騙財騙色，才導致雙腳殘缺，但此男至今仍死性不改，持續作惡。

台上一問一答間的張力，已經超越了相學修為的多少，而是具備膽色與義理。恩師不僅在課堂上如是，在公開大型講座如是，在公眾社區教學也如是，甚至在網台相學節目中同樣是實證實話地道出真相，所不同者在於不同人用不同態度。這份歷煉、膽色和氣度，我敢說在坊間師傅中是絕無僅有，猶記得梁性男士最後帶着佩服的眼神羞愧地離開。

此外，李師傅不遺餘力地經常給予弟子們實習的機會。我第一次參與的活動是二〇〇八年九月的屯門公園中秋彩燈晚會，三個月學習期的我幸運地坐在陳雪卿師姐旁邊，看着她自信地講述每個人相中的問題，然後再教他們怎麼處理，茫然的我還很稚嫩，但師姐的身教為我啟蒙。

最難忘的是，二〇一一年九月澳門旅遊從業員協會邀請李英才師傅在澳門金碧文娛中心開「面授玄機」講座，師傅亦爭取到十六位學員跟隨他同往，我幸運地是其中之一。當日乘船到達碼頭後，眾人被邀到酒樓午膳，學員們一席，另一席李師傅與其他人同桌，其中有一遲來的人開口：「師傅講我的唔好嘢！」此人的傲氣漸漸地被師傅收服了，不停點頭稱是，席間李師傅根本未能完全享用美食，他的時間都用來滿足席上每一位人士。講座之後，就是幫街坊看相，一班師兄師姐們都各展所能，在眾人意猶未盡的情況下結束活動。晚上自助餐時間，本以為可以大飽口腹的，突然主辦單位帶來兩位女士在師傅跟前寒暄，心痛師傅為了我們連吃東西的時間也被佔用了，我唯一可做的就是把食物放在他的碟上，希望他不要捱餓，真是難為了師傅。回程途中，大家都互相交流當日所遇到的相，這次經驗令我突然茅塞頓開。以下是我的親身經歷：

例一：外子的同事剛結婚一年左右，新春時到敝舍相聚閒話間，要求我為她印手掌。她的生命線短而弱，表示其本身體質差，容易疲倦，做事有力不從心的感覺；智慧線長度適中，但全掌紋淺薄，這是一個非常敏感的人。感情線紋亂有島，線尾走向食指和中指之間，又出現金星帶，掌邊直而無肉，新婚夫妻未能靈慾一致，追求浪漫的她，對愛情又缺乏信心，每有不快事只放在心中從不向人吐露半點。於是我叫她跟丈夫多溝通，說出問題一同解決，並且找中醫調理身體。翌年再印掌時，發現金星帶消失了，掌厚有肉，掌邊呈弧度，代表胸襟寬了；原來她聽從我的建議，夫妻關係變得親密，精神健康良好，現在生活美滿。

例二：居於內地的亞芬在某天放工後，帶同兒子釗仔從佛山乘車到香港找我幫忙。釗仔甲字面型，額斜眉濃兼眉骨高，鼻高顴低，承漿有痣，我便叫他切勿替人做擔保，勿飲酒，否則會誤事。他一臉疑惑地望向其母，他的眼神好像是我已經知道一切似的，實則我只是依相直說而已。原來事情已經發生了，釗仔的朋友借錢找他做擔保後失蹤，貸款公司追他代還債款二十多萬元，父母把房子賣了才能還清。釗仔終日游手好閒，跟一班朋友飲酒娛樂導致撞車受傷。於是我詳細分析其相令他了解自己更多，他喜歡烹飪，我叫向這方面發展。不久，亞芬來電說釗仔已變得勤力積極做事，他開檔賣牛雜，食物得到客人讚賞，好有成功感和開心。

例三：侄兒夫婦來香港旅遊，我招待他們。侄媳麗貞身形瘦削，沉默寡歡，我與她閒聊之間知悉其丈夫大男人性格又我行我素難相處。她的命門削，面頰薄，鼻翼見高低，夫妻間難有共識；她有兩個女兒，害怕離婚後會影響她們成長，我建議她發掘丈夫的優點來欣賞，包容他的自我性格，意見不同時立即離開現場讓雙方冷靜，這樣才不會傷害感情；另外就是多花時間培育女兒。十年後，我應邀參加她女兒的婚宴，我完全認不到她的樣貌，跟從前判若二人，整天笑容滿面，頰頤腮都飽滿有肉，全屋充滿歡樂氣氛，我心中暗喜，原來人的變化可以這麼大。

習相只為興趣，沒想到還可助人打破人與人之間的隔膜和建立互信，作為一座溝通的橋樑，從而使一個人或家庭的關係變得更好。亦可以幫助有緣人改變其人生價值觀，從而知命樂命，盡享人生。人在成長中不停地變，相也跟隨着心而變，而口和地閣可以說是每個人的成績表，變化愈大差別也愈大，這就是相的魅力。

師傅更將其知識和經驗歸納為十二道直覺相法和八大區域學習力量相法傳授給學生，這種薪火相傳的精神，實在值得弟子敬仰。，願更多有緣人能跟隨恩師學習，同增榮焉。

弟子 **何淑玲** 壬寅年仲春

序二——人生教室的老師

常言道：人生是一趟旅程。而我旅程的其中一站，就是在出版社擔任終日埋首書稿的玄學書編輯。這一站，說長不長，說短不短，近八年的時間，讓我這個初踏社會的「新鮮人」，開拓了全新的宇宙景觀，以及解讀世界的不同維度。從前對玄學的認知，只有「生肖運程」和「十二星座」，幸得老天的奇妙安排，讓我每天可以肆意在作者的筆耕成果中，重溯先哲的智慧，細讀後學的精髓。而就在這一站，我遇到了人生的良師益友——李英才師傅。

說來奇怪，術數五花八門，百花齊放，但我卻對「面相」心有獨鍾。英才師傅在術數界中，一直以掌面相居首，於是在好奇心的驅使下，我從出版社的「合作夥伴」，變成師傅課室的「新學生」。人家說：「一入豪門深似海」，我卻是「一入師門深似海」。誰會想到，一個相學特徵的背後，竟然隱藏着多重訊息？以「面起重城」為例，就透露了五個特性：（一）魄力異於常人；（二）決斷能力甚強；（三）野心大，欲望強；（四）四十五歲後運轉乾坤，機會往往接二連三；（五）此相為十八富相中，其中一種最常見的富相，以「面起重城」的肥瘦厚薄，再斷級數之高低。

又例如坊間鮮有傳授的「十三部位」相法，其將人臉劃分為二百六十七個不同的相學特徵，初學者欲在縱橫交織的部位中，領悟古人傳承的氣色根由和特質，恐怕茫無頭緒，有如瞎子摸象。但這套相法經過英才師傅的抽絲剝繭後，隨

即脈絡分明，有理有致，讓習相者得以順藤摸瓜，一窺端倪。説到師傅的「拿手絕活」，當然還有相學中最重要的其中一環——「氣色」。多年至今，這一直都令同門們嘖嘖稱奇，趨之若鶩。師傅論相之神妙，在於只需一秒的目測，就能仔細分析一種氣色下的五個不同層面，並以「一層三色」再作注解，其中所摻雜「氣與氣」、「色與色」以及「氣色與精氣神和當事人意慾的關係」，實需無比的剔透。坐在課室裏頭，看着師傅總是從容地「秒看秒答」，如數家珍地道盡眼前人的妻財子祿，並在談笑風生中善意點化，着實難能可貴。

除了面相外，內相「腰臍腹背」，動相「行坐臥笑」，以及聲音「宮商角徵羽」都讓人一開眼界。猶記得在「聲相」課程中，師傅只以一句手機的語音訊息，就道盡「説話者」的性格和際遇，簡直突破了「觀相知人」的傳統想像。而最令人難以置信的是，英才師傅竟然可以從一句話語，判斷其人的婚姻成敗關鍵和次數。

跟大家當下拿在手上的這本書一樣，英才師傅對每一個相學部位，總是解讀得那麼淋漓盡致，精闢獨到。如果説，洋洋灑灑、層次分明是他教學和著書風格，那麼以現場實例解讀相學和人生，助人破繭成蝶，就是我最欣賞的授學作風。英才師傅常言：「我輩中人，應以人心為主，而非功利為先，富貴理應要取，但仍要取之有道」。

佛曰：「人身難得」。人生匆匆數十寒暑，為的就是自我進步和超越。相學就有如一部解讀人類性格、思維、心性、禍福的大辭典，而師傅就憑藉個人對相學的觸覺與感悟，將相書裏頭平面的條目，全部活化起來。先有性格，後有命運，在業力的驅使下，如果沒有對當下深刻的覺知，大多數人或許只能日復日地重複相同的生命軌迹，走着迂迴又不明所以的道路。而英才師傅説相，總能為人開拓另一種生命的可能性，擴展我們看待生活和事物的角度。「知命造運」和「我命由我不由天」的智慧，總在師傅的教學和著作中貫徹始終。

七年的編輯生涯中，確看過不少匪夷所思、抄襲冒名的文章，當然因職責所在，都一一婉拒於門外，不予置評。

跟隨恩師習相多年，也曾在課堂遇見同類事情，可供分享。話說某天，一位師兄在課前拿着一本多年前出版的手相書籍給恩師查閱，書名依稀記得是《實例手相學》，出版日期為一九九六年，眾師兄弟亦爭相查看；但恩師只看一眼便微笑點頭道：「『一書兩印』非吾道所為，抄襲他人注解更非君子之道。」眾人不明所以，連忙追問，恩師才說出原來此書作者曾將書中內容重複翻印，換了封面和題目，作為另一本新書出版，當年在術數界曾被人齒冷，作者從此藏身在鬧市中的寺廟內作廟祝，以欺騙求神問卜的婦孺維生。恩師還言，該書內容空洞且抄襲前人，東拼西湊，至今事隔多年，以為讀者健忘，現在死灰復燃，重操故技，在網絡上自稱大師。

在以往的工作經驗中，有不少類似的情況出現，基於專業守則，將稿件統統拒諸門外便不了了之。當刻親耳聽恩師所言，便明白樹大有枯枝的道理，這亦是師傅常在堂上呵斥台下弟子，對學問要真心、真誠和真意，這樣才能得到後學尊重，這一點至今難忘。

猶記得當年恩師所著的《千眉譜》一書，出版之後曾以無數的實例或堂上同學的眉相互為印證，詳細分析書中六十五項不同眉相的結構，讓我們明白「實相」的重要性。恩師更時時刻刻提醒我們，不要虛言妄語和譁眾取寵去將千年傳承的玄學學問變成街頭的無賴小丑伎倆；恩師更不時慨嘆地說，現在的後輩竟將小說角色：甚麼「張無忌」、甚麼「張翠山」的人物說為屬於某個日元、某個八字。坊間有些無恥之徒更以已過世的名人合照甚至是電腦合成照，說成兩人關係密切，名人經其提點才得以成功及飛黃騰達，自誇自讚，以此抬高個人身價。恩師教誨我們這是下三流的小人行為，至今事隔多年，我仍不忘此番警誡規條。

多年見證恩師演繹其著作中所記錄的相學資料，如六十五項眉相形態、七十四項眼相格局、六十一項鼻相種類和二十項顴骨特徵，真的不由台下的我們不信。實相實例的現場分析，單純以一個五官部位也可以論其妻財子祿。恩師更不時以真人當刻的精氣神變化推上更高層面解釋禍福吉凶的真相，敢言敢話，敢判敢説，全部真人講解傳授；就算在社區工聯會教授廉價課程，也絕不藏私地傳藝予人，試問坊間有多少相學家能有如此氣度和膽量？須知公開辨證等同將榮辱轉移給當事人，人心險詐或故意刁難，足以令任何師傅即時無地自容或窮圖匕現。

台上實例是我最喜歡的環節，有一次令我特別印象深刻，一名自稱真聖大師登門挑戰恩師，態度十分惡劣，聲聲説恩師判錯其相，經師傅再三印證，最後無地自容，承認有心刁難恩師。在整個過程中，恩師從容自在、處變不驚地應對他的無禮，將他以往一幕幕騙財騙色的行為往事一一道出，但語氣溫柔，台下的我確實膽戰心驚，卻又回味無窮，箇中滋味至今仍覺興奮有趣。

恩師説得好，壞人壞相不難看，但要使一個既壞且差的人佩服並修正他的思想，除了要具備豐富的相學知識之外，還需要膽色和義理，缺一不可。面對真聖「大師」這類人，我可能會選擇不予理會，但看恩師步步進逼、句句實證的氣場，確實令我大開眼界。老實説，坊間確實缺乏有膽色、有義理立場的師傅，還要直斥其非，以實例對質，最終使對方心悦誠服地受教。難怪恩師的膽色比知識更令眾師兄弟妹衷心敬佩，是以甘心追隨多年。

由於生活的變化，我暫別了最珍視的「人生教室」。還幸英才師傅孜孜不怠，心懷開豁，傾十餘年的心血，將經驗和心法蒸餾成書，讓我得以再次憑藉這部《口相唇型集》，和相學緣牽一線。願每一位遇到這本書的有緣人，都能找到探索和改變人生的叩門磚，窺見自身的潛能和可能性，在生命的每一章、每一站，譜寫意想不到的圓滿句點；也期待英才師傅未來出版更多優秀的作品，一紙風行，讓後學得以以古鑑今，傳承歷代人的心血和智慧結晶。

弟子 **吳惠芳** 壬寅年春

序三——涼亭

所謂相由心生，小至相貌家宅，大至生肖節氣，皆與相學息息相關。人冥冥的一生中，都由無數的因果串連而成。相學，正可以把一切聯繫起來，以微妙的方式呈現於人的眼前。自我學習相學十數載以來，我亦把師傅的教導銘記於心。其中以「過去之事以口量之，未來之事以眼觀之」最為深刻。於我而言，人一生的起伏、機遇都是與心態有關。常言道：「心態決定境界」。一個人的性格、看待事物的觀點皆判定了自己將來的命運。因此，良好的心態正決定了璀璨的人生及人生的高度。

或許，很多人認為學習相學只為了演算自己的命運，何時可以加官晉爵、飛黃騰達、締結良緣。但是，相學對人的意義並不應在此。相學該是讓人學會「知己知彼」，當中以「知己」尤為重要。生而為人，最重要是認識自己，明白一己之長短。將長處潛能加以發掘發展，把缺點短處繼而改進克服，方才是人生和相學的真諦。

「以生命影響生命」是我作為一名教育工作者的目標。而我這位恩師—李英才師傅，正正以他的生命影響了我的生命，令我們對相學有更深刻的了解。

與師傅相識十數載，他常以課室譬喻為涼亭。的確，人生就如深林一般，被薄霧籠罩，充滿各種迷惘和未知。涼亭，只是旅程中的其中一站，總是人來人往。學生或許只是涼亭的過客，學會師傅傳授的經驗知識。「師者，傳道、授業、解惑也」，師傅就如這山林中的指路人，協助我們解決生命的難題。有些人來到涼亭，或是充滿喜悅的，可以在奔波的旅途中稍作停留，反思以往的路。同時，這位指路人亦提醒了我們即使是滿懷喜悅，亦要當心迷霧中的危機四伏。當人生旅途走得疲憊沮喪時，這位指路人或許會點出一條新的出路，讓我們在徬徨之中找到人生的方向。「授人以魚不如授人以漁」，師傅不僅是為我們指了一條明道，更教曉我們當未來遇到同樣的分岔路時該當如何，令我們一生受用。

作為一位科研工作者，我深明數字的真確程度、實驗的手法、科學假設的理論是科學中必不可少的。科學亦是以數字、理據所推算的結論。於我而言，相學與其大相逕庭。相學就如一種「立體的科學」，讓人直觀便可知道眼前人的過去、現在、未來。它更是蘊含了中華文明，就如屹立中華文明五千載的統計學。可是，相學甚至比科學更為複雜。看到不同人的面部特徵、顏色，便如閱讀他們的人生故事，了解他們的過去和背景。在涼亭的莘莘學子中，各人相貌各異，複雜性高；需要讀懂他們背後的故事並非易事。因此，師傅這位指路人定有豐富的人生閱歷、經驗，方可為各人引燈指路。

我的專業是科研，只有實證、實例才能說服我相信學問的存在。在互聯絡世界中，我曾看過一些自稱全港十八大名師的相學大師，不停地夫子自道自誇自抬自身的相學經驗，吹噓哪個高官是他的客人，哪個富豪的成功是由他提點所賜，全無根據或證據；更奇怪的是，有些術數師傅竟以小說中虛擬人物作例子，以「張無忌」的故事背景來推算他應該是「甲子」日元，之後繼續誇其談，認為已能配合前文後理，解說圓滿，實在令人齒冷！

追隨恩師多年，我從未聽他提過或談及曾為甚麼大官貴族看相，反而在課堂上卻親眼見過一些身份顯赫或位高權重的學員及實例嘉賓。十多年的相處，恩師的踏實、恩師的謙遜確令我五體投地。學問不是自誇自擂而得之，而是像恩師一樣，一步一腳印、一本又一本的專題著作累積而來。現在互聯網資訊發達，師傅是少數仍能堅持一字一行著書之相學家，這正正是我對恩師衷心敬佩的原因。

《口相唇型集》以口相為主。口，採食官也，亦是下庭中重要的部分。所謂「病從口入、禍從口出」，口亦是病、禍之源。所以，它的形態、顏色均關係到肺、胃、呼吸系統的健康，更說明了待人的態度和對口腹之慾的追求。下庭中的「頰、頤、腮、頷、頦」亦是其要領，說明了晚年的福氣、心態和狀況。它，就如人營役一生的結果和走向，刻劃了我們走到崎嶇山路終點前的最後一段。

我與師傅一樣從事教育工作。雖說皆是春風化雨，但對學生的影響或許截然不同。我只是憑藉書本知識、道理加以傳授。當學生長大，書本知識自會隨時間冉冉淡忘。可是，師傅不但是教授面相箇中的道理，更以人生、觀人經驗而談。這些經驗、故事只會令人烙印於心，愈發深刻，影響自然更為深遠。

師傅執教數十年，桃李滿門。時光荏苒，經過涼亭的人不少，師傅所影響的人亦愈來愈多。人數之廣，影響之深，亦非他人可以攀比。作為師傅的一個門生，我也一直停駐在這個涼亭中。而我們的師傅也一直如其名一般，繼續作育英才，作為各人的指路人。

弟子 **林樑旭 博士** 壬寅年春

自序——非物自外至，自中出於心

自二〇〇四年立願著寫一套完整的面相系列，至今足十八年之久。在俗務纏身下，繼耳、額、眉、眼、顴鼻的專題著作書後，今天終於完成這本五官的最終章《口相脣型集》，總算實踐了對恩師、對讀者、對自己的當年承諾。

事實上，將心血和經驗轉化為文字，再由文字深化成學術系統，着實不是一件容易的事。從零散的古藉、古老而粗疏的相法記載，求其整全，就是英才對相學專著的要求。英才深信「學海無涯」，天下萬物必有一「缺」，若富經驗者能孜孜不倦把「缺」的補齊，後學者自然更能掌握「相法」奧妙之處，這就是作者的心願。

學術研究不論哪一門、哪一派，更不管是個人還是國家，都應該抱着超越功利、不能藏私的心態，學問的繁衍是以無數人共同努力，逐漸積累而成，教學如是，著書也如是。學問不能私有化，更不應抱殘守缺又或故步自封，前人的古籍既有超越性，今人亦可超越古人、超越當下，這就是英才不怕貽笑，百忙之間也要堅持完成這套以五官為專題的資料庫的原因。

「漫芳菲獨賞，覓歡何極」，古今之大學問，何曾只有獨享獨知？英才上下求索，將多年心得灌注文字之中，望後人能百尺竿頭，對相法有更深刻了解和領悟。

清朝三代帝師翁同龢曾言，「不信今時無古賢」。既然前人可以，為甚麼今天的人不可以？例如《本草綱目》的作者李時珍，他由十二正經下所研發出奇經八脈所在。至於現今術數界，一般只注重當事人眼前的妻、財、子、祿吉凶，極其量能預測將會發生的禍福，在其眼中已經滿意十足，誇誇自談。

筆者在數年前認識了一位年約卅餘歲的兼職術數家、自稱道通天機的居士，他著書二冊，已力說自己有二十多年見客經驗，在初次見面中屢說自己八字神通，甚麼事情也可以算計出來，可稱算無漏算。筆者看在眼裏，記在心裏，只聆聽而不加隻言，事後細閱其著作，也是同樣幼稚，往後亦疏遠之，此人不交也罷。英才眼中，所有術數雖能判研禍福，包括眼前際遇和預測前程，但這亦只不過是術數的第一階段而已。八字命理也好，相法掌紋也好，奇門遁甲也好，紫微斗數也好，若只注重當下諸事禍福，而疏忽「教育」和「影響」的深因所在，這與一些只重利益、只重收穫而不問成長、不問因果的邪門妖法又有何分別？

「大道圓通，隨在皆是心法；大法無礙，禍福盡在人心。」任何術數，用於「教育」，用於「指引」，用於「成長」，自然造福眾生；若只注重「禍福吉凶」，只注重「名利富貴」，只注重「個人榮耀」，敢問這就是古人所研發「術數」的初心嗎？

英才不肖，以微蠅之聲、螳臂之力所言，確實辜負前人的心血所研。我國為禮儀之邦，君子愛財，也應取之有道。術數既能測禍福，亦有因果說法。既有因果，必有教育；既有教育，必有待人處事的正確心態。術數表面言運勢，當中奧秘卻有「善因善果、惡因惡果」的教訓。世人癡愚，只重利害而不知自己抱着利害之心而蒙蔽了本身的良知和修行。

在筆者眼中，術數有九層心法：其一，眼前人之實況際遇，「不作弄神裝鬼，不作宗教神話，不作太歲妄論」，只談實況。其二，眼前人之實況時間，「要確實明言事情發生的時間長短，而非信口雌黃、虛聲作勢下試探對方。其三，眼前人的實況成因，「要説明前因後果，甚麼原因造成了眼前的禍福吉凶？」凡事必有其因，究其因，自然得其果；知其果，自然心悦誠服。若避談成因，只言好壞，這個與怪力亂神有何分別？其四，如何教育眼前人處理眼前問題？怎樣趨吉避凶？而非妄妄所言以一些拜神裝香之法去解決問題。

以上四點只是基本功而已。可嘆是，現今術數界仍停留在第一項，只注重眼前人的處境順逆吉凶，極其量教人如何避凶趨吉便算。這真的已經足夠？

相學更高心法

在英才心中的術數，則有第五層以上的功夫和心法：其五，眼前人之際遇深因，「要剖析禍福深層的深因，而非單看事情的表面理由」，例如，其人內心深處的陰暗面而導致事情表面的行為，其殃來至暗，深潛於心底裏的原因。

其六，眼前人際遇之吉凶順逆，在過去是否也曾發生過，也就是要問是否「前有案例」，君須知，首遇事件尚可稱運氣所致，但同樣事情屢次在自己身上發生，其深因絕非在運氣範疇中算計；眼前人首遇失敗和三次相同事件的重複失敗，其受傷程度已是截然不同。古今術數中人，應該不難剖析和告之，除非研習者只重眼前事就罷了！

其七，再言眼前人經此一事，以後對「事件」的價值觀有否改變或轉為負面？也就是指產生後遺症的心理因素。讀者可曾想過，首次被人出賣或傷害及三番四次遭人傷害，兩種情況對感受人生會有甚麼分別？研究術數的人可曾顧及此心法？

其八，事非單一，天下萬物，皆有相連。眼前人經此際遇的吉凶禍福後，在其妻、財、子、祿命運中亦將會出現連鎖反應，稱為「際遇連鎖」，亦是心理學上所說的蝴蝶效應。研習術數之士豈能疏忽這一點重要分析，一石何止激起千層浪？

其九，稱為「終身避疫」。古人說得好，庸醫醫病，上醫防病。若純以術數解決眼前問題而不探討問題之前因後果，指導客人在有生之年避免同類事情再次發生，實有草草了事之嫌。

常言道：「非物自外至者，自中出生於心」。天命者，天道所賦之正理也。古有所言，今豈無所見？李某不才，術數九層心法乃終極所求所研，而非整天滿滿只談運氣禍福，而不求深究！賢者之運，受其福，非世所謂福也。福者，備也；備者，百順之名也，無所不順者，謂之備。相者內盡於己，而外順於道也；道之以禮，安之以樂，參之以時，不求其為。世人癡愚，當今研術數者更愚，一葉障目而不見泰山之顛之美，其堪哀憐，其可嘆耶？

授學著書渡眾生

術數百項，承傳以文字作傳遞，唯精神於深藏，後以世人賦於心血，賦於教化，令其發光發熱而延續後世。英才深切感受「不信今時無古賢」！

承先啟後，文化承傳於每晚坐在課室中，向有志求學的研習者撒播種子，扶其壯直。李某自一九八四年席上授學至今，以「非以役人，乃役於人」之心導之，富貴非吾願，只求做好一份土壤、一個平台，讓每粒種子慢慢地健康正直而成長，日後成為可扶眾生的相家；正職也好，業餘也好，能安禪滅火，能扶貧救弱，則余之一生，願矣。

術數從生活來，而高於生活。學問的追求，不為名利，不為富貴。英才並不清高自涯，清高亦並不是嫌惡利益，只是不貪婪不屬於自己的利益而已！多年席上教育，只祈望後學者能掌握術數本能之後，在別人最難過、最失意、最受人輕視遺棄的時候，能藉術數本能而給予同情、安慰、支持和鼓勵，而非滿口天命所限，滿口名利富貴的妄語！

更可嘆的是，現今術數界的從業員，仍停留於古法理論，仍駐足於前人經驗，不求破舊立新。英才不自量力，抱着「敢為天下先」的心，集古今相學精髓著書立說，希望推動同行者將術數學問發揚光大，而令後學者更添修為。

一套六本專題的五官專書——《耳蘊玄機》、《額相大全》、《千眉譜》、《眼相心鑑》、《顴鼻匯》、《口相唇型集》，顛覆前人的傳統觀念，妻、財、子、祿及待人心性，一一盡錄無遺，中國人的辯證思想全都在六本著作裏頭了。

中國相法一向推崇「我命由我不由天」，即坊間所言「相由心生」；這與命理所推崇的「福命由天不由我」卻剛好相反，即坊間所言「命不能違」。誰是誰非不重要，重要的是甚麼人去認同、甚麼人去相信。每個人都有權去選擇用甚麼角度看自己的未來，有些人相信人的一生在於修正、修心和修行，但亦有些人相信所有事情都是注定，再努力也枉然。

兒時的英才聽恩師黎峰華所言，任何術數的力量都建基於「信任」二字，就如符咒法術一樣，比比皆是，不足為奇。三十多年授學予門生，英才亦見過不少癡迷於命中所限的人生框框，以為牢不可破，執迷不悟。

不說不知，口相之形態往往決定於其人的心態和性格，口型苦正正是內心苦；口型燦爛則是笑口常開的心態所展現的外在表徵。自知比知人更難，一個人的際遇、禍福往往就是內心思想的反映，「相由心生」莫過於此。英才只知君子憂道不憂貧，鑽研術數半個世紀的我，眼看香港術數界多番興衰更替，近年更發覺很多年輕的術數人皆以功利先行，透過千奇百怪的手段斂財，既滿足客人匪夷所思的名利心，更巧立名目地以天干地支的排列教客人追求貪慾，但從不指導客人修正心之所向，這一點確實令英才扼腕三嘆。

中國術數源遠流長，類別亦很多，應該全納入中國傳統教育人心文化的系統之下，故術數中絕不能沒有「教育」的成分所在；否則，豈非古人盡都是功利主義、利益行頭之輩？當然不可能。歷朝歷代的術數著作中都滲入了儒釋道的哲學思想，當中尤其以相法最明顯。科學讓人變聰明，哲學讓人長智慧，相學卻讓人明白一生的順逆在於性格、在於選擇，而非宿命所歸。

相法之道：察人之難，補人之短，揚人之長，諒人之過，斥人之非，扶人之危。所謂「富養德，窮養志」，成功建基於德，而非建基於運。

古語云：「求木之長者，必固其根本。欲流之遠者，必浚其泉源」。口之形態亦源於心態，三十八種口相，正意味着三十八種口德，當中還未組合七十四種眼相、六十五種眉相、六十一種鼻相、二十種顴相、四十八種耳相、六十四種額相；此外尚要加上氣色、眼神和聲音的總和，其變化之複雜，既有先天遺傳基因，亦有其後天修為的心態所致，這就是心之根本了。

相學所言的禍福根由，不在於流年部位，也不在於出生年月日的天干地支，而在於自身的性格，在於個人的選擇，在於取捨之間的心態，更在於取捨之間的態度。流年部位及出生日子乃屬先天，但表情行為和人品態度卻是後天性格形成。在互聯網絡發達的今天，滋生了一些不學無術的胡混之徒，在網絡上自許術數了得，隨意憑一個油墨掌印或一張名人合照，就胡吹亂謅為元首之命，昔日的贈言使其得以位高權重，但只一面之詞缺乏真憑實證，整個鋪排目的就是強調自己是風趣大師，這就是術數精神？

李某教學多年，不論在社區授課也好，在課堂授課也好，接受網台節目訪問也好，實例對質和現場對答都是一絲不苟，絕不穿鑿附會或以虛構人物作解說。可嘆的是，有些同業後進竟然可以判斷小說中的虛擬人物「張無忌」是何八字日元，更振振有詞說面相神通，可以令客人起死回生，這是甚麼世道?!

英才深知，實踐夢想從來都不容易，過程中必然會遇上艱難和阻礙。五官系列專書既已完成，接下來就是英才夢寐以求的一套完整骨骼內相的叢書系列，希望將四十多年的心得、鮮為人知的肩、腰、臍、背、臀、腹、手足、肌肉、骨骼等等，逐一有系統地著寫成書。推動英才有此信念的力量源自於恩師黎峰華。當年恩師悉心栽培既無慧根、也無才智的頑童，成為今天略有所成的英才。英才著書的目的，正是秉承啟蒙恩師所授，讓更多後學者同享恩典，共遊浩瀚學海，造福社會，令更多人明白「相由心生」的真正意義。

吾將上下而求索

大道海桴，笑人間如戲。浮生若夢，過客於南柯一夢。將相王侯歸布儒，總難禁南陽草廬之念，擁窗羽扇，漁樵野鶴。縱使千機算盡，萬業空無。文種千字山林，陶朱不過煙水。日落城前哀子胥，君何憾？有新知舊客，悵説人生！

論文采，我不如古；論深研，我不弱古；論攀附，我不敢當；論志向，我敢擔當。荷盡雖無擎雨傘，殘菊尚有傲霜枝；古人逢秋悲寂寥，我言今刻勝從前。

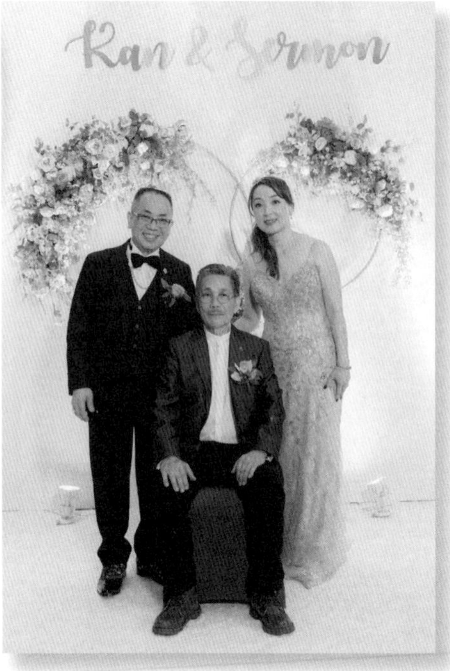

千年清風明月，現今仍在，百載術數精髓，此刻承傳。英才不才，《口相唇型集》總算點滴成書，權當拋磚引玉。吾將上下而求索，不負今生。

李英才

壬寅年立春

目錄

百歲流年圖

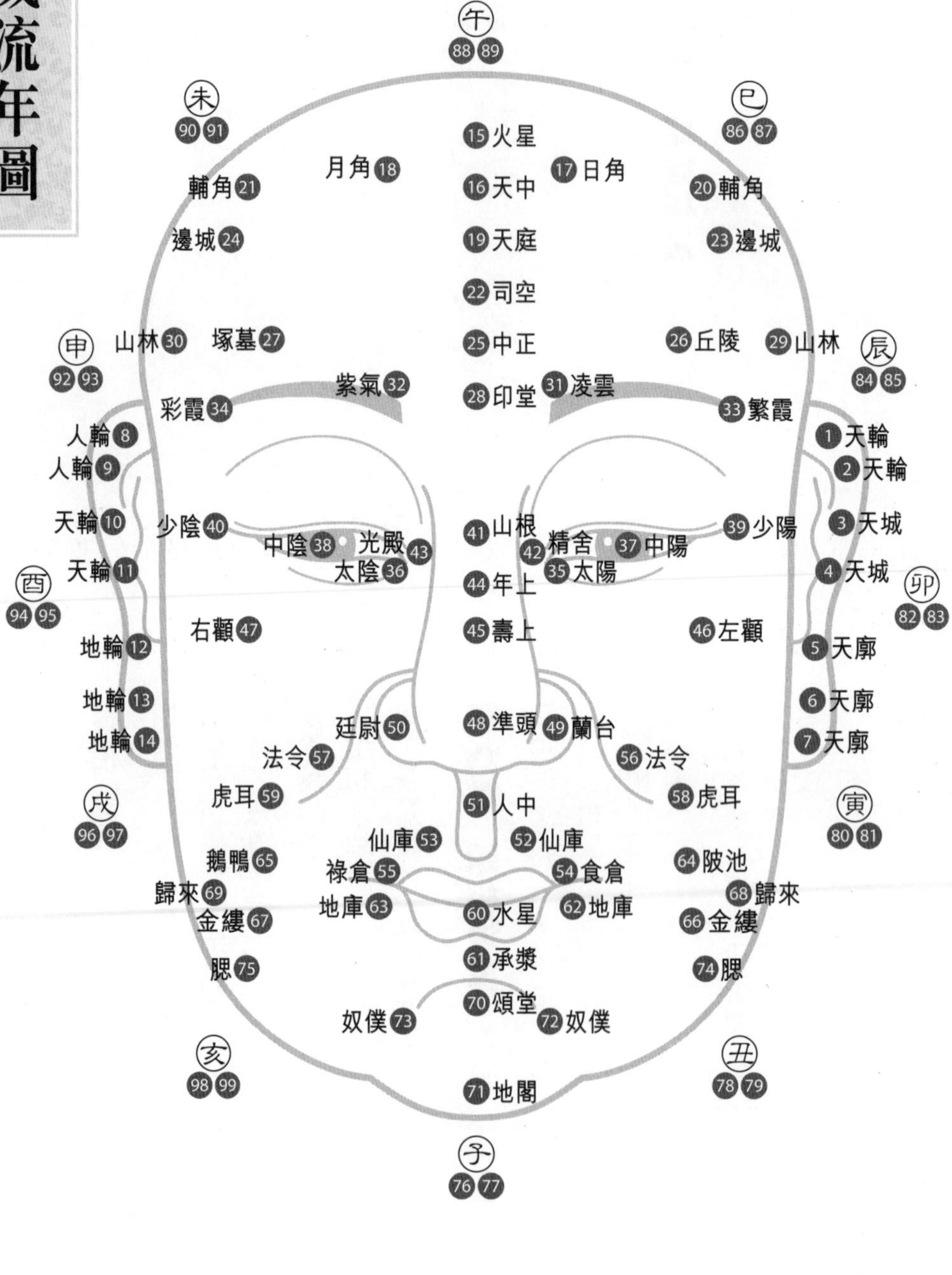
午 88 89
未 90 91
巳 86 87
15 火星
月角 18
17 日角
輔角 21
16 天中
20 輔角
邊城 24
19 天庭
23 邊城
22 司空
申 92 93
山林 30
塚墓 27
25 中正
26 丘陵
29 山林
辰 84 85
紫氣 32
28 印堂
31 凌雲
彩霞 34
33 繁霞
人輪 8
人輪 9
1 天輪
2 天輪
天輪 10
少陰 40
中陰 38
光殿 43
41 山根
42 精舍
37 中陽
39 少陽
3 天城
天輪 11
太陰 36
35 太陽
44 年上
4 天城
酉 94 95
卯 82 83
右顴 47
45 壽上
46 左顴
地輪 12
5 天廓
地輪 13
6 天廓
廷尉 50
48 準頭
49 蘭台
地輪 14
7 天廓
法令 57
56 法令
虎耳 59
51 人中
58 虎耳
戌 96 97
寅 80 81
仙庫 53
52 仙庫
鵝鴨 65
64 陂池
祿倉 55
54 食倉
歸來 69
68 歸來
地庫 63
60 水星
62 地庫
金縷 67
66 金縷
腮 75
61 承漿
74 腮
70 頌堂
奴僕 73
72 奴僕
亥 98 99
丑 78 79
71 地閣
子 76 77

第一章

口相心鑑

唇譜

14. 牛口  (P.83)	9. 皺紋口  (P.64)	4. 仰月口 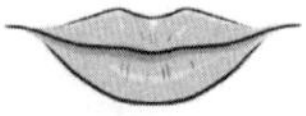 (P.45)	
15. 龍口  (P.87)	10. 菱角嘴  (P.68)	5. 四字口 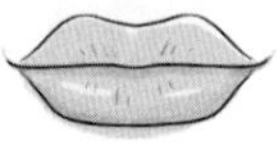 (P.49)	
16. 虎口  (P.91)	11. 吹火嘴  (P.72)	6. 方口  (P.53)	1. 口大  (P.36)
17. 豬口  (P.95)	12. 雷公嘴 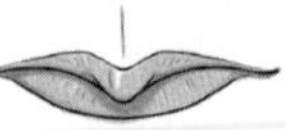 (P.76)	7. 彎弓口  (P.57)	2. 口小 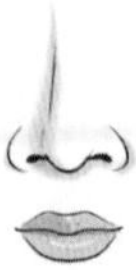 (P.39)
18. 羊口 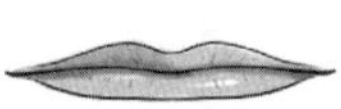 (P.98)	13. 歪斜口  (P.79)	8. 覆船口  (P.60)	3. 櫻桃嘴  (P.42)

34. 劍鐔口  （P.152）	29. 狼嘴 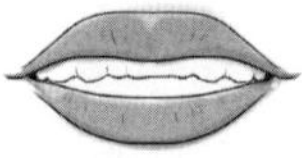 （P.135）	24. 貓嘴  （P.118）	19. 猴口 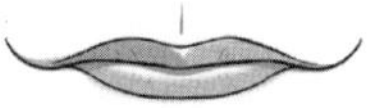 （P.102）
35. 散口 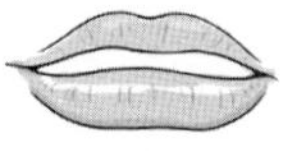 （P.155）	30. 驢嘴  （P.139）	25. 鯽魚口  （P.121）	20. 馬口  （P.106）
36. 鷹嘴 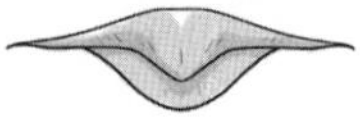 （P.158）	31. 縮囊嘴  （P.143）	26. 鮎魚口  （P.125）	21. 鼠口 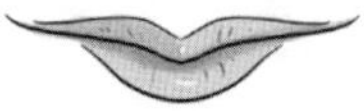 （P.109）
37. 鸚鵡嘴 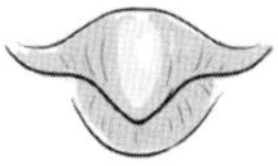 （P.162）	32. 螺口  （P.146）	27. 鯉魚嘴  （P.128）	22. 狗口  （P.112）
38. 唱歌嘴  （P.166）	33. 鳥喙口  （P.149）	28. 蛤蟆嘴 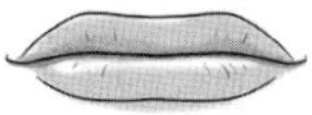 （P.131）	23. 蜂口 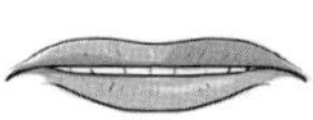 （P.115）

(1) 口大

形態：口大得似能容拳。

性情：

(1) 外向而開朗，不論內心喜怒哀樂，都會與朋友分享，又不拘小節，故很討人喜歡。

(2) 仁慈敦厚，對弱勢社群很有同理心，願意盡一己之力扶助有需要的人，但不喜人助。

(3) 富有活力，人生態度積極，對生活充滿熱誠，面對不同挑戰皆能坦然接受，且好勝心極強。

(4) 有遠大理想和願望，意志堅定，能努力上進，要求自己不斷進步，希望能在社會上創造一番成就，以神作判。

(5) 行動力強，所以不甘寂寞，每有空閒時間就會忙着給自己找事做，不會讓自己閒下來。

(6) 口大既能容物也能容人，生性隨和，器量大，待人寬厚，能包容與自己意見不同的人，故能與人融洽相處，人緣佳，朋友多。

(7) 言語坦率，但有時會在熱鬧氣氛中口沒遮攔，在不知不覺下說話得罪人。

(8) 口型張開時大，合起時小，且能緊閉，做事前瞻性強，有膽色、有擔當。至於口大但兩唇鬆弛而不能緊閉者，容易上當受騙，稱之虛形假局。

(9) 女性口大而唇薄，喜歡說人長短、搬弄是非，不能保守秘密，是典型長舌婦。

父母兄弟：

(1) 父母助力不大，故在小時候，未必能享受溫暖家庭或富裕生活。

(2) 口大不剋父母，卻能靠自己努力賺取財富，令父母安享晚年。

(3) 隨着自己年紀愈長，成就愈大，父母的心情也愈開朗。

事業：

(1) 俗語謂：「男兒口大食四方」，這是因為口大的人善於交際，容易與人建立良好關係，無論從事哪方面的工作，或者經營任何行業的生意，都容易成功。在現代社會，「男主外、女主內」的傳統概念已不合時宜，事業女性多不勝數，「女兒口大食窮郎」已是過時的想法，「口大食四方」在今天亦適用於形容女性。

(2) 口大的人領導能力高、行動力強、魄力大，做事主動又爽快，不會拖泥帶水，不會畏首畏尾，故成功機會較大。

(3) 口大的人人緣好，工作上所交的朋友也真心，故在困難時不愁沒人幫忙。

(4) 口大而唇紅，年紀愈長事業運愈好。

【色黑頂平為水相，頭尖屬火土帶黃。】

財帛：

(1) 相書有訣：「口大容拳，貴不可言」，口大的人賺錢力強，若配合牙齒又大，更是口齒伶俐，東南西北四方亨通，能賺四方財富。

(2) 口大者性格爽朗，用錢也豪爽，不會錙銖計較。財運好時，樂意常常當東道主。

(3) 假若兩唇鬆弛而不能緊閉，花錢大開大合，不能聚財。

愛情婚姻：

(1) 口大的男女粗枝大葉，不解溫柔，但能忠於婚姻和配偶，是盡責的丈夫或太太。

(2) 口大的女性不乏才智，學問和社會地位都容易超越丈夫，成為家庭中的主要經濟支柱。

(3) 口大女性事業心重，處事幹練，大刀闊斧，屬女強人格局，易因工作而忽略丈夫和家庭，故有「女人口大守空房」之說。

(4) 女性兩唇鬆弛閉不緊的話，貞操觀念薄弱，即使婚後也易發展婚外情。

子息：

(1) 口大而唇色紅潤，子女多，緣分厚。口大而唇色青白者，女多子少。

(2) 晚年兒孫繞膝，老有所依，常與子息相聚，食祿口福佳。

【雖則係五行齊備必定為人上，恐怕世間無幾得咁榮昌。】

(2) 口小

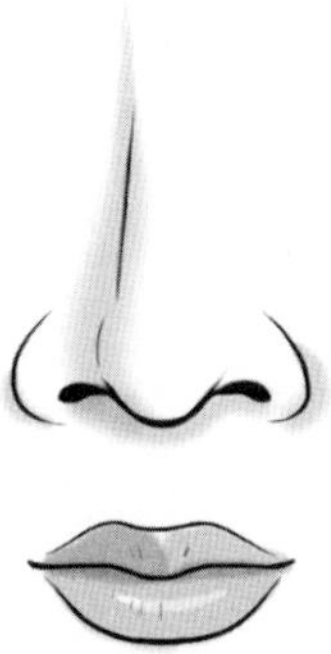

形態： 口的闊度比左右鼻翼的闊度短小，口在五官比例上明顯特別細小。

性情：

(1) 性格內向保守，沉默寡言，猜疑心重，但處事小心謹慎，對於細微的小節也不會馬虎苟且。

(2) 思想和做事作風守舊，且略嫌固執，依賴性頗重，只會聽任安排，缺乏主動和積極精神，做事習慣性地依賴他人，喜歡坐享其成，容易因誤信他人而受騙吃虧。

(3) 說話不玲瓏，腦筋不及他人靈光，形成自卑心理，與人交際溝通戰戰兢兢，且看唇線是否鮮明。

(4) 氣度小，心胸頗為狹窄，喜歡在瑣碎小事上與人斤斤計較，女性更愛貪小便宜，所以人緣不算好。

(5) 氣魄不足，行動力弱，要求也少，故一方面容易滿足，另一方面卻因缺乏遠大理想而蹉跎歲月。

(6) 懶動腦筋，分析能力不高，且有好逸惡勞的傾向，讓很多好機會白白溜走。

(7) 口小的女性追求享受，對生活頗為挑剔，要求十分高，但

【或者生得有好心田無好相，所以相從心轉改禍呈祥。】

能夠如願則要視乎面型及五官其他部位是否相配。

(8) 口小唇厚者，個性較為隨和寬厚，願意犧牲奉獻，人際關係良好。口小唇薄者，個性較為冷漠自私，沒有責任心，但口才不錯。

父母兄弟：

(1) 大多出生於中等至中下階層家庭，幼時已顯露對藝術和文學的興趣，這方面品味也高。

(2) 對父母和兄姊十分依賴，但長大後後卻不願回饋，更不愛照顧弟妹，手足之間雖有親情聯繫，但彼此感情不算好。

事業：

(1) 口小的人自幼接受家庭教導，長大後適合從事服裝設計、手工藝或學術相關行業，有機會發揮所學。

(2) 做事不夠積極主動，而且好拖延，事事慢半拍，只適合擔當後勤職務甚至是從事勞動工作，不宜作為領導人選。

(3) 口小的人性格內向害羞，人際技巧弱，不宜從事需要經常與人接觸的工作；但因他們做任何事都小心翼翼，故又適宜處理細致的事務。

(4) 若找到自己喜歡的工作，這類人會盡心盡力發揮所長。假若工作性質不在理想之中，他們在極短時間後就會顯得不耐煩。

財帛：

(1) 口小的人儲蓄能力很高，但對金錢十分執着；所以不宜與朋友合作做事或投資，夫妻之間也宜盡量避免涉及金錢之事，以免因財失義或失愛。

(2) 這類人自有一套用錢態度，對於自己喜歡的東西，不惜一擲萬金，但卻不願多花一分一毫於他人身上，即使親如父母兄弟或太太子女，也不例外，所以亦被評為吝嗇。

(3) 口小而能緊閉者，具不服輸精神，但一般與大財富無緣，極其量只能達致小富。

(4) 鼻大口小，五十歲後容易破敗，晚年財運不佳。

愛情婚姻：

(1) 口小的男性不擅辭令，但善於體會異性心思，能在行動上博得女性歡心，故異性緣不錯。

(2) 口小的男性喜歡舞文弄墨，追求風花雪月，婚後易遭太太埋怨，故婚姻不易長久。

(3) 口小的女性安於現狀，是典型賢妻良母，即使婚後繼續上班，但會將工餘一切時間放在家庭、丈夫和子女身上，照顧周全。

子息：

(1) 口小是相刑子息之相，代表子女少，或女多男少，子息緣薄，晚年難得與子女聚天倫，尤其運至六十一至七十歲時，更感孤單。

(2) 口小再兼人中平塌，難有子嗣；縱然有子，也非親娃，乃相不獨論之故。

【有等話光頭為叫富相，咁就啲啲癩痢和尚座座都係銀房。】

⑶櫻桃嘴

形態：口型大小適中，牙齒潔白整齊，雙唇紅潤亮澤，兩邊口角微微上翹如微笑狀，笑時如蓮花綻放。

《麻衣神相》：

「櫻桃口大唇胭脂，齒似榴子密且齊，笑若含蓮情和暢，聰明拔萃紫袍衣。」

《相理衡真》：

「櫻桃口小抹胭脂，榮辱相關要細推，婦女如斯誇窈窕，丈夫得了不為奇。」

性情：

(1) 心地善良，秀氣好學，領悟力高，容易捉到重點，克紹書香，才華出眾，智慧不凡。

(2) 聰明靈巧，活潑開朗，與人相處能令對方感覺如沐春風，容易建立廣泛人際網絡。

(3) 待人處事沒有機心，不會有目的而為之。對朋友更會推心置腹，有情有義；朋友有難時，兩脅插刀，在所不計。

【牙齊衣食能豐享，朧蛇入口必要餓到硬邦邦。】

(4) 思想開明，對新事物的接受力極強，能與時並進，樂意改變自己以適應科技及潮流變遷。

(5) 智慧過人，行動力強，決斷力高，處事進退有據，極具領袖風采。

(6) 唇如胭脂，牙齒整齊潔白，為人光明磊落，言而有信，說話與行動一致；處事態度客觀，腳踏實地，實事求是，不會追求不切實際的東西。

(7) 《相理衡真》評櫻桃口相「聰明壽促」，故宜防患未然，壯年開始便要多加關注健康問題，運至五十一歲流年開始更要加倍留神。

(8) 女性擁有櫻桃嘴，最是貴相，整體運程較男性為佳。

父母兄弟：

(1) 自幼已得父母及家族長輩的愛護，年少時對父母尤其依賴，一生命運比較平順。

(2) 櫻桃嘴的人大多是獨子或獨女，或有一兄或一姊，也是性情溫和。手足之間感情和睦，長大後各自顯貴，遇事必定互相扶持、照顧。

事業：

(1) 櫻桃嘴的人開運早，貴人多助，憑良好的人際關係使事業發展順利，不必耗費太多精力便可以成功。

(2) 此相的人愛好文學和藝術，加上後天修養，在此領域發展事業的話，可在業內發光發熱。

(3) 櫻桃嘴的人極具創新和開拓精神，加上一生貴人運好，致勝機會頗大，所以是很不錯的

【壽長耳大兼神壯，至怕腳踭唔到地必定少年亡。】

創業者。

(4) 志氣高遠，統領能力極高，能晉身大機構或大集團擔任重要職位，少年聞達，前途光明，必可成為公司裏舉足輕重的人物。

財帛：

(1) 此相的人大多出生於小康之家，雖無富裕享受，但物質及親情豐足，童年生活健康快樂。

(2) 一生貴人多遇，富貴亨通，不論打工或做生意，皆主收入多、聲名好。

愛情婚姻：

(1) 擁有櫻桃嘴的人明眸皓齒，大多具有出色的外表，故能吸引眾人目光，異性緣分甚好。

(2) 待人接物溫文有禮，桃花運好，但對感情專心一致，不會到處留情，令伴侶不安。

(3) 男士定娶賢妻相助，婚後更得榮華，事業、家庭皆得意；女士持家有道，助夫興家，是旺夫之相。不論男女，皆主家庭美滿，夫妻白首齊眉。

子息：

(1) 兒女一二，品性純良，幼承庭訓，對個人、家庭及社會皆有承擔，獨立自主，中年以後事業發迹。

(2) 子息緣厚，晚年兒孫繞膝，能享兒女福，只嫌自己健康有隱憂，宜多注意養生和保健。

(4) 仰月口

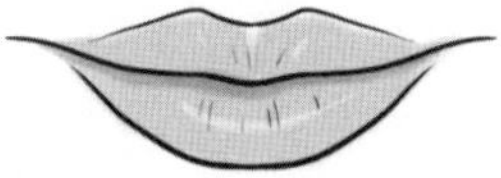

形態：口型大小適中，雙唇勻稱，唇紅齒白；兩邊嘴角微微向上翹，狀如上弦月，不笑而似笑。

《麻衣神相》：

「口如仰月上朝彎，齒白唇紅似抹丹，滿腹文章聲價美，竟能富貴列朝班。」

《相理衡真》：

「仰月明明向上彎，天倉拱照意相閒，埋山玉石晚能出，鳴則驚人不等閒。」

性情：

(1) 擁有仰月口的人不笑而似笑，熱愛生命，加上聰明秀氣；所以很討人喜歡，人緣甚好。

(2) 性格樂觀開朗，做事專注，不會因為少許挫折而灰心氣餒，能坦然面對困難和逆境。

(3) 大方爽朗，能言善道，說話幽默輕鬆，臉上常常掛着愉快的笑容，令身邊人感覺喜悅。

(4) 喜愛交朋結友，重友情，講義氣，從不斤斤計較，故能得

【眉粗折斷兄弟喪，烏雲滿面就要損爹娘。】

朋友信賴及倚重。

(5) 責任心重，言出必行，答應了別人的事，必盡全力辦妥，故深得眾人信賴。

(6) 好學上進，悟性高，吸收能力強，小時候開始已在學業上顯露鋒芒，既受同學愛戴，也是師長的寵兒。

(7) 學而有成，文才洋溢，內涵豐富，談吐得體，說話言之有物，與人談正事時不會說無聊話，故能受人尊重。

(8) 志向遠大，很有抱負，理想崇高，意志堅定，能努力發憤，要求自己不斷進步，希望能在社會上創造一番成就，且非常樂觀。

父母兄弟：

(1) 父母經濟條件好，品格高，正義而知禮，可享高壽。兄弟不多，若非家中獨子或獨女，便是么子或么女（只有兄或姊）。

(2) 父母及長輩助力大，故能少年開運，早發早貴。

事業：

(1) 才華橫溢，滿腹文章，美名遠揚，必能發達富貴。加入政府部門的話，能「富貴列朝班」，官至高階；任職大機構者，必是高層管理人。

(2) 談吐得體，說話風趣，惹人好感，十分適合從事常要與人接觸的工作，例如例如公關或客戶服務、地產或保險代理、市場推廣等，必有卓越表現。

(3) 頭腦清晰、靈活機智，善於把握商機，可創業做生意，主名利雙收、富貴易得、社會地位高。

(4) 擁有仰月口的人「滿腹文章聲價美」，文學修養極高，必能遇到良機顯盡風采，富貴名揚非等閒。

財帛：

(1) 仰月口主富主貴，是福祿無憂之相，出生於中上家庭，長大後則能為自己創造財富，不會貪求父母庇蔭。

(2) 仰月口的人善於投資及管理錢財，生財有道，理財得宜，從不缺錢用，可謂一生富貴隨身。

(3) 《相理衡真》評仰月口為「晚景彌高」之相，晚年必不愁衣祿，金錢無缺。

愛情婚姻：

(1) 外表氣派非凡，瀟灑俏麗，善於展現個人優點，不管走到哪裏都能吸引異性注目。

(2) 一生感情運佳，雖能獲不少異性真誠愛慕，但不會玩弄感情；婚後亦能忠於配偶，照顧家庭。

(3) 仰月口的人多會早婚，男是好丈夫、好爸爸；女是賢內助、好母親。

【眼下浮青兒女喪，奸門低陷至少都要兩個填房。】

子息：

(1) 子息運佳，子子孫孫是貴人。子俊女俏，聰明孝義，財源無慮。

(2) 仰月口之人老有所依，子息常伴，舞文弄墨，安度晚境好時光。

(5) 四字口

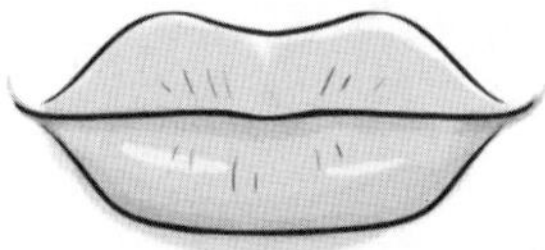

形態： 上下唇勻稱，兩邊嘴角潤澤明亮，且輕微向上仰起，整個口型就像「四」字，故名之，是頗為常見的口型。

《麻衣神相》：

「口角光明唇兩齊，兩頭略仰不垂低，聰明更又多才學，富貴應須著紫衣。」

《相理衡真》：

「口如四字兩頭齊，不仰不垂也不低，顯耀功名觀上國，為官惠養樂群黎。」

性情：

(1) 心地善良，聰慧敏銳，樂觀開朗，真誠坦率，不拘小節，脾氣又好，極討人喜歡；一旦朋友有難，就會盡力幫忙，所以人緣甚佳，人際網絡廣闊。

(2) 興趣廣泛，領悟力高，腦筋非常靈活，對於新事物、新科技的接受能力很強，故能吸收很多新知識，才華出眾。

(3) 重理性，善惡及黑分分明，極富正義感，遇上不公平的

【總要指甲光明正得兒女易養，掌中明潤定必貴人長。】

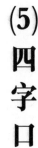

事，必定為受欺壓一方出頭，故深受大眾欣賞，是傑出的領袖。

(4) 重情義、守信用，不管男女，皆有「大丈夫言出必行」的氣概，答應了別人的事情，務必盡力實踐，故深得朋友信賴。

(5) 思慮周密，做事認真，能冷靜分析當前局面的優勢和劣勢，以籌謀對策及進退之道。

(6) 觀察力強，志氣高遠，思想周密而行動積極，做事能貫徹始終，下了決心要做的事，一定盡力做到最好。

(7) 為人厚道正直，包容性強，願意聆聽和接受他人意見，不會一意孤行，故能獲得他人尊重。

(8) 一生貴人多，每遇困阻都能化險為夷，人生路途比較他人順暢。

父母兄弟：

(1) 四字口的人未必在優裕家庭成長，但幼時父母照顧、長輩愛護，後半生運勢緩緩上升。

(2) 六親就是生命中的貴人，父母及家人得力，對於先天運數良佳的四字口人更是錦上添花。

(3) 若非獨子或獨女，便是長子或長女（只有弟或妹），手足團結，感情和睦。

事業：

(1) 擁有四字口的人聰明睿智，願意吃苦，努力上進，故能白手起家，而且在短時間內便可做出不錯的成績。

(2) 此相者大都是博學多才之人，學問極高，事業上必能文貴顯達，可以文章成名，致貴致富，四海揚名。

(3) 《麻衣相法》論四字口的人「富貴應須著紫衣」，在古時可居高官，在現代社會的話，不論創業或打工，都能執掌權勢，成為業內出類拔萃的精英，名利雙收。

財帛：

(1) 俗語謂：「面相四字口，富貴吃四方」，代表有四字口的人非富即貴，財帛無憂。

(2) 相書論四字口是富貴榮華、福祿千鍾之相，自幼已經不愁衣食，物質生活十分豐足。

(3) 開運早，青少年開始已有頗佳的運氣，主早年得志，中年顯達，中晚年財祿豐盈，晚景興隆、福祿綿綿。

愛情婚姻：

(1) 擁有四字口的人雖非俊男美女，但自然散發一股懾人魅力，配合性格上的優點，故能吸引異性垂青眼。

(2) 男命桃花頗重，一生情路並不寂寞，但須謹記不可到處留情，已有固定伴侶者更要認真控制自己的感情，切勿誤己誤人。

(3) 四字口的人，家庭觀念很重，婚後事業與家庭並重，不會為工作而忽略配偶及兒女，家庭日對他們尤其重要。

【自古道額角巖巉爹早喪，山根低陷母先亡。】

子息：

(1) 思路清晰，眼光看得遠，教導子女別有方法，子女受益不淺，長大後思想獨立，工作有出息。

(2) 有四字口的人認為人人平等，視子女如朋友般尊敬及關心，無所不談；子女亦孝順自己，尊重自己給予他們的意見。

(6) 方口

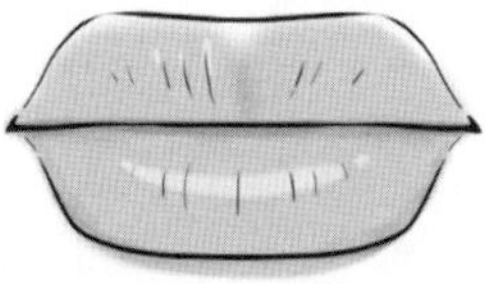

形態： 雙唇紅潤帶光澤，緊閉時呈一字形，笑時不露齒，牙齒潔白，兩邊口角端正整齊，口呈方形，故名方口，多見於男性，偶然亦見女性有之。

《麻衣神相》：

「方口齊唇不露牙，唇紅光潤似硃砂，笑而不露齒且白，定知富貴享榮華。」

《相理衡真》：

「口角兩齊不露牙，唇如一字抹硃砂，生成富貴千鍾祿，到老榮昌是大家。」

性情：

(1) 心地善良，熱愛和平，不會算計他人，不喜與人爭執，討厭爾虞我詐、明爭暗鬥的行為。

(2) 耿直豁達，心直赤誠，絕不會欺騙朋友，而且責任心重，答應了朋友要做的事，必信守諾言，想方設法做妥為止。

(3) 重理性，腳踏實地，實事求是，能夠在理想與現實兩者之

【鼻內空囊斜目看，此人奸滑必要提防。】

間取得平衡，不會追求不切實際的東西。

(4) 不重階級觀念，待人處事，不管對方是富有或貧窮，皆一視同仁，故能贏得朋友尊重，人緣廣結。

(5) 思想較同齡人士成熟，年輕時便為自己訂下人生及事業目標，處事技巧亦老練，深謀遠慮，謹慎小心，很少犯錯。

(6) 唇紅齒白，笑不露齒，是食祿千鍾之相，喜歡飲食，四處尋找美食，嘗盡天下甘旨。

(7) 此口相者皆是富貴有壽之人，喜愛享受，善於運用自己所賺的金錢換取美好生活，而且懂得適可而止，不會流於放縱。

父母兄弟：

(1) 孝順父母，與父母的感情、緣分也好；父母的健康亦佳，能享長壽。

(2) 手足一二，都是俠義之輩。兄弟姊妹之間情誼濃，遇上難關時能一起克服。

事業：

(1) 方口是主貴之相，在古時適合晉身官場，在現代社會則可投考政府部門，容易受到上級欣賞和重力，晉升速度和潛力很大，也能為大眾服務，造福社會；中年以後，運勢上升更加明顯。

(2) 此口相之人既適宜打工，也適合創業，不論從事何種職業，都能出人頭地；若從事經常與人接觸的工作，更可發揮最大長處，成就甚高。

(3) 事業心很強，辦事能力極高，偶爾會批評公司政策或老闆的管治方法，但只是對事不對人，出發點都是為大局着想。

財帛：

(1) 方口之人財運佳，能走四方吃四方，憑着廣泛人際關係賺取四方之財，加上個人理財觀念強，故能累積大財富。

(2) 奉行「君子愛財，取之有道，用之有道」的原則，不貪不義之財，所賺的一分一毫都來得光磊落。

(3) 方口是富貴榮華之相，主理財能力高，對金錢收支有周詳安排，中年已開始為晚年生活作部署，確保晚景安逸。

愛情婚姻：

(1) 一生異性緣佳，尤其男性方口者更甚，須注意不可到處留情，以免惹下桃花孽債，誤己傷人。

(2) 相書有云：「鼻直口方嫁朝郎」，意思就是，擁有方口的女性若配直挺鼻樑，定能嫁給有權有勢的丈夫。

(3) 女性擁有方口，是旺夫相格，婚後可一方面打理家務，另一方面扶助丈夫發展事業。

【眉低壓目神無壯，必定帶埋籐條去跪妻房。】

【紅筋泛面盡把煙花蕩，好搽胭粉必定眼光光。】

子息：

(1) 方口之人姻緣早見，多是早婚之命，故也早見子息，自己可享長壽。

(2) 子女緣分厚，主有子女二三，兩代之間感情好，相處恰如朋友；晚年運高，子息承歡膝下，共聚天倫。

(7) 彎弓口

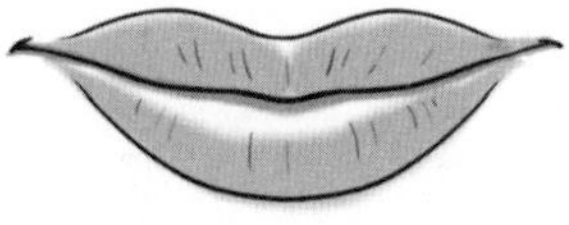

形態： 口型像彎弓，形態分明，兩邊嘴角輕微上翹，雙唇飽滿厚實，色澤紅潤。

《麻衣神相》：

「口似彎弓乍上弦，兩唇豐厚若丹鮮，神清氣爽終為用，富貴終年福自然。」

性情：

(1) 心善性慈，樂於助人，只嫌有時過於感情用事，一旦遇上存心不良的人，難免會被利用而吃虧。

(2) 心思坦蕩，明白事理，黑白善惡分明，行事光明磊落，絕不幹違背公義或不道德的事。

(3) 品格清高，樂觀而熱情，在工作和生活中遇上挫折或麻煩時，都能抖擻精神，以積極態度面對，懂得在失敗後檢討錯處，重新出發，成功機會自然比他人高。

(4) 思想縝密而清晰，做事按部就班、計劃周詳、條理分明，絕不倉卒行動，所以較少遭遇挫折。

(5) 興趣廣泛，聰慧靈巧，對於新事物、新科技的接受能力很

【唇紅眼細必主邪緣廣，步步垂頭嗰啲係扭計大王。】

強，故能吸收很多新知識，才華出眾。

(6) 自信心強，處事冷靜而小心，考慮周詳，縱使身處惡劣環境，也能臨危不亂，處變不驚。

(7) 彎弓口是身體健康、多福長壽之相，年紀愈長，運勢愈昌隆。

父母兄弟：

(1) 彎弓口之人一般出生於小康至富裕之家。父母感情融洽，愛護家庭與子女，且能享健康高壽。

(2) 手足親情甚篤，兄弟姊妹相親友愛，互相幫助，各有成就，晚年時期仍常聚首。

事業：

(1) 一生事業運緩緩上升，少年發憤，中年是事業發展的黃金期，機會良多，可大展拳腳，取得矚目成績。

(2) 彎弓口主權貴，不管從事任何類型工作，都可以獲得老闆器重而掌權，亦贏得下屬尊敬。

(3) 心思細密，辦事能力高，做生意有條有理，若無祖業繼承，也可開拓個人事業，為自己賺到多桶金。

財帛：

(1) 彎弓口福壽兩全之相，一生不愁金錢，既具良好的家世背景，本身創富力也甚佳。

(2) 彎弓口是開拓進取型，少年努力，中年交運，名揚天下，有名有利，發達富貴。

(3) 投資理財膽大心細，眼光獨到，青年時期有得有失，四十歲以後財運漸見亨通。

愛情婚姻：

(1) 口如彎弓，形態分明，不論男女，皆具吸引異性的魅力，感情運佳，愛情路上不愁寂寞。

(2) 不論男女，皆是感情豐富之人，容易被異性的貼心舉動或嘘寒問暖所感動；彎弓口的女性，更容易因此而墮入愛河。

(3) 行事正直，對待感情十分認真，對伴侶專一而真誠，一旦認定對方為結婚對象，便會從一而終，絕不再三心兩意。

子息：

(1) 彎弓口的人一生善良安分，妻賢子孝，屬於富貴之命，晚年福祿綿長。

(2) 子女健康，讀書聰明，且能繼承父母的福蔭，事業有成，光耀門庭。

【行成擺柳好似隨風抰，此等名為擺尾都布一半係男郎。】

【重有部位幾般須要直講，行完兩耳正到天倉。】

⑻覆船口

形態：兩邊嘴角低尖下垂，唇色如豬肝或牛肉，亦稱「覆舟嘴」。

《麻衣神相》：

「口角渾如覆破船，兩唇牛肉色煙聯，
人逢此口多為丐，一生貧苦不須言。」

《相理衡真》：

「覆船口角兩低垂，唇似豬肝嘴似吹，
縱有衣糧終不足，流離顛沛少年時。」

性情：

(1) 性格耿直但偏執，心眼小，自卑感重，常常以為別人看不起自己，別人一句無心快語，也會令他輾轉反側，並會疏遠那些給他負面評價的人。

(2) 急躁又魯莽，行事草率，說話口沒遮攔，又愛說人是非長短，容易開口得罪人，尤以錯用承諾而誤己。

(3) 人生態度悲觀，總覺得在身邊發生的事與己願相違，常常將事情往壞處想，所以大部分時間都活在不愉快當中。

(4) 神經敏感，疑心又重，常常懷疑他人在背後說自己壞話，為自己製造無謂壓力。

(5) 不苟言笑，固執倔強，不易向人妥協，容易與人產生磨擦；所以人際關係緊張，朋友不多，遇事也難得人幫忙。

(6) 性情複雜多變、陰暗不定、喜怒無常，這一刻歡天喜地，下一刻卻板着臉孔，情緒變化很大，令人難以捉摸。

(7) 器量淺，凡事斤斤計較，愛貪小便宜，而且有仇必報，對身邊的人都不信任，所以難成大器。

(8) 破壞性頗強，脾氣又壞，情緒爆發時便會將身邊的東西毀爛，即使是昂貴東西，也不例外。

父母兄弟：

(1) 父母多是勞動階層，以體力換取金錢支撐家庭，正是「手停口停」，沒有太多時間與孩子相聚，所以覆舟嘴的人與父母的關係並不親切。

(2) 覆舟嘴是少年開始顛沛流離之命，縱非離家自住，也主與父母鮮少聚天倫。

(3) 與兄弟姊妹的感情冷淡，長大後更因自卑感作祟而少與對方聯繫。

事業：

(1) 性格頑固又倔強，對人挑剔，缺乏協調性，人際關係不好，影響事業發展，所以一生難

【天庭塚墓丘陵上，轉角邊成共印堂，此係少年部位如斯樣。】

有大成就。

(2) 覆舟嘴的人縱使擁有不錯學歷，但因際遇使然，大多要靠苦力維生。不過，現代社會不以勞動工作為低下職業，例如建築界從業員工作汗流浹背，但因薪金頗高，故不少大學畢業生都願意投身當中。

(3) 由於這類人對任何事都往壞的方面想，所以絕不適合做生意，否則一天到晚擔憂公司隨時倒閉，必然無法做成生意。

(4) 一生欠缺幸運之神的眷顧，幸好能夠刻苦耐勞，工作再繁重、再勞累也能耐得住。

財帛：

(1) 此嘴相是貧苦之命，小時家境清寒，比同齡的其他小朋友缺少物質享受。

(2) 覆舟嘴除非配有寬闊下巴，否則必主晚年孤苦貧窮，為了晚年能過稍為安穩生活，宜及早開源節流，養成良好儲蓄習慣。

(3) 工作努力又認真的覆舟嘴人只要能刻苦自勵、自強不息，縱不能大富大貴，也能自給足。

愛情婚姻：

(1) 覆舟嘴是刑妻剋夫之相，男性妻緣薄弱，可能到老仍單身；女性縱為人妻，也主丈夫財散、體弱或早亡。男性宜配比自己大五歲或以上的太太，女性宜選比自己大十歲或以上的丈夫，有助化解。

(2) 六親情薄，沒有家庭觀念，夫妻緣分淺，容易有意見不合的情況，必須自我調節情緒，改善性格弱點，與配偶坦誠溝通，否則縱得婚緣，亦恐難偕白首。

(3) 此嘴相切忌早婚，早婚必敗，女宜三十歲、男宜三十五歲或以上訂親。

子息：

(1) 覆舟嘴是晚年孤獨、子女無緣之相。踏入六十歲交口運流年開始，有妻如無妻，有夫若無夫，有子似無子，多是一個人生活。

(2) 此相若非命中無子嗣，便是子女忤逆不孝，相見無情，宜心寬，相從心改。

【年壽準頭講到在行，地庫水星係年老倚向。】

(9) 皺紋口

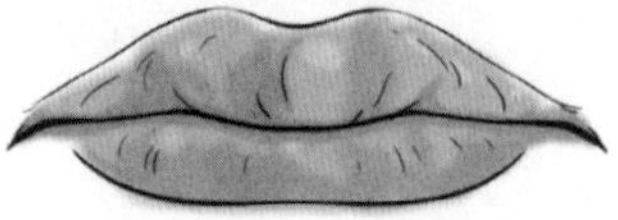

形態：雙唇的縱紋多而明顯，尤其上唇看去更像是皺皺的，即使在笑，也像哭相模樣；唇色暗紅，且因上唇略闊於下唇，故兩邊嘴角呈輕微下垂狀。

《麻衣神相》：

「唇上皺紋似哭顏，縱然有壽主孤單，早年安樂末年敗，若有一子屬幽關。」

《相理衡真》：

「兩唇不合皺紋侵，謀望無成太狠心，莫將少年安樂去，運行中末有嗟吟。」

性情：

(1) 心腸狠惡，思想恨多於愛，心裏常常詛咒他人。猜忌心亦重，心胸狹窄，討厭比自己出色的人。

(2) 輕浮急躁，容易發脾氣，口德極差，説話尖酸刻薄，好批評他人，又愛在他人背後説壞話，所以人緣甚差，沒有人喜歡與其打交道，堪稱「社交界絕緣體」。

(3) 說話沒信用，答應了別人的事情不會放在心上，認為不守承諾根本沒有甚麼大不了。

(4) 心思多但志氣小，做人缺乏原則性和耐性，不論大小事情都難以堅持到底，所以注定一生無法成功。

(5) 缺乏自知之明，依賴性強，抗壓能力差，遇到挫折或不順意的事時，只會埋怨他人不幫忙，不懂檢討自己的過失。

(6) 初運好，但踏入中年以後，運勢便開始走下坡，常常有凶險事故發生。大半生勞碌，謀事難成功，偶然取得小成就，轉瞬又破敗。

(7) 皺紋口是多壽之相，但雙唇滿皺，代表未到晚年已有血氣衰弱之健康問題；換句話說，此相縱有高壽，難得健康。

父母兄弟：

(1) 《相理衡真》論皺紋口的人「少年安樂」，大多出生於中上家庭，事事由父母安排，形成缺乏自主的性格。

(2) 小時候對兄姐十分依賴，直至長大後，因兄弟姊妹都比自己優秀，故心存妒忌，不願與他們太親近。

事業：

(1) 口德好才能運勢好，但皺紋口的人經常口出惡言，運勢必然差。生活上和工作上皆欠人

【重有讀書談論講到女嬌娘。婦人第一要益子將夫旺，背圓掌厚一世好風光？】

和，自然難有好發展。

(2) 皺紋口的人性格不思進取，工作懶散，或有祖業承繼；但多因怠惰而使生意每況愈下，最終祖業破敗，晚運堪憂。

(3) 一生多惹是非，不管走到哪裏都難得人和，也不願聆聽批評和意見，更不甘於屈居人下，在任何聽命於人的崗位都待不長久。

財帛：

(1) 早年家富人豐，物質生活富裕，衣食不愁，盡享歡樂；中年以後家業慘敗凋零，晚年貧苦困厄。

(2) 皺紋口的人一生財運不佳，常常無故漏財、破財，縱使這一刻賺到大錢，但很容易因種種原因而耗掉，錢財總是守不住。

(3) 投資和理財能力都不強，而且財富難聚，除了要克勤克儉外，更要避免進行高風險投機活動，否則必遭滑鐵盧。

愛情婚姻：

(1) 皺紋口相如哭喪，人緣運不佳，異性運更差，不管男女，難遇好姻緣。

(2) 此相之人不論在戀愛或婚姻之中，感情都非常自私，只顧滿足自己的慾望，不理伴侶感受，所以關係難以持久，緣來緣去，到老孤獨。

【口小鼻圓雙孔不仰，能生貴子可旺才郎。】

(3) 一生情路波折多，婚姻亦受沖，踏入六十歲流年時，必與伴侶離異，家破人散。

(4) 此相女性感情運比男性更差，縱有婚緣，婚後難享夫福，夫妻情淡。

子息：

(1) 皺紋口是孤單之相，子息緣分薄，也不得力。命中或有一兒，卻因遭遇意外或其他原因而致兒子不能常伴身旁，晚年孤老無依，無兒送終。

(2) 皺紋口女性的子息運較男性為佳，但因經歷不愉快婚姻，一生生活艱難，晚年縱得子女孝養，但內心無法放下昔日傷痛，總是鬱鬱難歡。

(3) 此相女性懷孕時須加倍留神，提防孩子未產先夭。

【莫話矮婆墮臀唔好樣，一味仔多悟怕絕燈香。】

(10)菱角嘴

形態：上唇中間接人中部位明顯像英文字母M，整個口型線條明朗、輪廓分明，雙唇豐潤，兩邊嘴輕微上揚，不說話時像微笑狀，形態如菱角一般，故名菱角嘴。

性情：

(1) 機智又聰明，天資高，肯努力，學習能力比較強，能夠舉一反三，觸類旁通。

(2) 口才很好，很會說話，辭鋒犀利，好辯爭勝，但不會貶低他人而抬高自己；與人溝通對答妙語連珠，能讓所有人都高興。

(3) 不論心情好壞，樣子都像在微笑，使人樂意親近；即使在鬧情緒時，也不會亂發脾氣，所以人緣特別好。

(4) 直覺及第六感很強，有預兆能力，所預感之事多能成真，有時令自己也感到詫異。

(5) 行事作風果斷明快、乾脆利落，絕不拖泥帶水，而且耐力驚人，對於決定了的事情，必堅持到底，不達目標不放棄。

(6) 相書謂：「菱角嘴，吃四方」，代表此相之人十分愛吃，喜歡四處找尋美食，口福食祿也很好。

(7) 注重生活品質，堅持「工作時工作，遊戲時遊戲」，不會做金錢的奴隸。對於衣食住行，都有獨特的個人愛好和追求，不會隨便將就。

父母兄弟：

(1) 父母緣分深，幼時得父母親悉心照顧；長大後既孝順父母，也能秉承慈訓造福社會。

(2) 菱角嘴的人手足不多，多是家中獨子或獨女，或是長子或長女，與弟妹的感情和睦，但偶爾會有爭執不和的情況。

事業：

(1) 「菱角嘴，吃四方」也代表做事八面玲瓏，前程遠大，工作運四方亨通，能掌權，若加入政府部門的話，官運緩緩上升。

(2) 口才便給，反應亦快，而且句句說進對方的心坎裏，若能加以培訓，可以成為出色的司儀、演說家或律師。

(3) 目標清晰，好勝心強，不會輕易服輸，任何事都希望做得比別人好，加上平生近貴，所以事業成就比別人高。

(4) 此相之人說話很有說服力，可以擔任市場營銷或公關方面的工作，不管是打工或做生意，必能吸引大量客戶，表現出色。

【臍凹一分兒一養，二分能見子成雙。】

財帛：

(1) 菱角嘴的人自主獨立性很強，做事積極，講求實效性，容易掌握賺錢的機會，所以一生財運不會太差。

(2) 腦筋靈活，機智過人，可憑藉個人實力、智慧及人際網絡為自己賺取財富，享受富貴生活。

(3) 雖然此相的人追求高品質生活，但理財有度，不會盲目花錢於昂貴但沒有實際用途的東西上，更不會讓自己陷入財政困難之中。

愛情婚姻：

(1) 菱角嘴是敢愛敢恨型，一旦遇上心中所愛的人，便會主動追求，積極向對方示愛；同樣地，一旦被背叛，便會毫不留戀地拂袖而去。

(2) 不論男女，皆善於以說話哄人開心，但不帶欺騙成分，所以容易吸引異性注目和愛意，姻緣早見，但不宜早婚。

(3) 此相之人對生活質素要求高，選擇對象更加挑剔，能夠憑着天賦的第六感和獨特的眼光，覓得理想佳偶，婚後享受優裕人生。

(4) 菱角嘴是福氣甚好的口相，能言善道，女性尤是旺夫蔭子之命，極受翁姑喜愛的媳婦，婚後深得夫家長輩疼愛。

子息：

(1) 菱角嘴的人子息運甚佳，命中兒女一雙，品格高，敬父母，小時學業好，大時成就高。

(2) 晚運亨昌，子賢孫孝，承歡膝下，生活愉快幸福，不愁孤單。

【肥婆腰窄乃係無兒相，刑夫眉大額頭光。】

(11) 吹火嘴

形態： 嘴巴小，口尖唇突，開而不收，總是合不攏，像在吹火模樣，故名吹火嘴。

《麻衣神相》：

「口如吹火開不收，嘴尖衣食苦強求，生成此口多貧夭，蔭下須教破且休。」

《相理衡真》：

「口如吹火盡披唇，一世孤單主困貧，借問饔飧何所得，習來薄藝好遮身。」

性情：

(1) 由早至晚像播音筒般說話不停，但大都是膚淺言論，內容空泛，缺乏深度。說話浮誇不真，滿口謊言，好搬弄是非，混淆視聽，更不善於保守秘密，實不能與之推心置腹。

(2) 口不擇言，說話缺德，得理不饒人，常常惡語傷人，處處挑剔別人毛病，令人反感。女性在這方面比男性更差勁，是禍從口出的典型人物。

【兩顴黑壥屎雙夫喪，顴高眼凸就要剋三個才郎。】

(3) 器量狹窄，事事斤斤計較不願吃虧；而且陰沉多疑，不容易完全信任人，常以小人之心度君子之腹，所以人際關係甚差。

(4) 喜歡自吹自擂，愛聽恭維説話，妒忌心重，討厭比自己出色的人，看見別人生活得比自己好，便會敵視對方。

(5) 腦筋頗為靈活，反應也快，但可惜意見多，好批評，自己既不積極做事，又拒絕聽取他人意見，縱有理想也徒然。

(6) 精神力量薄弱，情緒波動大，難以承受壓力，一旦遇到無法解決的問題，便會不知所措，深陷煩惱之中。

(7) 因為説話難聽，弄致眾叛親離，更不知不覺得罪很多人，容易遭人報復，罹受災禍。

(8) 吹火嘴的人天生健康運較弱，多有腎氣不足、手腳冰冷的毛病，壯年開始宜加倍保養身體。男命惹縱情酒色，必主晚年纏綿病榻。

父母兄弟：

(1) 吹火嘴是六親少靠的孤苦之相，主父母無緣，可能自幼便要寄居於親戚家中，與父母聚少離多。

(2) 兄弟姊妹三四人，但大多是少時不同住。縱使同一屋檐下，也主感情淡薄，自小至大鮮少聯絡，有手足等於無手足。

事業：

(1) 吹火嘴的人總是多説話，少做事，終日在辦公室裏喋喋不休説廢話，不願專注工作，常惹同事、上司甚至老闆不滿。

(2) 這類人經常開口得罪人，最忌從事常與客戶聯絡的工作，必然成事不足，敗事有餘，是公司裏的「倒米壽星」。

(3) 吹火嘴天生腎氣不佳，而腎弱的人普遍意志力、決斷力和耐力都不足，所以工作難有所成。

(4) 此相福祿有缺，命主孤貧，最好能在年輕時學習一技之長，憑技術養活自己，以免生活無靠，晚景淒涼。

財帛：

(1) 吹火嘴是虛花之相，用錢如行雲流水，缺乏儲蓄和正確理財觀念，既不易創造財富，也難積聚財富。

(2) 吹火嘴型雙唇尖削，代表貧寒窮困，生活艱難，衣食短缺，此相切不可頦下留鬍子，否則必主家破人亡。

愛情婚姻：

(1) 吹火嘴是剋夫妨子之相，一生情路坎坷，婚姻亦受沖，尤其踏入六十歲交口運流年後，

【髮短髮粗原係壽相，髮長到地又怕自縊懸樑。】

縱不離婚，也是有妻等於無妻，有夫等於無夫。

(2) 吹火嘴的人愛說是非，嘴巴凶，心眼不善，婚姻難得完滿，家庭不幸福，即使不離婚，夫妻也會常吵架。

子息：

(1) 吹火嘴的人說話口沒遮攔，縱使與子女聊天，也是嘴裏吐不出好話，難怪子女都不愛親近。

(2) 六親運不佳，子息緣薄，但養兒一百歲，長憂九十九，此相之人到老仍要為子女之費勞神，晚運堪憐。

(3) 女性長有吹火嘴，易有產厄，懷孕時須慎防流產，生產時亦會險象環生。

【面滑身粗係淫賤相，倘若不為奴婢亦要當娼。】

(12) 雷公嘴

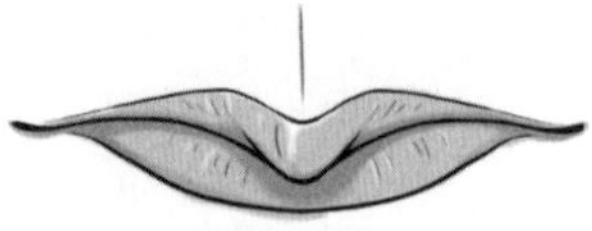

形態： 人中很長，嘴角兩邊飽滿凸出，上唇中間有顆珠且前凸，下唇輕微短縮，看似上唇包裹下唇，典型例子就是神話故事《西遊記》中的美猴王孫悟空。

性情：

(1) 倔強而固執，凡事總以個人看法為標準，可列為狂妄自大型。

(2) 主觀意識很強，面對不合情理的意見，必與對方爭辯到底，容易給人好吵架的印象。

(3) 懷疑心極重，不是自己親眼所見的東西或事情，都不會完全相信，好的方面是不會誤信閒言，壞的方面是不輕易信人。

(4) 處事頗為急躁，缺乏耐性，不易保持冷靜，對很多未經詳細思考的重要事情貿然行動，所以有時難免做錯決定。

(5) 心思細密，反應敏捷，說話多而到位，不會提多餘或無謂意見，容易贏得他人信服。

(6) 具俠義心腸，不畏強權，遇上不公平的事，必挺身而出，維持公義，為被欺壓一方發聲。

(7) 此相愛追求美食，故擁有雷公嘴的小孩，因難以抵抗美食的吸引，而常有偷吃的壞習慣。

父母兄弟：

(1) 雷公嘴的人自小已很獨立，不勞父母處處照顧，長大後與父母感情生疏，但內心不忘孝道。

(2) 此相的人不善表達內心感情，儘管心裏手足相親，表面卻是平淡如水，但當兄弟姊妹有難，必然是第一個伸出援手。

事業：

(1) 雷公口的人心思太多，不喜歡長時間安身於同一崗位上，事業難有大成就。

(2) 此相的人領悟力十分強，最宜學習專業技能，腳踏實地工作，有機會贏得地位和名聲。

(3) 辦事能力高，但生性不喜受拘束，故不宜創業當老闆追逐利益，否則會漸漸討厭自己變成「俗人」。

財帛：

(1) 雷公嘴之人一生財運普通，雖可憑專業成名，但總是名大而利小，雖貴而不富。

(2) 此相者重視名聲多於財富，用錢豪爽大方，有千金散盡還復來的氣派，但不會以金錢換取聲望。

【見人掩面偷斜看，私情密約任偷香。】

【托腮咬指倚凭門邊望，一見男人鍾意佢啫咁就動心腸。】

愛情婚姻：

(1) 雷公嘴在感情運上屬大敗之口相，戀愛路上絕不平坦，不論男女，常有到老不婚的案例。

(2) 此相刑夫剋妻，縱得赤繩繫足結姻緣，丈夫或太太難免受沖，健康或財富總有損。

(3) 此相六親緣薄，夫妻難白首，早婚早離，遲婚晚離，晚年多是一個人過生活。男性婚後易有偷情行為，這也是造成婚姻破裂的重要原因。

子息：

(1) 雷公嘴是刑剋子女之相，生兒育女機會微；縱有子女，也主與子女不和，或與子女生離死別。雷公嘴若配人中飽滿，更是子女絕緣之相。

(2) 子息緣薄，故不宜與子女同住，若然勉強與子女一起生活，也是多災多難。

(3) 女性有雷公嘴，慎防產厄，恐有兒女早夭之險，故懷孕時須加倍小心。

(13) 歪斜口

形態： 口型歪斜不正，或上下唇無法對齊，或厚薄不均，或左右嘴角高低不一。

性情：

(1) 嘴歪的人性格固執，好逞口舌之勇，強詞奪理，硬將無理説成有理；這類人又愛引古論今，理論卻是似是而非，目的只有一個，就是希望別人以為他滿腹經綸。

(2) 巧言令色，説話不真，子虛烏有，撒謊成癮。與此相之人相交，必須小心謹慎，提防受騙。

(3) 好管閒事，愛説人長短，無風起浪，顛倒黑白，更處處挑剔他人毛病，故易招他人反感。

(4) 嘴巴能反映一個人的待人處事的態度，口歪的人看事偏激，難以給予客觀持平的意見，更常常有欺負弱勢和不滿現實的表現。

(5) 情緒智商甚低，容易受他人影響而鬧情緒，常常因為小事而大發脾氣，不能控制自己的情緒。

(6) 魯莽急躁，缺乏耐性，面對重要事情時，往往輕舉妄動，不懂得保持冷靜，故容易做錯決定。

【喜怒無常將曲唱，行前盼後好梳妝。】

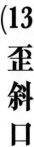

(7) 口歪妨健康，此相之人先天脾胃虛弱，常受食慾不振、臉色蒼白或消化不良等問題困擾，宜在年輕時開始調理身體，以免老來不安。

父母兄弟：

(1) 歪斜口多是父母遺傳不良，歪左的話，問題在父親；歪右的話，問題在母親。

(2) 口型不正亦是刑剋父母之相，歪左妨父，代表與父親感情不睦，且父親早喪；歪右妨母，代表與母親感情不佳，且母親早亡。

(3) 命帶刑剋，手足縱非死別也難免生離，與兄弟姊妹親情淡薄，感情不睦，彼此無助。

事業：

(1) 歪斜嘴的人做事貪多務得，工作上絕對不肯吃小虧，令同事討厭、上司憎惡，是辦公室裏人事關係極差的人物。嘴向左歪者，情況更甚。

(2) 這類人說話多做事少，十句說話九句假，喜歡背地裏挑撥同事之間是非，也是辦公室裏的典型小人。

(3) 由於此相之人思想偏激，愛做「己所不欲施予人」之事，若因走好運而當上領導層，必然以折磨下屬為樂。

財帛：

(1) 性格吝嗇，對金錢斤斤計較，在任何方面都捨不得花費，整天只想着如果增加自己的財富。

(2) 詭計多端，工於心計，表面與人友好，但內心總在盤算着如何佔人便宜。

(3) 嘴巴歪斜，心思不正，是借債不還的典型。朋友有此口相的話，宜格外留神，避免與之有金錢轇轕。

愛情婚姻：

(1) 歪斜嘴是異性緣薄之相，其人喜歡「吹牛」，而且性情多變，喜怒無常，多招異性怨懟，感情路必是崎嶇不平。

(2) 歪斜口之人愛說謊話，戀愛時常常欺瞞戀人，婚後則欺瞞配偶，一旦種種謊話被戳破，便會造成分手危機。

(3) 歪嘴女性雖愛撒謊，卻是賢妻良母型，婚後只是一天到晚在家嘮叨不停，難免令丈夫和兒女吃不消。

(4) 不論男女，多是鰥寡孤剋之命，主婚姻不美，家庭不全，早婚早離，晚婚亦難到老。

【腰長口闊偷愁想，啯的係懶精唔會把家當。】

【口咬牙筋兼共鼻仰，嗰種係一門陰毒叫做咒人王。】

子息：

(1) 歪斜嘴者自小健康不佳，子息運也弱，刑剋嚴重的話，恐有子女早夭之險。

(2) 嘴向左歪妨子，代表只有女兒沒有兒子；嘴向右歪妨女，代表只有兒子沒有女兒。

(3) 歪斜嘴之人與兒女無緣，孩子出生後不久，便可能因種種原因而被寄養在他人之家；情況較輕者，則主子女年幼時便赴海外唸書，彼此聚少離多。

(14) 牛口

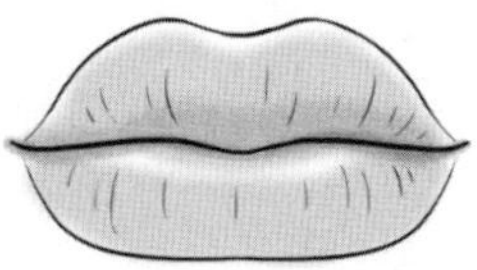

形態：雙唇厚實飽滿，形態仿若牛的雙唇，故名牛口。

《麻衣神相》：

「牛口雙唇厚且豐，平生衣食更昌隆，
濁中帶清心靈巧，富貴康寧壽若松。」

《相理衡真》：

「牛口兩唇厚且豐，平生衣食總充隆，
舌長齒白來相應，福祿綿綿永不窮。」

性情：

(1) 性格開朗，聰慧過人，領悟力高，多才多藝，滿腹才華。外表看似愚笨，但大智若愚，雖然擁有大智慧，卻不喜歡顯露鋒芒。

(2) 心善性慈，溫順有禮，待人誠懇，正直而坦率，行為踏實不虛偽，舉止穩重而謙恭。

(3) 為人寬厚，器量大，能包容與自己意見不的人，也願意聆聽和接受告誡之言，故能與人融洽相處；對朋友更是有情有義，朋友有難，必定盡力幫忙。

【面緊嘴尖聲爛帶響，掩住半邊口都嗌得幾條鄉。】

(4) 意志力和忍耐力極強，充滿自信，一旦確定了目標，必能堅持到底，不達目的不罷休，除非出現無可抵擋的障礙，否則絕不會半途放棄。

(5) 牛口是忠誠敦厚之相，其人信守承諾，言出必行，對於答應了別人的事情，必全力以赴。

(6) 粗中帶細，表面看來做事粗魯又隨便，但卻是經過審慎和仔細考量，行事過程毫不馬虎。

(7) 相書有訣：「口如牛唇，必是賢人」，代表此相之人做事光明正大，行為正派，善惡黑白分明，多是社會上的賢能之士。

(8) 《麻衣神相》謂牛口之人「富壽悠遠」，運勢昌隆，一生衣食無憂，福祿悠久，兼且體魄安康，可享遐齡。

父母兄弟：

(1) 牛口的人大多出身於條件頗佳的家庭，父母修養好，自幼承庭訓，做人做事要依規矩、原則，不可走歪路。

(2) 大多是家中長子或長女，兄弟姊妹皆是品性好、重義氣之輩、富貴之命。

(3) 手足和睦，感情親切，能互勉互助，而且各人志氣遠大，能為個人目標奮鬥上進，各有成就。

事業：

(1) 牛口的人家庭背景好，開運早，事業上得到家人支持，與同齡的人相比，較易取得成就。

(2) 對事業有抱負，做事能持之以恆，懂得一步一腳印地去實踐理想和目標，加盟大機構必能躍升成為最高領導人。

(3) 工作上努力拼搏，處事面面俱圓，做事認真細緻，急處從寬，揮攞自如，能逐步攀升社會地位，成為社會賢達。

(4) 工作魄力大，聰明知慧高，富有商業頭腦和經商才能，可開創個人事業，籌謀經營，莫不順利成功。

財帛：

(1) 一生勤儉節約，不會因為財富豐厚而豪花買享受，故古相書評牛口之人「平生安定儉且勤」。

(2) 善於理財，能掌握收入與支出的平衡，一生錢財不缺，衣食無憂，中年生活幸福美滿，晚運亨通、健康吉祥。

愛情婚姻：

(1) 本性平和，容易與人相處，甚得人緣，不羡慕驚天動地的愛情，只追求細水長流的關係。

(2) 一生感情運穩定，戀愛順利而甜蜜，怕只怕是對象多選擇多，猶豫不決。但婚後對配偶體貼入微，夫妻感情細膩，早婚不忌，遲婚亦可。

(3) 牛口的男性可娶賢妻，女性嫁得佳婿，婚後夫妻恩愛，家庭美滿又溫馨。

【露齒係口疏言語亂講，是非常弄舌劍脣槍。】

子息：

(1) 子息運佳，子女自幼健康聰明，性格溫順善良。自己與子女的感情甚佳，子女對自己亦是孝順有加。

(2) 牛口的女性子女運好，容易受孕，生產也順利，可自然分娩，不必開刀。

(15) 龍口

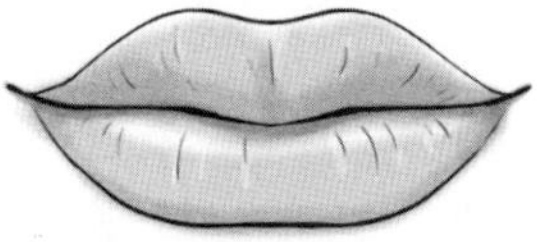

形態：雙唇豐厚且長、端正平齊、唇色明亮，口角線條清秀分明、潤澤而輕微向上翹，是口相中的貴相，且以男命為佳。

《麻衣神相》：

「龍口兩唇豐且齊，光明口角更清奇，呼聚喝散權通變，玉帶圍腰世罕稀。」

《相理衡真》：

「兩唇上下一般般，龍以之名要古顏，大器何嫌成太晚，終當衣錦列朝班。」

性情：

(1) 品格高尚，性情安定而沉穩，聰明敏銳，有上進心，學習及吸收能力極強，自小已表現出眾，深得師長愛戴，是同學、同儕中的好榜樣。

(2) 個性強韌，不畏艱難，態度嚴肅而認真，具有影響及指揮他人行動的能力，善於統配和管理，年輕時已盡顯領導才華。

(3) 口才十分了得，雄辯滔滔，說話有很強的說服力，且具過人智慧，能夠理智地處理突發狀況，能令人心悅誠服。

(4) 心地善良，具仁慈憐憫之心，樂善好施，樂於服務社會大眾，關注弱勢社群，扶助老弱貧困。

(5) 嫉惡如仇，打抱不平，正義凜然，黑白是非分明，對朋友有兩脅插刀的氣概，是最可靠的知己朋友。

(6) 大方爽朗，不拘小節，心胸寬廣，遇上壞事不記仇，遇上好事能感恩；所以贏得很好的人緣，人際網絡極廣。

(7) 氣度非凡，膽識過人，行事果斷而謹慎，從不做沒有把握的事情，而且意志力極強，有不達目標不回頭的氣魄。

(8) 思路清晰，判斷力強，能一針見血地指出重要事情的關鍵，表現出他人望塵莫及的大智。

父母兄弟：

(1) 父母感情佳，恩愛多福。喜助人，故龍口之人自小耳濡目染，養成扶持弱小的性格。

(2) 龍口之人大多是家中獨子或獨女，若有弟妹，則是長兄或長姊。手足亦是品性好、重義氣之人。

事業：

(1) 古時以龍口為帝王之相，故《麻衣神相》謂其人「珠履簪纓」，若生於古時，縱不為王也能問鼎三公，官職顯赫；生於廿一世紀的今天，則能在政府架構中擔任長官，造福市民。

(2) 一生近貴，少年聞達；中年便可發迹，掌握權勢，名聲遠播，往後事業愈益向上發展。

(3) 龍口是少有之佳相，其人可興家立業，創業經商，總不缺穩定的生意夥伴和客戶，成功機會很大，在商界可成為出色人物。

(4) 龍口是罕見之相，縱然面相其他部位稍有欠缺，也主大器晚成，事業成就，富貴加身，能過上中產或以上的生活質素。

財帛：

(1) 龍口是福祿雙全的上佳之相，工作勞碌多憂，但可名利兼收、富貴兼得，少運平穩，中年發富，晚運亨通。

(2) 龍口之人或有祖蔭可承，否則也可憑個人能力賺取豐厚財富，終必大富大貴。

(3) 用錢豪爽大方，不會斤斤計較；但也不會胡亂揮霍，而且願意以金錢為善，幫助弱小。

愛情婚姻：

(1) 男性長有龍口，氣派非凡，能吸引異性垂青，桃花遍地；女性長有龍口，有欠女性美，戀愛路上難言多姿多采，但仍能尋得好丈夫。

(2) 龍口的人感情豐富，但不會輕易愛上異性。若一旦遇上心中所愛，必是全心全意，對愛情專一，可以一婚到老。

(3) 龍口的女性屬於事業型，工作表現不讓鬚眉，但略嫌欠缺溫柔婉順的氣質。婚後宜繼續工作，否則容易與家姑出現意見相左的情況。

子息：

(1) 子息緣分好，兩代之間感情深厚，遇事有商有量，相處如朋友般和睦。子女和晚輩皆是忠孝仁義之輩。

(2) 龍口的人仗義為懷，積善積德，福蔭後代。桑榆之年，兒孫繞膝笑開顏。

(16) 虎口

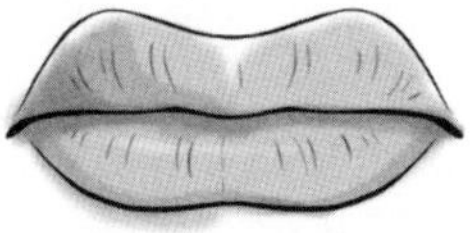

形態：雙唇厚實飽滿，嘴型寬大，幾能容拳，狀如虎口，故名之。

《麻衣神相》：

「虎口闊大有收拾，須知此口必容拳，若然不貴且大富，積玉堆金樂自然。」

《相理衡真》：

「虎口如彎大且寬，微微地角似溫桓，前程富貴何須問，口大容拳作是觀。」

性情：

(1) 性格樂觀開朗，豪邁不羈，我行我素，不受管束，不拘小節，喜歡與不同背景及階層人士做朋友。

(2) 豪爽仗義，極重義氣，對朋友有兩脅插刀的情誼，一旦朋友有難，必挺身幫忙，絕不猶疑。

(3) 擁有高度智慧和非凡氣魄，屬於行動派，處世高調，藉以激發個人潛能。

【相逢好似初相識，到老終無怨恨心。】

(4) 智力和悟性十分好，富進取心，勇敢果斷，行事作風乾脆俐落，絕不拖泥帶水，一旦決定了要做的事情，絕不退縮回頭。

(5) 做事專注、有耐心，不會因為少許挫折而灰心氣餒，擁有面對困難和應付逆境的勇氣和能耐。

(6) 做事積極而具魄力，目標清晰，逆境中可自強，不屈不撓，屢敗屢戰，貫徹到底，直至成功。

(7) 行俠仗義，不畏強權，遇上不公平的事，必挺身而出，為弱小群眾發聲，維持正義。

(8) 缺點是，與朋友相處時，有時表現過分霸氣，即使只是小事一樁，也要堅持己見，難免令人感到吃不消。

父母兄弟：

(1) 虎口的人大多出身於中上背景之家，父母品格高，樂於助人，對子女管教有方，可享富貴與高壽。

(2) 兄弟姊妹不多，但都是重義重情之人，彼此親情厚，一方有難，各方支援。

事業：

(1) 古時以龍口、虎口為帝王之相，生於古時可以成為一國之君或一城之主，統領百姓；若非為王，必位極人臣，得享高官厚祿。虎口之人生於現代社會，多是政府系統或大機構裏舉足輕重之高層人物。

(2) 領導力強，運籌帷幄，是極佳的管理人才，工作上遇到困難，絕不推卸責任，能挺身保護下屬，但卻不會姑息做事馬虎懶散的下屬。

(3) 虎口之人作為領導層，能夠恩威並施，剛柔並濟，容易贏得下屬擁戴支持，也是深得老闆信賴的員工。

(4) 虎口闊大食四方，有此口相之人開運早，不管從事何種行業，皆有卓越表現。

(5) 虎口的人觸覺敏鋭，反應迅速，創業的話，能捕捉市場脈搏，把握稍縱即逝的機會，成為商界奇才。

財帛：

(1) 虎口乃「積玉堆金」的富貴之相，可以憑個人才幹和努力白手興家，賺取財富，並晉身社會上流。

(2) 信奉「君子愛財，取之有道」的原則，絕不貪不義之財，堅持每一分錢都是憑自己實力賺回來的。

(3) 虎口是榮華富貴之命，事業亨通，財緣廣開，能賺四方錢；而且眼光獨到，投資有道，能在金融市場上賺得可觀回報。

【易漲易退山溪水，易反易覆小人心。】

愛情婚姻：

(1) 虎口男性有保護家人和伴侶的氣概，迷倒不少異性；虎鼻的女性坦率真誠，極討男士喜愛；不管男女，皆是行為落落大方，容易贏得異性之心。

(2) 虎口唇厚，是情深義重的象徵。有此口相者感情運一般都很順利，在適婚年齡時會遇上一位好伴侶，執子之手，與之偕老。

(3) 他們對待感情慎重、認真，戀愛態度是寧缺毋濫，當一旦墮入愛河，便會從一而終。

子息：

(1) 虎口之人一生富足，不僅本身能享福祿壽全，其福蔭更可綿延世代，子孫也能享富貴榮耀。

(2) 虎口之人重視自身德行修養，教導子女十分嚴謹，不求成龍成鳳，卻不可行差踏錯。

(17) 豬口

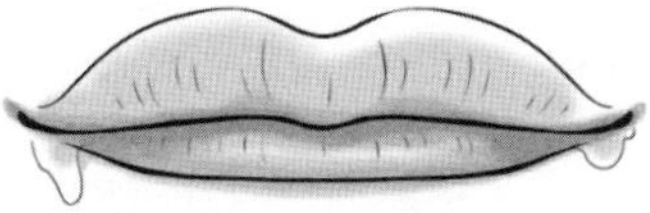

形態：上唇闊長而粗厚，下唇尖削，嘴角常流口涎，

《麻衣神相》：

「豬口上唇長粗闊，下唇尖小角流涎，
誘人訕謗心奸險，落在途中半路休。」

性情：

(1) 心中藏惡，奸險狡詐，工於心計，行為陰險，作事欠光明磊落，給人鬼鬼祟祟的感覺。

(2) 自私自利，貪婪成性，每事必先衡量個人利益和得失，絕不做吃虧的事，但卻常常計算如何佔人便宜。

(3) 説話輕率，口不擇言，愛造謠生事，背地裏説人是非長短，好拗執歪曲事實，令人討厭。

(4) 説話不真，信口開河，視承諾為閒事，答應了別人要做的事情不會認真辦妥，信用很差。

(5) 器量淺，看不過他人比自己優秀；妒忌心亦重，看見別人活得比自己好，就會在心裏咀咒對方走衰運。

(6) 忘恩記仇，報復心強烈，不會感激幫助過自己的人，卻會想盡辦法報復開罪過自己的人，即使自己不能因此而得到好處，也希望令對方難受。

(7) 《麻衣神相》指豬口主兇貧，其人任性粗暴，行事魯莽衝動，不理前因，不顧後果，常常惹是生非，因而招牢獄之災甚至殺身之禍。

(8) 少年運氣不佳，踏入中年容易遭遇凶險，災禍連綿，有死於非命或命殞中年之虞。

父母兄弟：

(1) 豬口是六親緣薄之相，小時不聽教誨，與父母關係疏離；長大後離家自住，與父母聚少離多。

(2) 手足不多，彼此親情冷淡，長大後各走天涯，互不聯繫。

事業：

(1) 豬口之人生性懶散，不願吃虧，兼且脾氣暴躁，難與同事相處合作，一生難望有出頭之日。

(2) 由於性格所累，以致親者反疏，恩者成仇，眾叛親離，一生事業運低沉，遇難時只能自求多福，基本上連一份穩定工作都難以維持。

(3) 豬口之人為求利益，可以不擇手段，哪怕是出賣朋友甚至家人，故任何人在工作上遇上這類人，須加倍小心提防。

財帛：

(1) 古相書指豬口乃「貧賤之相」，其人一生衣祿難足，縱然偶得小財，但在六十歲走口運時，必招大敗大破財。

(2) 生性好逸惡勞，守株待兔，終日游手好閒，不務正業，不思進取。既無學歷，也欠技能，賺錢能力極低。

(3) 半生光陰及所賺金錢都虛耗於追求情慾、色慾之上，以致酒色破財，家無隔宿之糧。

愛情婚姻：

(1) 嘴角常流口水，總是好色、好淫的象徵，其人重肉慾、輕感情，經常更換身邊伴侶，以滿足個人色慾之心，男性比女性更甚。

(2) 豬口之人負義忘情，對感情沒有專一的概念，常有一腳踏數船的情況。婚後仍然貪花戀酒，不知自我約束，招致配偶不滿，最後夫妻必以分手告終。

(3) 不管男女，偶然邂逅豬口之人，謹記敬而遠之，否則終必受情傷。

子息：

(1) 豬口之人一生為惡，多行不義，婚姻難順，多主無子嗣之福。

(2) 此相縱有子息，亦主有女無兒，骨肉無緣，身後沒有子息送終。

【有意栽花花不發，無心插柳柳成蔭。】

(18) 羊口

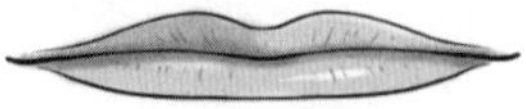

形態：形態長而尖，沒有鬍子；雙唇尖而單薄，不夠軟；吃相如狗般不雅，是頗為常見的口相。

《麻衣神相》：

「羊口無鬚長且尖，兩唇又薄得人嫌，
口尖食物如狗樣，賤且貧而凶又邅。」

性情：

(1) 惰性很強，少年不讀書，大時不努力，好吃懶做，終日無所事事，游手好閒，易淪為流氓之輩，虛度一生光陰。

(2) 昏庸愚昧，缺乏常識，但卻極愛面子，遇到別人不認同自己或有不順意的事情時，便以行動或言語傷害人。

(3) 粗鄙無禮，自以為是，不論置身任何地方，皆表現得目中無人，高聲喧嘩，狼吞虎嚥，令人十分討厭。

(4) 好説人家是非閒話，最喜歡挑撥離間，每當閒着沒事幹時，就會四出找人聊天，嘴裏不停説人長短，所以人緣甚差，朋友都不是真心的。

(5) 常常無故惹是生非，甚至顛倒是非，説話、做事每每混淆

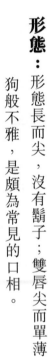

視聽，不理事情真偽，指鹿為馬，誠信令人懷疑。

(6) 缺乏主見，不辨忠奸，容易被不法分子教唆利用，進行犯罪活動，因而陷於囹圄之中。

(7) 羊口之人具暴力傾向，行事邪惡，積惡甚深，注定無福又無壽，一生頻遇災禍，運多凶險，更恐不得善終。

父母兄弟：

(1) 羊口的人六親緣薄，小時候已經表現得不合群，與父母感情冷淡，與親屬更是極少往來。

(2) 少年運差，手足無助不得力，彼此之間感情亦疏離，且因性格不同而使兄弟姊妹拒與為伍。

事業：

(1) 羊口的人生性懶散，好逸惡勞，做起事來沒神沒氣，上班望下班，下班望放假，從來不能在同一崗位上待得太久，若不是被老闆解僱，就是自己辭職不幹。

(2) 羊口的人看風駛舵、以下犯上，又好搬弄是非，縱使有工作在身，也因性情惡劣而招人討厭。

(3) 自私心重，不肯吃虧，任何情況下，都不願意比別人多付一點時間和精神去完成，故同事關係十分差。

(4) 羊口乃貧賤之命，本身既缺乏智慧，又不思進取，辦事能力極低，只能擔任出賣勞力的工作，不可奢求攀上領導之位。

財帛：

(1) 生性貪婪，視金錢如至寶，容易為金錢跟人翻臉，即使對方是父母或兄弟，也不例外。

(2) 羊口是貧賤之相，缺乏儲蓄觀念，一旦手邊充裕時，就會揮霍無度，只顧追求眼前享樂，不作長遠生活打算。縱使積得小財，運行水星（口部）時，必主破大財。

(3) 羊口的人意志薄弱，容易受不法之徒金錢誘惑而進行非法活動，結果必是法網難逃，身陷牢獄。

愛情婚姻：

(1) 羊口是刑夫刑妻之相，婚姻運差，夫妻感情冷淡，太太或丈夫身體不佳、工作不順。踏入六十歲流年，輕則婚姻破裂，重則夫妻生離死別。

(2) 不論男女，皆是放蕩不羈，荒淫無度，遊戲人間，對感情不認真，常令身邊的伴侶傷心難過。

(3) 為人虛情假義，談戀愛只求漁水之歡，對感情不負責任，婚緣甚薄。縱然結得秦晉之好，也主婚姻難到老。

子息：

(1) 子息緣分弱，子女情薄，骨肉無緣，恐有生離死別之事，即子女早夭或子女年紀甚輕時已被寄養他家。

(2) 子息緣薄亦主女多兒少，女兒因種種原因不在身邊，晚年必然孤貧度日，若不凶死，也是境況淒涼。

【當時若不登高望，誰信東流海洋深。】

(19) 猴口

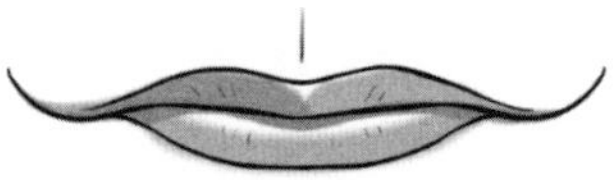

形態： 雙唇細薄而長，嘴大裂開朝上，人中深陷而端正，好像剖開的竹子並排豎起來，整體形態狀如猴口，故以此名之。

《麻衣神相》：

「猴口兩唇細又長，人中破竹更為良，
平生衣祿皆榮足，鶴算龜齡福壽康。」

《相理衡真》：

「猴口兩唇向上方，人中破竹更為良，
平生衣祿榮華好，杖履優游福命長。」

性情：

(1) 好吃好玩，思想古靈精怪，愛說笑話，擅長在群眾聚會中製造歡樂氣氛，朋友都樂於親近。

(2) 聰明敏銳，適應力和靈活度甚高，交際手腕圓滑，懂得積極擴闊社交圈子，為生活和工作帶來方便。

(3) 頭腦靈活，學習和模仿能力高，領悟力強，容易捉到重點，善於舉一反三、觸類旁通。

(4) 膽量大，反應快，一旦決定了要做的事，馬上坐言起行，絕不會拖泥帶水。

(5) 點子多，應變能力強，但疑心頗大，常常懷疑他人在背後挑剔自己，對他人不易完全投以百分百信任票。

(6) 有愛撒謊的壞習慣，而且是箇中高手，所撒的謊都能讓人信以為真，幸好謊言都不具傷害性。

(7) 猴口是多福長壽之相，生活安穩，身體健康，晚年逍遙、病痛少。

父母兄弟：

(1) 猴口之人家族人口多，大多出生於富裕家庭，但與父母關係一般。

(2) 猴口唇薄情薄，手足雖多，感情並不特別親切，但當一方有難時，卻會鼎力幫忙。

事業：

(1) 此命出身好，多有祖業可承，兄弟姊妹聯手經營，將業務推上更高峰，令家業更加興旺，但自己不宜擔任管理崗位。

(2) 此相之人因得力於家庭而開運早，且運順亨通，無往而不利，打工的話，工作上常得貴人提拔和重用，平步青雲，令人羨慕。

(3) 猴口之人說話玲瓏，俗話說有點「滑頭」，若無祖業承繼，則適合從事公關、推銷、保險或地產代理等工作，會有出色表現。

財帛：

(1) 《麻衣神相》論猴口之人「慳而不吝」，用錢節儉，應省則省，不會亂花分毫；但對於必要和有價值的開支，則毫不吝嗇；遇上兄弟或朋友經濟上遇困難時，更會慷慨相扶，絕不斤斤計較。

(2) 《相理衡真》論猴口「福壽綿綿」，其人自幼生活豐足，衣食不憂，若無祖業可承，也可發展個人事業，創造成就，維持高水平的生活質素。

(3) 猴口是富貴之相，一生貴人運好，容易藉貴人之力而直接或間接得到財富，生活愈益進步，晚年有福有壽。

愛情婚姻：

(1) 雖然猴口之人一般外形並不出眾，但因愛說話，社交生活活躍，所以能吸引異性注目，感情路上不算寂寞。

(2) 猴口雙唇細薄，對待感情屬於理智型，性慾方面比較冷淡，但總能找到適合自己的對象。

(3) 猴口是早婚之相格，一旦遇上合適的伴侶，就會計劃結婚，雖然夫妻不會愛得熾烈，但感情細水長流，大多能白頭到老。

子息：

(1) 猴口之人本身很愛熱鬧，子息早見，主有兒女四五，孫兒數目也不少。

(2) 命中子息緣厚，與子女的感情要好。晚年時，子孫對自己仍是孝順有加，數代同堂，樂也融融。

【馬行無力皆因瘦，人不風流只為貧。】

(20) 馬口

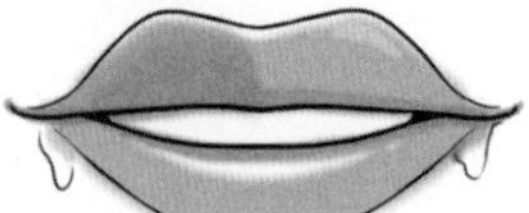

形態：口大，雙唇厚而無紋，常有口涎流出，不說話時嘴巴也狀似蠢然欲動，仿如餓馬吃草的模樣，故名馬口。

性情：

(1) 自尊心極強，驕傲好勝愛面子，不會輕易認錯，又好與人爭鬥，不惜與人吵得面紅耳赤。

(2) 器量淺，疑心重，凡事計較，又愛佔小便宜，待人欠真誠，所以真心朋友不多。

(3) 表面隨和，但行事狡猾，愛走捷徑，不能腳踏實地，遇上問題總是諉過於人，與其交往必須慎防受累。

(4) 相書謂：「嘴如馬嘴，易惹是非」，這類人說話不誠實，常常編造謠言，顛倒黑白，令人討厭。

(5) 追求物質享受，希望過得舒適，住得寬敞，但做人處世沒有方向，少時不讀書，大時不上進，所以注定一事無成。

(6) 口主晚福，此相嘴巴常常無緣無故自動開合，福氣難聚，晚運終究不佳。

(7) 馬口的人天生腸胃健康差，若不悉心調理身體，恐怕久疾難醫，晚年難免臥病，乏人照料。

父母兄弟：

(1) 馬口六親緣薄，家族雖大，人口眾多，但感情疏離，如同陌路。

(2) 上有兄姊，下有弟妹，但手足不親，年幼時意見不合，長大後各奔前程。

事業：

(1) 馬口之人一生胡胡混混，好吃懶做，工作無定，常與流氓為伍，是社會上典型混飯吃的小人物。

(2) 學識不高，辦事能力弱，難肩重任；所以做事成功率低，常常是職場鬥爭中的失敗者。

(3) 此相無福無祿，貧苦勞碌，若不希望晚景淒涼，生活無靠，最好能在年輕時學習一技之長，憑技術養活自己。

財帛：

(1) 物慾甚強，又缺乏理財智慧，少許金錢在手便揮霍無度，缺錢時便向他人打主意，借貸度日，故注定一生窮困潦倒。

(2) 馬口的人福祿短缺，物質生活不豐，一生中或有短暫富貴，但只是曇花一現，很快就會打回原形。

(3) 一生無法與財富結緣，若不努力工作，儲蓄節約，恐會饔飧不繼，居無定處，晚年飢寒，難求飽暖。

【饒人不是癡漢，癡漢不會饒人。】

愛情婚姻：

(1) 不管男女，情多心多，用情甚濫，桃花遍野，可以同時擁有兩個甚至以上的伴侶。

(2) 妒忌心重，醋勁很大，自己可以負人，卻不容伴侶背叛自己，只要對方多看其他異性一眼，便會大興問罪之師。

(3) 馬口婚緣薄，婚後不久便對配偶厭棄，只憑性愛維持關係，但最後必以離婚收場。

(4) 馬口女性多是強勢的太太，婚後要求丈夫處處順從，偶有忤逆己意時，便大發雷霆，因而埋伏婚姻破裂的危機。

子息：

(1) 馬口是六親無緣、家庭破碎的相格，命主難有子息，或有女無兒，或子女出生後與自己異地而居，聚少離多。

(2) 馬口之人一生渾噩，虛度歲月，宜多種福田，多做善事，或可得一兒半女，否則恐身後無人送終。

(21) 鼠口

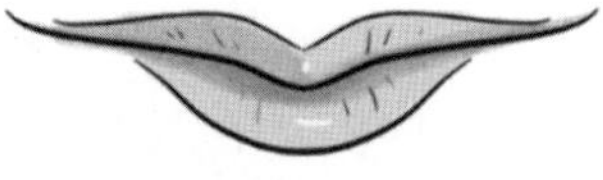

形態： 嘴巴尖，雙唇薄，鼷眼看似無腮；說話時輕聲細語，不說話時自言自語；吃東西時東嘗一口，西吃一口，並且發出窸窣之聲，形態和吃相與老鼠相近，故名鼠口。

性情：

(1) 聰明機靈，反應快捷，但行為鬼祟閃縮，作風有欠光明磊落，在親戚和朋友心中的形象很差。

(2) 口主言語，相書形容鼠口之人「善媚工讒」，代表其人善拍馬屁，巧於讒言，喜歡以言語蠱惑人心，製造是非，挑撥離間。

(3) 決斷力和行動力弱，又缺乏毅力和耐力，卻妄想一步登天，所以蹉跎一生，一事無成。

(4) 妒忌心重，看見別人比自己活得好，便敵視對方，甚至會要詭計奪取或欺騙對方的財物。

(5) 卑鄙狡詐，過河拆橋，忘恩負義，對於幫忙過自己的人，不僅不會投桃報李，反而會利用對方的善良，圖取更大利益。

(6) 心計極重，對於有利於自己的人，視為上賓；對於沒有利用價值的人，視如草芥，是十足的小人個性。朋友有鼠口，不宜與之深交。

(7) 此相一生積怨太深，命途多舛，若不及早洗心革面，必致眾叛親離，晚境淒涼，在所難免。

父母兄弟：

(1) 鼠口的人大多出身自低下階層，父母都是勞苦大眾，以勞力換取金錢。但父母只知溺愛，不懂管教，使孩子養成難以修補的惡行。

(2) 手足眾多，但因鼠口本身性格頑劣，兄弟姊妹都不願親近，長大以後，彼此互不往來，仿如陌路人。

事業：

(1) 少時不學無術，大時終日與鼠竊、流氓混在一起，從不願認真工作，渾渾噩噩過一生。

(2) 鼠口之人是讒言是非的高手，人緣甚差，難與同事和睦相處，即使在工作，也做不長久。

(3) 此相善於巧言令色，若能檢討己錯，認真改過，可投身公關或銷售行業，不難成為出色員工。

財帛：

(1) 鼠口是低賤之相，出身貧苦，少小離家，六親斷絕，必須勤奮工作才賺得三餐飽暖。

(2) 對金錢十分看重，處處以金錢和利益作為着眼點，亦容易因為金錢而進行犯罪活動。

(3) 鼠口的人善於媚上，往往因為攀附權貴而向富人獻媚，女性甚至可以出賣自己身體，以求換取豐厚回報。

愛情婚姻：

(1) 不管男女皆易招桃花，但可惜女性善妒、男性好色，戀人若有鼠口，宜小心應對，以免在愛情路上勞氣傷心。

(2) 此口相姻緣運甚薄，男命沒有照顧家庭的概念，婚後只賴太太持家，導致太太不滿，憤而離婚。

(3) 鼠口若配鼠齒，即牙齒細小尖銳、不整齊，更主家庭、夫妻、子女不和，失敗破家。踏入六十歲以後，不單妻離子散，形單隻影，甚至連朋友也拒絕相見。

子息：

(1) 一生胡混，有兒有女，但自小開始已將兒女寄養於親人家中，絲毫不會克盡父母責任。

(2) 鼠口是子息繁多之相，但緣分單薄，父子成仇，有子等於無子，老死無子送終。

(22) 狗口

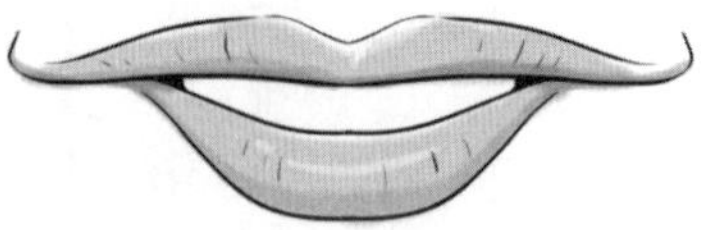

形態： 嘴唇闊平，整個嘴巴向前凸出，吃東西時如饞狗般狼吞虎嚥，形態和吃相皆若餓狗，故以狗口名之。

性情：

(1) 心性不佳，說話尖酸刻薄，特別厭惡條件比自己好的人，常常會出口傷人，是典型「狗口裏長不出象牙」的小人。

(2) 任性無禮，不識大體，不知分寸，常常在不適當的時間和場合說不適當的話，有意無意間令人陷於尷尬環境，更喜歡在公眾地方喧嘩大叫，企圖惹人注目。

(3) 古相書以「狗貪」形容擁有狗口的人，代表其人貪得無厭，唯利是圖，為着個人利益，即使要出賣朋友甚至親人，也在所不計。

(4) 脾氣暴躁，攻擊力及佔有慾很強，遇上自己喜歡的東西或人物，必會不擇手段爭取到手。

(5) 自我保護意識極強，與人相處時不易敞開心扉，坦誠相對，所以內心常常感到孤單寂寞。

(6) 自私自利，野蠻不講理，眼中只有自己，從不為別人着想，所以人緣甚差。

(7) 說話信口開河，不能言出必行，每當被責問不守諾言時，就會反口稱對方交代不清。

父母兄弟：

(1) 長有狗口的人大多出身於貧困家庭，父母管教不力，給予的助力也少，每事都要憑自己力量爭取，因而形成貪滥自私的性格。

(2) 狗口乃刑剋父母之相，主父母早亡。

(3) 六親緣薄，兄弟姊妹少時不親近，大時不聚首，縱有相見日，也是吵鬧時。

事業：

(1) 此相若在古時為官，必是壓榨民脂民膏的貪官污吏；若在廿一世紀的今日社會做生意，必是謀取暴利的大奸商，聲名狼藉，不在話下。

(2) 行事手段鄙劣，刻薄成性，造成人心背向，注定一生多成多敗，縱使取得成就，也不長久，名聲、地位難享到尾。

(3) 利慾薰心，損人利己，機心又重；打工的話，必是假公濟私、以權謀利的員工，每有過錯，也必諉過於人。

財帛：

(1) 長有狗口的人都是唯利是圖之輩，機心甚重，對金錢錙銖計較，絕不會讓自己吃虧。

【紅粉佳人休使老，風流浪子莫教貧。】

(2) 此相極具鬥心，思想冷靜而頭腦機靈，說不定可因此而在中年致富，但因其人心性不佳，到底不得善終。

(3) 狗口財來財去之相，金錢來得快，去得也快；一言以蔽之：財富難聚。

愛情婚姻：

(1) 狗口的人色膽色慾俱備，當遇上令自己心動的異性時，就會迸發愛火花，可惜的是，他們的激情來得快去得也快；所以感情總是反覆多變，多心多意，卻欠真誠。

(2) 狗口的人對愛情主動又衝動，所以大多是早婚之命。當他們與伴侶相處日久，發覺彼此性格不合時，就會毅然分手，絕不回頭。戀人有此口相者，宜在婚前多加了解，以免埋伏婚姻破裂危機。

(3) 此相對金錢看得極重，不論拍拖或結婚，都堅持要與對方平分開支，這也是導致戀愛或婚姻失敗的重要原因之一。

子息：

(1) 狗口的人性慾旺盛，子女不少於三名，雖然兩代之間溝通沒問題，但卻容易因金錢問題而產生嫌隙。

(2) 此相六親緣薄，雖有兒有女，但夫妻分手後子女不從己，以致少聚天倫，這也是命運使然矣。

(23) 蜂口

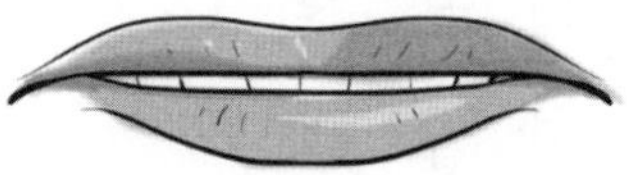

形態： 雙唇幼薄，棱角不明，兩邊口角下垂，承漿（下唇對下的正中凹陷處）不明顯，牙齒外露，此謂蜂口。

性情：

(1) 說話歹毒，性情兇殘，攻擊力極強，遇到不滿意的事情，就會以武力解決，並用盡手段打擊對自己不利的人。

(2) 卑鄙自私，眼中只有自己，絕不會為他人着想，為着個人利益可以出賣朋友甚至至親的人。

(3) 心胸狹窄，性格極端，仇恨心和報復心都很重，一旦被開罪，即使只是小事一樁，也會千方百計，用盡各種毒辣手段報仇泄恨。

(4) 工於心計，城府甚深，表面與人友好，但內心暗藏奸計，常常思量如何佔人便宜或傷害他人。

(5) 疑心極重，對人不信任，一天到晚懷疑他人在背後說自己壞話，但實際上是自己常常無事生非，製造謠言。

(6) 奸狡多詐，罔顧法紀，作惡多端；但天網恢恢，最後必是自食惡果，法網難逃，必無善終。

(7) 古相書論蜂口為下賤、卑鄙、孤單、貧困之相，晚景尤其悽苦，更恐橫死街頭，宜認真戒絕惡行，修善積德，望可稍減災劫。

父母兄弟：

(1) 蜂口之人刑剋父母，與父母感情冷若冰霜，小時已開始對父母呼呼喝喝，長大後更常常為金錢對他們動手動腳。

(2) 手足無情，此命與兄弟姊妹難以融洽相處，彼此之間沒有情分可言；長大後更是形同陌路人，互不理睬，互不溝通。

事業：

(1) 不管男女，一生受性格所累，親者反疏，恩者成仇，眾叛親離，工作上難獲扶持，也難與同事和上司協調，所以每份工作都做不長久。

(2) 蜂口男性暴戾不仁，一身邪氣，不務正業，胡混度日，容易誤入歧途，從事非法勾當，淪為小偷或竊賊。

(3) 蜂口女性好逸惡勞，容易淪落風塵，為娼為妓，以出賣肉體謀生。

財帛：

(1) 蜂口的人無情無義，終身不開運，與財祿無緣，故一生勞多獲少，是貧賤辛苦之命。

(2) 此相之人好吃懶做，不願付出勞力、時間和精神，男性易成為流氓、宵小，以偷盜竊劫為生；女性若非在風塵中賺取金錢，恐怕也是黑道人物。

愛情婚姻：

(1) 不論男女，皆是多情好色，左右逢源。男性應付女性頗有手段，到處留情；女性善於向男士獻媚，博取歡心，但戀愛總以色慾為前提，故關係難以長久。

(2) 蜂口之人性格霸道，婚後要求家庭中的一切以自己為尊，男命欺妻、虐妻，女命妻奪夫權，夫妻必難到老。

(3) 蜂口是刑妻剋夫之命，婚後配偶身體虛弱、事業不通、財運下滑，必中其一，夫妻終日吵鬧不停，終必離婚收場。

子息：

(1) 子息緣薄，男命太太多有流產之劫，女命必有墮胎經驗，晚年孤單飢寒，無所依靠。

(2) 蜂口不單刑妻刑夫，也剋子剋女，孩子易有夭折的情況。若求子息平安，必須及早痛改前非，改邪歸正，廣種福田，否則必主無後。

(24) 貓嘴

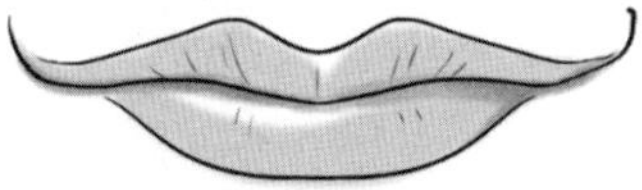

形態： 貓嘴的形態與仰月嘴有點相近，兩者皆是嘴角微微上翹，但後者的嘴角線會誇張地向上延伸，因狀似馬戲班裏小丑的嘴巴，故又名「小丑嘴」。

性情：

(1) 口才甚佳，善於社交，又有幽默感，沉悶的話題在他口中可以變成笑料，為大眾製造愉快氣氛，人際關係很好。

(2) 說話誇張，可以把一件小事情說成驚世大事，初相識者會被嚇破膽，但相處久了便會一笑置之。

(3) 親和力強，不重視階級觀念，樂於與不同背景人士交朋友；而且樂於助人，願意對貧苦大眾伸出援手。

(4) 愛面子，喜逞強，常常吹噓自己的成就，又愛邀口舌之功，雖然不具傷害性，但有時難免令人吃不消。

(5) 性格浮滑浮誇，有點小聰明，但處事作風不夠踏實，喜歡走捷徑，所以不易贏得他人百分百的信任。

(6) 自覺口才了得，所以自視頗高，容易養成自以為是、獨斷獨行的主觀性格。

(7) 追求口福，喜歡到處找尋美食，尤其愛吃牛，是典型無牛不歡之人。

父母兄弟：

(1) 父母性格隨和，尊重孩子興趣和意願，所以貓嘴的人大多擁有快樂童年，在沒有壓力的情況下唸書和學習。

(2) 手足二三人，都是善良之輩，感情尚算親切，相處和睦爭執少。

事業：

(1) 長有貓嘴之人口才好，反應快，從事公關、推銷、保險或地產代理等工作的話，成績會很卓越。他們是最佳司儀人選。

(2) 外表嬉皮笑臉、遊戲人間，卻深具組織能力，善於處理繁雜事務，愈複雜愈有滿足感，是頗出色的管理人才。

(3) 此相之人具冒險精神，勇於創業，憑藉其三寸不爛之舌，不難贏得客戶歡迎。

(4) 缺點是貪功，為了爭取名聲和地位，有時甚至會使用不當手段將別人踩在腳下。

財帛：

(1) 貓口的人大多於中上背景家庭中長大，經濟條件好，不太需要為金錢煩惱煩惱。

(2) 此相之人做事積極，工作起勁時寧願捱更抵夜也不願停下來，故收入頗豐，這就是「天道酬勤」的道理。

(3) 此相一生平穩，雖無大富大貴之運，卻有衣祿不愁的命。

愛情婚姻：

(1) 貓嘴的人很有幽默感，十分討人喜歡，異性緣分相當厚，尤其男性特別容易贏得女性投懷。

(2) 不管男女都具生活情趣，常常開玩笑為伴侶製造驚喜，但有時卻會玩得過了頭，驚喜變為激氣。

(3) 此相姻緣運佳，婚後家庭開心和睦，一婚可到老。

子息：

(1) 貓嘴的人頗有子女緣，可得子女三四，而且孩子都遺傳了其樂觀、開朗的性格。

(2) 嘴型上翹，老有所依，子息常伴，膝下承歡，晚年快樂好時光。

(25) 鯽魚口

形態：口型圓而細小，雙唇薄，難緊閉，狀似鯽魚嘴，故以此名之。

《麻衣神相》：

「鯽魚口小主貧窮，一生衣食不豐隆，
更兼氣濁神枯澀，破敗漂蓬運不通。」

《相理衡真》：

「鯽魚口小主貧窮，進出無時嘴不豐，
破敗漂流無處覓，悠悠世上一場空。」

性情：

(1) 沉默冷漠，孤僻成性，不愛理會別人的事，更不喜歡別人對自己的事多加意見，令人感覺不易相處。

(2) 善於隱藏喜怒哀樂的情緒，不輕易對人泄露內心感情，而且陰沉多疑，終日懷疑他人在背後批評自己，令自己活在不安的狀態。

(3) 心胸狹窄，小氣善妒，又貪小便宜，凡事斤斤計較，糾纏

【鬧里有錢，靜處安身。】

不清，常常以小人之心度君子之腹。

(4) 自私心重，不講情義，從不讓人，故容易招惹恩怨是非，也必影響工作與生活。

(5) 主觀意識極強，凡事皆以自我為中心，但可惜有勇無謀，缺乏周詳計劃，故一生多敗少成。

(6) 處事因循苟且，得過且過，不求上進，加上缺乏耐性，做事總是半途而廢，不能貫徹始終。

(7) 鯽魚口的人天生體質虛弱，身體欠佳，常常表現得有氣無力，若不及早保養身體，恐會病夭早亡。

父母兄弟：

(1) 鯽魚口的人生性冷漠，自小已不愛與人親近，與父母感情冷淡，與親屬更是極少往來。

(2) 鯽魚口命帶刑傷，主有兄弟姊妹未生而已死，或者幼年早亡。

事業：

(1) 鯽魚嘴的人器量淺，自私心重，不易與人相處，加上人際技巧弱，不論從事任何工作，都難與同事保持融洽關係。

(2) 此相的人經常表現得萎靡不振，做事慢半拍，缺乏主動和積極精神，所以只能擔任低下層的職位，一生一事無成。

(3) 此相判斷力甚低，不懂分辨黑白正邪，容易被教唆從事非法活動，極有可能在東窗事發之時遠走他鄉，逃避罪責，故說「破敗漂流無處覓」，人在異鄉，也是居無定所，苦劫重重。

財帛：

(1) 「鯽魚口小主貧窮，一生衣食不豐隆」，此相貧苦落魄，衣祿短缺，朝不保夕，終生與富貴無緣。

(2) 此命出生時家庭環境不富裕，只在基本條件下生活，幸好其人對物質要求不高，甘於在貧窮線之間徘徊，怕只怕會受人唆使，為金錢而幹出犯罪行為而已。

(3) 長有鯽魚嘴的女性毫無大志，只要有錢養活自己便可以；但因本身賺錢能力低，若有男士承諾照顧自己生活，便會為兩餐而甘於成為小三。

愛情婚姻：

(1) 鯽魚嘴屬於孤苦伶仃之相格，此命夫妻緣薄，婚姻運反覆，都是遲婚甚至是不婚之命。

(2) 此命六親緣薄，縱有婚緣，也主婚後被配偶欺淩，而且婚姻難到老。

(3) 女性長有鯽魚口，缺乏自信心，特別需要安全感，容易戀上已婚的年長男士，成為他人婚姻的第三者。

【長江後浪推前浪，世上新人趕舊人。】

子息：

(1) 鯽魚口先天身體欠佳，男命難有子嗣繼承，女命則多有流產之險。

(2) 此相縱有子女，也主情分淡薄，貌合神離，甚至會因自己際遇欠佳而被子女看不起。踏入六十歲流年以後，必是一個人生活，回顧過去歲月，「悠悠世上一場空」。

(26) 鮎魚口

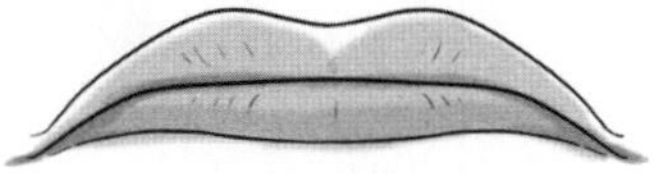

形態：嘴型扁長而寬闊，雙唇削薄，兩邊口角下垂，狀似鮎魚嘴，故以此名之。鮎魚即鯰魚，故又名鯰魚口。

《麻衣神相》：

「鮎魚口闊角低尖，梟薄雙唇又欠圓，
如此之人主貧賤，須臾一命喪黃泉。」

性情：

(1) 性格孤獨，待人冷漠，不喜與人溝通，大部分時間只活在自我的世界之中，所以朋友不多。

(2) 內向心事多，沉默寡言，遇上困難和煩惱時，不會向朋友或家人透露或求助，只會自己默默承受。

(3) 性格偏執，複雜多變、陰晴不定、喜怒無常，一會兒歡天喜地，一會兒板着臉孔，情緒變化很大，令人難以捉摸。

(4) 心態悲觀，總覺得發生在自己身上的事十之八九皆不如意，所以認為人生在世都是痛苦多於快樂。

(5) 疑心大，不輕易相信別人，而且處處對人防範，害怕被欺騙或傷害。

【莫道君行早，更有早行人。】

(6) 心胸狹窄，自私心重，凡事只顧自己利益，不理他人感受，即使對方是親兄弟，也不例外。

(7) 缺乏人生目標，做人沒有方向，工作不肯努力，胡胡混混度日，對社會沒有貢獻，故《麻衣神相》論鮎魚口的人「枉在浮生」。

(8) 長有鮎魚嘴的人天生體弱多病，亦可能有隱疾而不自知，屬於短壽之相，恐有猝死的可能。

父母兄弟：

(1) 長輩緣分甚薄，也難得父母喜愛，自己對雙親亦少理睬，不喜順從父母意見，自有一套想法，故一般與父母的感情並不親切。

(2) 對兄姊十分依賴，卻不愛照顧弟妹，加上自己自私的性格，令手足不愛親近。

事業：

(1) 鮎魚口的人很難適應陌生環境，也不易找到一份固定工作，所以大多時間都是賦閒在家，是名副其實的無業遊民。

(2) 因本身體弱多病，難以擔任正常的全職工作，所以只能從事性質簡單的短期或短時間兼職或替工，更無法勝任任何要求體力勞動的工作。

(3) 長有鮎魚嘴，性格不合群，與人合作缺乏協調性，在工作發展上形成極大障礙，終無出頭之日。

財帛：

(1) 鮎魚嘴一生坎坷，屬於困苦貧賤之命，在低下家庭長大，生活條件差劣，能有三餐飽暖已是不錯了。

(2)《石室神異賦》有云：「口扁如鮎魚，終須困乏」，代表此相之人縱有短暫富貴，也會轉眼成空，難以久享。

愛情婚姻：

(1) 此相身體孱弱，外表病態懨懨，缺乏吸引力，加上社交能力差，所以一生桃花少見，良緣難遇。

(2) 嘴角下垂，刑妻剋夫，男性妻緣薄弱，可能到老仍單身；女性縱為人妻，也主丈夫財散、體弱或早亡。

(3) 此口相若得配婚緣，切記控制色慾，否則精力消耗過度，未老先衰，甚至命殞於中年。

子息：

(1) 長有鮎魚嘴者，子息運與鯽魚嘴的人相約，兩者皆是先天體質差，男命難有子嗣繼承；女命難懷孕，有孕亦恐有流產之險。

(2) 此相縱有子女，也主緣分淡薄，聚少離多，更有機會因「須臾一命喪黃泉」而遺下年幼子女在人間。

【山中有直樹，世上無直人。】

【自恨枝無葉，莫怨太陽偏。】

(27) 鯉魚嘴

形態： 上唇厚大，下唇細薄，兩邊嘴角向下彎，屬比較少見的口型，因狀似鯉魚嘴，故以此名之。鯉魚嘴與覆舟嘴型態相近，兩者皆是嘴角下垂，但後者上唇未必厚大，下唇也未必細薄。讀者宜仔細分辨。

性情：

(1) 很愛說話，囉嗦不停，叨叨不絕；但話題枯燥沉悶，內容空泛，大多是無聊的廢話。

(2) 說話技巧亦差，表達能力極弱，常常說了半天話也說不到重點，而且詞不達意，聽者皆摸不着頭腦。

(3) 倔強固執，不通世務，不擅與人合作，不懂與人協調，得罪人而不自知，所以朋友很少。

(4) 懷疑心重，不輕易相信他人，常常懷疑他人看不起自己或在背後對自己挑剔批評。

(5) 處事因循苟且、馬虎了事，決斷力弱，猶豫不決，朝令夕改，故難肩大任，一生也難有大發展。

(6) 不滿現實，一天到晚拉長臉孔，凡事做不好，遇事多埋怨，做錯事不會檢討承認過失，反而覺得遭人拖累導致失敗。

(7) 脾開竅於唇，鯉魚嘴嘴角下垂代表脾弱氣虛，表徵是常常表現得有氣無力，注意力不集中，而且多半是體重超標。

父母兄弟：

(1) 長有鯉魚嘴的人親情冷淡，總覺得父母偏愛其他兄弟姊妹，自己則被忽視，故長大後不會念劬勞之恩。

(2) 性格偏頗，與兄弟姊妹並不親近，只掃自家門前雪，不理他人瓦上霜。

事業：

(1) 鯉魚嘴的人缺乏分析能力，行事魯莽，難以出任管理或統領崗位，只能靠苦力維生。

(2) 此相之人對人對事欠圓滑，無法妥善處理人際關係，對自己和身邊的人造成不快樂，不論做任何工作都不會開心。

(3) 資質平庸，智慧不高，心思多而志氣小，辨事能力低，一旦遭遇挫折，便會選擇逃避而不敢面對問題，故一生事業成就不高。

財帛：

(1) 鯉魚嘴是貧賤之口相，缺乏儲蓄觀念，但又追求物質享樂，手邊充裕時，就會任意消費，不為長遠生活打算。

(2) 此相之人出身低下，長大後因學歷不高，只能以汗水換取金錢，賺錢能力不高，故一生難有美好享受。

(3) 此相愛貪小便宜，對金錢十分計較，容易為金錢跟人翻臉，即使對方是骨肉之親，也不例外。

愛情婚姻：

(1) 鯉魚嘴嘴角下垂，代表愛與慾出現問題，注定感情路上崎嶇不平，婚姻波折重重，情況嚴重者可能終身不婚。

(2) 此相是刑夫剋妻之命，婚後配偶健康、事業或財運轉差，夫妻感情冷卻，家宅運氣衰敗。

(3) 相書有「鯉魚嘴，兩家水」之說，此說大多針對女性而言，代表長有鯉魚嘴的女性婚姻不順，必是再婚之命，而且所嫁丈夫都是不顧家的人。

子息：

(1) 鯉魚嘴的人比較無情，而且凡事皆以金錢為上，婚後可以為了利益而拋家棄子。

(2) 此相注定晚年孤獨，若非命中無子嗣，便是子女忤逆不孝，相見無情。踏入六十歲流年開始，多是一個人生活。

(28) 蛤蟆嘴

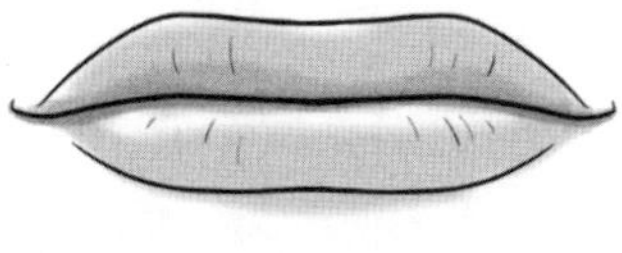

形態：嘴型非常大，上頜骨發育過度以致上顎鼓出來了，看上去有點像蛤蟆嘴，故以此名之。但要注意的是，嘴大而上下頜骨平整，咬合得緊，就不是蛤蟆嘴了。

性情：

(1) 外表沉默寡言，態度拘謹，但內裏陰險毒辣，笑裏藏刀，絕無慈悲、憐憫之心。

(2) 特別貪婪，事事着眼於個人利益跟人翻臉，可以為金錢而六親不認，損人利己、不仁不義的行為多不勝數。

(3) 自私及妒忌心重，憎人富貴厭人貧窮，一方面看不過眼別人比自己有錢，埋怨上天不公平；另一方面看不起沒錢的人，覺得他們是社會的低賤階層。

(4) 忘恩負義，恩將仇報，不單不會感激幫助過自己的人，反而會利用對方的善良而達到其他目的。

(5) 心胸狹窄，報復心極強，對於開罪過自己的人，必定想盡辦法報復，令對方絕不好過；對於傷害過自己的人，更會動起殺機，務求將對方置於無法翻身境地。

(6) 狡猾奸詐，霸氣不講理，有極強佔有慾，遇上喜歡的東西

【一家之計在於和，一生之計在於勤。】

或人物，便會不擇手段據為己有，令人防不勝防。

(7) 口型不平整，必礙健康。蛤蟆嘴之人先天脾胃及消化系統虛弱，易犯脾胃不適、消化不良等毛病，但此相主長壽，故宜及早調理身體，以防在病榻度晚年。

(8) 嘴如蛤蟆，特別顯老，若配顴骨凸出、身材短小，以上負面性格有加乘效果。外相有此配搭者，殺人不用刀，必不可與之相交。

父母兄弟：

(1) 命帶刑剋，父母健康不太好，對自己的助力也小。自己與父母並不親近，或自小寄養於親屬之家，彼此極少會面。

(2) 手足緣薄，大概因為自小被寄養他家，與兄弟姊妹的感情比朋友更疏離。

事業：

(1) 城府深沉，心計亦重，令人難以摸透其真正用心，是辦公室裏的沉默一族，也是不動聲色出賣同事的人。

(2) 蛤蟆嘴的人容易被金錢蒙蔽理智，工作性質若牽涉金錢往來，必然會挪用公款，直至被揭發才會停止。

(3) 不管是打工或創業，踏入五十一歲流年以後，事業必然向下滑，過去所奠定的成績或打下的江山，轉眼成空。

財帛：

(1) 蛤蟆嘴的人愛吃又會吃，樂意將大部分金錢用於美食；但因其人天生脾胃及消化力弱，往往飽了口福又要花錢看醫生。

(2) 理財能力弱，現金充裕時大手大腳、揮霍無度；沒錢時到處舉債，或者求財求諸賭桌上，最終落得一貧如洗。

(3) 這類人視物質和金錢大於一切，可以為金錢而與至親和朋友翻臉，故易遭厭棄和孤立。

(4) 口如蛤蟆，是典型借錢後賴帳不還的人物。朋友有此相者，切忌有任何金錢轇轕，否則必主因財失義。

愛情婚姻：

(1) 上頷鼓出，嘴如蛤蟆，男性桃花重，婚後欺妻；女性生男相，夫妻情薄，婚後奪夫權。

(2) 此相之人佔有慾很強，對於自己喜歡的異性，絕不想別人多看一眼；一旦伴侶與其他異性有接觸，便會大興問罪之師。

(3) 不論男女，由於自幼與雙親關係冷淡，缺少父母之愛，所以容易戀上年紀比自己大很多的異性，女性尤甚。

子息：

(1) 蛤蟆嘴之人陰險惡毒、無情無義，子息運薄弱，命中無子，縱有後代，只得女兒。

(2) 此相縱得女兒，也是聚少離多，感情冷淡，有女若無女，宜多做善事，積德積福，否則必主老死無後送終。

(29) 狼嘴

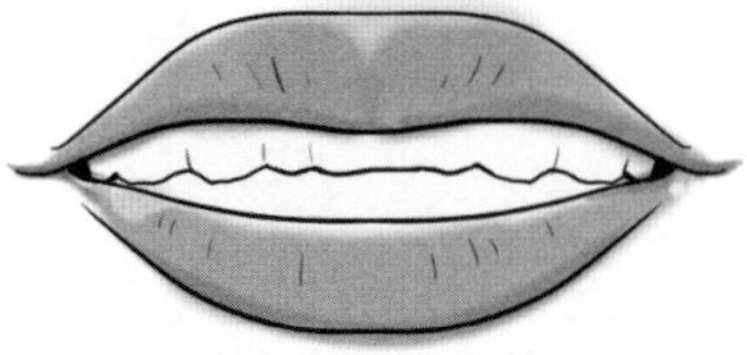

形態：雙唇大小和形態與蛤蟆嘴相若，但狼嘴大而無棱，唇色黑紅，嘴角深長且時有白沫，牙齒不白不齊，睡時張口並有唾沫流出，因整體如狼相，故名狼嘴。

性情：

(1) 相書有云：「狐鼻狼嘴奸鬥傷，毒竊偷淫恨爹娘」，說明狼嘴的人心腸惡毒，心狠手辣，為着個人利益，可以不擇手段，哪怕是出賣朋友及家人。

(2) 說話技巧高超，但狂妄浮誇，喜歡大吹大擂，誇誇其詞，不單言不可信，更兼輕視承諾，說到做不到。

(3) 平時好偽裝虛飾，口是心非，心術不正，有小聰明而無大智慧，常常使用詭計謀取方便。

(4) 口蜜腹劍，搬弄是非，狡猾奸詐，做事不負責任，遇上麻煩必將問題和過錯往別人身上推，與其交往必須小心提防。

(5) 妒忌心重，討厭比自己優秀的人；自私自利，見利忘義，貪得無厭，任何情況下都不肯吃虧，故一生難有長久朋友，親屬關係也很冷淡。

【再三須慎意，第一莫欺心。】

(6) 野心大，但卻向負面發展，為了實踐個人願望，不惜幹出不仁不義之事，甚至與惡人狼狽為奸。

(7) 狼嘴之人多有口臭或異味毛病，大大影響社交，雖然說話多，但沒有多少人願意主動與之交談。

(8) 貪吃貪喝，食量甚大，消化能力強，朋友宴客必是第一個出席，而且多吃多佔，令人討厭。

父母兄弟：

(1) 狼嘴「恨爹娘」，其人必是忤逆兒，若遇父母不順己意，更會出言辱罵，甚至拳打腳踢。

(2) 憎兄厭弟，小時常吵架，關係差，大後各散東西，不通信，不往來，不念親情，更甚者，為一己利益可以出賣父母和兄弟姊妹。

事業：

(1) 狼嘴之人愛鬧事，做事不講道理，工作時難以與同事融洽相處，即使是小崗位的簡單工作也做不好。

(2) 相書以「毒竊偷淫」形容狼嘴，其人自小不學無術，長大後容易淪為流氓、無賴，偷呃拐騙，無所不為。

(3) 此相好吃懶做，沉迷色慾，男性可能會誘騙女孩子上床，然後逼使其從事淫業，供養自己。

(4) 女性好逸惡勞，容易淪落風塵，投身色情行業，為娼為妓，以出賣肉體謀生。

財帛：

(1) 狼嘴的人對金錢十分看重，處處以金錢作為着眼點，身邊大部分的朋友都是工作上或利益上對自己有利的人。

(2) 此相一生少有富貴日子，形成一毛不拔的性格，但可惜命中注定財富不聚，故容易變成金錢奴隸，終身難以發迹。

(3) 此命注定貧窮沒出頭之日，所以切忌以賭博、投機，否則三餐飽暖不保，晚景堪虞。

愛情婚姻：

(1) 狼嘴主「淫」，男性必是貪色、淫亂之徒，對感情不負責，不會專一地愛着一個人，談戀愛時只為滿足色慾，根本不會付出真愛。

(2) 狼嘴女性也是好淫之人，好媚惑異性，婚後容易背叛丈夫，做出出軌之事，結果多遭丈夫拋棄，再婚也如是。

(3) 此相之人有強烈佔有慾，感情上希望能掌控對方的一切。伴侶或戀人有此口相者，宜做好充分心理準備。

子息：

(1) 狼嘴好色，易有子嗣，但其人沒有親情觀念，即使是親生骨肉，也棄如草芥，對之不聞不問，是典型不負責任的父母。

(2) 子女自幼與父母分離，得不到良好家庭教育，容易形成叛逆性格，自私不講理，故謂狼嘴不善終，更延下代。

(30) 驢嘴

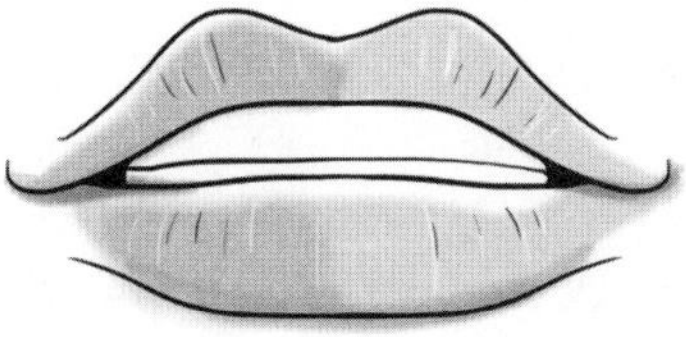

形態：口型大，上下唇長而有些外伸，唇上有明顯縱紋，說話時上唇會稍微內收，發怒時大聲吼叫，聲音有點粗啞，因整體如驢相，故名驢嘴驢嘴的人一般都是顴骨明顯、臉大而長。

性情：

(1) 心性不佳，思想邪惡，心狠手辣，破壞力強，做事只憑一忌喜惡，不顧他人，不理後果。

(2) 急躁暴躁，缺乏涵養，情緒智商極低，容易為小事而大發脾氣，遇上極度憤怒的事情時，甚至會傷害他人身體。

(3) 背恩忘義，受人恩惠或幫助後不僅不思報答，甚至會恩將仇報，做出陷害對方的事。

(4) 奸狡貪濫、損人利己，遇上不如意之事，便會與人大打出手，寧願玉石俱焚，也不要自己得不到的東西落到別人手上。

(5) 惡形惡相，不仁不義，報復心強，不能容忍他人以言語或行動開罪自己，縱使只是吃了點小虧或被人口頭埋怨，也必想盡辦法報仇雪恥。

【有茶有酒多兄弟，急難何曾見一人。】

(6) 男性色慾薰心，壞事做盡，常常在街上調戲女性，也愛僭伏於女浴室或洗手間偷窺女性私隱。

(7) 一生胡作非為，姦淫毆鬥，目無法紀，必然難逃法網，但出獄後仍會故態復萌，害盡身邊人，最後連自己也沒有好收場。

父母兄弟：

(1) 驢嘴與狼嘴同是不孝忤逆兒，遇上意見相左或有違自己意願之事，必會對父母揮拳相向，絕不猶疑。

(2) 手足無情，不念骨肉之親，一旦牽涉利害衝突，更是六親不認，必會兄弟反目，刀槍相見，在所不計。

(3) 驢嘴之人出生環境大多不太好，可能是本身家庭問題嚴重，或成長環境惡劣，身邊都是讀書不成、好勇鬥狠的朋友，耳濡目染之下，形成殘暴不仁的性格；情況嚴重者，可以幹出殺父弒母誅兄的行為。

事業：

(1) 驢嘴之人才疏學淺，沒有才幹，也沒有技能，願意工作者，可加入勞動性質行業，雖不能高官厚祿，也可三餐一宿，不成問題。

(2) 驢嘴之人色心很重，工作時也會覬覦同事美色，男性同事有此相者，宜敬而遠之，避之為妙。

(3) 大部分驢嘴之人都不願意工作，終日游手好閒，不務正業，甚至混迹黑社會，搶劫盜竊，無所不為。

財帛：

(1) 嗜錢如命，不僅愛錢，更加貪錢，常常不擇手段將不屬於自己的財富據為己有，偷呃盜騙，視若等閒。

(2) 驢嘴與蛤蟆嘴都是典型借錢後賴帳不還的人物。朋友有此相者，切忌有任何金錢往來，否則對方得財後必去如黃鶴，從此消失人間。

(3) 任何人忌與驢嘴之人合夥創業或投資，縱使是生死之交、肉骨相連，最終必會因金錢之事而反目成仇。

愛情婚姻：

(1) 驢嘴之人一生在情色之中打轉，面對異性時，縱使對方不是心中所愛，也會亂拋媚眼，作出種種挑逗行為，因而惹出很多感情糾紛。

(2) 男性好色、好淫，與女孩子交往只注重肉體接觸，輕視感情交流，經常更換身邊伴侶，以滿足個人色心。

(3) 不論男女，從來不會認真對待感情，拍拖時不能專一，常有一腳踏數船的情況；婚後亦無法對伴侶忠心，必有婚外情行為。

(4) 此相注定婚姻難到老，一婚再婚也未休，但無論如何，驢嘴老來必然孤單一人，夫妻分手，兒女離散。

子息：

(1) 驢嘴之人常沉溺於色慾之中，雖然早見兒女，但卻不照顧愛護，心情不佳時，更會對孩子拳打腳踢，發泄心中不快。

(2) 此相教子無方，不單會教唆孩子偷竊他人財物，驢嘴的父親更會侵犯親生女兒，以滿足獸慾，可謂禽獸不如。

(3) 若長驢嘴，必行驢事，此相之人為了私欲可以連親生子女也不管，寧願自己花天酒地，也不會用金錢幫助孩子做有用的事，難怪子女拒絕相認，死無子女送終。

【力微休負重，言輕莫勸人。】

(31) 縮囊嘴

形態：上下唇邊有很多皺紋，形態好像一個束緊繩帶的袋囊，故名縮囊嘴。

性情：

(1) 極之固執，而且到了不可理喻的程度，對於自己認定的看法和道理，即使所有人都認為不對，也不會改變主意。

(2) 虛偽不真，口是心非，心術不正，經常使用奸計算計別人，為人所不齒，是標準小人。

(3) 仇恨心極重，一旦被開罪，縱使只是別人一句無心快語，也會長久記恨，並想盡辦法報復雪恥。

(4) 胸襟非常狹窄，又好執拗，常常對身邊的人和事作出批評，自己卻無雅量接受他人的意見，難免令人敬而遠之。

(5) 口常緊閉本主善於守秘密，但縮囊嘴是束緊的嘴巴，過度緊閉，反而代表其人缺乏口德；除非不開口，一旦開口說話，就會變成大嘴巴，製造及傳播是非，刻薄中傷，兼而有之，是極度不受歡迎的人物。

(6) 思想膚淺，貪慕虛榮，妒忌心重，愛佔人便宜，眼光短淺，每事只着眼於面前利益，缺乏長遠目標。

【無錢休入眾，遭難莫尋親。】

(7) 嘴巴過度緊閉，一生多有皮膚敏感及腸胃不適問題，忌吃生冷及海產食物。

父母兄弟：

(1) 縮囊嘴的人總是出身清貧，家庭財政僅供糊口，成長環境差劣，鄰居質素參差，加上父母教導無方，耳濡目染，形成不良性格。

(2) 口如束囊者，手足各自為政，情如冰炭，爭執內鬥，甚至有互相咀咒之事。

事業：

(1) 縮囊嘴的人自卑又自大，本身學歷不高，也缺乏個人長處，但工作卻不甘居於人下，更不願聽命於人，常常在辦公室裏製造糾紛。

(2) 由於性格影響，人際關係惡劣，事業發展難得他人幫助，加上做事懶散的態度，所以每份工作都做不長久，更遑論事業有成。

(3) 縮囊嘴的人毫無器量，不論出任何種職位，必會妒賢害能，用盡一切方法排除或打壓對自己地位有威脅的人。上司或同事有此嘴型的話，宜加倍提防。

財帛：

(1) 縮囊嘴的人總是出身於貧困家庭，家人給予的助力少，每事都要憑自己力量完成，容易形成金錢為尚、損人利己的性格。

(2) 此相之人完全缺乏賺錢能力，一生勞碌奔波，毫無成就，到老還是要出賣勞力換取金錢，甚至要為子女張羅生活經費。

(3) 相書有云：「形如縮囊，老來孤貧」，意思就是，不管其人前半生財運如何，當踏入五十一歲流年開始，便會兵敗如山倒，變得一無所有。

愛情婚姻：

(1) 縮囊嘴的男女人緣極差，戀愛經驗少，但命中有姻緣，可能是經親友介紹或通過相親而結的婚姻。

(2) 口如縮囊乃是刑妻剋夫之相，中晚年必主離異，以五十一流年以後應驗者居多。

(3) 女性有此口相，婚後勞心勞力，默默照顧家庭、丈夫和子女，但卻難獲丈夫愛護、子女關心。

子息：

(1) 口如縮囊的男性刑妻妨子，四十五至五十五歲當父親的話，子女更有夭折之險。女性若計劃生兒育女，宜在年輕時就當母親，三十五歲以後生產易有產厄。

(2) 此相之人注定一生為兒為女操心勞碌，到老身心不閒。

(3) 相書有云：「形如縮囊，老來孤貧」嘴是晚年孤獨無依之相，有子若無子，多在老人院舍度餘生。

【士者國之寶，儒為席上珍。】

(32) 螺口

形態：口型短小，雙唇厚，形態緊縮，狀似海螺外殼，故名螺口。

《相理衡真》：

「口如縮螺，常樂獨歌。」

性情：

(1) 性格溫順、和藹可親，做事依規守禮，行為端正大方，令人樂於親近和尊敬。

(2) 心善性慈，樂善好施，對於弱勢群眾甚具同情心，願意盡一己之力幫助有需要的人，並且低調進行，從不具名，是默默的善行者。

(3) 聰明敏銳，學習動力和能力都很強，藝術領悟力也高，是多才多藝的人物。

(4) 對朋友很重感情，但說話不多，口辭不算伶俐，不善於表達內心意願，有時難免予人冷漠的印象。

(5) 責任感重，做事謹慎有恒心、有始有終，答應了要做的事，必定全力以赴，很少會讓人失望。

(6) 人生方向明確，不會犯原則性錯誤；亦具理性做人原則，明白夢想與現實之間有距離，不會追求不切實際的東西，只會在可能範圍內爭取最高成績。

(7) 「口如縮螺，常樂獨歌」，意思就是，長有螺口的人樂天知足，追求簡單與和平的日子，生活也相對較安逸。

父母兄弟：

(1) 螺口是六親緣薄之相，其人與父母、長輩的關係淡如水，但成長後能克盡兒女本分，反哺雙親養育辛勞。

(2) 螺口之人不擅辭令，與兄弟姊妹並不特別親近，但當任何一方遇上困難時，眾人皆會伸出援手。

事業：

(1) 長有螺口的人耐性極強，適宜擔任一些需要持久重複，或需要長期試驗研究的工作，可有出色表現。

(2) 此口相的人都擁有表演或藝術方面的才華，且懂得好好應用於事業發展，故能有一定的成就。

(3) 一生「不求聞達於諸侯」，更不愛在商場上爭名逐利，所以甘於在俗世中當打工之人，少有創業念頭。

【求人須求大丈夫，濟人須濟急時無。】

財帛：

(1) 長有螺口的人與世無爭，野心不大，對於生活沒有重大要求，認為無風無浪、平淡無憂便是最美好人生，而他們大多都能如願以償。

(2) 此相的人必有一技傍身，以此賺取金錢，不單能自給自足，更有餘力支援家裏的人；對於家庭，願意貢獻自己的力量。

(3) 淡泊名利，生活上只求基本豐足，絕不會追求額外財富，更不會讓自己成為金錢奴隸。

愛情婚姻：

(1) 口相如螺者，不善於表達內心感情，即使遇上心儀異性，亦只會暗地裏愛慕對方，不會宣諸於口。

(2) 此相的人對物質、對戀愛、對婚姻皆沒有太大憧憬，所以一般拍拖較遲，故主遲婚。

(3) 此相婚姻運走向兩個極端，其人若非擁有美滿幸福的婚姻，就是選擇獨身主義。

子息：

(1) 不管男女，皆是婚遲子晚之命，而且子女少，但對子女關懷疼愛，與子女如朋友般互相尊重，故深受敬愛。

(2) 選擇獨身或婚後不育兒女者，晚年生活安定，且能在恬靜之中尋找快樂泉源。

(33) 鳥喙口

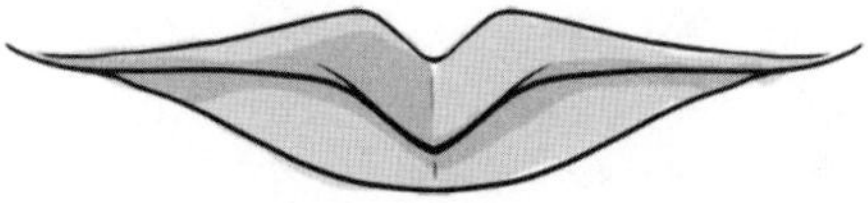

形態： 上唇較闊長、尖而凸出，輕微前拱而覆蓋下唇，因狀似鳥嘴，故名鳥喙口。

性情：

(1) 思維清晰，口才了得，詞鋒銳利，雄辯滔滔，有很強的說服力，且令人無法反駁。

(2) 智慧極高，觀察力強，看事細緻入微，行動前思慮周詳，處事時有條不紊，不會讓任何複雜事情難倒自己。

(3) 性格沉穩，遇事臨危不亂，能冷靜面對阻滯或挫折，遇敗再戰，再接再厲，直至成功。

(4) 城府極深，心計極重，精於算計，算人算事，縱橫捭闔，手段高明，善於運用手段進行分化或拉攏，讓人不自覺陷入其圈套之中。

(5) 自我意識極強，善惡觀念皆以個人標準而定，一旦利益受到衝擊，就會不念交情，一切皆以自己的好處為依歸。

(6) 善於隱藏喜怒哀樂的情緒，不輕易泄露個人感情，而且說話不真，滿口謊言，絕對不宜與之深交。

(7) 忘恩負義，每每過河拆橋，與人合作達到目的後，便使計

【久住令人賤，頻來親也疏。】

將同甘共苦的戰友一腳踢開，以便獨佔成果。

(8) 報復心頗強，心胸狹窄，任何情況下都不願吃虧，一旦有人在言語或行為上開罪了自己，必會想辦法報復，令對方也不好過。

父母兄弟：

(1) 自小說話玲瓏，常常哄得父母和長輩高興，故極受寵愛，甚至變成溺愛，形成日後自我中心的性格。

(2) 此相是不可被得罪的狠角色，只可共患難，不能共富貴，面對親兄弟姊妹，亦不留情。

事業：

(1) 長有鳥喙口的人說話技巧高，善於交際，適合從事公關、零售推銷、業務推廣或客戶服務等需要常常與人接觸的工作。

(2) 頭腦清醒，分析力強，若能發揮這方面的長處，有機會成為出色的商家，但只宜在背後擔任決策人，切忌在前線與人周旋。

(3) 工心計重，與人合夥會先讓對方得利，博得信任後便會使詐侵佔對方一切財富。任何人與之合夥做生意，必被啃至骨頭也不剩。

(4) 機心甚重，每每在利害關頭犧牲甚至出賣朋友或同事，所以同事之間關係不佳，也難得上司賞識。

財帛：

(1) 長有鳥喙口的人十分愛錢，功利心特別強，不會放過任何可以賺錢的機會，哪怕長途奔波，再苦再累，都不能影響他們賺錢的決心。

(2) 追求金錢孜孜不倦，有了一百便求一千，有了一千想求一萬，對金錢從來不會感到滿足。

(3) 有趣的是，這類人天生財運佳，而且財運會隨着年紀增加而愈來愈好，難怪易招妒忌。

愛情婚姻：

(1) 擁有鳥喙口的人能言善道，容易博得異性歡心，故不管男女，皆是桃花甚重，感情路上不愁寂寞。

(2) 鳥喙嘴的特色是唇薄，唇薄情薄，雖然命中桃花旺極，但卻是花心薄倖之人，常常出爾反爾，推翻對伴侶作出的承諾。

(3) 對感情不專一，對伴侶難長情，對婚姻不忠誠，拍拖只為滿足個人慾望，戀愛和婚姻關係都不會長久。

子息：

(1) 子息運差，子女不會多，最多只得一男或兩女，且與子女關係不融洽；多行不義者更主無兒無女。

(2) 縱有子女，但老運不美，晚年多主孤單無依，難望子女菽水承歡。

【出家如初，成佛有餘。】

(34) 劍鐔口

形態： 劍鐔是劍柄和劍身連接處兩旁的凸出部分，亦稱劍口、劍環、劍鼻。劍鐔口寬厚而方正，狀似劍鐔，故以此名之。

性情：

(1) 坦白誠實，心存厚道，不會說人閒話，不會算計他人，對人極講信用，一旦許下承諾，必徹底實踐。

(2) 樂觀開朗，頭腦清晰，感情與理智並重，處事公平、公正，對事不對人，絕不偏私，故能贏得廣泛友誼和稱譽。

(3) 《人倫大統賦》：「同劍鐔者，義士可與交歡」，意思是，劍鐔口的人待人寬厚，極重義氣，有古代劍客的風範，好打抱不平、鋤強扶弱，朋友有事必會盡力協助幫忙，是可託生死的人物。

(4) 老實謙和，胸襟廣闊，寬宏大量，能原諒別人的錯處、包容別人的缺點，所以人緣甚佳，朋友很多。

(5) 行為正派，行事作風光明磊落，能潔身自愛，遠離小人、惡徒，不沾惡習。

(6) 上進心強，學習能力高，在同學中是好榜樣，自幼已深得師長愛戴；長大後懷有遠大志向，對人生有抱負。

【積金千兩，不如明解經書。】

(7) 缺點是容易相信他人，難免會被人利用而吃虧上當；有時亦因說話過於直率，不懂轉彎抹角，在言語上開罪人而不自知。

(8) 一生運程平穩，富裕安樂；年紀愈大，運氣愈榮，晚福甚佳。

父母兄弟：

(1) 父母心善性慈，自己與父母緣分甚深，很受雙親疼愛，並在耳濡目染下，形成善良厚道、樂於助人的性格。

(2) 為人極具正義感，重親情，多是家中長兄或長姊，對弟妹關懷備至，照顧有加。

事業：

(1) 為人誠實可靠，工作責任感很重，對公司忠心耿耿，工作盡心盡力，故能得到老闆的賞識，亦能贏得同事信賴。

(2) 外表溫和、與世無爭，對事業卻是頗有野心，配合其個人才幹及強勢的工作能力，往往能在不知不覺間成為了眾人的上司。

(3) 劍鐔口的人做事勤快，真誠可信賴，不會為利益而出賣他人，任何人與劍鐔口的人合夥做生意，皆可放心。

(4) 此相之人樂於助人，願為人謀幸福，若任職政府部門，必能服務大眾，造福社會；中年以後，事業運明顯上升，晉升速度驚人。

【養子不教如養驢，養女不教如養豬。】

財帛：

(1) 刻苦耐勞，勤儉節約，不追求奢華，不亂花分毫，努力從安定生活中尋求更進一步。

(2) 奉行「君子愛財，取之有道，用之有道」的原則，絕不貪不義之財，也不求不勞而獲的財富，所賺的每一分錢都來得光明磊落。

(3) 一生福祿俱佳。縱使本身家庭背景普通，年少時勞碌多憂，但步入社會後工作發展暢順，財富漸豐，晚福昌隆。

愛情婚姻：

(1) 對待感情慎重、認真，戀愛態度是寧缺毋濫，一旦墮入愛河，便會全心全意；婚後忠於伴侶，愛護家庭，心無旁騖。

(2) 一生異性緣佳，尤其男士甚得女性青睞，常有女性主動示好，幸好能自重自持，不會到處留情。

(3) 此相的人感情運一般都很順利，在適婚年齡時會遇上一位好伴侶，相濡以沫，白頭偕老，婚後夫妻相敬如賓，家庭生活幸福美滿。

子息：

(1) 劍鐔口的人多是早婚之命，子息早見，妻賢夫安，父/母慈子孝，家庭齊整又融洽。

(2) 子女兩三，皆是孝義之輩，尊老愛幼，兄友弟恭，長大後侍奉父母，以報春暉。

【有田不耕倉廩虛，有書不讀子孫愚。】

(35) 散口

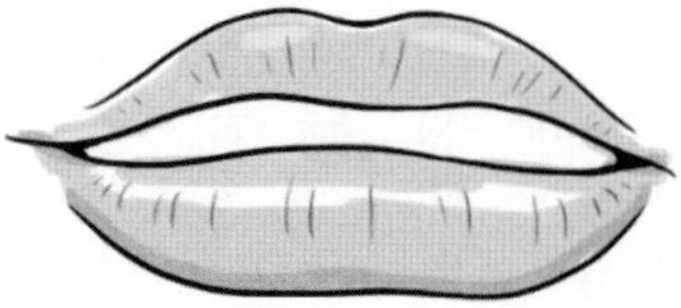

形態：雙唇鬆弛，除非刻意為之，否則嘴角閉不緊，總是微微張開着，相學上稱為散口。

性情：

(1) 樂觀健談，說話滔滔不絕，但常常口比腦快，講話未經深思熟慮，故不容易守住自己或他人的秘密。

(2) 思想簡單又直接，對人沒有機心，也樂於幫助朋友，絕不做傷害他人的事，所以人緣不錯。

(3) 心地平和，但信口開河，隨意向人許下承諾，卻不會認真實踐，縱非故意食言，卻也為對方帶來麻煩。

(4) 性格單純，城府不深，不會算計他人，容易上當受騙，故一生須防誤交損友，受人拖累，輕則破財，重則惹官非。

(5) 恆心不足，欠缺耐性，給人一種不能信任的感覺，親友都不敢對之託付重要事務。

(6) 性格急躁，處事衝動，缺乏周詳考慮，不易保持冷靜，常常因快得慢，弄巧成拙。

(7) 口司食福，也反映脾胃健康。嘴角難以緊閉的人，一般脾胃功能較弱，消化吸收能力差，宜多注意保養。

【倉廩虛兮歲月乏，子孫愚兮禮義疏。】

父母兄弟：

(1) 散口的人說話多，小時頗得父母、長輩喜歡，但雙唇鬆弛壞福祿，多出生於低下背景的家庭。

(2) 兄弟姊妹兩三人，小時相處尚算融洽，但長大後感情一般，彼此助力小。

事業：

(1) 平生無大志，做事無目標，容易受人支配，常要依附於他人，事業上很難有重要成就。

(2) 體弱多病，工作既沒魄力也沒耐性，很難長久留任於一個固定的工作位置，故此命多主庸碌一生，男性更甚。

(3) 隨順性很強，沒有強烈主見，只適合擔當後勤工作甚至是從事勞動工作，不宜作為領導人選。

(4) 做事周密性差，認真度不足，無法勝任嚴密和細緻度高的工作；但因為人健談，可從事需要經常與人接觸的工作，例如公關或客戶服務、地產或保險代理、市場推廣等，或可打出一片天。

財帛：

(1) 相書評散口為家無隔宿糧之相，其人對金錢的態度是，有錢則花，無錢再作打算，完全沒有儲蓄概念。

(2) 此相之人對金錢不太計較，凡有親友提出借貸或是尋求金錢幫助，不論親疏，只要是力所能及，都會慷慨相幫。

(3) 散口配豐厚鼻，雖然賺錢能力不弱，但因本身理財不善，虛花無度，財來財去，終究難得富貴。

愛情婚姻：

(1) 散口的人在感情上屬於被動型，即使遇上喜歡的異性，也缺乏膽量展開追求，所以容易成為孤獨之命，當中以男性應驗機會較大。

(2) 此相之人都是容易追求的，男性不會拒絕任何女孩子主動親近，女性也少對異性追求說不，故難免陷入多角戀。

(3) 女性貞操觀念薄弱，即使成為人妻，也不會拒絕異性追求，故婚後易有婚外情。

子息：

(1) 散口的人容易發展多角戀或婚外情，故子女易有同父異母或同母異父的兄弟姊妹，自己亦會成為繼父或繼母。

(2) 散口之人不善處理感情，教導子女也無良方，任憑子女隨性成長，故子女性格、成就各異。

(3) 散口是晚福不佳之相，既主食祿不豐，也主子女未盡孝義。

【人不通今古，馬牛如襟裾。】

(36) 鷹嘴

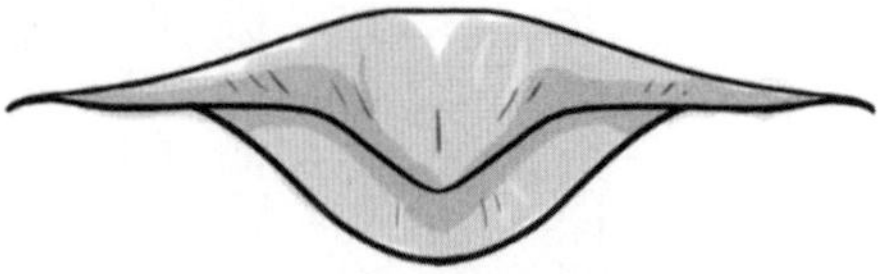

形態：上唇大而尖凸，覆蓋下唇，形如鷹嘴，故名之。

性情：

(1) 心思靈巧，非常聰明，善於學習，一理通百理明，凡事能舉一反三，聞一而知十。

(2) 思想沉着，頭腦清晰，有主見，對自己所做的一切，皆抱着冷靜的態度，未達成功階段時總是不動聲色，故在成功時能收到一鳴驚人的效果。

(3) 心高氣傲，自負不凡，好勝心強，遇到別人不認同自己或有不順意的事情，便會產生憎惡和討厭之心，所以朋友不多。

(4) 思想和行為都較極端，作為朋友會兩脅插刀，竭力幫忙；作為敵人則不會手下留情，所以他是一個很好的朋友、很可怕的敵人。

(5) 外表寬容，內裏心術不正，有時為達目的而不惜付出任何代價，奸計害人，無所不用其極。

(6) 仇恨心和報復心重，思想容易走向極端，一旦被開罪，便會惡言相向，說話刻薄，甚至千方百計報仇泄憤。

(7) 富冒險精神，為博取利益而不惜孤注一擲，即使一時有所成就，也可能在下一次的風險中徹底輸掉，故一生成敗起伏不定。

父母兄弟：

(1) 鷹嘴相帶刑剋，六親隔角，冷漠寡情，親者不親，一旦牽涉利益關係，即使對方是父母，也會視作陌路人。

(2) 鷹嘴的人多是家中獨子或獨女，若有手足，自己則是長兄或長姊，但兄弟無緣，感情一般；相反，他們對待朋友卻頗重義氣。

事業：

(1) 鷹嘴屬於偏門嘴型，不適宜從事穩定之事業，卻有利於冷門或大上大落之工作類型，例如殯葬業、大體美容師、地產代理等。

(2) 具高度決斷力和分析力，遇到緊急情況時，能審慎而有條理地針對眼前形勢而想出適當對策，這對於營商的鷹嘴人是一大優勢，有助於逆境中反敗為勝。

(3) 鷹嘴的人自視甚高，常常不自覺地瞧不起人，在同事心中埋下不滿的種子，所以工作圈子裏的朋友不多，對事業發展或多或少造成影響。

【白酒釀成緣好客，黃金散盡為收書。】

【救人一命，勝造七級浮屠。】

財帛：

(1) 鷹嘴人祖蔭不足，須靠自己力量賺取財富，創造美好環境，而大多都能如願以償，只嫌有時手段不太正當。

(2) 處理金錢有節有理，認為值得用時絕不吝嗇，認為應節省時不會多花一分錢，一切自有分寸，不容他人干涉批評。

(3) 對金錢十分計較，不會讓自己有一分一毫的吃虧，而且大部分時候都以利益先行，對於沒有回報的事情完全沒興趣。

(4) 在投資市場上十分活躍，但一生財運起伏大。五十一歲走人中運開始，宜採取保守策略，不可冒險投機，否則恐會一敗塗地，導致晚景淒涼。

愛情婚姻：

(1) 對愛情的態度十分極端，非愛即恨，一旦墮入愛河，可以愛得死去活來；一旦發現被伴侶背叛，便會對其恨之入骨，絕不留半點情分。

(2) 男性命中桃花重，極容易贏得異性傾慕，不乏暗戀明戀，一生最少有三四段愛情；相反，女性姻緣運薄弱，戀愛次數少，甚至會獨身到老。

(3) 佔有慾強，妒忌心亦重，醋勁很大，即使伴侶只是多看一眼其他異性，便會大發雷霆。

(4) 性格霸道，婚前婚後皆要求伴侶以自己為中心，凡事以自己意志為尊。若為女性，婚後必妻奪夫權。

子息：

(1) 相書論鷹嘴，命主無子，或是子息稀疏，雖有若無，晚年難得子女在身邊侍奉。

(2) 此口相的子女要不身體虛弱，便是自幼得不到良好家庭教育，形成叛逆性情，待人處世態度惡劣，難成大器。

【城門失火，殃及池魚。】

(37) 鸚鵡嘴

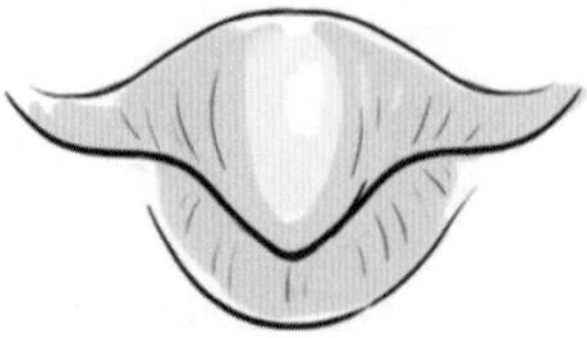

形態：人中不明，嘴型細小而尖，上唇唇珠凸而尖，明顯闊於下唇並將之完全覆蓋，狀似鸚鵡嘴，故名之。

性情：

(1) 聰明而機智，記憶力強，學習能力和模仿能力都極高，與新相識的朋友接觸一兩次後，便可以把對方的神態學得似模似樣。

(2) 説話聲調高而急促，但咬字清晰；又喜歡自言自語，即使身邊沒有人在，也會自問自答。

(3) 有點神經質，疑心頗重，朋友在一邊説話時，便會懷疑他們在批評自己，並千方百計竊聽或套取他們的談話內容。

(4) 思想天真，愛幻想，不切實際，貪慕虛榮，常常以奢侈品包裝自己的外表，希望博取別人的注目。

(5) 見識淺薄，坐井觀天，缺乏眼界和耐性，思考欠周詳，行事又魯莽，所以常常犯錯。

(6) 妒忌心重，看不過比自己條件更優越的人，常常會找機會批評對方；而且説話尖酸刻薄，罵起人來更是絲毫不留情面。

【庭前生瑞草，好事不如無。】

(7) 心胸狹窄，為人小器，喜歡在瑣碎小事上與人斤斤計較，又貪小便宜，因此朋友不多，生活比較孤單。

(8) 膽量淺，氣魄不足，是非不分，只懂跟隨他人的步伐或依照他人的意見行事，隨波逐流。

父母兄弟：

(1) 大多出身於貧困家庭，家人給予的助力少，每事都要憑自己力量完成，容易形成較孤僻的性格。

(2) 六親觀念淡，手足情分淺，或有異性兄弟姊妹，但皆不得力，需靠自力努力，方可成家立業。

事業：

(1) 做事沒有恆心和毅力，很難長久留任於一個固定的工作位置，注定一生難有大成就，而且工作也會十分辛苦。

(2) 此命缺乏長輩助力，開運遲，又不愛追求學問，最宜學習一門手藝或技能，縱不能發展自己的事業，也可保障生活安定。

(3) 鸚鵡嘴的人對藝術的鑑賞力頗高，若能培養這方面的能力，努力工作，便可工作開心，也容易做出好成績。

【欲求生富貴，須下死工夫。】

財帛：

(1) 鸚鵡嘴的人祖蔭不足，少時家庭環境普通，長大後特別看重金錢，孜孜以利為重，一分一毫都要計算清楚。

(2) 虛榮心重，十分重視物質與享受，但一生財運低落，常常會為少許金錢利益而與人反目，故易遭朋友厭棄。

(3) 此命既無賺錢手，也無聚錢斗，不單懶於工作，更喜愛購物消費，若不自我檢討，晚年必主清貧無所依。

愛情婚姻：

(1) 鸚鵡嘴的人雖然外表不吸引，但卻能招來異性短暫的青睞，所以一生緣來緣去，愛情難以長久。

(2) 女性好幻想，憧憬擁有美麗的愛情，常常自作多情，即使對方已有女朋友甚至太太，也願意成為對方的暗妾或情婦。

(3) 家庭觀念薄弱，婚後對太太或丈夫不能一心一意，尤其男性，必有外騖之心，不斷追求片刻的激情和新鮮感。

(4) 不管男命、女命，皆主婚姻不美，夫妻常有糾紛，難逃婚姻破裂夙命，六十多歲也會鬧離婚。

子息：

(1) 相帶刑剋，六親緣薄，晚年主孤單勞苦，代表既無配偶陪伴，也無子女在旁。

(2) 此命若能多修善德，多種福田，自我完善，歲暮之年時或有義子、義女晨昏定省，身後有子女送終。

(38) 唱歌嘴

【善化不足，惡化有餘。】

形態： 唇線不清，棱角不明顯，整個嘴型細小而呈圓形，仿似歌手唱歌時的嘴型，故名「唱歌嘴」。

性情：

(1) 橫蠻衝動，脾氣急躁，缺乏耐性，做事前不會深思熟慮，不易保持冷靜，所以容易做錯決定。

(2) 思想混亂，行為乖張暴躁，不講情理，不善控制個人情緒，事無大小容易發脾氣，甚難與人相處。

(3) 說話缺德，尖酸刻薄，常常以惡語傷害人，完全不考慮他人感受，不單讓人十分難堪，也容易禍從口出開罪人。

(4) 自我中心，自私自利，器量淺但心機重，而且陰沉多疑，不容易完全信任人，常以小人之心度君子之腹。

(5) 做事原則性差，恩怨不分，對於曾經幫忙自己的人，不僅不會知恩圖報，甚至會以怨報德，以惡毒的行為「回報」對方。

(6) 唇線代表誠信與勤懇，唇線不明，反映其人誠信度不高，常常無故惹是生非，甚至顛倒是非，說話、做事每每混淆視聽，不理事情真偽，指鹿為馬。

(7) 唇線不清的人天生消化系統功能較弱，易有消化不良和便秘毛病，宜多關注這方面的健康，以免問題日益嚴重。

(8) 嘴巴主晚運，唇線不清、棱角不明者，晚景淒涼，孤貧無依。如果這種嘴型並非天生而來，而是習慣使然，就應該趕緊改過來，有望改善人際關係和人生運程。

父母兄弟：

(1) 唱歌嘴是破祖之相，五歲前必有刑剋之事，或祖業破敗，或父母或祖父母病重或身故。

(2) 因出生後家運每況愈下，被認為是剋家之命，故不得父母之愛。

(3) 兄弟六親之間感情淡薄，亦不得力，長大後只能靠自己雙手自立家計。

事業：

(1) 此命縱有祖蔭，但出生後家業必逐漸衰落，甚至敗於自己手上，以致遭家族背棄，親而不親。

(2) 智慧不高，思緒混亂，做事顛三倒四、沒有條理，很難獲他人認同；所以只能擔任勞動性質或低下層的工作，無法攀上領導地位。

(3) 唇線不清，口舌招尤，最忌從事經常與人接觸的工作，必定開罪人多、稱呼人少，不斷遭投訴。

(4) 唱歌嘴乃勞碌奔波之相，一生工作無定，若能修心養性，學得一門手藝或技能，或可在

【水太清則無魚，人至察則無徒。】

這方面發展穩定事業。

財帛：

(1) 口型不清是貧寒破敗之相，破祖離家，財難積聚，晚年手邊沒有餘錢，顯得孤貧伶仃。

(2) 此相身體較弱，一生辛勞多疾，飄蓬無定，常常要為金錢發愁，踏入五十一歲開始，財運更差，必須及早為自己綢繆打算，以防晚景潦倒。

(3) 相帶刑剋，財謀而不至，福求而不得，一生與財祿無緣，最淒涼時或要捱飢抵餓，故切忌借貸、賭博或投機，否則必兵敗如山倒，債台高築，境況堪虞。

愛情婚姻：

(1) 嘴巴棱角不分明，若兩唇肥厚多肉，男性必是貪淫好色之徒，有色情狂傾向；女性也是重慾多於重情。

(2) 此相刑妻刑夫，婚姻不美，婚後容易背叛太太或丈夫，作出出軌行為，結果多遭配偶拋棄，再婚也如是。

(3) 唇線不顯，晚運孤清，中晚年之後婚姻關係轉差，多有勞燕分飛的情況，縱不離異，也主夫妻感情隔角，有夫有妻也若無。

子息：

(1) 此相子女無緣，或子女難養或忤逆；或得別房子嗣，女性為繼母，男性為繼父。

(2) 唱歌嘴是老無所依、孤苦伶仃之相，子女難靠，晚景堪憐，宜多行善積德，望能化解厄運。

【在家由父，出家從夫。】

口相詳解

口之基本意義

面有七竅，即眼二、耳二、鼻孔二、口。《莊子．應帝王》：「人皆有七竅，以食、聽、視、息。」五臟的精氣分別通達於七竅，五臟有病，往往從七竅的變化中反映出來。

《孟子．告子上》：「食、色，性也」。古聖人孟子認為，飲食與性是人類兩大天性。而口部就是與這兩項天性關係密切的總匯：食物要從口進入；在實踐性愛時，由口部負責接吻活動。

口位於面部下方，是身體上的門戶，飲食從口入，言語從口出。口之邊緣是唇，唇內有齒，齒內有舌，食物、飲料皆由此進入，以營養身體；言語亦由此發出，以表達內心感受和意見。常言道：「病從口入，禍從口出」，所以我們飲食必須定時定量，講究衛生，不可暴飲暴食；與人交流溝通時，說話必須謹慎，該說的才說，不該說的要閉口不言。《心相篇》有相關訓示：「輕口出違言，壽元短折；忘恩思小怨，科第難成。」陳希夷先生又云：「開口說輕生，臨大節決然規避；逢人稱知己，即深交究竟平常。」再說：「若論婦人，先須靜默。」

上帝造人，賦予我們兩隻眼睛、兩隻耳朵，但只有一個嘴巴，就是要我們多看、多聽，但要謹慎言語。《相理衡真》對此點亦有論斷：

富貴唇紅似潑砂，口方四字享榮華。此身不為公卿位，必向名山作人家。
口薄唇掀說是非，交遊不可近庭幃。搖唇鼓舌斯人也，怕入網羅若禍機。

【癡人畏婦，賢女敬夫。】

口在相學上的定義

面相學上，口相與眼具同樣重要性。「眼為靈魂之窗」，是精神生活之反映；而口是關乎天性之總匯，所以論相必以眼、口為入相之法。

《黃庭內景玉經註》：「口為玉池，亦曰華池。咽液入丹田，所謂灌溉靈根也。」

在面相學上，口亦被賦予多個名稱，在五星中為水星，在五官中為出納官，在四瀆為淮瀆，在十二宮中為奴僕宮，口因此有了多種複雜的命理意義，主管人的健康、福祿和晚運。

口為水星

面相學上有五星之說。五星即：額為火星、左耳為金星、右耳為木星、鼻為土星、口為水星。

口位於面部下方，上通四嶽（額、兩顴、鼻），司飲食功能，也是言語之竅。凡口型方大、開大合小、唇型隆厚端正、唇色紅潤、牙齒端正，其人必是身體健康，謹慎言詞；凡口型不正、歪斜、唇色暗、口角開而不合，牙齒不齊，其人易有脾胃不適，且常因言語不慎而招恩怨、誹謗，麻煩糾紛不斷纏身。

口為出納官

相學上又有五官之說，五官即：眉為保壽官、眼為監察官、耳為採聽官、鼻為審辨官、口為出納官，各得其名，各司其職。《大統賦》云：「一官成，十年之貴顯；一府就，十載之富豐。但於五官之中，倘得一官成者，可享十年之貴也，如得五官俱成，其貴老終。」意思即是，五官之中有一官生得好，便能享十年好運；若五官都生得好，必可終身顯貴。由此可知，五官上的每一個部位對人的富貧、壽夭、貴賤都有着舉足輕重的分量。

口為出納官，是心的門戶，是語言之門，主要看子息、婚姻、口才、信用、飲食、文化水準。最宜紅潤方大端厚、齒白唇齊、上下相配、人中深長、仰月彎弓、四字口方、開大合小、上下唇配齒、牛龍虎口、兩唇不反不昂、不掀不尖、安藏外輔、聲音內應，此為出納官成，主福祿壽俱全。若呈豬狗羊口、覆舟、鼠食羊食、唇短齒露、唇黑唇皺、上唇薄下唇反、鬚黃焦枯粗濁，此為出納官不成，必主人生有缺，十年困苦。

口為淮瀆

面相學上有四瀆之稱，所謂四瀆，就是眼、耳、鼻、口四個部位；以這四個部位比喻為四種江河，分別是：目為河瀆，耳為江瀆，鼻為濟瀆，口為淮瀆。

相書云：「四要深遠，而涯岸不走，則財谷有成，多積蓄。耳為江瀆，竅要闊而深，有重城之緊付，則人聰明，家業不破。目為河瀆，深為壽，小長則貴，光則聰明，淺則短命，昏濁多

【寧可正而不足，不可邪而有餘。】

滯，圓則多夭。口為淮瀆，要方闊，唇吻覆載，上薄則不覆，下薄則不載，無覆載則無晚福壽。鼻為濟瀆，要豐隆光圓，不破不露，則家必富甲。」

意思是說，眼、耳、鼻、口四個部位皆要輪廓分明，大小、位置、外形都要適中，互相配合得宜，否則運勢就會有所阻礙。

至於口為淮瀆，由於嘴巴的深淺，不單止是看嘴巴外形大小，還須兼看嘴巴內的舌頭，所說深淺正指的是舌頭的深淺。若是開口就看見舌頭，那麼就屬於舌淺，若是開口較不見舌頭，那就是舌深。舌的深淺反應福祿多寡，若舌淺就是辛勞無福，屬於勞動階層，若是舌深的話，就是才華出眾、能者勞心的階層。

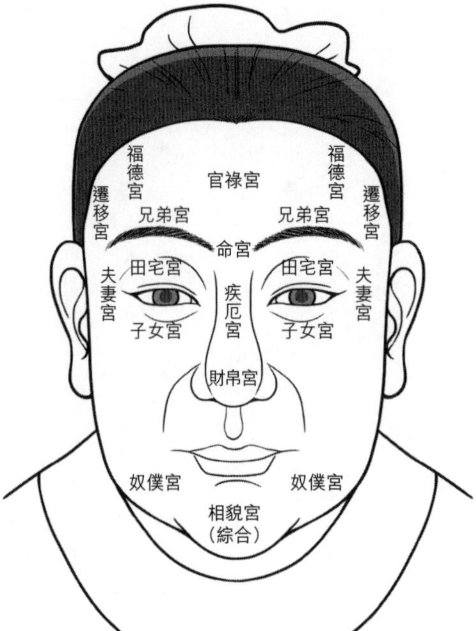

面相十二宮

口為奴僕宮

面相學將面部分為十二宮位，以不同宮位論斷人生的富貴窮通、聲聞名達、心身康泰、成敗吉凶。面相十二宮即：命宮、福德宮、官祿宮、遷移宮、兄弟宮、疾厄宮、財帛宮、田宅宮、子女宮、夫妻宮、奴僕宮、相貌宮。

口部佔據奴僕宮，奴僕宮位於下巴兩旁，主要關係朋友與下屬關係吉凶。若下巴豐滿、多色紅潤、無疤痕黑痣、頦圓頤豐，主官運亨通、奴僕成群；相反，若下巴尖陷、偏斜、窄削或有傷痕、黑痣，主官運蹇滯，縱使能行官運，也必與部下關係緊張，難獲支持和擁戴，更甚者晚景淒涼。

口為情愛宮

相書云：「眼為情緣宮、眉為情份宮、耳為情恩宮、鼻為情慾宮、口為情愛宮」。男女的親密關係由嘴巴開始，戀愛時，口的職責是談情說愛、甜言蜜語。凡嘴巴相理佳者，夫妻感情恩愛，婚姻幸福美滿，子女健康孝順，晚運安穩；若口部相理不佳者，姻緣薄弱，或不懂得情愛樂趣，或婚姻生活不美滿，子女不賢或無子，晚年孤獨。

西洋相學上，以口如弓形者，愛情深厚、思想優美、愛好文藝，但飲食及生殖能力較弱，屬「心性質」。口大骨硬者，愛情熾烈、破壞力強、愛冒險、野心大，知進而不知退，一生多成多敗，「筋骨質」。至於口型肥大者，情慾、生殖及飲食能力旺盛，體壯少病，財祿亦豐，但思想缺乏深度，屬「營養質」。

【竹籬茅舍風光好，道院僧堂終不如。】

口相流年部位歌訣

口部上通人中，下接承漿、頌堂、地閣，是為口部的整體。因此，若論口相，人中至地閣各部位皆不可忽略，一併納入於口相流年部位歌訣。

人中五十一人驚，五十二三居仙庫，五旬有四食倉盈，五五得請祿倉米，五十六七法令明，五十八九遇虎耳，耳順之年遇水星。承漿正居六十一，地庫六十二三逢，六十四居陂池內，六十五處鵝鴨鳴，六十六七穿金縷，歸來六十八九程，踰矩之年逢頌堂，地閣頻添七十一，七十二三多奴僕，腮骨七十四五同。

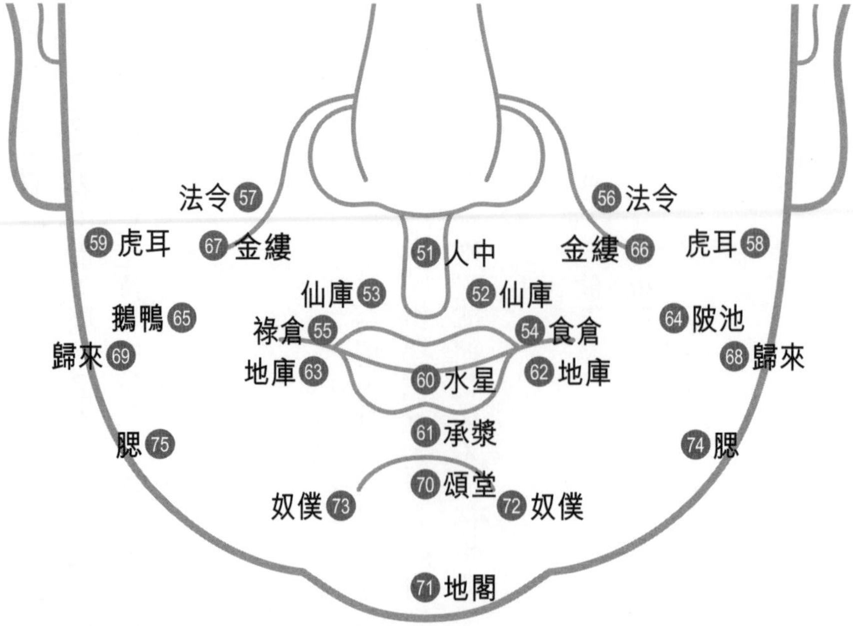

【命裏有時終須有，命裏無時莫強求。】

口之外觀形態

口與眼、耳、鼻、眉並稱面上五官。在解剖科學上，口分成上唇和下唇，兩唇之間稱為口裂，使上下唇隨意開合；唇內有牙齒，齒內有舌頭；上唇中央微微凸起的位置，名為上唇結節；兩唇相連之處稱為口角。

口相部位名稱

在面相學上而言，口位於鼻之下、下頷之上，上通溝洫人中之處，下接承漿、頌堂之位。口是人的海門，受納百川，主宰人一生的衣食、福祿，也是言語之竅。若以面相學之八卦定義，坎為水，故稱之為水星或正口也。

口的外觀組成分為上唇、下唇，以及稱為「口裂」的兩唇之間位置；口裂之內有舌及齒。上唇中央凹入成山谷狀的位置，稱為水珠、唇珠或口棱；兩唇相連之處為口角，亦稱海角；唇之外圍稱為唇線，各主不同的命運。

口之佳相，宜口開大合小，正而不偏；口角如弓，微微朝上；上下唇相副，唇上有紋，棱角分明；唇厚適中，色澤紅潤；齒齊而白；舌豐潤大。有此口相的人聰明仁厚、誠信正直、心口如一，喜歡追求美食，夫妻恩愛、子孫賢孝，家運昌隆，一生順運時多而逆運時少。

口相部位的意義

口之外觀形態，主要由上唇、下唇、口角及唇珠組成，分析如下：

(1) 上唇

整個口型的上半部，為男性的丹田、女性的血海，象徵生殖機能，反映健康狀況。相法中，都以唇色紅潤為吉，代表血液循環良好充足，如果唇色青白不紅，是貧血的病徵，女性恐患痼疾，不易懷孕生育。上唇如有彎曲或斷裂的紋痕，易患腸胃或肝臟重病。隨着年齡漸長，上唇會出現許多縱直的皺紋，這是步入老年的正常現象。

(2) 下唇

整個口型的下半部，為男女的腎絡，表示飲食、生活、健康和收入。下唇的縱直紋理名款待紋，象徵人緣和社交關係，若紋理過多，不免勞碌駁雜；沒有紋理也不佳，表示孤獨和自私；若見曲痕紋，肺部可能有問題。

(3) 口角（海角）

上下唇相連之處稱為口角，又稱「海角」，宜收斂而不宜宣泄，也就是兩唇張開要大，閉合要緊。口角不宜鬆弛，若鬆弛不緊，不但耗散家財，而且容易因言語惹禍，女性更缺乏守貞、守密觀念。兩邊口角上仰名仰月口，事業、地位和收入皆理想。兩邊口角下反名覆舟口，人生結局往往很悲哀，有此口相者，宜常常練習嘴角上仰，保持笑容，以改善命運。

(4) 唇珠

上唇中央凹入成山谷狀的位置，稱為水珠、唇珠或口棱。有唇珠者，精力充沛，有恆心、有毅力，能擔任繁重事務，易於成功。

口部四周的意義

研究口相，除了察看口型各部位的特點外，必須兼看口部四周的代表意義，才能判斷口相全局的意義，也是正確的相口方法。

(1) 人中

人中又稱溝洫，位於上唇中央上面，與鼻子相連。口是面相四瀆中的淮瀆，溝洫則是淮瀆通向大海的通渠，故以深長為吉，淺短次之，平滿更次之。人中邊界分明正直、溝洫深凹，象徵生命力強、人生觀正面、子女運及衣祿運俱佳；為人意志堅定、耐性足，遇困難挫折決不屈服，不會輕易放棄；注意力和集中力高，觀察事物深刻入微。

(2) 仙庫之一

人中左右側、上承鼻孔下接上唇，代表理解力。此部位長而隆起，理解力敏捷而透徹，觀察

【結交須勝己，似我不如無。】

事物能舉一反。此部位短而平坦，眼界狹隘，觀察力弱，理解粗疏。

(3) 仙庫之二

上承鼻厚，下接上唇的部位，代表幹勁。此部位長而豐潤者，做事勤奮、有幹勁、肯努力，工作效率雖不迅速，但能按部就班、踏實營謀，終能步上成功坦途。此部位短而薄弱者，性情冷熱無常，辦事虎頭蛇尾。

(4) 仙庫之三

左右鼻翼延至兩邊嘴角的部位，代表嚴肅性。此部位長而發達，亦即上唇外端較闊，品格莊重，奉公守法，辦事謹慎認真，不會越軌胡為，但卻拙於隨機應變。此部位短而扁平者，行為輕浮放浪，做事衝動脫軌，判斷力多有偏差。

(5) 承漿之一

承漿下延頌堂、地閣的部位，代表旅遊性。此部位長而發達的人，喜歡旅遊觀光、遊山玩水、尋幽探勝，所以閱歷豐富，也通曉世故人情。此部位凹陷薄弱者，足不出門，株守家園，拘泥好古，見識總是限於一隅，思想不能與時並進。此位置亦反映酒量大小，凹者酒量較佳；惟見紋侵痣破或缺陷者，飲食方面易出問題，且一生忌水。

(6) 承漿之二

位在⑸之外側，代表居住性。此部位長而發達者，家庭觀念重，對鄉里故居有執着偏袒和愛護。此部位短而瘦薄之人，家族觀念不強，或會背鄉離井，漂泊流浪，居無定處。

(7) 承漿之三

位在⑹之外側，代表睦鄰性。此部位長而發達之人，待人溫柔和善，心存四海一家，守望相助，互相照拂，故德望甚高。此部位短而見缺陷者，孤僻自我，只求避世，不求聞達。

(8) 奴僕

位在下唇最外側，屬奴僕宮位，代表慈愛性。此部位長而發達者，溺人溺己，惻隱為懷，對於所有社會福利、公益救濟，莫不襄贊協助，慷慨捐輸。此部位忌凹陷，主晚運不佳。

口之外觀相理

口之大小

口之闊度，以雙眼黑睛內側相距闊度為標準，在閉合時略闊於鼻子。

口宜開大合小，即口在張開時宜寬宜大，口合起來時達到標準。口張大而能容下拳頭的人，能當文武高官。開口而不露齒的人，思維比較謹慎，深謀遠慮，能居高官要職，掌握大權。若口閉合時比鼻翼還要窄短，代表情緒不穩定，精力魄力不足，社會活動力也不強；在五十一歲踏入口運後，因精神倦、體魄弱，財運、事業將停滯不前，難言如意，故投資理財宜守不宜攻也。

唇之厚薄

成語「唇亡齒寒」，意思是，唇沒有了，牙齒就寒冷；也就是說，唇之價值，猶如牙齒的城郭、舌頭的門戶，一開一合，榮辱與共。因此，相口必先相唇。

嘴唇宜厚，唇厚的人性格忠誠老實，學有所成，智慧和名望有所得；但唇若過厚亦是愚魯無智、意志薄弱之相。嘴唇尖而薄弱者，頭腦冷靜、狡猾奸詐、言而無信，十居其九是貧困、短壽之命。

嘴唇厚薄，最宜上下相約，大忌唇不遮齒，否則財富多耗少聚，說話不能守密，更易招惹是非閒話。

唇之色澤

唇的色澤與健康、智慧和性格有關。唇色紅潤之人多是健康又聰明、自尊心強、自視甚高，重視承諾，講究物質生活，對異性具吸引力，在事業上能有所成就，在財富上也有美好收穫，可謂福祿雙全。

唇色青紫者性格剛強、努力不懈、勇於面對現實，願意為事業而奮鬥，但一生較多挫折風浪，事業旅程坎坷奔波。唇色青黯的人體弱多病壽夭，一生多災多難，財富難聚，多主貧困。唇色蒼白者多有貧血或肺部疾病，事業不易成功，一生多煩惱憂思；性格上亦有頗大差異，既有懦弱自卑之人，也有虛偽狡詐之徒。

凡看唇的色澤，須配合整個部位氣色察之。色與澤不同，色有深淺，過深則滯，過淺不發；澤有潤枯，過潤氾濫成災，枯澀則格局減分。色澤總宜兩相調和，方稱佳相。

唇之紋理

論口之吉相，不可忽略唇上的紋理。唇上有多條直紋，主子孫滿堂，紋少則子息稀薄，無紋者少子嗣且老年孤單。

【磨刀恨不利，刀利傷人指。】

唇上紋理多是直紋，間中亦有呈網絡形狀，皆宜深顯清晰、秀美細緻，有紋若此者，定是聰明有識之士，名譽、地位、財富三者必中其一。若唇上紋理粗疏不明，必是愚魯之人，一生營營役役、勞碌辛苦，也難出人頭地。唇上平板無紋者，性格怪異，難與人相處，朋友少，到老孤獨無依。

唇周圍之線條，亦應秀美且棱線分明，主其人説話真誠，待人真摯，富同情心，願意幫助弱小社群，此相常見於多善事之人。相反，唇四周棱線不明，其人意志薄弱而易趨墮落，自私而愛逞口舌之快，更有性犯罪傾向。

口部有痣

口角有痣的人心直口快，常常言者無心，聽者有意，容易在説話上得罪人而不自知；但生活上卻是衣食豐足。惡痣生於唇上或見於口下方之承漿部位，其人容易酒精中毒或遇水險，故不宜飲酒過量，也不宜單獨進行水上活動或乘船；有波紋者更凶。

論相先論口

古往今來的相學大師皆認為，人之口相，至關重要，以脣啟之，以齒閉之，以舌宣之，以頦承之，皆口之分解也，譬之於海以載大地，以浴日月。凡應隸於口者，皆當以口推之矣。因此，論相必以口為入相之法；論相而不論口，不如不論。

病從口入，禍從口出

口司飲食和言語，俗語說：「病從口入，禍從口出」。口相與命運的關係極為密切，自不待言。有晉身官階者享用國家厚祿；有子承父蔭者日食珍饈；有終身胼手胝足者仍不得溫飽；一生飲食，或豐或儉，皆視乎各人之造化。

俗語亦謂：「言為心聲」，一言既出，是非隨之而來，興邦喪邦、是福是禍，往往就繫於一句說話。心直口快、言過其實、得意忘言、慣說人非等等，都是若禍招非的根源。

司馬遷在《報任安書》中云：「僕以口語，遇遭此禍，重為鄉黨戮笑，污辱先人，亦可面目復上父母之丘墓乎！」以抒發他以言招禍的憤懣。

《易．繫辭下》：「將叛者其詞慚，中心疑者其詞枝，吉人之詞寡，躁人之詞多，誣善之人其詞游，失其守者其詞屈。」

【知足常足，終身不辱。】

老子《道德經》：「輕諾必寡信。」

《論語．學而》：「巧言令色，鮮矣仁！」

《孟子．公孫丑上》：「詖辭知其所蔽，淫辭知其所陷，邪辭知其所離，遁辭知其所窮。」

從以上的引文可以看出，從口而出的言語既可影響際遇，也可反映性情。故古相書有說：「禍福出於胸懷，榮枯生於口吻；端厚不妄談，謂之口德；毀謗多讕言，謂之口賊；一則主吉，一則主凶。」人的喜怒哀樂，皆是動於中而根於情。中國相學家以口為心之門戶，西方以言語為心靈之象，兩者意義大同小異。所以，相學家可以從一個人的說話而觀察其內心，從而推斷其人一生禍福，準繩度十分高。

古籍論口

《麻衣相法》論好的口相：口大容拳、口型方闊，位列高官。口赤如丹，富享榮華。口不見唇，儀態威嚴。口角上彎，意志剛強。兩唇上下平齊叫龍口，此相之人儀態威嚴，終將位列朝班。兩唇厚豐而舌長齒白叫牛口，此人衣食充隆。口小如抹胭脂，叫櫻桃口，女性有此相靈巧竅窕，男性有此相則不以為吉。不吉的口相有：口角不張、口撮緊縮，貧寒破敗。口角下垂，財運拮据。

口如吹口、口唇紋亂，孤單貧苦。兩唇不合、皺紋侵亂叫皺紋口，此人心狠心辣，一生運差。

《秘本相人法》：「口宜厚，厚者多福；宜方，方者多富。有棱角，享厚祿。能容拳，主大貴。小則為弱，反則為逆。偏尖角垂，闊而不正，大而不收，吹火紫黑，皆為賤相。唇為口之城郭、舌之門戶，厚則富，棱則貴，紅則榮，上下相稱則美。尖撮者窮，不起亦窮。無紋者孤，皮皺亦孤。其他捲縮、唇掀、缺陷、薄小，皆敗相也。」

淺釋及補注：口大面方為貴。口大面小乃歌吹之流。大而不收即貧。上唇短主破敗祖業；下唇短則晚貧無壽。上唇蓋下唇主孤苦；下唇蓋上唇則貧敗。唇以紋為貴，紋理如花，富貴榮華。

《神相鐵關刀》：「口為水星，位居北坎，主衣祿，主官階，上應乎頦，中應乎鼻，宜朝上為有氣，忌覆下謂反元。小則為弱，晚景必寒；反則為逆，晚運必敗。合小開大，得乎水之正星；上朝有棱，得乎水之正局。人中深而水星不反，紋理多而色潤朱紅；此乃水之旺格。而富貴福壽可預期也。口小而撮，刑剋貧寒之憂；口大而丹，富貴福壽可許。朝元則為水火相得，子孫盛而福澤昌；反下則為水被土剋，家道衰而時運敗。弦棱潤澤，應知福壽多增；狹小歪斜，又慮貧寒立至。紋多而子孫昌盛；過潤而誇張自圖；唇外紋如皺理，財少而孫多刑。唇薄色犯黑灰，壽促而福祿亦寡。吹火形，防孤獨；縱理紋，防飢餓。尖嘴者，貪食之人；有痣者，好食之輩。口大主肉食不厭；口小主過食生災。唇似含丹，豈有飢寒之士？唇薄而反，必是訕謗之人。女子有夫有緣，定是唇如赤丹；男子與妻合意，必須齒白唇紅。口如縮囊，雖有兒而難受，到老防刑剋。唇如露齒，己有災而難逃。口大面小，好為吹歌之流；口大面方，定屬貴宦之客。此乃相口之大略。」

淺釋及補注：總之口宜厚、宜方、宜有棱、宜角弓、宜張大合小，富貴之相；唇宜紅、宜有

【有福傷財，無福傷己。】

紋、宜覆載。忌反、忌暗、忌鬚困、鬚焦，貧賤之徵。如缺當門齒，不利。口大唇薄而無收拾者，必是貧而好食之徒。唇光無紋者，必主無子兼壽促。口尖有痣，貪吃好食之人。唇紅齒白，旺夫旺妻又益子。口如吹火，窮獨無依。口似縮囊，鰥寡無糧，與子無緣。

《人倫大統賦》論口：「惟口者，語言之鑰，是非之關；禍福之所招，利害之所詮。端厚寡辭者，定免乎辱；誹謗多言者，必招其愆。肥馬輕裘，由方成於四域；出將入相，蓋大容乎一拳。唇欲厚，語欲端；音欲朗，色欲鮮。上下紋交子孫眾；周匝棱利仁信全。噀血餘資，似括囊而貧薄；含丹多藝，如吹火以寒酸。合勢欲小，開勢欲寬。狗貪、馬餒、鼠讒、蜂單。大言寡信者略綽；無機促齡者偃蹇。青黑禍發；黃白病纏。左右紋粗定兇惡；上下急蕩多迍邅。如鳥喙者，高人多難共處；同劍鐔者，義士可與交權。」

淺釋及補注：說話態度要端莊，內容要正當，更要慎言。言語端莊必是君子，定享厚福；言語輕率必是妄誕之人，喪德敗志，破家亡身。聲音洪亮有力之人身心愉快，學養及性格皆高尚；聲音沉而乏力之人體弱多病或心情惡劣，學養淺薄，性格頑固。唇色紅潤者健康聰明、重誠信、富自尊心、具自信心，講究物質生活，對異性具吸引力，事業及財富皆成就高；唇色青紫者性格剛強、勇於奮鬥，敢於面對現實，但命運坎坷，生活風浪大；唇色青黯是多病壽促之相，一生貧困、多災多難；唇色蒼白是貧血或肺病之表徵，性格若非懦弱自卑，便是虛偽狡詐，或是孤獨保守，一生貧困而煩惱多，難以成就遠大事業。唇線分明者仁厚有信。口唇合勢小、開勢寬的人有容人之量，英發而有為；不飛則已，一飛沖天；不鳴則已，一鳴驚人。狗口貪而無厭，唯利是圖，作官必是貪官，行商必是奸商。馬口貪賤飢寒，縱有成就，結局究竟不佳。鼠口狡詐詭譎，善媚工讒，十足之小人。蜂口刑妻剋子，孤獨單寒，晚年淒涼。鳥口智慧雖高，但城府深、自

【差之毫釐，失之千里。】

私心重、狠心毒辣，過河拆板，以怨報德，忘恩負義，妒賢嫉能，絕不可與之相處。劍鐔口重道義、守信諾，為人寬厚忠誠，可共患難、託生死。唇尖無彈性、上下不均勻者，庸俗幼稚，缺乏教養，一生拂逆多端，命途多舛，不單事業無建樹，身家性命更不時受到威脅。唇色紅而明潤、紫而有光為上吉；唇色青、黑、白皆主凶。

口之基本相法

口型千變萬化，綜合古今相書統計，口的形狀多達六十種種，前章口譜所列三十八種是常見及較有意義的口型。無論如何，口相萬變不離其宗，初習者宜循序漸進，先理解口之意義、各部位解釋，然後了解以下十四種基本相法，才進入更深層次的分析。

⑴ 方口：即「四」字口，上下左右四角有方稜，那是各方面都良好的相，受祖上餘蔭福澤，事業特別容易成功，收入高，聲名和地位也高，福多壽長，是上吉之相。

⑵ 闊大：古時的說法，男子的口宜闊大，更誇大地形容大得可以容拳的話，事業發展良好，能吃四方飯，容易賺取四方財，社會聲名也高。女性口型則宜小厚，可享夫福。惟現代相學上男女口相看法已趨向一致，兩者皆以闊大作吉論。

⑶ 小口：口小的人性格內向。男性宜做每天性質相同的工作，可從事學術研究或技術鑽研方面的工作，否則收入不穩而勞碌加倍。女性若是家庭婦女，口小唇厚而閉合緊緻，能夠專心相夫教子做家務，為典型賢內助；若為職業婦女為社會服務，則不易適應。

【若登高必自卑，若涉遠必自邇。】

(4)圓厚：口圓而唇厚者平安多福，生活富裕，不管是享受上一代的餘蔭事業，或是自己奮力創造，都有很好的命運。口型圓厚亦是口德口福之相。

(5)仰月：兩邊口角上仰如初弦月。此相的人事業成就高，且可以將家業及聲望流傳後代的口相，無論從政或從軍，都能居高位，享受最高的俸祿，令人敬仰。此相是開心快活之人也。

(6)唇勻：上下唇相副勻配，沒有厚薄、長短之分。若上唇厚而下唇薄，愛人勝於愛己，晚年易患風濕、糖尿等疾病。相反，若上唇薄而下唇厚，是被愛的典型，但踏入中年要慎防胃病、氣喘。女性下唇較厚，則不忌。

(7)收斂：上下唇緊閉收斂，是古相法所謂的「一」字口，其人聰敏驕矜，能言善辯，能為鄰居、親友、弱勢社群排難解紛，受人敬重。古今的外交家、政論家大多都是一字口的奇才。

(8)掀露：撅嘴唇、露牙齒。有此口相的人常招是非惹麻煩，一生多爭端與訴訟，嚴重者全家受累；自身容易感染痰濕相關疾病。上唇翹起與父親不合；下唇翹起與母親不合。

(9)薄削：上下唇都薄削的人言語不慎，該說的不說，不該說的常說，加油添醋，誇大其辭，最喜歡說長論短，製造或傳播謠言。為人聰明而有嗜好、志小而妄貪，光說而不做，常常弄巧而成拙。一生勞苦奔波，間或有小成，但往往得不償失。婚姻多不美，但有壽徵。

(10)下反：口型下反即是覆舟口。男性左邊下反較危險，女性右邊下反較危險，主晚運孤苦窮困或受疾病磨折。富貴之人若有下反口型，則易遭危險意外。此相者宜多訓練自己保持笑容，以及加強道德修養，以補救命運的不濟。

(11) 歪斜：口型不正。歪左與父系長輩不合，歪右與母系長輩不合；為人貪心務多不知足，言語不慎，口是心非，輕舉妄動，好管閒事，常常因言語招謗而惹出許多麻煩糾紛。（如因中風造成口型歪斜，不在此例。）

(12) 吹火：口型尖撮名吹火口，與人相處格格不合，男性問題較輕；女性則最忌，刻薄不孝、刑夫剋子，為八敗相格之一，是最不受人歡迎的女性。

(13) 多紋：上下唇皺紋多而粗亂，一生勞碌，運多反覆，說話多而喜歡誇大吹噓，不肯認錯，往往因偏見自誤，錯得離譜而無法回頭。此相在戰爭或亂世時代可有小成，但也勞碌。

(14) 塗硃：上下唇色澤紅潤，艷如硃砂，主有遠慮，有謀略，多才藝，能以文學或藝術成名；若肯努力、持之以恆，可少年得志顯達，福多祿厚。

基本相法口訣

以上十四項為口之基本相法，以下將之整理成為口訣，便於習者記誦，使能加深了解唇型口相之變化。

一、口要正，唇要稜，上下要整齊，唇紅齒白多富貴，不論男女皆聰明。

二、口要正，唇要稜，言辭多安定，唇厚語厚心亦厚，過厚無當失正經。

【使口不如自走，求人不如求己。】

三、口不正，唇無棱，言語失正經，唇薄快語損口德，唇色雞肝多躁性。
四、唇忌缺，齒忌露，齒唇差淫穢，缺唇露齒財帛散，尖齒欺詐老貧艱。
五、雷公嘴，難富貴，運途恆有愧，女剋夫子男孤貧，必須積德望解難。
六、兔子嘴，覆舟形，男女多伶仃，兔嘴破財防剋子，覆舟貪婪反不成。
七、吹火嘴，梭子形，貧寒失精英，吹火貧無立錐地，梭嘴竊盜殘忍性。
八、鯽魚嘴，語無倫，貪杯意昏昏，大而不取兼好淫，男女冷淡苦連連。
九、蛇舌嘴，兇惡相，孤寡眾人嫌，官刑災難一個人，六親朋友盡吃虧。
十、嘴角垂，好貪杯，男女亂說話，唇再短薄多折壽，破產身後少結尾。

口相吉凶原則

相學家以口為心之門戶，可根據口的形狀、色澤及紋理等特徵，以了解其人的性格、健康、格局，從而推斷其一生之得失榮枯。

相口方法，大抵有以下幾項基本原則：

(1) 口型隆厚，方正不偏。
(2) 棱角分明，形如角弓，口角朝上。
(3) 口大有收，開勢大而合勢小。
(4) 上下唇相副，意如含水，勢若含環。
(5) 色澤紅潤，如噀血塗朱。

【小時是兄弟，長大各鄉里。】

(6) 唇上紋理明晰秀顯。
(7) 口角（海角）鼓起。

以上為標準的富貴口相，其人聰明仁厚，文化水平、生活質素和社會地位皆高，子孫賢孝，老運亨昌，福慧雙修。

口忌反，忌暗，忌鬚困、鬚焦；缺當門齒，亦是不利；皆主困厄難逃、半生蹇滯。口大唇薄而無收拾者，貧困而好食；唇光無紋者，短壽、無子嗣。

口相吉凶歌訣

古相書對口相之吉凶皆有論述，並編成歌訣，便於記誦。以下摘錄部分供讀者參考使用。

口闊而豐，衣祿無窮。口如角弓，耀祖榮宗。
口唇杏紅，不求自豐。笑不露齒，威名早成。
口角上彎，財富鉅萬。口大容拳，貴不可言。
唇紋如花，富貴榮華。口唇亂紋，一世孤貧。
輕薄口唇，慣說他人。未言口動，奸心內萌。
口合不正，言語無信。談笑露齦，必非壽徵。
口角不張，缺乏儲糧。口如縮囊，饑寒難防。
口如吹火，到老孤苦。口如鮎魚，終須貧窶。

【妒財莫妒食，怨生莫怨死。】

口如撮聚，破祖無義。口邊紫色，貪財刑剋。
口若破損，衣食消縮。口如縮螺，有苦無樂。
口角高低，奸詐無比。口怨神憤，飢餓早貧。
口唇缺陷，多缺衣食。唇如檀口，衣食無憂。
口如牛唇，必是賢人，非特口德，又且性純。
口如硃砂，食如榮華。口如抹丹，不受饑寒。
口如紅朱，富貴相宜。口如角弓，位至三公。
口紫而方，廣置田莊。口角不張，缺乏儲糧。
口不見唇，主有兵權。口大容拳，位至公侯。
口垂兩角，衣食消縮。口角高低，奸詐便宜。
口如縮囊，饑餓無糧，縱然有子，必主別房。
口如縮螺，常樂獨歌。口尖如簍，與乞為鄰。
口邊紫色，貪財妨害。口如撮緊，破產飄蓬。
口不見齒，老亦成立。口唇亂紋，一世孤單。
口如吹火，至老獨坐。口上生紋，有約無成。
輕薄口唇，慣說他人。口闊又豐，食祿萬鍾。
口角向上彎，終身不怕難。

【人見白頭嗔，我見白頭喜。】

口部相理總論

口相吉凶在面相學上舉足輕重，察其大小、厚薄、色澤、紋理、痣癦等，可看出其人性情、信用、口才、事業、財帛、婚姻、子息、飲食和文化水準的玄機。而口之標準闊度，相約於雙眼黑睛內側距離。

心性、際遇

(1) 口正而不偏，主為人正派、誠實、忠直。口齊唇厚、齒正而密，主性格木訥，為人忠信寬厚、誠實正派。

(2) 口歪不正的人心術不正、虛榮心重、固執倔強，言行不誠實，喜歡強詞奪理，不肯認輸，故常常招惹是非或得罪人。男性口型向左下偏歪或女性口型向右下偏歪，主晚運不佳。

(3) 唇為口之城廓，故欲厚；上下唇豐厚均勻的人重忠信，有才華，富機智，多情多義，待人親切，一生衣祿豐足。但唇厚過度者愚魯無智，意志薄弱。上下唇俱薄者個性不良，喜狂言妄語，沒有口德，一生福祿無常。

(4) 口齊唇厚、齒正而密者，必是孝義之人。

【多少少年亡，不到白頭死。】

(5) 口型闊大，其人甚有口福，性格豪爽、熱誠爽朗，意志力強，精力體力充沛，敢於行動，做事積極，生命力旺盛，容易成為領袖人物。但口型過於闊大至與面型大小格格不入者，其人自私自利，野心大、好冒險，知進不知退，往往在事後後悔，一生運程反覆，多成多敗。

(6) 口大而唇紅齒白者，性格隨和，處事玲瓏，愛好美食，口福也佳，一生運程順多逆少，愈老愈榮昌。

(7) 口大而面小，主性格貪濫而好冒險投機，追求物質享受，看見別人擁有美好的東西，便會想辦法據為己有。

(8) 口大而鼻小者，面相學上為水反剋土，主是非多、犯小人，一生運程不通暢。口小而鼻大者，為土剋水，一生勞碌平庸，晚年運差。

(9) 口的相理比鼻子相理差者，五十歲後運程逐漸走下坡；相反，口的相理比鼻子相理佳者，五十歲開始運程暢通，老運榮昌。

(10) 口小唇厚，其人性格隨和寬厚，不會固執己見，樂於為人群服務，有犧牲和奉獻精神，人際關係十分好。

(11) 口小唇薄，主個性冷漠無情、刻薄寡恩、自私自利、缺乏責任心，雖然口才不錯，能言會道，但言詞鋭利詭詐，只顧追求功利，易招怨懟，故一生破敗飄零。

(12) 口尖如鳥嘴的人喜多言，但說話刻薄，沒有口德，很難相處，故人緣甚差。

(13) 口尖唇薄，其人頭腦冷靜，但狡猾善詐，運程高低難測，但終必貧夭。

(14) 口型尖削、上下唇不均又欠彈性的人，性格容易衝動，大多出身於非正派家庭，缺乏優良教育，一生運途阻礙多，難有大作為。

(15) 口型尖小、唇反又唇黑，是勞碌之命，但一事無成，且易遭凶險。若眉眼又帶煞者，更防凶死。

(16) 口小的人較欠口福，但較安土重遷，喜歡安於故土生活，不願遷居異地。口小配眼小，主性格保守，為人膽小又怕事。

(17) 口小者，若然頭、眼、鼻、耳皆小，面相上稱為五小格，屬特殊格局，不僅口小缺點不驗，更主貴顯有福。

(18) 口型過於平扁又口角下垂者，不論男女，皆自私護短，出言刻薄，愛搬弄是非，一生勞碌無成。口角向上者，百事樂觀，人緣好，運途昌。

(19) 嘴巴開大收小、嘴角不下垂、上唇不上翹，且嘴巴在不說話或飲食時不會張開，若口相兼具以上特徵，其人精力旺盛，領導統御能力強、口才佳、守信用。

(20) 口大無收，即開大閉大、嘴角下垂、嘴唇上翹或呈吹火口，且嘴巴在不說話或飲食時亦會張開，若口相兼具以上特徵，其人個性狡詐、貪婪自私，說話不真，常常誇誇其辭，輕視承諾，言行不一，重色慾，生活態度也不嚴謹。

(21) 口大無收，眉眼又帶煞者，主易遭凶險，乘船坐車須防不測意外。

(22) 嘴唇有收，其人對飲食和文化水準要求高；相反，嘴唇無收者，對飲食和文化水準要求低。

(23) 口常緊閉者，個性堅定，做事認真、有毅力、有恆心，不易泄露機密或心事。口常開者，性格浮躁欠耐心，意志力薄弱，口風不密，做人沒有原則，容易隨波逐流；若配眉眼又下垂，容易上當受騙，吃暗虧，損錢財，女性易失節。

(24) 口在閉合狀態下呈彎弓形，其人意志堅定，工作認真，生活很有規律，很懂得調劑身心。

(25) 口在閉合時唇不能蓋齒，常常惹是招非，惹人嫌棄，人緣極差，終身運程不濟。

(26) 上下唇配合均勻美觀，若左右仙庫微微隆起，其人頭腦冷靜，做事態度嚴謹、自制力強、具忍耐力、表達能力很強，必主一生衣食豐足；若左右側頟也呈微脹，必是出色的領導者或外交家。

(27) 唇掀露齦，命主孤苦刑剋，一生運蹇；若加喉結高起，更主死於異鄉。

(28) 唇厚發達者對飲食有濃厚興趣，喜歡品嘗珍饈百味，味覺敏銳少人能及，烹調技術也高人一籌，所以餐廳食肆主廚大多都是唇厚之人。

【賊是小人，知過君子。】

(29) 嘴唇過於肥大者，好飲食、物質欲望大，生殖能力亦強，只追求生理上的滿足而忽略精神生活的品質，缺乏高尚的思想，文化水準甚低。

(30) 嘴唇太薄，其人口才雖佳但忠信不足，晚運亦不美。嘴唇太厚者，一味追求物慾，欠缺格調，文化水準也不高。

(31) 上下唇皆薄而唇色淺淡，口常閉且合口時口縫直而寬，其人辦事態度嚴肅堅決，具忍耐力，但缺乏通融性，沒有人情可言。

(32) 唇薄又睛露者大多品性不良，並非善類，而且主觀意識極強，做任何事都絕不接納他人意見。

(33) 下唇明顯較上唇厚者為被愛型，個性自私偏執，佔有慾強，做事缺乏積極和進取心，不懂尊重他人之尊嚴和利益。下唇又厚又歪者品性不佳，一生難有成就。

(34) 上唇明顯較下唇厚者為愛人型，堅定剛毅，做事較積極，但一生運程起伏反覆，貧富無定。

(35) 上唇蓋下唇、形尖而凸出、狀如鳥口，其人自私自利、嫉妒心重，毫無感情可言，只能共患難，不可共富貴。《吳越春秋》記載越王勾踐具此口型，范蠡遺書文種：「越王長項鳥喙，可以共患難，而不可以共處樂；可與履危，不可處安。」范蠡在復國以後，識時務地入齊為商；文種則妄想與勾踐共享富貴，卒被殺害。

【君子固窮，小人窮斯濫也。】

(36) 下唇長而薄者，愛追求美食，故身材大多偏向肥胖。

(37) 嘴角過度偏上也是不吉之相，為人高傲、倔強又任性，既瞧不起人，又不聽人勸勉。

(38) 嘴唇上掀而露牙齦的人虛榮心很重，常常希望受到他人讚賞；愛說閒話，口舌招尤，一生是非多；亦主漏財，到老財不聚。

(39) 上唇主父，下唇包上唇，主父緣薄弱，且一生口舌是非多。下唇為母，上唇包下唇，主母緣薄弱，個性陰毒、子息稀少。

(40) 上唇主父，上唇前凸是剋父孤苦或親者疏離之相。下唇主母，下唇前凸則是剋母孤苦或親者不親之相。下唇特別凸出的人積極性和主動性太強，破壞力極高，是衝動又可怕的侵略者。

(41) 左右嘴角高度不一，其人性格乖謬，說話強詞奪理，更愛貪便宜。

(42) 嘴角下垂的人孤僻自私、猜疑心重、剛愎自用，愛貪便宜，說話欠口德、喜挑剔，廉恥觀念薄弱，常常被人所嫌，做事又缺乏鬥志，故一生敗多成少。

(43) 嘴角下垂但口型肥大者，生性厚道，待人熱誠，但一生總是為人作嫁衣裳，付出多而回報少。

(44) 左右嘴角有損，其人貪濫而奸詐，說話不真誠。

(45) 口角有痣的人「口比腦快」，說話衝動，容易在言語上開罪人，人際關係差強人意。

(46) 唇旁有痣者，容易在言語上開罪人，故常招是非口舌。口角有痣者，口舌是非多，且易遭水險。

(47) 唇線優美和諧，性格堅定自信，說話甚有口德，有分寸，重誠信，待人有情有義，能夠與人融洽共處。

(48) 牙齒整齊而亮白，其人誠實坦率，重視承諾，一生運程順暢，若然地閣相理亦佳，必是愈老愈榮昌之命。齒色泛黃者，事業、財運皆不稱意。

(49) 口角兩邊有直紋，主晚年運蹇，破祖敗業，子女離棄，且有官訟刑罰。若直紋從眼睛下垂而來，情況更凶險。

(50) 唇紅鬚白，其人具忠貞報國之心，至死不渝。

(51) 嘴唇無語而自動，主機心重、思慮多；若配尖削嘴型或猴腮，一生孤獨貧困、運程不順，老運不昌。

(52) 口先動而後語的人，若不是城府過深、拘謹慎言，就是心術不正、心機過多。

(53) 說話欲言又止者，寡情薄義，做事有頭無尾，故人緣不佳，且一生難有成就。

(54) 說話時不宜露牙齦，但以能夠看見牙齒為好。說話時，上唇不動，下唇動者，屬貴格。

【不以我為德，反以我為仇。】

(55) 吃東西時以口就食，而非以食就口者，性格貪得無厭，乃破家無能之人。

(56) 吃東西時狀似猴食鼠餐，面相學上稱為「口寒」格局，主性格鄙俗慳吝，終身貧寒無成。

(57) 口常作冷笑狀，其人說話刻薄，愛批評、喜挑剔，常常以譏笑諷刺他人為樂。

(58) 無痰而吐，主先富後貧，老年運蹇，孤苦無依。

(59) 口下承漿部位平滿者，六十一歲時運程不通，各方面皆有阻滯，最易破財或生病。

(60) 下唇及承漿部位皆拱起、口角又下垂者，猜疑心極重，口德有虧，喜歡嘲笑別人，晚運有損。

(61) 相書有云：「口相有十，鬚眉居七」。因此，若鬚眉相理不佳者，即使口之相理佳，亦非全美；若口之相理又不佳者，六十歲時易有大凶禍。

健康、壽元

(1) 口為脾之竅，舌為心之苗，齒為骨之餘氣。口正脾正，口歪脾偏，口小脾小，口大脾大，口上脾高，口下脾低。嘴唇肌肉緊緻又有彈性，主脾臟先天發育良好，後天功能亦佳，病變少；相反，嘴唇肌肉鬆弛或口部相理差者，先天脾臟功能較弱，容易出現相關病變。

(2) 言多必傷氣，練氣者口要常閉，氣才能聚蓄，任督二脈才會通暢。男女老少，口常閉者，才會體魄強健，壽元長久；口常開者，腎氣弱，一生多病，壽元不永。

(3) 口小、眼大、頭大，面相有此配，健康有損，主壽元難過五十。

(4) 上唇前凸，是長壽之相。

(5) 上唇明顯較下唇厚的人，較易患上風濕病或糖尿病。

(6) 口角兩邊有橫向短紋向下垂，稱為「覆舟紋」，易遭水險，慎防凶死。

(7) 唇上有黑子者，慎防因桃花情慾而染病，也要注意消化系統的保健。

(8) 唇邊有痣，主胃之中氣不足，泌尿系統欠佳，亦容易出現飲食或酒精中毒的情況，一生慎防水險。

(9) 唇色以紅潤為最吉，不僅運程通暢，亦主身體健康。唇色黯黑，肝臟、腎臟有損。唇色紫黑，血液循環系統差，身體長年不適。唇色蒼白，貧血之徵，生殖力弱。唇色如雞肝，久病運蹇。

(10) 唇色長期青黑，主心術不佳，一生多病；若鼻上有黑子，恐有暴斃之險。唇色短期呈現青黑色，反映當時健康出問題，可能患上脾臟或腎臟之疾病。

(11) 嘴唇乾裂甚至脫皮，是肝火旺盛、虛火上升、脾臟虛弱的反射。

(12) 白天時口常流唾液，其人脾胃虛寒；若說話時現口泡，慎防發生食物中毒之事。

(13) 口在不吃不語的狀態下常開而齒露或睡中而口常開者，短壽之人也。若眼睛又露白、胸口長亂毛，其人必死於非命。

(14) 口下之承漿位置無鬚或有痣，其人腳部常常抽筋，須慎防水厄；或胃部有病變問題，消化系統有嚴重隱疾，且容易酒精中毒，醉死街頭。

事業、地位、財富

(1) 相書云：「男兒口大吃四方」，男性口大外出旅遊運多、有口福、口才佳；女性口大吃夫家，又無收者，主好吃懶做，刑剋子女，一生貧困。惟隨着時代進步和社會變遷，到了二十一世紀的今天，男女在社會上的地位愈趨平等，大部分女性財政獨立，不再依賴丈夫，故在面相學的意義上，女性口大不再作凶論，且與男性看齊，亦主遊歷多、口福好、口才了得。

(2) 口似四字形，稱為四字口，主其人口才便給，最宜從事律師、公關等以辭令為主的行業，可在行內打響名堂。

(3) 口型寬大而舌薄，其人熱愛音樂和唱歌，可考慮在這方面發展事業；若面部其他相理得配，成功指日可待。

(4) 口開而不見齒，非富即貴命，尤其以笑不露齒為上相。

(5) 口型闊大而相理佳，配合眉毛清秀有揚、雙眼秀長有神，其人才華超卓；文章蓋世、聲名遠播，名利兼收。

(6) 口闊又眉清目秀有神，主才氣橫溢，文章顯名，可循這方面發展事業，易得成功。

(7) 口型闊平而向前凸，面相上名為狗口，其人貪鄙無恥、貪得無厭，若然從商，必是聲名狼藉的奸商，往往不得善終。

(8) 口大而眼小，官運不佳，一生功名、官位難求，不易晉身政途，從然得入官場，也不得人心。

(9) 口大而舌寬者，福祿厚，一生衣食不缺。身材高大的人，若口大而能容拳，主官運亨通，社會地位高，一生顯貴。

(10) 口大而面小，若配鼻翼削薄又細小，其人容易沉迷賭博，但每賭必輸，半生財富都付諸賭桌之上。

(11) 口大而耳形薄削、細小，面相學上為水多木漂，主一生事業不穩，起伏不定，多成多敗。

(12) 口小眼又小，其人膽量亦小，積極性不足，依賴性重，不宜於領導崗位，但適合理財、會計或講求心思細密的工作。

【晴天不肯去，只待雨淋頭。】

(13) 口角朝上者，主事業運和晚運皆美。口角下垂者，多走衰運，事業運易走下坡。若眉眼相理又不佳，更是到老孤獨貧苦之命。

(14) 下唇比上唇厚者品性不佳，控制慾強，一生難有大成就。

(15) 上唇先天缺損，稱為兔唇，乃因母親懷孕時出現遺傳基因突變或母親服食不當藥物所致。兔唇是刑沖父母之相，其人適合從事技術或藝術相關的工作，成就較高。

(16) 唇平不起似無者，一生貧賤，老年孤寒淒涼。

(17) 說話時下唇外掀的人叛逆性強，自以為是，工作上難以與人合作，在社會上難以立足。

(18) 說話急、走路急、吃飯急，再加性情又急躁者，主成家快，敗家亦快。

桃花、婚緣、子息

(1) 口部相理佳者，不論男女，雖重色慾但不邪淫，能兼顧和平衡性慾和精神生活，夫妻間之情愛可互相滿足，感情甜蜜，夫妻恩愛、白頭到老，子女賢孝，家運昌隆，晚運亦佳。

(2) 口部稜角分明的人，婚姻美滿，子息運佳；反之，口型稜角不明顯者，不僅姻緣運差，更易招口舌是非。

(3) 唇厚發達者，溫情洋溢，夫妻恩愛，父子情厚，親朋睦戚，亦富同情心。嘴唇太薄，其人婚姻、子息及晚運皆不理想。

(4) 口大而唇厚的人感情豐富，性慾頗強。口大而唇薄者性情冷漠、說話不真、自私自利、不守信諾，言行不一。

(5) 唇上有直紋，主子息多，女性生產順利，口部相理佳者更驗。唇上平平無直紋，主子息難求，且本身性格有缺陷，做事多敗少成。

(6) 口大無收，且嘴巴在不說話或飲食時亦會張開，其人色慾重，易因縱慾過度而對身體造成敗壞，容易早夭，並主一生貧寒。

(7) 男性口型向右偏歪，主剋妻；向左偏歪，戀愛有阻。女性口型向左偏歪，主剋夫；向右偏歪，戀愛有阻。不論男女，口型左歪右陷者心性不佳，配偶不賢，子女緣薄或刑剋子女，晚年運蹇。

(8) 口型似吹火，是刑夫剋妻、子女緣薄之相，晚年寂寞，孤獨終老。

(9) 上唇包下唇，稱為雷公嘴，是感情大敗及子女絕緣之相，婚姻難白首或到老不婚，已婚亦難有子嗣。

(10) 上唇主情，下唇主慾。下唇明顯比上唇隆厚者，性慾旺盛，若不能理智地自我控制，容易作出淫亂的行為；此相若配嘴唇鬆弛，必是傷風敗俗的人。

【是非只為多開口，煩惱皆因強出頭。】

(11) 下唇狀似下墜者，一生孤寒，與配偶、子女無緣。

(12) 上下唇皆薄而唇色淺淡，口常閉且合口時口縫直而寬，此相之人對愛情和性慾皆淡薄。

(13) 口型呈彎弓，桃花運佳，但用情專一，不會同時戀上兩位或以上的異性。

(14) 唇珠呈硃砂色，不論男女，桃花皆重；女性易招蜂引蝶。

(15) 兔唇屬先天缺損，其人不易孕育子嗣。

(16) 口角下垂的人夫妻及子息緣薄，晚運差，老時多是孤單無靠。

(17) 口邊有直紋又口角下垂者，一生勞碌少成，常遇凶險，老年孤寒；子女無緣，即使有子女亦外出他鄉，難聚天倫。

(18) 唇色紅潤的人夫妻緣分好，婚姻美滿；若牙齒又白亮，更主有孝心，性慾正常（女性尤驗），子孫滿堂。唇色淡者夫妻緣薄，自身性情亦乖張。

(19) 唇旁有痣，「養兒一百歲，長憂九十九」，一生多為子息擔憂。

(20) 六十歲前而唇上長滿皺紋的人，愛搬弄是非，夫妻子女緣薄，老時孤剋貧苦，子息難靠。隨着年紀老邁而出現的皺紋口，不在此例。

(21) 牙齒與婚緣息息相關，齒色白而亮，姻緣運順，婚姻美滿；齒色枯黃，戀愛多不順，婚姻亦不美。

(22) 說話時下唇外翻者，野性不馴，無法對配偶專一，故婚姻緣薄，縱結婚緣終必離異。

(23) 說話時吐氣不清新且有異味，主夫妻感情不和睦，婚姻難長久，男性尤險。

(24) 男性口部四周有鬍鬚鎖口，主難享子女福。若年過六十五歲，鬍髭仍然黑亮未變白，主其人子女必幼小而不能自立，故不得享子女福；若頭髮再黑亮者，更是晚年辛勞又刑剋子女之相。

(25) 說話常常含糊不清，若加白睛呈現紅絲、頭髮又自然鬈曲，其人非常好色貪淫，戀愛只為滿足色慾，絕非用情專一之輩。

女性口相專論

古代社會男尊女卑，女性三從：在家從父，出嫁從夫，老來從子，是為美德。女命以口為子星，代表子嗣運，所以女性口相尤其重要。時移世易，在二十一世紀的現代社會，大部分女性擁有個人事業、獨立財政，地位與古時大不相同，故女性口相休咎已可與男性同論。不過，有些特別相理仍是女性獨有，或只適用於女命，介紹如下：

心性、夫運、子息

(1) 陳希夷《心相篇》：「若論婦人，先須靜默」；意思是，論婦女的德行，首要是態度安靜沉穩、少言寡語，這才稱得上是有教養的女子。

(2) 女性以口為子星，唇上無紋者主子息緣薄，難有子嗣。紋多而正，主子息緣厚，子嗣多而俊秀。

(3) 女性有「櫻桃嘴」，天性聰慧、溫柔嫻淑，對人有情有義，必嫁富貴之夫。（詳見第42頁「櫻桃嘴」）

(4) 女性有「雷公嘴」，是多災多難之相，性格主觀固執、疑心極重、急躁不安；六親緣薄，刑夫剋子；早婚早離，子女絕緣。（詳見第76頁「雷公嘴」）

(5) 女性有「吹火嘴」，心性狡詐，婦德有虧，剋夫妨子，易有產厄。（詳見第72頁「吹火嘴」）

(6) 女性有兔唇，是刑夫剋子之相；但若配得眉清目秀，則凶險減半。

(7) 女性口型歪斜，姻緣有阻，夫妻關係差；若配口大無收，則是相帶刑剋，其人心性狡猾又短壽，婚姻不美滿，子息緣薄，難受孕或生產遇險。

(8) 女性口大有收，其人為人幹練，行動積極，敢做敢當，領導力強，可做職業婦女，適應力亦高，置身複雜的工作環境中，也能揮灑自如；若其他各部位配合得宜者，必為事業成功的女強人。

(9) 女性口大無收，若配額形狹窄，主拖累夫運，婚後丈夫健康、事業、財運下滑，必中其中。

(10) 女性口大唇厚，若配眉形粗闊，主性格男性化，性淫性急、任性偏執、懶散怠惰、苟且偷安，一生財運極差，縱有祖蔭、父蔭，也必散盡，先富後貧。婚姻不美滿，刑夫剋子，且有同性戀傾向。若口角再鬆弛下垂，其人缺乏貞操觀念，可同時與不同男性發生性關係。

(11) 女性口大而唇薄，多是長舌婦，喜製造謠言，愛搬弄是非，最大樂趣就是說人長短。

(12) 女性口小者愛追求物質享受，對生活頗為挑剔；但若配得唇厚，主性格隨和寬厚，具自

【人生一世，草生一春。】

我犧牲精神。

(13) 女性口小而唇掀，淫蕩下賤，性慾極強，男女關係隨便，對性關係視作平常；相帶刑剋，婚姻不美，丈夫運滯，子女忤逆。

(14) 女性口小，若配眼型細小，性格被動、內向和怕事，自我防衞意識強，不是敢愛敢恨之人。

(15) 女性口小，若配面型橫大，謂之面相「帶煞」，是刑夫剋子之相，婚後難享夫福，子息亦不孝順。

(16) 女性唇薄、口動時嘴唇掀起，說話強詞奪理，喜播弄是非；一生財運不順，工作勞碌，生活貧苦。此相若配鼻形扁塌或尖削，更驗。

(17) 女性上下唇不緊閉，性格好逸惡勞、懶散因循，容易墮入風塵，從事色情事業。

(18) 女性下唇微凸及略厚為吉相，子息運極佳，子女優秀成材，自身晚運亨通；但下唇過凸包上唇，則不作吉論。

(19) 女性下唇過分前凸，性格強悍又霸道，婚後不單不旺夫，更會欺夫甚至奴役丈夫；下唇外翻者情況更甚。

(20) 女性上唇明顯比下唇厚，性格倔強、主觀意識強，工作能力高，大多擁有個人事業，屬女強人類型；但戀愛生活乏善足陳，縱浴愛河亦不快樂，感情路上大多孤單寂寞。

(21) 女性唇紅而面白，主水性楊花，感情不專一。面頰閃紅，相學上稱為「面帶桃花」，其人思想、行為皆淫蕩不羈，個性不良，缺乏理智思維。

(22) 女性唇紅齒白，配上面色正土（即面色黃潤）者，主其人必嫁富貴之夫，夫妻恩愛，相夫旺子，婚姻美滿，家運亨昌。

(23) 女性唇紅而身材瘦削，夫妻恩愛，婚姻甜蜜，多誕男孩。

(24) 女性唇白而身材瘦削，夫妻感情不睦，難受孕或易流產或有產厄，壽元不長。

(25) 女性唇色紫黑，婚姻運差，刑夫剋子，夫妻難到老，子女不賢孝。

(26) 女性笑時以手持口，眼神似偷窺狀，也是水性楊花、用情不專之相。

(27) 女性笑時不見齒，配上額圓、眼睛黑白分明、手似乾薑、態度嬌而有威者，主秉性純良、貞潔淑德。

(28) 女性笑時面頰現梨窩，其人活潑好動，但有晚年孤獨之憂。

(29) 女性說話露齦，也是刑夫剋子之相；若再配上唇外掀，除了不利丈夫、子女外，更主有虧婦道，既不照顧家庭，也易有婚外情。

(30) 女性唇掀露齦、唇齒不相蓋，是剋夫之相，婚後丈夫運程滑落或健康轉差，自身亦易有產。此相若配身材瘦削及面色黯黑，其人機心極重，時時刻刻都在算計他人；性格亦喜

【月到十五光明少，人到中年萬事休。】

怒無常，令人難以捉摸。

(31) 女性唇掀露齦，若配無腮面型，生性淫賤，不守婦道，婚後仍會與其他男性發生關係，婚姻必不長久。

(32) 女性唇掀露齦，若配舌形尖削，不僅放蕩淫賤，不守婦道，亂搞男女關係，更兼心腸狠毒，常存害人之心。

(33) 女性唇尖無彈性、上下不均勻，必為長舌婦，常說他人閒言，婚姻無緣，有則剋夫害子，勞賤一生。

(34) 女性口尖而露齦，財運不通，且一生易招是非閒言，難有真心朋友。

(35) 女性口角鬆弛是淫賤之相，男女關係隨便，性生活浪蕩；婚後欺淩丈夫，夫妻感情不睦，容易有婚外情，婚姻必不美滿。

(36) 女性口角下垂，子息運差，子女不得力或侍母不孝，是晚年貧寒無依的孤獨之相。

(37) 女性唇上、唇下或口角長痣，性格不甘平淡，婚後有外鶩之心，導致婚姻不美滿。

(38) 女性唇邊有痣，貞操觀念弱，容易發展不正常男女關係，或與有婦之夫有染，或作他人的第三者，或為利益而與人發生關係。

(39) 女性口常冷笑者，主性格陰險、嫉妒心重，遇到比自己條件好的人，常會以刻薄言語諷刺對方，使對方難受。

(40) 女性說話聲線低沉如男士，或聲調高而刺耳，雖聰明幹練，但脾氣急躁，作事任性妄為，且剋夫淫亂，破家累夫。

(41) 女性說話聲線低沉而無韻，是孤獨之相，主一生命運多逆少順、多憂少樂。

(42) 女性不說話而唇自動，情緒波動大，容易鬧情緒，即俗語所謂「神經質」；此亦是貪戀淫慾、婚姻不美之相。

健康、壽元

(1) 女性口小，若配唇暗、耳小、人中平，主難受孕，懷孕時容易流產，生產時亦要防產險。

(2) 女性口大鬆弛，口角總是微微張開，其人先天脾胃功能不佳，宜在後天多加保養。

(3) 女性有「櫻桃嘴」，中年以後慎防健康有隱憂。《相理衡真》評櫻桃嘴「聰明壽促」，故宜防患未然，及早關注健康，保養身體，運至五十一歲流年更要加倍留神。（詳見第42頁「櫻桃嘴」）

(4) 女性口尖而露齦，天生健康欠佳，易有長期病患，是壽促之相。

(5) 女性上唇明顯比下唇厚，精神和體力付出大，是短壽之相。

【人生不滿百，常懷千歲憂。】

(6) 女性唇捲而縮不能蓋齒，是脾臟功能衰弱之相，主年少夭亡；此相之人易患婦科疾病，生產亦須防險厄。

(7) 女性唇枯色白，是虛火上升或貧血之象，宜在飲食上下工夫，多吃補血食品；最好請教中醫師，選擇適合自己的食療。

(8) 女性唇白而身材瘦削，是壽促之相；唇白而口型尖削，是血氣不旺之徵，壽元難過三十。

(9) 女性唇上、唇下或口角長痣，易有婦科疾病，亦主生殖系統及消化系統有隱疾。

(10) 女性口部四周隱隱呈現青色，是內臟器官不健康之徵，易因飲食而染疾，腸胃常感不適，也是壽促之相。

「善人無惡相，惡人無善相」，此為不變之因果關係。一個人若發覺自己面部相理不佳，請不必着急，所謂「相由心生」、「相隨心轉」，只要能常常有「一心向善」之念或身體力行善功，則世間之諸惡相亦會轉惡為善。

口相唇型最能代表人之善惡，習相者在眼相及口相工夫上定要打好基礎，否則難辨善惡真假矣，切記！

第二章

人中相法

【路逢險處難迴避，事到頭來不自由。】

人中者，視作為人生的中段，流年口訣為：人中五十一須清。當中涵意是，人到此歲月時，亦應該細想以後的人生道路，放下不必要的心理包袱，好讓自己重組以後的人生，輕身上路，再創另一層生命價值。

人中在面相中佔的部分很小，但作用卻很大，為四瀆之總匯，把守晚年下停的第一關卡。坊間只道人中深、長、寬、廣的特質，往往忽略了整合性的重要條件。

論子女，不看人中相格，還可以看子女宮，看臥蠶也就可以。
論壽緣，不看人中相格，還可以看兄弟宮，看法令也就可以。
論體質，不看人中相格，還可以看疾厄宮，看氣色也就可以。
論禍福，不看人中相格，還可以看福德宮，看五官也就可以。

這樣一提，人中部位好像不太相關，若讀者們如此想法就大錯特錯。一般坊間論相，只是每一個部位單獨判斷，而疏忽了整體性和綜合性的重要組合。人中相格之重要在於銜接，是承接着五十年歲月的努力之重要關卡。

知止而能定，知定而能靜，知靜而能安，知安而能慮，知慮而能得。人中就是要一個人知道，五十而知天命所在，半百人生已過，是時候讓自己重新部署下半生的信念方向如何。

人學懂了明辨方向、是非和輕重，則在人生的下半場便會善用過去努力付出的成果，再開拓一個不一樣的將來。英才相信，善見會帶來善行，善行會帶來善果。

人的思想、性格、選擇和態度，總會因環境、年齡、歲月和生理而改變，相由心生就是這個道理，但變好還是轉壞，就在於人中部位的啟示。

踏入晚年的第一關卡，選擇在天堂做奴隸還是在地獄當主人。人是否有好的心態？很大程度上決定於個人的價值觀，但人常常會犯一個毛病，就是「有同情，無本事」，善良並非是令自己受傷的東西，善良更不是讓人家利用的工具，它要和自己的能力及智慧互相配合，從而量力而為，這就是「自知者明」。但當局者迷的人太多了，此刻論相者就要不偏不倚地告之，將眼前人的過去歷煉和當下態度綜合而判，正如「相不獨論」的道理一樣，這份經驗若無前人指引，若無多番臨場實戰體會，後學者如何憑着一些小聰明便能通曉箇中玄機？

人中是連接五官形態的重要關卡

人中在臉上只佔小小的位置，卻隱藏着處世待人的平衡智慧。搬字過紙的相法、依書直說的演繹、單純以一個部位而判禍福吉凶的分析，正正是只看書而自以為是的國師伎倆。一個融會貫通的相家應懂得將人中部位巧妙地連接整個五官形態及精氣神的關係，從而作出綜合分析，這一點又豈是只看三數本古籍而能了解？相是活的學問，同一個人層次有七：「常態」（五官本質遺傳）、「時態」（運程時段觀感）、「情態」（遇事情緒反應）、「形態」（自我感觀價值）、「姿態」（立場位置表現）、「狀態」（當刻能力表徵）和最難預料的瞬間感覺的「心態」，尚未列入當事人的妻財子祿、利益尊嚴和當刻是人求相或是相求人的微妙關係。習相者須知，眼前人當刻的頓悟或觸感足以改變整個相格的總和及判斷結果。世上沒有一種術數或學問，可以準確計算出人的感覺！慈悲喜捨誰可算？貪嗔癡慢是必然！

英才若用哲學的層面分析命運，世上確真的沒有十足十、百分百準確的術數存在，命運者稱之為宿命，稱之為確定！但人之態度、選擇、頓悟、自省及修行，哪能預測？哪有命定？正如我們可以計算有磚頭從高處墜到地上的時間，但若當事人快走一步或慢走一步，其結果便截然不同！重利益的人往往打着利害得失的算盤，但老天爺打着的是因果關係的算盤，世人只看某些高官下馬坐牢只因流年不利，英才看的卻是貪污瀆職舞弊的因才有牢獄禍福之果。人中部位正好隱藏着一個人內心的價值觀。一個優秀的人，即使在名利場上沒有豐碩收穫，但他／她仍能有充實的心靈生活，他／她的人生仍是充滿意義的。

英才半生閱人，看盡人性百態，而非紙上談兵，純以八字論命去論述人生，更非象牙塔內的儒士，亦非桃花源中的漁樵。英才化相理為心性，於世情經緯縱橫、閱歷之漪盛，盡見浮雲落日、水月鏡花之感，人中的形態往往就是印證及提示眼前人的進退取捨的一個相法。

人中譜

1. 人中平滿

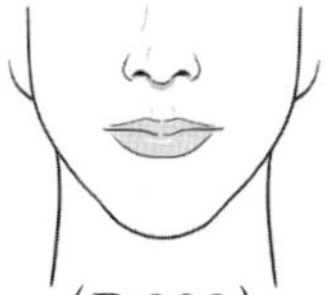

(P.222)

2. 人中深邃

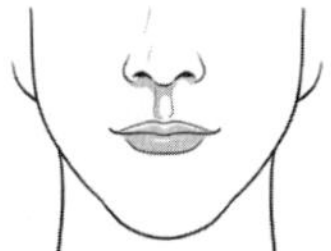

(P.225)

3. 人中長

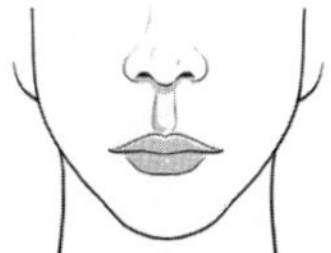

(P.228)

4. 人中淺短

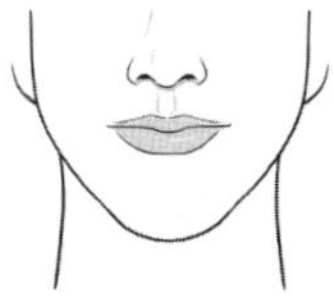

(P.231)

5. 人中寬厚

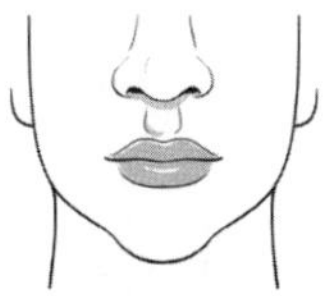

(P.234)

6. 人中狹窄

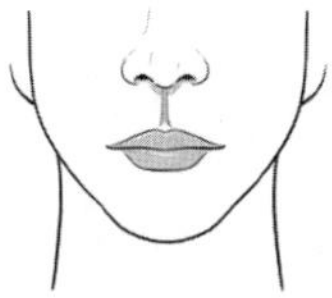

(P.237)

7. 人中偏歪

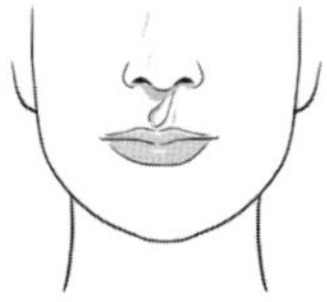

(P.241)

8. 人中彎曲

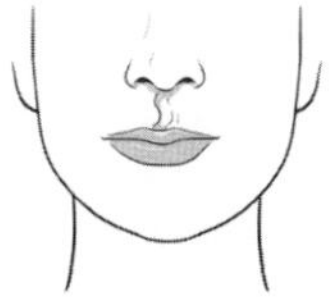

(P.245)

9. 上寬下窄

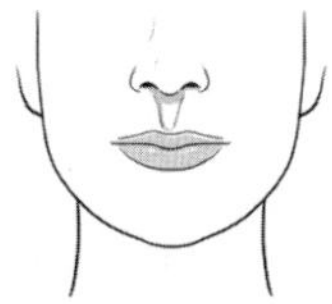

(P.248)

10. 上窄下寬

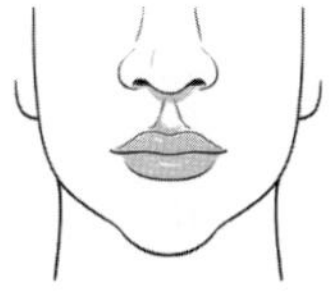

(P.251)

11. 上下狹窄中間寬闊

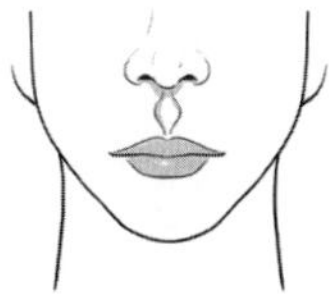

(P.255)

12. 上下寬闊中間狹窄

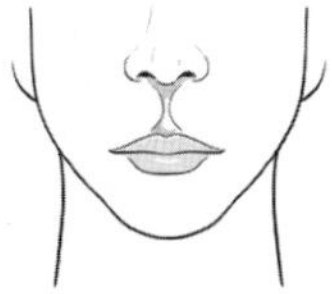

(P.259)

13. 人中有紋

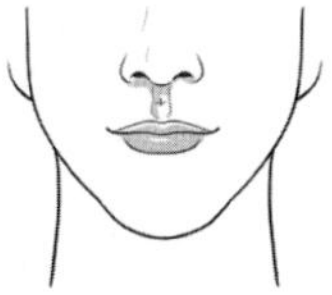

(P.262)

14. 人中有痣

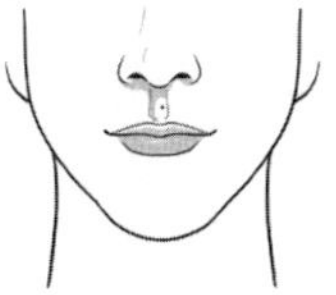

(P.266)

15. 雙人中

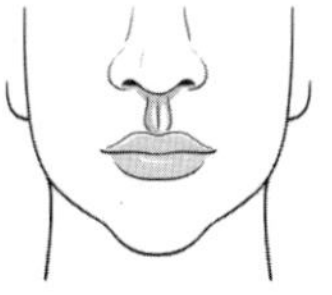

(P.269)

(1)人中平滿

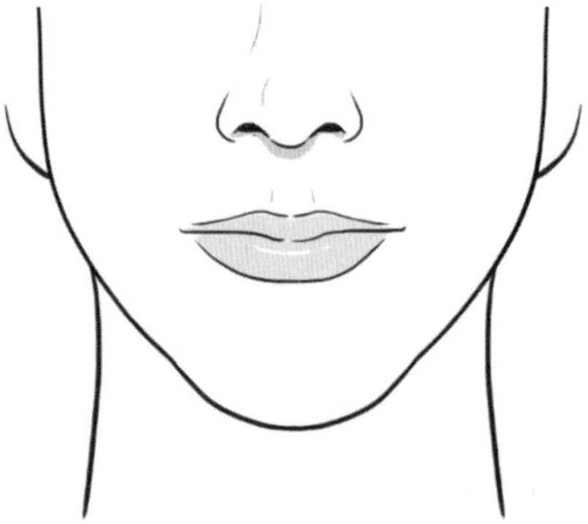

形態：人中是上唇中間一道凹痕。人中平滿就是此部位平坦無溝，輪廓不清，幾乎看不出凹痕。

性情：

(1) 性格內向欠開朗，少露笑容，常常鬱鬱不樂，容易為大小問題而情緒低落。

(2) 思想保守又固執，愛堅持己見，不肯聽取別人意見，雖不至於因此得罪人，但常常令人吃不消。

(3) 為人小器，喜歡在瑣碎小事上與人斤斤計較，又貪小便宜，因此朋友不多，生活比較孤單。

(4) 缺乏人生志向和理想，沒有既定信念和方針，得過且過，不求上進，只望得到他人的幫助。

(5) 人中象徵溝洫，人中平滿而溝洫載水不成，代表其人一生運程逆多於順，做任何事都難以成功。

(6) 《禮記．檀弓上》：「子夏喪其子而喪其明」。人中平滿易有孩子早夭之事，恐會為此傷心過度，以致哭瞎眼睛。

(7) 女性先天子宮功能弱，常有月經不調的問題，宜及早調理、保養，以防中晚年健康每況愈下。

事業：

(1) 人中平滿的人目光短淺，做事拘泥，愛在小事上挑剔，所以難擔大任，難有出人頭地的日子。

(2) 相書評人中平滿者一生事業少成，「多常災逆」，故不宜從商，否則少成多敗，終究一場空。

(3) 由於性格所累，工作上不易與同事相處，縱然身在高位也易遭下屬叛逆；最宜擔當中至下職級而權力不大的崗位，壓力較小，表現也比較稱職。

(4) 此相先天腎氣不足，體魄較弱，極不適合勞動性質工作，恐會過勞成疾，沉疴難癒。事實上，這類人大多無法勝任以勞力換取報酬的工作。

財帛：

(1) 人中平滿，財入無門。若配眼神充足，或可生於富貴之家，享受父母財蔭；若雙目無神，一生財富難求，能過普通水平生活已是不錯了。

(2) 這類人命中欠財喜，只能安守本分，努力工作維持生計；若然守株待兔，妄想僥倖，只會潦倒無成，蹉跎歲月。

(3) 心存貪念，對錢財看得很重，錙銖計較，容易因金錢與人發生衝突；若與朋友有金錢上的合作，最後多以因財失義告終。

(4) 此相之人理財觀念差，慎防投資失誤以致家財散盡，五十一歲前後有大敗之象，千萬小

【有花方酌酒，無月不登樓。】

心為要。

愛情婚姻：

(1) 人中輪廓不明，其人容易對異性產生不正常幻想，戀愛的出發點往往只為滿足個人慾望的追求。

(2) 這類人脾氣頗大，遇上稍有不如意的事就會亂發脾氣，但過後又會後悔自己的衝動，所以拍拖時常常會把對方嚇走。

(3) 人中平滿的人缺乏責任心，即使在婚後成為一家之主或主婦，也不會對家庭關心，對子女盡責。

子息：

(1) 人中平滿是子女無緣的徵象，子息難求或剋長子，生男少，誕女多；若先有子，恐有早夭之險；若先有女，子息運較佳，但孩子先天體質也不佳。

(2) 男性人中平滿，可人中留鬚，子女緣薄情況可減半。女性若有雙下巴，刑剋亦會得到紓緩。

(3) 女性人中平滿有子宮發育不良現象，懷孕易流產，生產有產厄，須加倍留神。

(2) 人中深邃

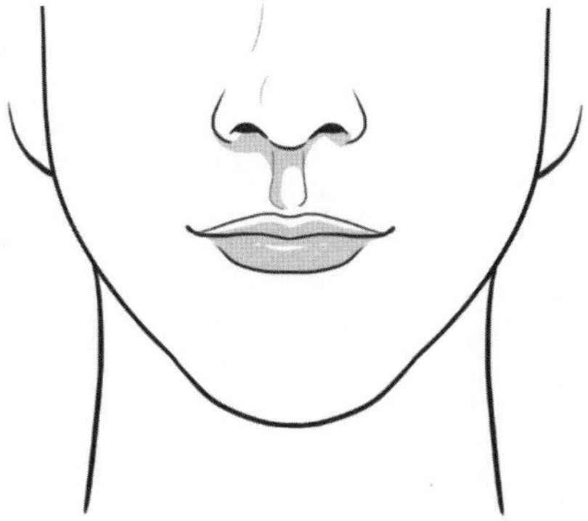

形態： 人中輪廓清晰可見，狀似向下凹，就是人中深邃了。男性的人中在二十五歲以前就固定成型；女性則較早，但女性的人中會隨年齡增長而逐漸變淺。

性情：

(1) 心地善良，性格外向而開朗，豪爽大方，正義凜然，樂於助人，尤其同情弱小或弱勢社群，為大眾排難解紛。

(2) 自尊心頗強，凡事追求完美，有屬於自己一套價值觀，不太能接受他人批評和挑戰。

(3) 為人正直無私，具俠義心腸，遇上不公義的事會大膽敢言，不會懾服於強勢之下。

(4) 黑白分明，是非善惡觀念極強，應該與不該的界線十分明顯，不容他人破壞原則。

(5) 具有超高的領導能力，行事光明磊落，守法依規，雷厲風行，所以能贏得群眾愛戴。

(6) 有耐性、恆心和毅力，遇到困難敢於面對，必會拼命排除障礙，耐力和毅力驚人，永不言敗。

(7) 對人對己都有很高要求，常常給自己很大壓力，不易放鬆

【深山畢竟藏猛虎，大海終須納細流。】

自己去盡情玩樂。

(8) 人中深邃通達四瀆，萬里無阻，代表腎氣充足，體魄強健；若加上人中又長，必享喬松之壽。

事業：

(1) 人中深邃是運程順利之相，一生貴人多助，加上個人辦事能力高，踏足社會不久已可青雲直上。

(2) 精力旺盛，作戰力持久，極具奮鬥拼搏精神，踏入五十一歲流年容易發達致富，晚年更加吉祥，福祿雙全。

(3) 人中深又長而面部其他相理無瑕疵，主開運早，成名早，不管為商或為官，皆能創造好名聲。

(4) 此相之人極具工作魄力，加上家庭財政助力大，成為發展事業的基礎和動力，既可繼承祖業發揚光大，也可開創個人事業，並獲得異性助力，籌謀經營，莫不順利成功。

財帛：

(1) 人中深邃的人大都出生於背景良好的家庭，繼承祖業家業，享受優質的生活水平。

(2) 此相之人為官可得厚祿，為商可賺厚利，打工可享高薪，中年會發達，晚年更吉祥。

(3) 這類人精於理財，投資膽大心細，五十一歲流年以後福星高照，財運亨通，既得名利雙收，又復富貴兩全。

愛情婚姻：

(1) 不論男女，都是相帶桃花，男性不乏異性青睞，女性不缺裙下之臣，但愛與不愛態度清晰，不會玩弄他人感情。

(2) 人中深邃者感情深厚，對感情執着，愛恨分明，追求完美的感情，不會接受不正常關係，更無法接受感情被騙；一旦發現對方背叛自己，便會揮劍斬情絲，絕不回頭。

(3) 人中深邃都是愛家顧家的人，一旦有了自己的家庭，就會對伴侶從一而終，對家庭及家人克盡己任，照顧無微不至。

(4) 女性人中深邃天生命好，本身聰明、高壽，婚姻美滿，婚後夫榮子孝，母憑子貴，福德綿長。

子息：

(1) 人中深邃的人廣積陰德，惠及子孫，子息昌盛多而健康成長，可成大器，兼享長壽。

(2) 女性人中深代表先天子宮發育健全，功能好，生育能力強，分娩容易，必主子息繁衍。

(3) 人中深邃雖為吉相，但若配淚堂深陷，則其人子息多災。

【大抵選他肌骨好，不擦紅粉也風流。】

(3) 人中長

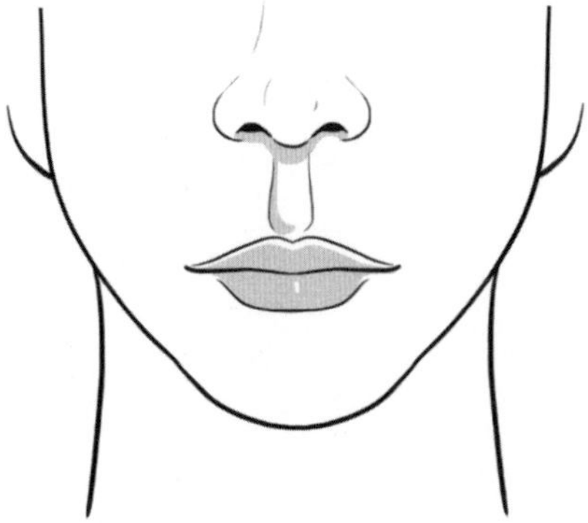

形態： 人中標準長度是下巴的二分一，超過此長度便是人中長。以長度計算，小於十五公厘為人中偏短；十五至二十公厘為中等長度；大於二十公厘為人中長。

性情：

(1) 心地善良，熱心助人，重視承諾，不會存有害人之心，只嫌疑心略重，常常將事情放在心裏，容易造成糾結不安的情緒。

(2) 品格高尚，為人厚道、包容性強，具獨立思想，但願意接受他人意見，不會一意孤行，故能贏得他人的尊重。

(3) 理解力強，做事深思熟慮，按部就班，循序進行，所以碰壁機會不大。但缺點是逡巡遲疑，不敢斷然下結論，有時難免錯過好時機。

(4) 正義感重，具俠義心腸，同情弱小或被欺凌的群眾，遇到不公之事必挺身而出，救危扶小，濟弱扶貧。

(5) 行事作風果斷明快、乾脆俐落，不會拖泥帶水；做事極有恒心和韌力，對於決定了要做的事情，必定堅持到底。

(6) 活動力及魄力很強，遇到困難敢於面對，必會拼命排除障礙，絕不輕易放棄和退縮。

【受恩深處宜先退，得意濃時便可休。】

(7) 一生運程多順少阻，前行路上多坦途，中年以後更會一直走上坡，事業和財運都有明顯進步。

(8) 相書謂：「長廣無偏福壽綿」，人中長代表先天元氣充足、體魄強健，是長壽之相；若加耳朵亦長，必享期頤之壽。

事業：

(1) 工作認真，領導力高，既能反省自己有否犯錯，也喜歡勸勉和教導他人，是具有影響力的領袖。

(2) 志向遠大，時刻追求進步，不甘於長時間屈居人下，所以在工作上會努力拼搏，達致名成利就，社會地位亦會步步晉升，成為社會賢達。

(3) 人中長又深而面部其他相理無瑕疵，功名早立，可晉身官場，且有官運亨通之美遇，並能為市民造福。

(4) 人中長的人事業心很重，願意付出無窮體力和精神以成就夢想，從而讓家人的生活得到有力的保障。女性若嫁得有錢有勢的丈夫，婚後雖不會放棄個人事業，卻也不會忽略了家庭、丈夫和子女。

財帛：

(1) 人中長是財庫充足、富貴福壽之相，其人大多有祖業可靠，家道豐隆，一生錢財不缺，不愁吃和穿，生活優裕。

【莫待是非來入耳，從前恩愛反為仇。】

(2) 對待金錢的態度能與現實接軌，縱有祖蔭，仍深信「一分耕耘，一分收穫」的道理，願意認真工作以證明自己的能力，賺取屬於自己財富。

(3) 理財能力高，善於投資及管理錢財，為自己累積更多財富；而且一生貴人運好，能夠接觸貴人的機會甚多，直接提升個人財運。

愛情婚姻：

(1) 命中桃花甚旺，對感情十分敏感，對於自己喜歡的異性，很容易就能看透對方是否對自己有意思，不用拖拖拉拉、花時間猜測對方的心意，所以感情發展步伐也很迅速。

(2) 不論男女，對感情十分專一，一旦遇上心中所愛，就會全心全意、心無旁騖，婚後妻賢夫興，婚姻細水長流，執子之手，白首偕老。

(3) 不過，人中長多屬完美主義者，擇偶條件訂得很高，除了外貌吸引外，更希望能對方善解己意，但當現實與理想出現距離時，便會容易出現遲婚甚至不婚的情況，女性更驗。

子息：

(1) 人中長，遺傳因子優良，子孫興旺，子息多而聰明健康，且因得力於父母而事業有成，光耀門庭。

(2) 女性生育能力好，容易受孕，分娩也順利，若不避孕，必主子嗣多、兒孫滿堂。

(3) 人中長又深雖為吉相，但若配淚堂深陷，則其人子息雖旺，但多災多禍。

(4) 人中淺短

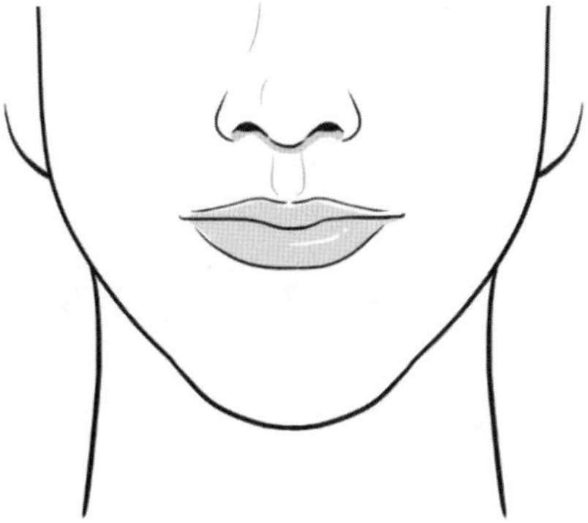

形態：人中長度不及下巴的二分一，加上輪廓不明，不見凹痕，就是人中淺短。男性的人中在二十五歲以前就固定成型；女性則較早，但女性的人中會隨年齡增長而逐漸變淺。

性情：

(1) 雖聰明但缺乏恒心和毅力，生性懶散，好逸惡勞，做事總是半途而廢，一生難有大作為，中晚年以後運勢更差。

(2) 人中短淺，目光亦短淺，往往只重視眼前利益，缺乏遠見，故常常因小失大，以致得不償失。

(3) 只愛聽讚美和恭維説話，不管對方是否出於真誠，都會照單全收；相反，對於他人的善意批評和建議，都會左耳入、右耳出。

(4) 情緒智商不高，自制能力亦低，處事容易暴躁及情緒化，而且對朋友比父母、手足更親切；嬌生慣養的女性尤甚，是典型「港女」。

(5) 見識膚淺，貪慕虛榮，不切實際，愛以別人的外表衡量其成就高低，並常常以奢侈品包裝自己的外表，希望博取他人的奉承。

【休別有魚處，莫戀淺灘頭。】

(6) 好勝心強，倔強而自以為是，又好出鋒頭，常常在有意無意之間表現自己，愛與人競爭較量，不甘認輸。

(7) 「人中短促夭天年」，人中淺短代表先天元氣不足、體弱多病，是短壽之相。五十六歲有關限，若面部其他相理有缺陷，關限更早。人中超乎異常地短，恐有自殺的念頭。

事業：

(1) 人中是面相上四瀆（眼、耳、鼻、口）總匯而成的溝洫，喜長而深；溝洫淺短謂之四水不通，其人一生事業有阻，多勞少成。

(2) 此相之人智慧不高，凡事被動，沒有事業心，不求上進，總是希望他人幫助自己，不會自我奮鬥充實，所以在職場中上下皆不得人心。

(3) 人中短的人與廚房無緣，烹飪技術十分差，既不適合擔任廚房工作，也不宜從事飲食行業，否則必是門庭冷落，弄得老闆生意慘敗。

財帛：

(1) 人中淺短的人大多是唯利是圖之輩，內心頗有詭計，機心又重，對金錢斤斤計較，絕不會讓自己吃虧。

(2) 相書云：「人中淺短，四瀆不通」，其人渴望不勞而獲，但命中衣食不豐，嚴重者捉襟見肘、寅吃卯糧，晚景堪憂。

【忍一句，息一怒。】

(3) 這類人追求物質享受，不懂理財，賺得金錢就會買東西，財富來得慢卻去得急，所以經常會入不敷支，可能須靠借貸度日。

愛情婚姻：

(1) 思想愚昧，缺乏判斷是非真假的能力，容易被異性的花言巧語所矇騙，尤其女性更易被人「灌迷湯」，因而失身又失金。

(2) 自我意識很強，感情上十分霸道，喜歡控制對方的行為，男性婚後要求太太一切以他為中心；女性婚後常常訓罵丈夫，有妻奪夫權之嫌。

(3) 人中短而淺是孤獨之相，其人桃花運差，婚姻難成，縱有婚緣，亦不長久，終必離異，老時生活孤單寂寥。

(4) 此相的人器量小、心胸狹窄，戀人或夫妻相處困難，關係甚差，婚姻很難，五十一歲流年最易出現感情或婚姻變化。

子息：

(1) 人中淺短，子嗣艱難，枝葉凋零，恐是無後之命；或是只有女兒沒有兒子，或是有子如無子，到老不相依。

(2) 女性人中淺短，不見凹痕，先天體質較弱，不容易受孕，且可能會有生育困難的問題，分娩可能有風險，須進行剖腹生產的手術。

(5)人中寬厚

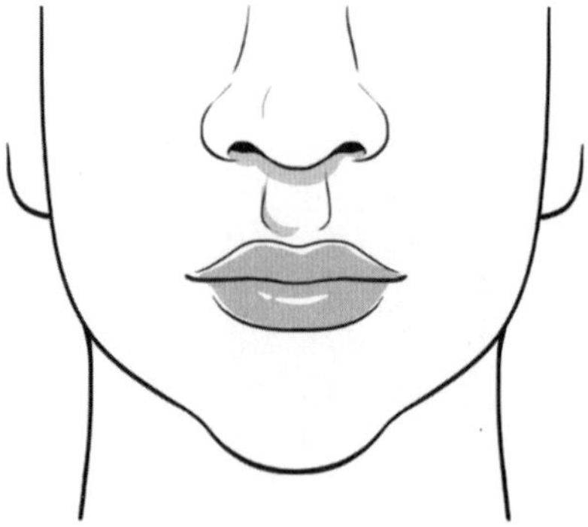

形態：人中寬闊，輪廓又豐隆，便是人中寬厚。

性情：

(1) 開朗率直，說話直言不諱，不會轉彎抹角；隨和豁達，不喜與人糾纏爭執，故能與人融洽相處，人緣佳，朋友多。

(2) 心思坦蕩、明白事理，行事光明磊落；好奇心亦重，喜愛追求新知識、學習新事物。

(3) 人中寬厚，待人寬厚，樂善好施，器量很大，能包容與自己意見不的人，也願意聆聽和接受告誡之言。

(4) 雖然智商不算高，但脾氣很好，凡事看得開，不鑽牛角鑽，不會斤斤計較，不會樹敵。

(5) 反應敏銳，應變力和靈活度頗高，社交技巧亦佳，善於擴闊社交圈子，為生活和工作帶來方便。

(6) 重信義，守承諾，有主見，有原則，能堅持自己的觀點，持之以恆，絕少半途而廢，更不輕易盲從他人。

(7) 人中愈寬，牙床發育愈好，牙齒咬合力強，其人胃口好，口福亦佳。人中寬厚代表氣血特別充足，是長壽的象徵。

【三十不豪，四十不富，五十將來尋死路。】

事業：

⑴ 性格寬宏大度，能吃四方飯，賺取四方財，可離開出生地往異鄉發展事業，生意盈門，發達置業。

⑵ 對公司忠心，願意在崗位上克盡己任、兢兢業業，努力備受肯定，是非常盡責的好員工。

⑶ 此相之人精力體力充沛，敢於行動，做事積極，生命力旺盛，而且廣結外緣，甚具領袖魅力，容易成為受人愛戴的管理人物。

⑷ 人中寬厚的人可白手興家，成就一番事業；若口部相理亦佳，五十歲左右必有驕人成就，大富大貴，晚運優悠。

財帛：

⑴ 人中寬厚的人偏財運較好，容易在投資上獲得利潤，收穫良多，但仍要避免鋌而走險的行動。

⑵ 此相之人平安多福，大都生活無憂，不管是享受上一代的餘蔭事業，或是自己奮力創造，都有很好的命運。

⑶ 人中寬厚者理財有道，應花則花，應用則用，不會因為財富豐厚而豪花買享受，為下一代建立良好榜樣。

【生不論魂，死不認屍。】

愛情婚姻：

(1) 品性仁厚，忠誠可託，深得朋友喜愛，異性緣分亦佳，不管男女皆是桃花頗重之命。

(2) 對愛情投入，愛之深、護之切，是多情種子，但因容易對異性動情而鬧出三角戀愛，自尋煩惱。

(3) 人中寬厚的人情與慾在平衡狀態，熱情似火，對性慾有正常追求，很少出現性冷感。

(4) 女性人中寬厚是大吉相，能嫁得富貴丈夫，婚後既能旺夫，也是丈夫的賢內助。但女性人中太寬則性格男性化，有性淫性急之嫌。

子息：

(1) 人中寬厚代表生育能力好，不僅子嗣多，兼且個個健康；自身與子女緣分深厚、感情好。

(2) 這類人福分好，可繼承祖業父業，也可福蔭子息；子女長大後亦能效慈烏反哺，報答父母養育之恩。

(3) 人中寬廣的女性，陰道也闊，自然生產順利，極少需要剖腹生產。人中愈寬，生產愈容易。

(6)人中狹窄

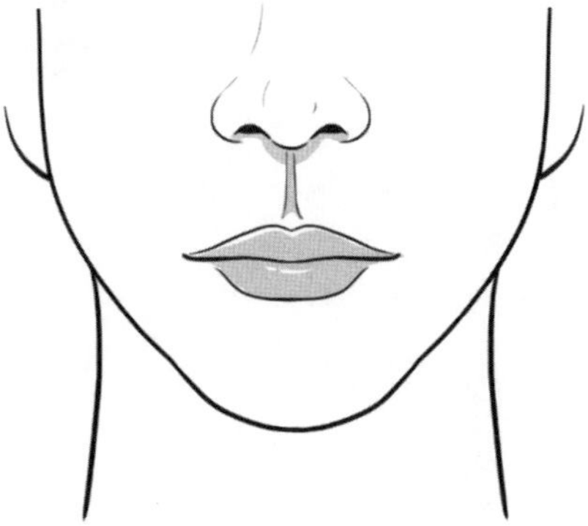

形態：人中部位看上去明顯狹窄，甚至窄如懸針。

性情：

(1) 性格內向拘謹、多憂多愁，面對人們時常常表現緊張，害怕與人眼神接觸，總覺得所有人都在盯着自己，無法敞開心扉與人溝通。

(2) 人中狹窄，心胸也狹窄，器量很淺，凡事斤斤計較，又貪小便宜，而且疑心極大，常常以為他人在批評和挑剔自己，自尋煩惱，好鑽牛角尖，給自己很大的壓力。

(3) 不善辭令，與人相處時態度過分嚴肅，故很難融入社交圈中，朋友很少，人際關係有待加強。

(4) 膽小怯懦，瞻前顧後，面對不公義的事情時，只會為自己製造種種理由和藉口使自己妥協屈服，而不敢據理力爭。

(5) 雖有點小聰明，但缺乏主見與原則，判斷能力又低，容易聽信他人的花言巧語，墮入騙徒的糖衣陷阱，最後聰明反被聰明誤。

(6) 處事猶豫不決、因循苟且、得過且過，加上缺乏耐性，做事不能貫徹始終，自然難以成就大事。

【人生似鳥同林宿，大限來時各自飛。】

(7) 目光短淺，每事只着眼於當前利益而缺乏長遠目標，只在意於今時之安穩而忽略未來的狀況。

(8) 人中狹窄的人生命力較弱，兒時病痛較多，不易哺養，尤以初生嬰孩為甚；長大後健康也不會太好，主壽短。

(9) 女性人中狹窄代表子宮發育不良，容易有婦科病，宜多加注意。

事業：

(1) 人中是面相上四瀆總匯而成的溝洫，溝洫狹窄，四水便不暢通，常有窒礙，故此命多主庸碌一生，事業無成。

(2) 人中狹窄的人先天體質差，精神和魄力不足，縱然其他部位相理不差，願意以努力和汗水換取工作成就，也是有心無力。

(3) 工作懶散，好逸惡勞，不求上進，缺乏毅力和恆心；偶然碰到機會，卻又躊躇不前，白白錯失良機。

(4) 這類人從來不肯吃虧，即使只是小事一樁，也不願意比別人多付一點時間和精神去完成，所以不單同事關係不好，更難望獲得提升。

財帛：

(1) 人中狹窄是窮困潦倒之相，命途多蹇，須為生計辛勞奔波，一生貧苦，衣食不足，無所依靠。

(2) 此相財運不通，切忌向人舉債，更忌流連賭枱上，慎防跌入無底深淵或愈博愈輸，無力回天。

(3) 這類人理財能力弱，不明白量入為出的道理，有錢時亂花，沒錢時惆悵；要注意五十一歲至五十五歲期間會破大財。

愛情婚姻：

(1) 人中狹窄的人性格內向，在感情上比較被動，即使遇上自己喜歡的異性，也缺乏膽量展開追求，所以容易成為孤獨之命。

(2) 此相的人縱有姻緣，也主感情挫折，戀愛易散，婚姻易離，運至人中時，必是勞燕分飛，各走天涯；若鼻相配得好，則主聚少離多，不致離婚收場。

(3) 女性人中狹窄，情緒不穩定，常常對伴侶亂發脾氣，令人敬而遠之。即使結得婚緣，也主夫妻感情冷淡，得不到丈夫疼愛，婚姻並不幸福。

子息：

(1) 不論男女，人中狹窄代表子息見遲、稀少或體弱；或只有女兒，沒有兒子。不過現代社會不再重男輕女，不少父母更是重女輕男，只要多積德行善，保持善心，孩子便可健康成長了。

【人無橫財不富，馬無野草不肥。】

(2) 女性人中狹窄，子宮發育較差，不易受孕，且可能會有生育困難的問題，分娩可能有風險，須進行剖腹生產的手術。

(3) 女性人中狹窄，性格上有點歇斯底里，容不得孩子犯錯，即使只是雞毛蒜皮的小事，也會把問題鬧大，弄致家無寧日，孩子亦設法敬而遠之。

(7) 人中偏歪

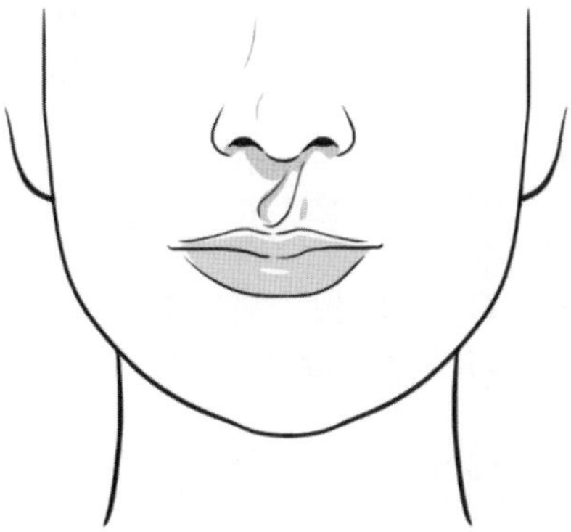

形態：人中形態不端正，向左或向右歪斜。

性情：

(1) 性格偏激而貪濫，愛損人利己，自己得不到的東西，也不要落到別人手上。這類人絕對不適宜與之做朋友，的而且確，其人緣也差。

(2) 孤僻不合群，待人冷漠，不愛理會別人的事，也不喜歡別人對自己的事多加意見，令人感覺難以相處。

(3) 品性不佳，心術不正，多行不義，為達到目的，有時會不擇手段，作出損人利己的行為。

(4) 自我中心，氣量狹窄，沒有容人雅量；自私自利，凡事只顧個人利益，不理他人得失。

(5) 表面平靜，但內心奸險叵測，工於心計，而且說話不真，信口開河，言而無信；作事有欠光明磊落，常給人鬼鬼祟祟的感覺。

(6) 做事衝動魯莽，不懂深思熟慮，缺乏理性和耐性，一意孤行，不計後果，以致成事不足，敗事有餘，把事情愈弄愈糟。

【善惡到頭終有報，只爭來早與來遲。】

(7) 人中偏左或偏右者，不是習慣性便秘，便是腸胃常常便溏；同時脊椎亦多有偏斜問題，容易患腰瘦背疼之疾。

(8) 人中偏左者剋父，主父先亡；人中偏右者剋母，主母先亡。

(9) 女性人中偏歪，子宮位置亦不正。人左偏左，子宮偏右；人中偏右，子宮則偏左，五十歲前後會患上婦科疾病。

事業：

(1) 人中偏歪的人好逸惡勞，好吃懶做，心思又多，很難長久留任於一個固定的崗位，常常轉換工作，工作穩定性極差。

(2) 這類人目光短淺，少有真才實學，做事拘泥小節，不善於取捨，所以難擔大任，難有出人頭地的日子。

(3) 人中歪斜的人愛吹牛，信口開河，喜歡編造子虛烏有的事情，與這樣的人共事會令你頭痛不已。

(4) 此相理的人性格偏執，六親緣薄，一生貴人少遇，運氣低沉；除非能修心養性，學得一門手藝或技能，努力工作，否則必主晚境淒涼。

財帛：

(1) 投機心頗重，愛賭上自己的運氣，常抱有以小博大的心態，不少愛賭之人都有人中偏歪的相理。

(2) 凡事計較，尤其看重金錢之事，而且十分吝嗇，面對摯愛或親骨，都不肯在金錢上吃虧。

(3) 貪婪而愛佔人便宜，詭計多端，工於心計，表面與人友好，但內心暗藏奸計，更會諸多藉口向人借債，然後欠錢不還還躲債。

(4) 人中歪斜是財運不佳之相，一生千方百計苦苦追求財富，但總是徒勞無功，故這類人絕不宜營商做老闆，否則做得愈大虧得愈多。

愛情婚姻：

(1) 感情上嫉妒心重，看不過眼伴侶與其他異性相處；疑心亦重，常常懷疑對方有外遇，對自己不忠，間接影響戀情或婚姻。

(2) 人中不管偏左或偏右，皆是婚姻不美、刑夫剋妻之相，在五十一歲至五十五歲流年時，必主婚姻破裂，夫妻離散，老來孤獨。

(3) 女性人中偏歪，容易遇人不淑或被花言巧語蒙騙，失身成孕，甚至甘願成為壞分子的搖錢樹，以身換金，養育惡人。

(4) 女性人中歪，命主多夫，早婚早離，一嫁再嫁，但到老仍難免形單影隻。

子息：

(1) 人中偏左，子嗣男多女少；人中偏右，子嗣女多男少。不管偏左或偏右，晚年難享子女福。

【得寵思辱，安居慮危。】

(2) 人中偏歪，女性有因姦而產子之嫌。

(3) 女性人中歪斜，其子宮亦會偏歪，受孕機會率甚低，生產亦有困難，分娩時可能要進行剖腹手術。

(4) 女性人中偏斜過多是刑剋子女之相，或會人工流產，或孩子胎死腹中，或孩子頑劣不肖，或子女身體畸型。

(8) 人中彎曲

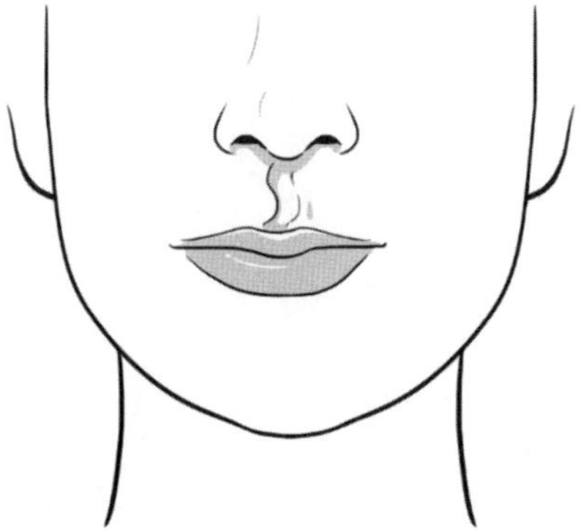

形態：人中形態不端正，彎曲如弓。

性情：

(1) 人中呈彎曲，乃不吉之相理，其人有點小聰明，但思想和行為並不踏實，性格浮誇、華而不實、虛偽不可信。

(2) 心性不良，多狡多詐，做事不負責任，遇上問題時往往將過錯往別人身上推，所以人緣甚差，朋友很少。

(3) 天生的「大嘴巴」，好惹是生非，甚至顛倒是非，說話、做事每每混淆視聽，不理事情真偽，指鹿為馬，完全沒有誠信。

(4) 自私心重，器量淺窄，終日疑神疑鬼，總覺得別人想算計自己，對任何人都不會投以百分百信任。

(5) 思想膚淺，貪慕虛榮，不切實際，愛以奢侈品包裝自己的外表，希望博取別人的奉承，是頗為典型的拜金主義者。

(6) 無勇無謀，焦躁不安，缺乏耐性，面對重要事情時，往往輕舉妄動，不懂得保持冷靜，故容易做錯決定。

(7) 人中彎曲者大多是少學少成之輩，常識淺薄，但卻好勝不服輸，不肯聽取他人意見，故做事常常缺乏周全考慮。

(8) 人中彎曲相理不佳，其人先天體質孱弱，健康欠佳，更常有災厄纏身。五十一至五十五歲時運氣明顯走下坡，若人中彎曲嚴重的話，這數年恐是多事之秋。

事業：

(1) 人中彎曲的人剛愎自用，不講道理，不守規矩，而且不懂控制自己的情緒，常常亂發脾氣，甚難與同事好好相處。

(2) 這類人做事只憑個人喜惡出發，不知輕重，往往緩其所急、急其所緩，以致本末倒置，常常耽誤了重要工作，容易落於一敗塗地之境況。

(3) 此相的人毅力不足，做事沒有耐性，一旦遭遇波折或困難時，往往缺乏勇氣面對，更會選擇逃避，所以每份工作都不能長久。

(4) 少學少成，決斷力不足，處事猶豫不決，不能坦然面對失敗，更不懂在失敗後檢討過失，工作上難有重大成就。

財帛：

(1) 生性十分貪財，憎人富貴，看見別人比自己過得好，就會生起嫉妒之心，甚至想盡辦法奪取對方的財富。

(2) 人中彎曲，一生財運迂迴不通，難與財富結緣，求財又愛走捷徑，縱使博得一朝富貴，也因自身心術不正，虛花亂用，以致財富轉眼成空。

(3) 人中位於鼻下，鼻為財星，人中相理不佳代表財富難延續，五十一至五十五歲時財政特別不濟，易遭挫折，有破大財的危機。

愛情婚姻：

(1) 因性情多變，反覆不定，喜怒無常，叫人捉摸不透，故人緣不理想，異性緣也差。

(2) 這類人特別熱衷於兩性房事，隨時隨地動歪腦筋，結識異性的主要目的就是滿足個人情慾，感情只是其次。

(3) 男性命主鰥寡孤剋、婚姻不美、家庭不全；或妻離子散；或妻緣不顯，孤獨到老。

(4) 女性人中彎曲者水性楊花、好淫無恥、傷風敗德，愛與不同異性亂搞關係，同時間會擁有兩個或以上的床上伴侶。

子息：

(1) 人中彎曲者子息緣差，若非子嗣稀少，便是男少女多，而且晚年難享子女福。

(2) 與人中偏歪相理同論，人中偏歪，女性有因姦而產子之嫌。

(3) 女性人中彎曲，損胎剋子，或會人工流產，或孩子胎死腹中，或孩子頑劣不肖，或子女身體畸形。

(4) 女性人中彎曲，子宮不是偏左、偏右就是前傾或後傾，受孕機會率甚低，生產亦有困難，分娩時可能要進行剖腹手術。

【送君千里，終須一別。】

(9) 上寬下窄

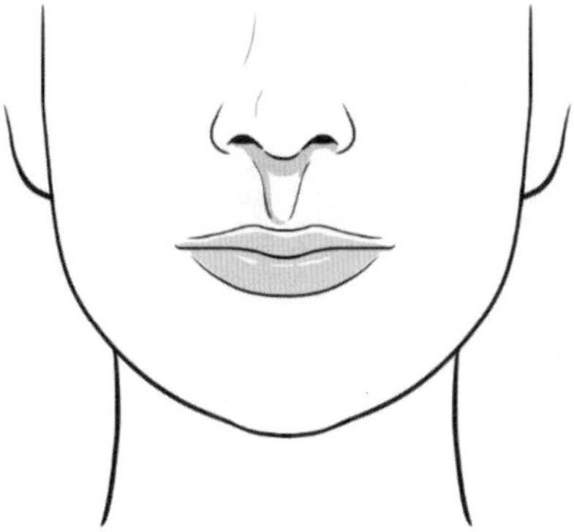

形態：人中上寬下窄，狀似倒梯形。

性情：

(1) 神經敏感、多疑多慮，常常懷疑身邊的人在背後說自己壞話或對自己挑剔，為自己製造無謂壓力。

(2) 好管閒事，愛出鋒頭，對身邊一切大小事情都要過問，並堅持對方聽從自己的意見，不單沒有給予適當幫忙，更為他人帶來麻煩。

(3) 器量淺而自視高，自以為了不起，常常瞧不起人，也不能接受他人比自己好，更不會誠心待人，所以朋友不多。

(4) 思路不清，優柔寡斷，對很多事情都作不了主，不僅令自己錯失很多良機，有時甚至會連累家人、朋友或夥伴。

(5) 眼高手低，理想遠大而能力低，做事虎頭蛇尾，缺乏恆心和毅力，常常半途而廢，結果只是雷聲大、雨點小；說得多，卻做得少。

(6) 目光短淺，缺乏高瞻遠矚的能力，只着眼當前的利益或狀態，而忽略長遠的收穫和發展。

(7) 人中上寬下窄代表一生運程先甜後苦：少年運十分好，得

(8) 貴人扶持；中年運一般平穩；老年孤獨，境況淒涼。
女性人中上寬下窄，代表子宮位置前傾或前屈，常有行經脹痛問題，導致身體長年虛弱。
不論男女，此相皆主短壽。

事業：

(1) 人中上寬下窄者，少年得志，可白手興家或發揚祖業父業；但事業不易守成，有每況愈下之情況，中年以後前途荊棘，急走下坡，晚運坎坷。

(2) 一生處事猶豫不決，不能當機立斷，投資營商時，應出手時不敢出手，應放手時不能及時放手，只能靠運氣取勝，當運氣不濟時，便會弄得焦頭爛額，結果失敗收場。

(3) 此相的人不宜從事投資金融、股市等高風險行業，恐有先立後破的情況，只怕一朝賺大錢，以為財富易得，結果千金散盡不復來。

(4) 這類人最宜學習一些傍身技能，縱然事業失敗，也可靠所學手藝維生，才不致晚年潦倒。

財帛：

(1) 此相開運早，以為財富易得，理財觀念薄弱，用錢沒有節制，尤其購物方面，想買就買，不會有儲蓄習慣。

(2) 中年以後運程蹇滯，災逆頻仍，五十一歲至五十五歲流年時不宜投機炒賣，否則必遭滑鐵盧之役。

【見事莫說，問事不知。】

(3) 晚年必主家財散盡，財政緊絀，入不敷支，生活窘迫，衣食不足，無以為繼，甚至要靠借貸度日。

愛情婚姻：

(1) 心思多，年輕時好動又好玩，能吸引異性注目，故早年桃花旺盛，感情路上多姿多采，不愁寂寞，但感情不易留得住。

(2) 佔有慾很強，對於自己喜歡的異性，絕不想別人多看一眼，也不願意讓自己的伴侶與其他異性有太多接觸。

(3) 人中上寬下窄是刑妻剋夫之命，婚後配偶運程由順轉逆或健康變差，夫妻感情也不和睦；五十歲前後夫妻有生離死別之險。男女皆主一婚難到老。

(4) 女性人中上寬下窄，性格霸道，為妻不賢慧，婚後欺父、虐父，妻奪夫權，有虧婦德。

子息：

(1) 人中上寬下窄是剋子之相，代表子嗣運弱，或孩子幼時夭亡；或白頭人送黑頭人；或只有女兒沒有兒子。

(2) 品格上，女兒較兒子孝順；成就上，女兒比兒子出色。但因一個不如一個，所以少生為妙。

(3) 女性人中上寬下窄，子宮位置異常，故不易受孕，生產也有困難，很大機會要開刀產子。

(10)上窄下寬

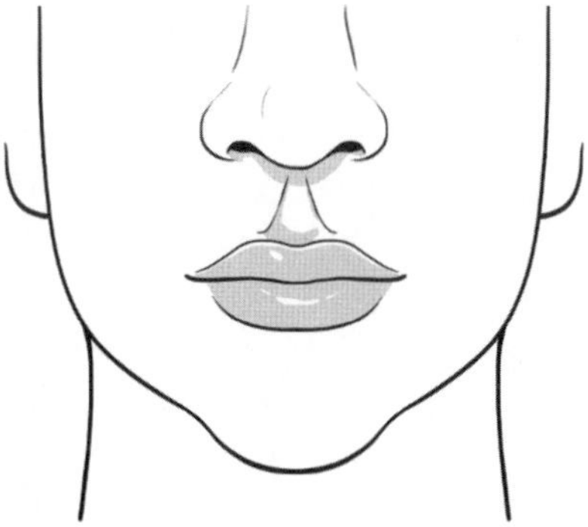

形態：人中形態整齊端直，呈上窄下寬的梯形，輪廓清晰對稱。這是最佳的人中形態。

性情：

(1) 聰明有智慧，領悟力強，學習能力亦高，容易捉到重點，對於新事物、新科技的接受能力很強，故能吸收很多新知識，頗具才華。

(2) 剛直不阿、廉正自持，善惡黑白分明，不作違法或不當之行為，不隨波逐流。內心和善，處事亦能剛柔相濟。

(3) 待人忠誠，重親情、友情，絕不會因為個人利益而出賣身邊的人；另一方面，親友有難時，必傾力幫忙。

(4) 責任心極重，講信義，重承諾，答應了別人的事情一定會全力以赴，絕不食言，深得朋友信賴。

(5) 仗義疏財，樂於助人，擁有為他人打抱不平的正義感，對於弱小或被欺凌的群眾，甚具同情心，遇到不公之事必挺身而出，救危扶小。

(6) 人中上窄下寬代表面相上四水流通暢順，男女生殖器官發育良好，元氣充足，做事有魄力，不畏任何障礙，能貫徹

【假緞染就真紅色，也被旁人說是非。】

到底，直至成功。

(7) 一生運程先苦後甜：少年運較差，多遇挫折和阻礙；中年後漸趨穩定，開始步入佳境，大器晚成；晚年丁財兩旺，境況興隆，愈老愈昌榮。

(8) 女性人中上窄下寬代表子宮發育良好，月經、排卵功能正常，一生少有婦科病。

(9) 女性人中上端甚窄、下端甚寬而呈八字形，則有子宮位置後傾的問題，常表現為行經時腰部痠痛，嚴重者可能影響受孕。此情況多見於身材矮而胖的女性。

事業：

(1) 性格仁厚，做事負責，任勞任怨，是協調性高的好同事，也是忠誠老實的好員工。

(2) 工作積極有氣魄、有見地，能自己拿主意，不會依附於他人，可創業做生意，但五十歲前最多只能守成，五十一歲後漸見突破，慢慢攀上事業高峰，且可庇蔭下一代。

(3) 此相的人開運較遲，大器晚成，中年以後仕途顯達，其正義行為及寬厚之心能為市民造福，其廉潔精神更可贏得好名聲；縱不為官，也可在其他方面獲得成就。

(4) 女性人中上窄下寬者才華不輸男性，辦事效率高，處事能力強，多能事業有成，是典型女強人。

財帛：

(1) 做事積極，有誠信，有擔當，雖然早年屢遇挫折，但能在逆境中掙扎求成，不屈不撓，故能成就一番事業。為官者可享厚祿，打工者收入理想，財富愈積愈豐厚。

(2) 此相之人是積極進取型，競逐財富不遺餘力，但他們信奉「君財愛財，取之有道」，不因求財而違反法紀。

(3) 理財有度，雖有餘錢，卻不會胡亂揮霍，但當遇上有困難的弱勢群眾時，則樂於貢獻自己財物幫助有需要的人士。

(4) 一生財運如倒吃甘蔗，早歲不太如意，一分耕耘未必有一分收成，但愈近晚年愈發達。

愛情婚姻：

(1) 性格溫順平和，容易相處，甚得人緣，異性緣也很好，所以愛情路上不會太寂寞，只嫌婚前眼花繚亂、選擇太多而已。

(2) 感情細膩，一旦墮入愛河，便能認真專一、心無旁騖，懂得控制個人情感，不讓自己捲入不正常的三角關係之中，故姻緣亦比較順利。但此命不宜早婚，早婚或離；中年以後婚姻方能白首。

(3) 人中上窄下寬是婚姻美滿、家庭和樂之相。雖然夫妻之間沒有轟轟烈烈的愛情，只有細水長流的關係，但能執子之手，與子偕老，平安快樂過一生。

【許人一物，千金不移。】

(4) 女性屬於事業型，但婚後不會因工作而影響家庭，愛夫護子、旺夫旺子，富裕到老。

子息：

(1) 人中上窄下寬，遺傳因子優良，子息運佳，兒孫滿堂，各有成就，都能成器。

(2) 此相多是中年得子之命，縱然早婚亦會子息見遲，並主兒子多、女兒少。

(3) 女性人中上窄下寬代表子宮發育良好，容易受孕，分娩順利，多誕男孩。

(11) 上下狹窄中間寬闊

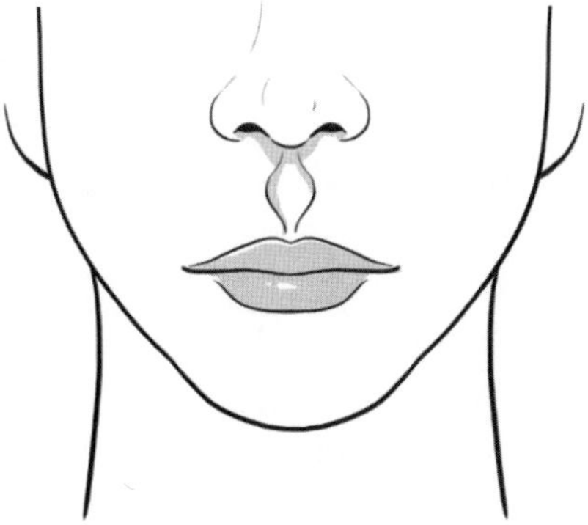

形態： 人中上下皆狹窄、中段寬闊或隆起。

性情：

(1) 心性不良、無情無義、狡猾善變、詭計多端，待人不真誠，絕無慈悲、憐憫之心，絕不宜與之為伍。

(2) 倔強而固執，主觀意識和排外心極強，凡事都以個人意見為標準，屬於狂妄自大的典型。

(3) 性格急躁，行事草率，缺乏深思熟慮和應有的耐性，不易保持冷靜，遇事忙亂處事沒條理，所以常常犯錯。。

(4) 城府很深，私心極重，工於心計，表面與人友好，但內心暗藏奸計，常常思量如何佔人便宜或奪人錢財。

(5) 心胸狹窄，妒忌心重，對條件比自己好的人特別厭惡，經常刻意排擠對方，是典型的陰險小人。

(6) 器量小，愛慕虛榮，好大喜功，常常抬高自己，貶低他人，故身邊只有酒肉朋友，絕無真心兄弟。

【龍游淺水遭蝦戲，虎落平陽被犬欺。】

(7) 人中上下狹窄中間寬闊的人，先天身體狀況不佳，雖然沒有重大疾病，但常被小病纏繞，痛症不斷；踏入五十一歲流年時應格外注意，生殖器官可能會發生病變。此相主短壽。

(8) 一生運勢仿如過山車，大起大落，此刻處於高峰，忽然又跌至低谷，生活和工作上經常要面對很大衝擊。

事業：

(1) 刻薄寡恩之徒，無法贏取同事、下屬的真心協調，對事業發展有極大妨礙。歷史上，商鞅犯此毛病，落得五馬分屍的下場；崇禎皇帝犯此毛病，更是弄得國亡家破。

(2) 這類人做事果斷，本身頗具才能，適合創業做老闆；可惜思想容易走歪路，成為公司的計時炸彈，隨時令公司陷於無法翻身之局面。作為老闆，刻薄成性，對員工處處挑剔，剝削和剋扣工資。

(3) 性格冷酷無情、不顧道義，與人合夥必會千方百計侵吞對方股權，故絕不宜與之建立任何合作關係。

(4) 為人欠和睦，說話亦有口沒遮攔之嫌，常常開口得罪人，工作上難以與同事相處，打工的人無法做出好成績。

財帛：

(1) 人中上下狹窄中間寬闊，是奔波勞碌之相，其人對財富渴望甚殷，但命中財運起伏不定，無法留住財富。

(2) 缺乏理財概念，有錢時大手大腳、揮霍無度，沒錢時到處舉債，或者求財求諸賭桌上，最終必落得一貧如洗的局面。

(3) 一生運勢大起大跌，縱得一時富貴，也不能長久，故在富有之時應要居安思危，做好儲蓄計劃，以免晚境孤貧。

愛情婚姻：

(1) 人中上下狹窄中間寬闊，是婚遲子晚之相，其人大多在四十歲或以上才結婚緣，早婚必主離異。

(2) 這類人性格奸猾，對感情不能專一，婚後更加不會對配偶從一而終，極有可能金屋藏嬌或背夫偷漢之人。

(3) 男性是剋妻之命，婚後太太健康和運程走下坡，身體狀況轉差、事業和財運蹇滯，必中其一。

(4) 女性有點神經質，情緒波動大，常有疑神疑鬼、焦慮不安的表現，戀愛時懷疑對方另結新歡，結婚後懷疑丈夫出軌，令自己終日處於草木皆兵的緊張狀況中。

子息：

(1) 人中上下均窄而中間寬者，子息運薄弱，或子女災病連連，或子女難有所成，或子女頑

【十年窗下無人問，一舉成名天下知。】

劣不肖、敗業不孝，或子女短壽。

(2) 婚遲子晚之命，男性在近知天命之年、女性則近四十歲方結子緣；或再婚才有子。

(3) 女性有此相者，不易受孕，且剋子損胎，或會人工流產，或孩子胎死腹中，或一生為孩子憂愁。

(12) 上下寬闊中間狹窄

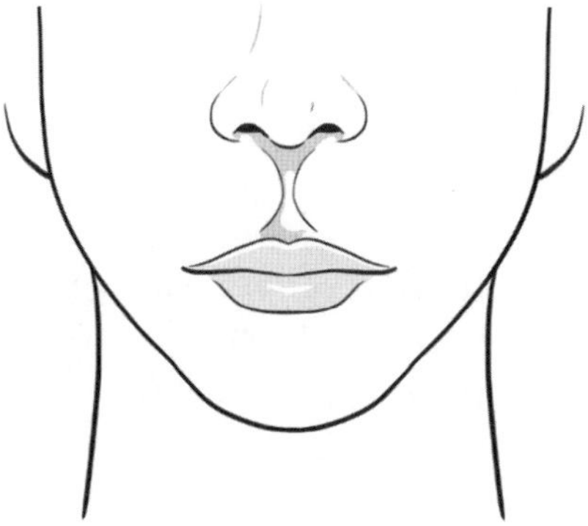

形態：人中上下皆寬闊、中段狹窄，此相理比較罕見。

性情：

(1) 愛說話，叨叨不絕，但說話技巧差，詞不達意，表達能力極弱，容易在言語上開罪了人而不自知。

(2) 性格偏執、複雜多變、陰晴不定、喜怒無常，一會兒歡天喜地，一會兒板着臉孔，情緒變化很大，令人難以捉摸。

(3) 孤傲不群，不善處理人際關係，與朋友關係冷淡，更不懂珍惜寶貴的友情，常常我行我素、獨立獨行。

(4) 自私心重，不講情義，從不讓人，故容易招惹恩怨糾纏，也必影響工作與生活。

(5) 妒忌心重，不喜歡能力勝過自己的人；疑心也大，不信人言，常以小人之心度君子之腹。

(6) 資質平庸，缺乏思辨能力，心思多而志氣小；做事沒有主見和原則，辦事能力又低，一旦遭遇挫折，便會選擇逃避

【養兒待老，積穀防饑。】

而不敢面對問題。

(7) 先天身體狀況一般，但踏入五十一歲以後，生殖器官極可能發生病變，病況嚴重，若未能及早發現及診治，有性命之危。

(8) 女性有此相理，子宮和卵巢容易出問題，年輕時多有經痛煩惱，在中年以後易患婦科病。

事業：

(1) 智小而謀大，力輕卻任重，渴望可以在事業上闖出名堂，但總是眼高手低，不自量力，每遇挫折便卻步不前，故終究一生無成。

(2) 此相之人對人對事欠圓滑，無法建立良好人際網絡，與人相處格格不入，對自己和身邊的人造成不快樂，不論做任何工作都不會開心。

(3) 一生運勢仿如過山車，大起大落，此刻處於高峰，忽然又跌至低谷，生活和工作上經常要面對很大衝擊。

財帛：

(1) 人中上下闊中窄的人與財富無緣，雖然偶有偏財運，但因理財能力弱，不明白量入為出的道理，有錢時亂花，沒錢時煩惱，散財而不聚；五十一歲運至人中時必有重大破敗。

(2) 此相者貴人少遇，少年和中年運氣都低沉，完全得不到他人的幫助，要靠打拚才能賺得基本生活開銷；若不努力發憤，注定日子穿不暖、吃不飽。晚年窮困潦倒，命運使然。

(3) 人中形態不佳，縱使鼻子（財星）相理好，也無力繼承財富，一朝富貴恐會換眼成空。若不希望晚景淒涼，宜及早為生活綢繆部署，自小養成勤儉節約習慣。

愛情婚姻：

(1) 人中上下寬闊中間狹窄的人性情多變，反覆無常，喜怒不定，叫人捉摸不透，故人緣不理想，異性緣也差強人意。

(2) 此相理代表性慾有障礙，對戀愛和婚姻造成一定影響，情況嚴重者可能終身不婚；女性尤甚。

(3) 不管男命、女命，皆主姻緣不美，與伴侶常有糾紛，婚後亦難逃破裂命運，大多應於五十歲左右的流年。

子息：

(1) 此相的人命中刑剋子女，有孩子夭折的劫數。若希望身後能有子嗣相承，必須及早發善心，行善事，改善性格上的缺憾，才可望得一兒半女。

(2) 女性人中上下寬闊中間狹窄，懷孕時有胎死腹中的危險；分娩亦有驚險，需要開刀產子，生產途中亦恐出意外。若眼下子女宮暗黑者更應驗。

【數家之口，可以無饑矣。】

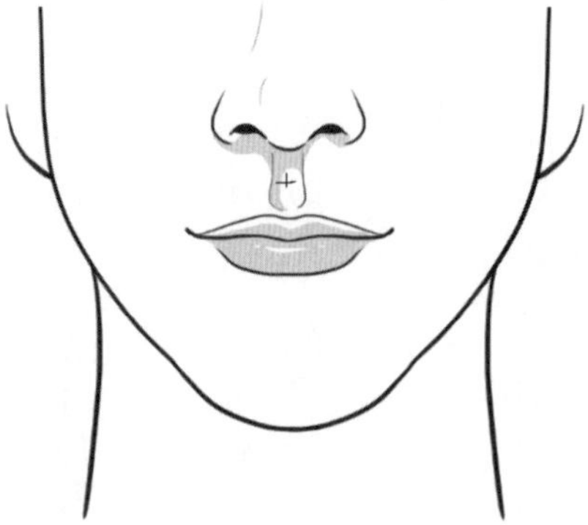

(13) 人中有紋

形態：人中位置有紋痕，例如橫紋、直紋、十字紋、交叉紋等。

性情：

(1) 人中有紋痕，性情不穩定，常常出現焦慮、憤怒和抑鬱等情緒，且有點神經質，很容易被他人的説話或行為擾亂自己的心情。

(2) 人中被紋侵，其人任性偏執，本位主義意識極強、自私心很重，凡事只顧自己，對他人他事漠不關心。

(3) 人中有紋的人意志薄弱，凡事只會跟隨他人的步伐，隨波逐流，沒有個人創見和主張。

(4) 人中有紋者，心量偏小，性奸多詐、損人利己，愛貪小便宜；且一生是非多，往往為一點小事與人爭執，故口舌是非不斷。

(5) 人中本無紋，但五十歲前多行不義，人中便有機會生出凶紋，反映其心性品德皆惡劣。

(6) 人中有橫紋、十字紋或交叉紋者，一生慎防水險，宜避免危險性高的水上活動，也不宜單獨游泳，以防不測意外。人中有橫紋者，更應提防凶災或餓死。

【常將有日思無日，莫把無時當有時。】

(7) 女性人中有橫紋，多有腰瘦骨痛的毛病，未及中年已經發病；子宮機能亦弱。

(8) 女性人中有直紋，易患婦科病，子宮多有一刀之痛。男性人中有直紋，腹部多有手術之應。

事業：

(1) 人中有紋痕的人一生官職不順，故不宜在官場發展，縱能成功進入政府架構，必主招災招厄，不僅發展阻滯重重，更恐惹官非。

(2) 人中有直紋的人，一生辛勞、克苦克勤，須經過多番挫折，才能在事業上穩定下來。

(3) 人中有橫紋、十字紋或交叉紋者，忌從事與水相關的工作，否則輕者工傷意外，重者性命之虞。

(4) 性格注定命運，人中有紋侵者大多是心量狹窄、愛說是非的人，故工作上顛倒黑白、指鹿為馬之事常有發生，人緣不佳，自然難有好發展。

財帛：

(1) 人中有紋的人，一生奔波勞碌，總是在缺吃少穿的境況下過活，難享安穩日子。

(2) 人中有紋總是凶，其人不單健康有損，金錢運亦差，難與富貴長久結緣，縱得一時之利，終究還是破敗下來。

(3) 人中有橫紋者，晚年孤寒，捉襟見肘，家無隔宿之糧；嚴重時恐會餓死他鄉。但橫紋若

【時來風送騰王閣，運去雷轟薦福碑。】

在五十歲後出現，則不在此列。

愛情婚姻：

(1) 人中有紋痕的人生性浪漫，但感情到底不順利，不論男女的戀愛或婚姻，都難免破裂收場。

(2) 人中有橫紋，代表晚年桃花旺盛，即使是五六十歲已婚人士，仍不乏婚外性伴侶；故人中橫紋亦稱通姦紋，代表會作出對伴侶不忠的事。但人中橫紋亦象徵有性抑鬱現象，性生活非想像般如魚得水。

(3) 女性人中有橫紋，夫緣甚薄，婚後難享夫福，亦難得丈夫疼愛。紋淺主產厄；紋深主剋夫再三，兩者皆代表婚姻運極其不佳。女性人中有直紋，到老孤獨無疑。

(4) 女性貞操觀念薄弱，經受不起甜言蜜語的誘惑，甘願獻出感情和身體，最後卻落得傷心結局。

(5) 人中本無紋，但笑時會現橫紋，代表性生活過度。女性有此面相，更主有私通之嫌。

子息：

(1) 人中有直紋的人得子甚遲，大子難養，但女兒能幹。若收養他人之子，宜先收養乾女兒。

(2) 人中十字紋名為孤絕紋，代表剋子又剋女，一生難有子女、子女緣薄或有等於無，晚年孤單，境況淒涼。

(3) 人中橫紋名為絕子紋，主其人有子即剋，無子繼香燈或須為孩子的事終身操勞；但以五十歲前有橫紋方驗。

(4) 女性人中有橫紋，懷孕易小產，分娩須開刀；若高齡懷孕，更恐懷孕或生產過程中有性命之危。

(5) 女性人中有小疤痕，代表會經歷一次或多次人工流產手術，而且手術進行並不細緻；人中疤痕就是人工流產後留下之記錄。

【息卻雷霆之怒，罷卻虎狼之威。】

(14) 人中有痣

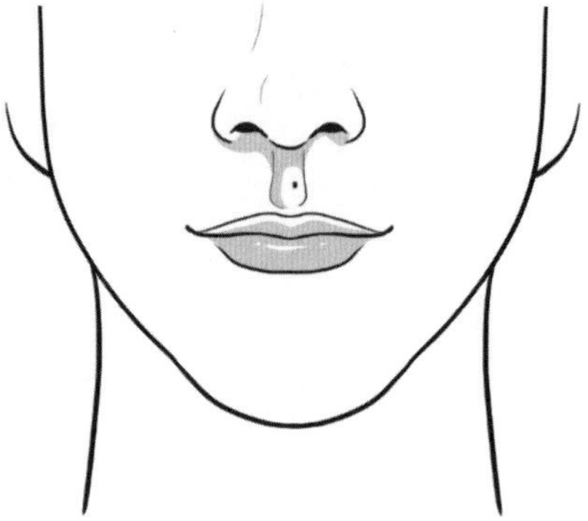

形態：人中位置有黑子、痣或瘤，但皮膚上生長之肉芽或肉瘤，則不可稱痣或瘤。

性情：

(1) 人中有痣與有紋痕者同論，其人性情不穩定，常常出現焦慮、憤怒和抑鬱等情緒，且有點神經質，很容易被他人的說話或行為擾亂自己的心情；但人中有痣的人較有紋痕者開朗，思想亦傾向於樂觀。

(2) 本位主義高，主觀意識極強，凡事皆以自我為中心，是非對錯亦以個人標準而定，少會顧及他人感受。

(3) 任性偏執，愛發脾氣，野蠻無理，要求他人遷就和縱容，往往為一點小事而與人爭執。

(4) 崇尚自由浪漫的生活，追求無拘無束的天地，害怕受到任何規範或約束，容易作出逃避現實、自欺欺人之行為。

(5) 人中反映心性和品德，若人中本無痣，但五十歲前多行不義，人中便有機會生出凶痣，反映其品性惡劣；相反，存心積德為善者，人中相理會慢慢變好。

(6) 人中有痣者特別喜歡說他人閒話、壞話，心念也多，處事欠積極、沒恆心，所以一生成就不高。

(7) 人中有痣主母難，其人出生時母親因難產而過世，或母親在坐月子期間重病。自身則主壽長；但若痣色灰黑，則是促壽之徵。

(8) 女性先天體質差、子宮機能弱，中年以後容易出現子宮病變或其他婦科問題。

事業：

(1) 人中有痣之人常常無故惹是生非，顛倒黑白，故在職場上難以贏得上司、同事信賴。

(2) 做事沒恆心，雜念又多，很難長久留任於一個固定崗位，所以經常換工作，為自己限制了發展空間。

(3) 好吃貪睡，工作不積極，生活迷糊，不知自我充實，故只能在低下層辦事，無法登上社會更高階梯。

財帛：

(1) 對金錢看得很重，可以為金錢與人翻臉，即使對方是父母兄弟或配偶子女，也不例外。

(2) 此相之人好吃懶做，不願付出勞力、時間和精神，若配雙眼無神，男性易淪為流氓、盜賊，女性則易入風塵，藉以維生。

(3) 人中有痣，心思不正，不守承諾，借債不還。朋友有此口相的話，宜格外留神，避免與之有金錢往來。

愛情婚姻：

(1) 人中有痣的人感情豐富，容易墮入愛河，因一生桃花運都很好而使自己常常陷於情愛糾纏之中，最終令自己受傷。

(2) 男性是好色之徒，對肉慾追求孜孜不倦，經常更換伴侶，以滿足個人色心；婚後對配偶不專一，必有外遇，婚姻難美滿。

(3) 女性是淫蕩之婦，作風開放，婚前無媒自嫁；婚後不守本分，紅杏出牆，欺夫害夫，不願生育子女，一嫁再嫁仍未休。

(4) 人中有痣的男女在性格上各有缺點，導致婚姻難到尾，故相書評此相「男主鰥、女主寡」。

子息：

(1) 人中有痣者子女緣薄，難育子女，縱得子嗣，也主一生為孩子辛苦操勞，難享子女之福。

(2) 人中有密集小痣，這是刑剋子女之相，若非無兒無女，則主兒女天生體弱，或品格低劣，或一生成就不高。

(3) 女性天生體質弱，子嗣艱難，不易受孕，懷孕易小產，分娩防產厄。痣在上部代表生育女孩有困難；痣在下部代表生育男孩有困難。

(4) 女性人中有兩顆痣並列，又是另一情況，代表有機會生產雙胞胎，但仍不享子女福。

(15) 雙人中

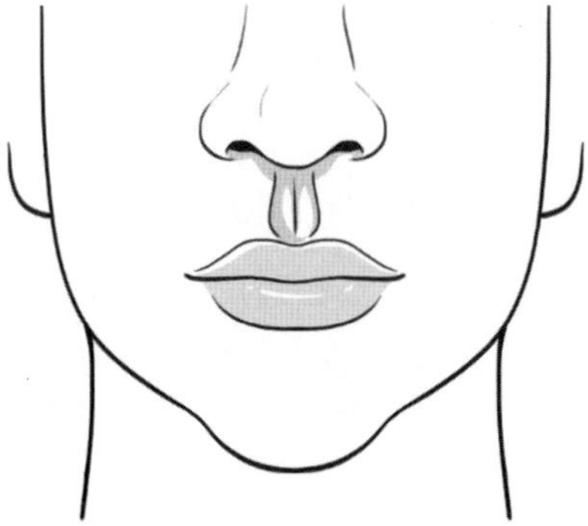

形態：人中位置有兩條溝洫，形成雙重人中。此相十分罕見。

性情：

(1) 聰明機智，有極強的意志力，一旦訂下目標必全力以赴，貫徹始終，絕不會半途而廢。

(2) 驕傲好勝，自視甚高，主觀性及自尊心都很強，事事堅持自己的觀點，對於決定了的事情，不會輕易改變。

(3) 志氣遠大，智勇雙全，領悟力高，處事靈活多變，不拘泥傳統和古老規矩，故能發揮天賦的創新精神，創造驕人成就。

(4) 精力十分旺盛，活動力及魄力很強，遇到困難敢於面對，必會拼命排除障礙，毅力之驚人令身邊人汗顏。

(5) 性格剛烈，情緒不穩定，與他人的協調性不足，凡事皆有自我主張，有時難免給人自以為是的感覺。

(6) 佔有慾特別強，遇上喜歡的東西或人物，就會千方百計爭取到手，甚至採取離經背道、偏離正軌的手段，以求達到目的。

(7) 此相天賦異稟，男性有三個或以上睪丸；女性則有兩個子

【一言既出，駟馬難追。】

宮或雙陰道橫隔。正是因這種生理現象而形成雙重人中。

事業：

(1) 天性聰慧過人，容易在早年就可獲得功名利祿，受薪者能任要職，營商者在市場享譽美名。

(2) 先天具備高質素條件，才華洋溢，辦事能力很高，若能配合大運或流年時機，事業上必然出現翻雲覆雨的巨大成就，創造大富大貴的人生。

(3) 男性人中成雙，對政治有莫大興趣，積極躋身政界行列，可成為出色政治家，但因性格高傲，故不易與人相處。

(4) 女性人中成雙，是典型女強人，辦事效率高，處事能力強，多能事業有成，但因過度專注工作，對婚姻較不利。

財帛：

(1) 人中成雙是罕有之相，祖上餘蔭厚，可承繼先輩或父親留下之家業，平生安享，衣祿豐足。

(2) 心思周到細密，辦事能力高，做生意有條有理，若不繼承祖業，也可開拓個人事業，為自己賺到可觀財富。

(3) 此相是積極進取型，競逐事業及金錢不遺餘力，為達目的，有時會劍走偏鋒，挑戰法律灰色地帶。

愛情婚姻：

(1) 人中成雙是刑剋伴侶之相，不管婚前婚後，對方運氣會走下坡，尤其健康狀況日益衰弱；嚴重時，女命會剋夫致死。

(2) 此相的人性慾強烈，對這方面的渴求超乎一般人，有時甚至會令伴侶吃不消。

(3) 不管男女，大多婚姻不美，縱使事業成就卓越，工作上能賺到多桶金，但夫妻感情相左，享受不到家庭溫暖。

(4) 長有雙人中的女性秉性驕傲，脾氣特別急躁，婚後容易因大小事與丈夫爭執，影響夫妻感情，嚴者離婚收場。

子息：

(1) 人中成雙是子息繁盛之相，若無具體生育計劃，家庭必是兒女成群、子孫滿堂。

(2) 此相男女皆是精力旺盛之人，男命五十一歲仍會當父親，女命五十歲產子並不稀奇。

(3) 女性子宮功能好，容易受孕，生產也順利，可自然分娩，不必開刀。

【路逢俠客須呈劍，不是才人莫獻詩。】

人中詳解

人中之基本意義

人中是面上一道縱長的溝洫，位於鼻子之下、上唇中央之間。

人中的外形會因年齡遞增而變化。幼年時，人中較短，下端啣接上唇邊緣的部位輕微上翹。中年時，人中逐漸變得平直，長度隨着邁入老年而增加，而連接上唇中央邊緣的部位會由上翹漸變成向入彎。

《黃帝內經》和《醫學大辭典》對人中都有清晰定義，值得參考。

人中一詞，早見於《黃帝內經》，《靈樞．經脈》：「大腸手陽明之脈，起於大指次指之端……還出挾口，交人中，左之右，右之左，上挾鼻孔。」

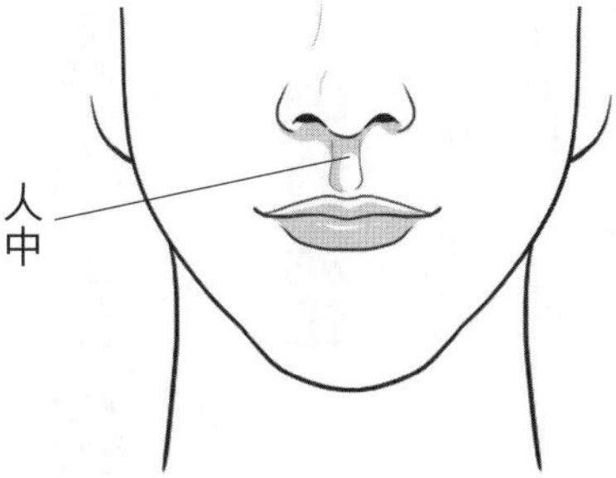

《靈樞．五色》：「面王（鼻）以下者，膀胱、子處也」。意思是，人中可反映男女泌尿系統和生殖系統狀況。更重要的是，人中是人體生命功能的重要部位，故臨床上常有按人中穴而令病者復蘇的案例。

《醫學大辭典》解釋人中：「人中有二義：一是耳目鼻各兩竅，口與前後陰各一竅，合成『地天泰』卦之形，而人當在其中，故曰人中。二是天氣通於鼻，地氣通於口，天食人以五氣，鼻受之；地食人以五味，口受之；而此居鼻口之間，故曰人中。」

人中在相學上的定義

人中的流年

在相學上，人生就好像一條高速公路，山根、人中、承漿和地閣就是四個公路收費站，分別主管四十一歲、五十一歲、六十一歲和七十一歲流年。當我們經過收費站時，必須減速慢行，輕踏剎車，過站檢查繳費。

換句話説，當我們運行至人中流年的關隘時，同樣要減慢人生步伐，不應勉強自己過於疲勞，處理一切事情都要謹慎小心，一旦染病馬上就醫，尤其人中平滿者，更要特別注意自己的健康。人中主管五十至六十歲的流年，所以人中相理的好壞，決定了這十年的運程。

人中管晚運。人中長，就是長壽之相。人中也管財祿，人中兩側是男性長鬍子的部位，叫做仙庫、食祿（食倉、祿倉），重要性相當於一個家庭的廚房。仙庫、食祿很寬的人，財源滾滾而生活豐足；仙庫、食祿很窄的話，就好像家裏的廚房很小，儲備食糧的地方有限，也沒有甚麼可吃，生活相對較貧苦。人中既與仙庫、食祿相連，故人中長則仙庫、食祿相理也佳。

古相書定義人中

中國人以傳宗接代、延續血脈為家族使命，至於能否履行這個使命？血統質素如何？就要視乎生命力的強弱，而人中就是生命力的表徵了。簡單來說，人中宜長不宜短，宜深不宜淺，宜闊不宜狹，宜正不宜歪，無紋侵痣破，並須與鼻、口、頦、鬚、法令相配合，方屬吉相。

歷代相書對人中皆有精闢論斷，節錄一二如下：

《神相鐵關刀》認為，人中實為人沖，「在唇上之溝洫處，人生到此一大關隘，壽年、財帛、子嗣皆慮此而沖，故曰人沖，俗呼人中，字有錯誤。」

《公篤相法》：「溝洫者，人中之下半節，接近上唇之處也，亦主衣祿、子女與達外之行動也。按洫以深長為吉，以淺短為不吉。洫為通達，口為容納，故也。」

《人相學之研究》：「人中主子孫之事，婦女亦主子宮疾病。人中左曲者，子宮居左；右歪者，子宮向右。人中之地位不正，定乏子福，或一生必有一度不義之行。無人中者，亦與子無緣。故人中判然如劍尖者，多育男子；圓滿而凹者，善誕女兒。深廣運氣強。又與上唇有極深關係，如人中之下端攖上，即俗稱掀唇者，是為蹇運之兆。人中有痣，男女皆影響子女，婦人且有子宮疾病，若更有疵痕，定育不具之兒，一生中為兒女憂慮，有不能去諸懷者。人中無髭之人，不知自足，雖有世才，不得子力。人中有橫筋者，缺嗣。」

【少壯不努力，老大徒悲傷。】

人中之外觀相理

人中是生命力的表徵，在相學上是極重要之部位。不論是壽命之長短、子息緣之厚薄、性機能及生殖器之優劣，都可以透過人中的外形得到啟示。

在面相學上，各個部位都要生得飽滿才是好相，唯獨人中最忌平滿。人中象徵溝洫水道，深長而闊水流通暢，淺短而狹則淤塞氾濫。

人中之長短

人中標準長度是下巴的二分一，超過此長度便是人中長。以長度計算，小於十五毫米為人中偏短；十五至二十毫米為中等長度；大於二十毫米為人中長。

人中宜長不宜短。人中長而端正者，多出自教養良好的家庭，堅忍果斷，抱負不凡；亦主有壽根，元氣充足；衣食住用，隨心所欲，經濟充裕，生活愉快。

亦主子女多而自立成才，且有衣祿；又主子女得力而發達，開創個人事業耀門庭。

人中短促者，教養中庸，見識少；為人迂腐世俗，不合時務，消極悲觀，寡合於人；亦主壽促，志大而虛浮，心多而躁急；作事一成一敗，勞碌奔波，掣肘多而受累，且易與人結怨。人中短而淺，更主貧賤、孤夭之命。

【人有善願，天必佑之。】

人中之深淺

人中輪廓清晰可見，狀似向下凹，就是人中深；相反，人中輪廓不明，不見凹痕，就是人中淺。男性的人中在二十五歲以前就固定成型；女性則較早，但女性的人中會隨年齡增長而逐漸變淺。

人中深刻，謂之通達四瀆（目為河瀆，耳為江瀆，鼻為濟瀆，口為淮瀆），萬里無阻，其人易結外緣，常得異性之力；亦主貴名而厚祿，又旺子女。

人中輪廓顯淺或平坦無溝者，主坐守鄉里，人無大志，性格孤僻、小器又貪心；子嗣薄弱，長子難養，或有女二三，或有子庶出，或收養他人之子。

人中之寬窄

人中標準闊度是五至七毫米，明顯闊於此者便是人中寬，狹於五毫米者便是人中窄。

人中寬闊，代表四瀆暢通，其人沉穩持重，交際圓滑，恢宏大度，能立業於遠近；既享貴名厚祿人生，又旺子女。人中狹窄，代表四瀆閉塞，其人內有心腹之憂患，外有惡劣之欺詐，器量淺，難容人；子女見刑，或晚年見子，或女多無兒。

人中上窄下寬，為人責任心重、信守承諾、忠誠可託。人中上寬下窄的人，思想混亂、做事只有三分鐘熱度，難勝重任。人中上下寬窄一致且深者，性格樂善好施、愛助人，福蔭厚，田宅多。

【莫飲卯時酒，昏昏醉到酉。】

人中之紋痕

人中有紋，事業非吉，官運不通、工作不順，且一生遭遇多有災厄。女性人中有橫紋，愛情路上波折多，缺乏異性緣，即使結得連理，也難得到丈夫寵愛，常常備受冷落而要獨守空房；相反，男性人中橫紋卻代表晚年桃花旺盛或晚年多情；年至五六十歲，仍不乏性伴侶，故已婚者必須自我檢點。

人中既反映生殖系統狀況，也可看出其人性格。女性人中有橫紋，容易有婦科疾病；若再加上人中棱線不夠清晰，更可能不孕不育或難產的可能。男性人中有橫紋，年長時前列腺或睪丸容易出現問題，影響性生活。

性格方面，人中有橫紋者大多脾氣差、性格急躁、説話沒有分寸，容易得罪人。

人中之痣疵

人中有痣的人性格開朗活潑，做事積極主動，感情豐富，桃花運很好，但也容易使自己陷入情感中，從而受到傷害，要多注意。

人中亦反映壽緣與子嗣運，有痣疵者，壽數不長，且子嗣甚艱。

然而，世事無相，相由心生。可見之物，實為非物；可感之事，實為非事！相不作獨論，看相要綜合整體面部判斷，以上內容只以人中相而論，讀者勿以單一概全。

人中吉凶歌訣

一線人中，無子而死。

人中長一寸，得壽一日歲。

人中平長，至老吉昌；兼有年壽，更益兒郎。

人中短促，子孫不足。人中高厚，壽年不久。

人中廣平，養子不成；雖即生產，常聞哭聲。

人中廣厚，奸淫未足。人中兩黑，的生可疑。

人中深長，子孫滿堂。人中漫漫，無子可憐。

人中平淺短何堪，無信無兒見者嫌；若見直深長一寸，定知兒女轉加添。

人中平平子不成，三陽赤色主相爭；黃色得財無盜賊，赤黑妻與外奸情。

人中井部水橫紋，每到臨船莫進程；偏左生兒右生女，上下平平子不成。

人中寬大定壽長，人中平淺多短壽。

人中平坦子孫難，人中兩曲必非良。

人中豐滿妻有傷，妻子長病見藥堂。

人中一道多雙生，必將長子不會強。

人中雙鈎有外子，外邊招有野姑娘。

【種麻得麻，種豆得豆。】

人中相理總論

人中相理主要反映子息、壽元、心性，又主財和福，定運在五十一至五十三歲。人中以深邃、縱長、端正、明潤、有稜線、輪廓清晰如劍為吉相，以淺短、細狹、平滿、紋侵、痣破、彎曲、歪斜、色暗及男性無鬍為凶相。

關於人中相理吉凶，可一併參考第一章的「口部相理總論」（見第195頁）。

心性、際遇

(1) 人中相理佳，為人公平正直、剛正不阿、不逢迎諂媚。人中相理差者，心術不正、居心叵測、心計甚重，缺乏是非觀念，心中只有自己的利益。

(2) 人中長者心慈性善，樂於助人，能編織廣闊人際網絡，容易得到他人的幫助。人中短者性格頑強，自我中心強，不愛聽他人忠言，不願接受他人批評，人際關係差，故來自親友的助力極少。

(3) 人中寬而厚者，待人寬厚有量度，交際手腕靈活，隨機應變能力強。

(4) 人中正直而端正，性格仁慈、對人親善、有情有義，做事光明磊落，忠誠可託。人中歪斜，為人虛偽，常要詭計。

【天眼恢恢，疏而不漏。】

(5) 人中深長而上窄下寬的人，聰敏好學，工作用心，做事有恆心、有毅力，分析力強，多有成就。

(6) 人中上寬下窄非吉相，為人奸狡，愛佔他人便宜，做事雷聲大而雨點小，有頭威無尾陣，難成大器。

(7) 人中上下皆淺而中間深邃者，性情急躁衝動，做事沒有周詳計劃、缺乏條理，且不易與人和睦相處，故朋友不多。

(8) 人中上下皆窄而中間寬闊者，狡猾成性，說話尖酸刻薄，常常令朋友難堪。

(9) 人中短淺又窄小，其人或有點小聰明，但工作散漫，守株待免，做事沒恆心、沒耐性。

(10) 人中短淺而鼻形又小者，愛受人恭維，虛榮心重，但自卑感也重，辦事不積極，好吃懶做，生活得過且過，蒙混過日子。

(11) 人中狹小如懸針者器量也小，疑心卻大，又愛鑽牛角尖，常會因為他人一兩句無心之言而憤憤不平。

(12) 人中向上翹的人，生性愚昧散漫、不諳時勢，屬於衝動、輕舉妄動型。

(13) 人中彎曲的人性情多變，剛愎自用，不講道理，與人接觸喜怒無常，叫人捉摸不透。

(14) 人中平滿者性格比較內向，少露笑容，器量淺，又貪小便宜，思想閉塞，做事拘且，缺乏抱負和志向。

【見官莫向前，做客莫在後。】

(15) 人中有深刻直紋者，心性惡劣奸狡，好以陰謀害他人。

(16) 人中有橫紋細如懸針者，器量狹窄，好鑽牛角尖，常常因為他人一兩句無心之言而想不開，所以生活大多不開心。

(17) 人中為四瀆總匯而成的溝洫，喜長喜深，喜上窄下寬，則水暢流通，一生命運無阻，少勞多獲，衣食豐足，晚景尤佳。

(18) 人中有十字紋或交叉紋，男主奸詐，女主孤剋，且易遇水險，進行任何水上活動時都要注意安全。

(19) 人中彎曲，五十一至五十五歲時運氣明顯走下坡，若人中彎曲嚴重的話，這數年恐是多事之秋。

(20) 人中偏左者剋父，主父先亡；人中偏右者剋母，主母先亡。

健康、壽元

(1) 人中看健康，相理不佳者，晚年健康必不好，必有疾病纏身。

(2) 人中是人體兩條重要的經脈（任脈和督脈）的交會之處，任脈統領全身之陰血，督脈統領人身之陽氣，故人中是陰陽氣血交會之部位。若人中相理不佳又有紋沖斷者，容易在五十多歲時夭亡凶死或因病而亡。

(3) 人中看壽元，故相學上有「人中長一寸，壽命過百歲」之說，意思是，人中愈長，壽命愈長；若人中長度達一寸，就能活過一百歲。不過，相書「百歲」之言只是形容長壽而已，並非指確實歲數。

(4) 相書又云：「人中寬大定壽長，人中平淺多短壽」。人中長則壽長，人中寬大也主壽元高。人中愈寬，牙床發育愈好，牙齒咬合力強，飲食胃口好，口福亦佳，營養良好，故主長壽。

(5) 人中寬厚代表氣血特別充足，也是長壽的象徵。

(6) 人中狹窄代表生命力較弱，其人兒時病痛較多，不易哺養，尤以初生嬰孩為甚；長大後健康也不會太好，主壽短。

(7) 人中淺而短者，五十六歲左右有關限；若其他五官相理有缺陷如眼神不足，恐會進一步縮短命限。

(8) 人中歪左或歪右，其人若非有習慣性便秘問題，便是因腸胃過敏而常常便溏；人中歪斜，脊椎骨亦偏斜，晚年易有腰痠、背痛之疾。

(9) 相學上，人中代表男性的前列腺、女性的泌尿系統和子宮。人中如彎曲，男性前列腺易出問題，女性子宮則有點前傾或後傾；若配鼻樑有相似彎曲情況，更驗。

(10) 人中彎曲，其人先天體質孱弱，健康欠佳，更常有病災纏身。

【螳螂捕蟬，豈知黃雀在後。】

事業、地位、財富

(1) 人中相理佳的人，事業運亨通，可晉身政府部門為官，可得厚祿；任職大機構則多是高層管理人，享受高薪厚職。五十一歲左右容易發達致富。

(2) 人中位於鼻下，鼻為財星，人中相理不佳代表財富難延續，五十一至五十五歲時財政特別不濟，易遭挫折，有破大財的危機。

(3) 人中長又深，功名早立，可晉身官場，且有官運亨通之美遇，步步高升；若其他五官部位相理又佳，更可為市民造福。

(4) 人中淺短者貪圖財利，一生只顧追求利益和權勢，但命中衣食不豐，晚年恐會寅吃卯糧，生活堪憂。

(5) 人中彎曲者十分貪財，但一生財運迂迴不通，憎人富貴，看見他人比自己過得好時，就會想盡方法奪取對方財富。

(6) 人中狹窄是窮困潦倒之相，命途多蹇，一生財運不通。

(7) 人中平滿者一生事業少成，「多常災逆」，而且體魄較弱，無法從事勞動性質工作。

(8) 人中平滿的人貪心甚重，但財入無門；若然雙目再無神，財富更難求，能過普通水平生活已是不錯了。

(9) 人中有直紋的人，一生辛勞、克苦克勤，須經過多番挫折，才能在事業上穩定下來。

(10) 人中有漆黑明亮之痣者，一生財運比其他人佳，多有意外之財收穫。

桃花、婚緣、子息

(1) 人中寬厚，輪廓又豐隆，其人異性緣分厚，對愛情投入，愛之深、護之切，是桃花頗重之相。

(2) 人中寬厚的人情與慾在平衡狀態，熱情似火，對性慾有正常追求，很少出現性冷感。

(3) 人中深邃者對感情執着，愛恨分明，追求完美的感情，不會接受不正常關係，更不會拖泥帶水，一旦發現對方背叛自己，便會揮劍斬情絲。

(4) 人中向上翹，不論男女，都是比較好色，尤其男性，可以同時擁有兩個或以上的性伴侶。

(5) 人中有淺弱直紋者，婚遲子晚，或是養他人之子。

(6) 人中横紋和十字紋皆為剋子紋，是無子之相；若有兒子者，必與兒子感情不睦或兒子早喪，白頭人送黑頭人。

(7) 人中有毛亂逆旋者，姻緣運差，婚姻不美滿，夫妻容易反目成仇，而且晚運不佳。

【一日夫妻，百世姻緣。】

(8) 人中長青春痘或有赤色者，子息運不佳，經常要為子女擔憂。此相之人亦會因色慾問題招惹煩惱。

(9) 人中有疵痕（青春痘痤瘡後留下的疤痕，在相學上稱為疵痕）或長有惡痣的人，易生不肖之子女或子女有宿疾，一生常為子女煩憂，難享子女之福蔭。

(10) 人中有漆黑明亮之痣者，雖有財喜，但女性生產較不順利，真剖腹產子，且配偶比自己先離世。

(11) 人中有痣長於上方靠近鼻子的位置，主生男，但與父親不和；若痣長於下方，即靠近上唇位置，主生女，但與母親不和；若痣長於人中中間位置，生產困難，多為子女憂愁。

(12) 人中有痣者，若其他五官相理又不好，婚姻運差，易有婚外情。

(13) 人中深長而形態上窄下寬、人中深邃而形態上下俱直，其人皆是遺傳優良，子孫滿堂。

(14) 人中上下皆深邃而中間淺薄，是婚遲子晚之相。人中上下俱窄而中間闊，其人子息難有成就，或是子女有災、敗業不孝。

(15) 人中上寬下窄之人，子嗣運差，難育子女，有亦難成大器。人中上窄下寬者，遺傳因子優良，子息運佳，兒孫滿堂，各有成就。

(16) 人中彎曲命主鰥寡孤剋、婚姻不美、家庭不全，或夫妻離散，或夫妻緣不顯，孤獨到老。

女性人中相理專論

在古時，女性以三從四德為優良標準。三從是未嫁從父、既嫁從夫、夫死從子，所以古相學對女性面相的評論皆以夫運和子息運為主要出發點。現綜合女性人中獨特相理，以討論其吉凶意義；除以下各項之外，一般相理及休咎皆與男性同論。

(1) 人中深長而上窄下寬，女性前陰系統、陰道及子宮發育良好，分娩容易且多誕男，一生少有婦科病。性格善良，婚姻美滿，旺夫益子。

(2) 人中上下同寬或上下均尖而中間寬的女性，皆是心性不良，婚姻不美，刑夫剋子。

(3) 人中上寬下窄，愛管閒事，婚後不賢慧，缺少婦德，子息艱難，須防產厄，也主短壽。

(4) 人中狹窄，女性先天子宮、陰道發育不良，易患婦科病。

(5) 人中平滿者，大多子宮發育不良，常有月經不調問題，懷孕容易有流產情況，且多生男孩，少生女孩。

(6) 女宮進行了子宮割除手術，原來溝痕分明的人中會漸漸變得扁平。施行了輸卵管結紮手術的女性，人中有溝也不明顯。

(7) 女性人中部位有小傷痕，反映曾經接受一次或以上人工流產手術，傷痕是因手術效果不理想而慢慢形成的印記。

【殺人一萬，自損三千。】

(8) 人中兩曲是水性楊花、好淫敗德之相，可能因淫亂而意外成孕生子，或所生子女畸形變態，或生子不肖。

(9) 人中歪斜的女性子宮位置不正，受孕率極低，且易患婦科病，踏入五十歲流年以後，發病機會更高。

(10) 人中突然出現小瘡、小疹，是生殖系統病變的警號，必須馬上請醫生檢查。

(11) 人中有直紋，女性婚姻不美，或孤寡到老，晚年孤獨。人中有橫紋，姻緣差，夫緣薄；紋痕淺者產子有險，紋痕深者剋夫破財，婚姻再三。

(12) 人中有痣的女性大多曾患婦科病，例如陰道炎症、子宮病變等，受孕機會比較低，生產時亦有險。此相的女性霸道、自私，婚後常常欺夫害夫，妻奪夫權，婚姻並不美滿。

(13) 人中左右兩旁有痣的女性，生性淫蕩，床上慾求不易得到滿足，婚前無媒嫁，縱為人妻也會紅杏出牆。

(14) 人中出現赤絲或赤氣，再配眼神邪淫，代表此女性目前行為淫蕩；若眼神正常，則目前正患婦科病如子宮或陰道發炎。

(15) 人中有兩顆黑子的女性，有機會誕雙胞胎。

(16) 笑時人中現橫紋的女性，性生活過度；若已婚，則有與其他男性私通之嫌。

(17) 年紀愈大，人中棱線愈淺，但若女性屆中年時人中棱線已經不明顯，則是沒子嗣之相。

【傷人一語，利如刀割。】

第三章

法令相法

法令者，古稱之為軍法之令，為面相下停伸展的兩道皺紋，部分古籍稱之為境界紋。近唇邊口型之內的法令紋，是擁有在家説話的權力象徵；近面頰的法令紋，反映在社會上説話權力的廣狹，所以一般相家都認同，只可男有紋，女見痕，還須過四十歲後始可見於臉上，若太早見且紋路深刻，名為剋夫紋或屬辛苦之相。這一點，英才經多年觀察印證所得而認同。

法令紋是一個人經過多年認真努力而不自覺形成的一種臉上生理形態皺褶。若此人在年輕至中年時期都抱着堅毅的態度，其嘴角的三叉神經會將此訊息傳送至下顎，長期肌肉收緊而導致皺褶形成。這就是英才所言，中國相學就等於人體檢查的一部分成像，人的臉皮下有四十三條肌肉，由顏面神經控制，稱為表情肌，而口輪匝肌的情緒鬆緊便造成了相學上的法令紋。

情緒是因，法令是果

情緒處事是因，法令紋痕形態是果，經大數據統計之後，便產生坊間所言的妻財子祿好與壞，總的來説，就是一句簡單老話：「相由心生」。

恩師黎峰華在英才兒時傳授過一句話：「半為人事半為天，先盡人事後問天」，英才至今未忘，多年閱人維生，深信一切有道，天理有它的循環，天道有安排，但人亦有選擇，兩者之間如何取捨、平衡和分輕重，就是「因果」。

耳順之年的我明白人的渺小、人生的短暫，更明白天理循環的因果永恆；在永恆之中，有所限亦有所為，行為種一個因，臉上必然呈現一個果，各種形態的符號和紋痕也就因而顯現出來。

有些人選擇以天干地支作為生命的因，藉以支撐一生禍福順逆，一步十算，務求榮華富貴，百事在握；但另有些人則選擇「先盡人事後問天」，不斷修正自己的處事態度，將事情的果放在態度上的因來決定。

英才在教學時舉過一個例子——有一個農夫一直很努力耕耘，多年之後終有收成。在他努力種田的期間，他卻忽略與他一起奮鬥的那頭牛，收成的當天正藉那頭牛病逝；在農夫忽略那頭牛的健康之同時，他發現房子的天花穿了一個洞，馬上把洞修補好；收成農作物時剛好下雨，房子沒有漏水的煩惱，農夫可以專心收割禾田。

這個故事說明，人每一天不止做一件事，每天都有很多不同的選擇，要採用不同的態度去處理各項事情，這些一切就是因，它會依據時間結成應有的果，正如歷史上很多貪官的下場，非因運氣或天干地支相剋相刑所致，而是過去的因，才有將來的果。

法令紋的形成，就像告訴別人，自己是如何踏實地進行每項人生決定，是認真還是敷衍，是盡責還是馬虎了事。英才是無神論者，但尊重任何中西方的宗教，因為李某深信，所有宗教都源自因果，而非動不動說甚麼天命難違、天命所歸，更不相信成功是在流年運氣或太歲所限。

各種形態的法令紋，既有好的也有不好的含義。我們要掌握好的方面，而不好的方面正正是人生的功課，學習調節它、修正它，調節和修正不良的態度，而非追逐如何令自己富貴亨通或名成利就；相反，調節不善之處只是令自己在待人處事時更正面，以減少埋怨，在高低起伏的人生中多添正能量，自我強化，讓自己進一步成長。

法令紋在臉上的誕生就是這個道理。本節注解了不同形態法令紋代表的妻財子祿和性格，讓讀者們明白因果的屬性。

法令譜

1. 法令深長
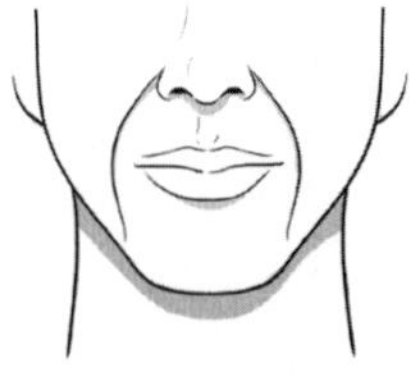
（P.293）

2. 法令短促
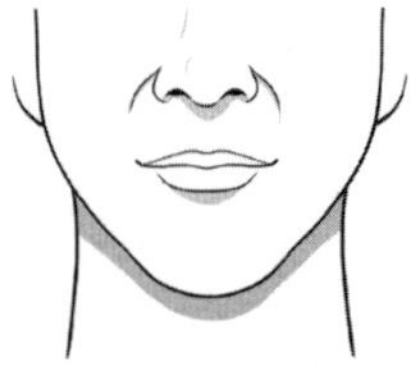
（P.296）

3. 法令寬廣
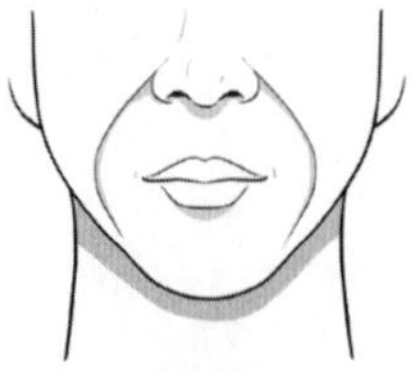
（P.299）

4. 法令狹窄
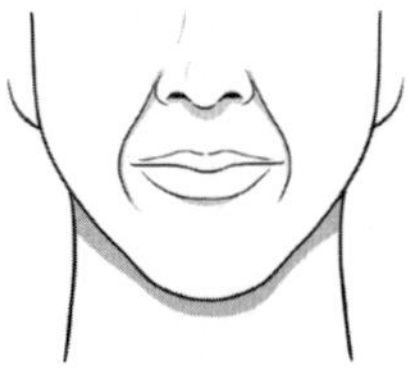
（P.302）

5. 法令如鐘
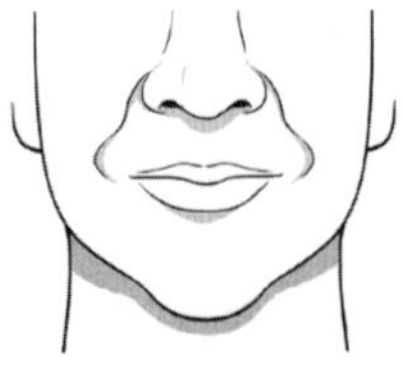
（P.305）

6. 法令入口
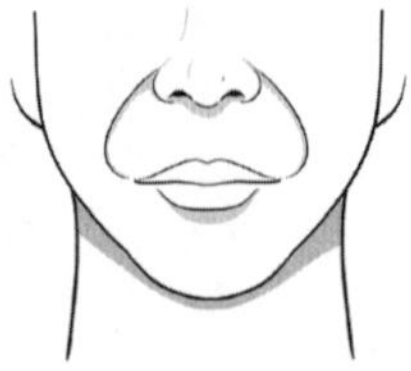
（P.308）

7. 法令破承漿
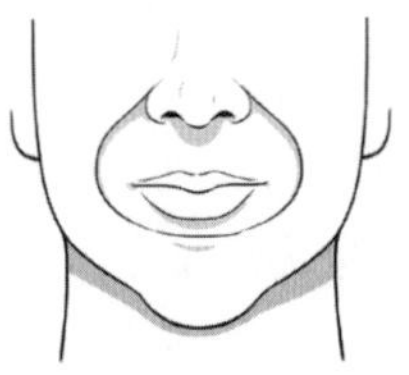
（P.311）

8. 法令破蘭台
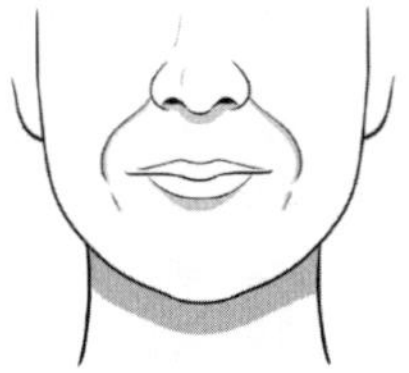
（P.314）

9. 法令長短不一
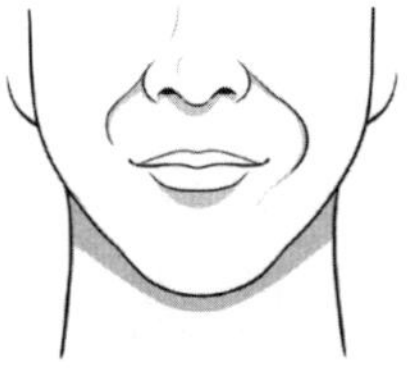
（P.317）

10. 雙重法令
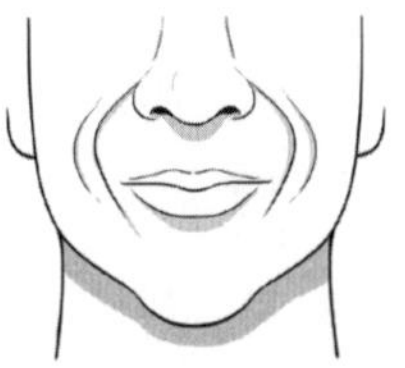
（P.320）

11. 法令不明
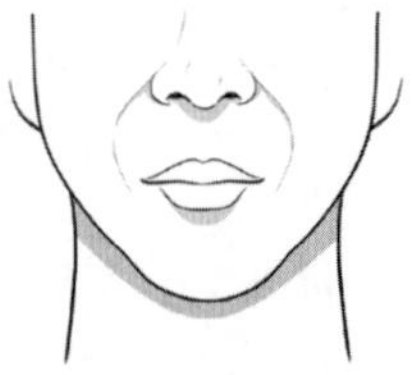
（P.323）

12. 法令斷裂
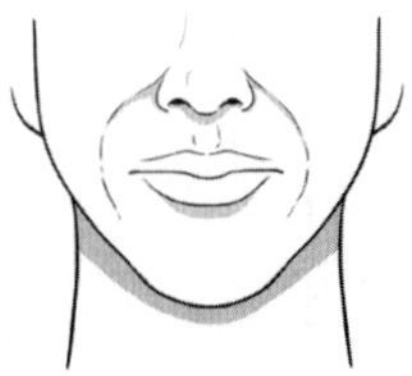
（P.326）

13. 蛟龍出海
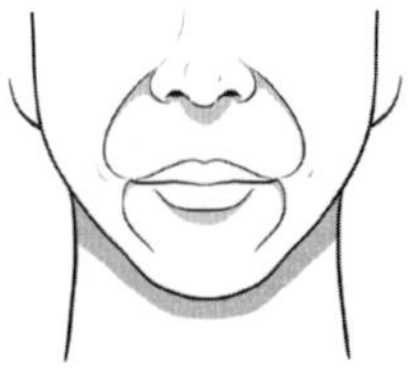
（P.329）

(1)法令深長

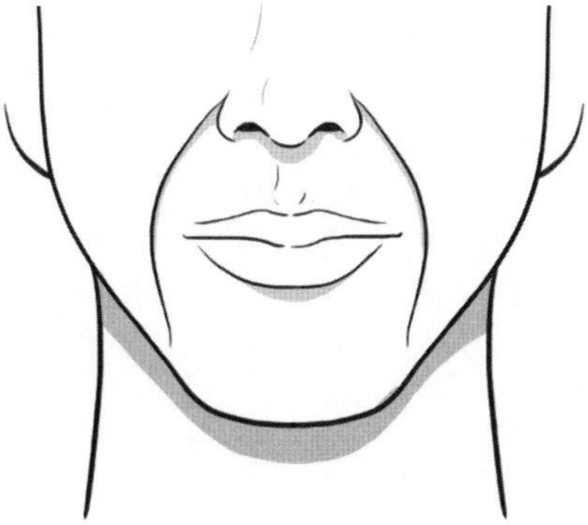

形態：法令紋深刻，由鼻翼上端位置伸出，斜斜向下延至越過口角而達至下巴，就是法令深長。

性情：

(1) 性格沉穩，自制能力很高，能夠控制自己的情緒和行為，不受外來誘惑影響而做壞事。

(2) 聰明敏銳，思路清晰，口辭伶俐，口才很好，說話有節有理、有很強的說服力，容易令人信服。

(3) 人生態度樂觀，感情與理智並重，處事公平、公正，對事不對人，絕不偏私，所以能贏得廣泛友誼和讚譽。

(4) 智慧高，觀察力強，看事細緻入微，行動前思慮周詳，處事時有條不紊，不會讓任何複雜事情難倒自己。

(5) 很有抱負，志向遠大，理想崇高，意志堅定，能努力上進，要求自己不斷進步，希望能在社會上創造一番成就。

(6) 精力充沛，做事負責，講信用，守承諾，一旦答允了他人要做的事情，除非遇上不可抗逆的因素，否則必定實踐到底。

(7) 能樂觀面對一切不如意事情，不會給予自己太大壓力；生活上深明養生的重要，所以能保持身體健康，病痛不多。

(8) 相書有「法令紋過口，活過八十九」之說；《何知歌》也說：「何知壽年八十二，法令低垂是」。可見法令深長是高壽之相。

事業：

(1) 責任心重，耐力驚人，態度積極，總是能夠出色地完成工作，所以在職場上都獲得大家一致稱讚和好評。

(2) 對自己要求甚高，同時對他人也要求嚴格，有時候難免會對同事造成壓力，幸好本身獨立心強，工作能力高，同事都會心服口服。

(3) 此相從事學問研究的話，必能學有所成，成為某一領域的權威，受人尊重和敬仰；而且隨着年月過去，學問造詣更深，地位更高，名利雙收。

(4) 眼光獨到，事事都能早着先機，從商可白手興家，風生水起，創造驚人成就，聲名甚至可遠揚海外。

(5) 此相在古時是當官之命，在現今社會必是領導階級，不會久居人下，四十八九歲開始事業直攀高峰，年紀愈長，成就愈大。

財帛：

(1) 法令深長是尊貴之相，其人工作負責而努力，只要能順其自然，則毋須刻意強求，也能有福、有祿兼有壽。

(2) 存錢能力很高，加上財星眷顧，投資理財有道，財源廣進，錢財自旺，只要不是投機、冒險性質的活動，都可以賺得可觀的利潤。

(3) 此相配圓潤的準頭、豐隆的鼻翼，必是富貴雙全之命，晚年昌榮，到老享清福。

愛情婚姻：

(1) 男性能文能武，性格正直公義，行為落落大方，異性緣特別佳，能獲不少女性真心愛慕，頗為風流，但不會玩世不恭。

(2) 男命能在工作崗位上做出卓越成績，但有時卻會因過分專注工作而忽略伴侶及家庭；若配鼻樑太高，姻緣有阻，宜遲婚。

(3) 女性法令紋深長，相學上稱「犯孤神」，事業心甚重，有單身傾向，夫運不佳；若再加上其他五官部位有缺陷，更主刑夫剋子，晚年孤清。

子息：

(1) 為人父母，對子女的要求甚高，望其在學業及事業上皆有卓越表現，子女難免要承受不同壓力。

(2) 女命子息運差，或不育兒女，或子女先天體質弱，或與子女緣分淡薄、感情冷漠，以致晚年孤單無依。

(2) 法令短促

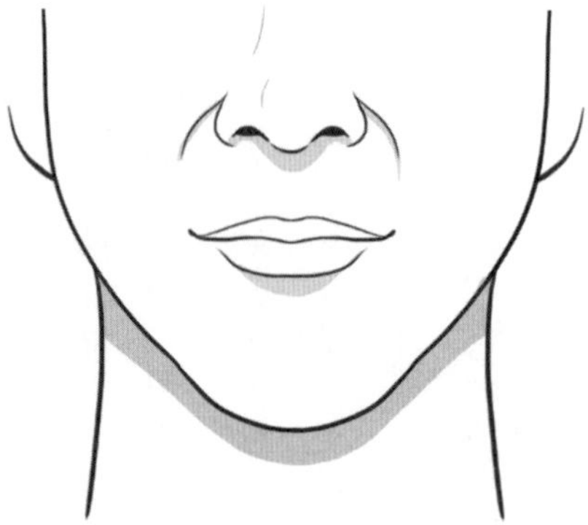

形態： 法令紋自鼻翼上端位置起始，總長度不及三厘米，紋路不明顯，屬於法令短促。

性情：

(1) 法令代表法律，法令紋短促的人，剛愎自用，不尊重法理，不守法規，愛挑戰法律灰色地帶。

(2) 器量淺、心胸窄，每事斤斤計較，愛佔人便宜，但因膽量小而只敢圖謀小利，不敢貪求大富貴。

(3) 十分情緒化，總是不自覺地亂發小脾氣，凡事都按心情做決定，並要求身邊的人對自己諸般遷就，但卻又容易改變初衷，令人大感吃不消。

(4) 做事缺乏魄力和耐性，沒有奮鬥心和拼搏精神，容易因少許挫折或障礙而裹足不前、半途而廢，自然難成大器。

(5) 自信心不足的反映，生平無大志，做事也沒有原則，有時會顯得較為軟弱，所以容易受人影響及支配。

(6) 思想比同齡人士幼稚，做事只看眼前利害，缺乏長遠目光，辦事手段亦比較稚嫩，所以容易犯錯。

(7) 相書評法令「短促由來命不高」，亦有「法令不過口，不過五十九」之說，代表中年以後身體健康每況愈下，亦主運氣走下坡。

事業：

(1) 工作上沒有大志，只要能找到自己喜歡的職業，工作又不受管束的話，便會心滿意足。
(2) 自律能力低，沒有努力工作的意志，需要有人不斷鞭策才能完成任務，令上司及老闆倍感吃力和厭煩。
(3) 適應力弱，不喜歡變動，愛眷戀於舒適區，往往在同一公司內工作十年、二十年，很少轉換工作。
(4) 工作態度敷衍、沒有責任心，故職場上人緣甚差，既與上級關係不睦，多招指責；也無法有效統御下屬，易遭下級拖累或陷害。

財帛：

(1) 法令短促者，若前額相理佳，可有父母蔭庇，可繼承家產，但因個人理財力低，所以財富都會在這一代人手中散盡。
(2) 理財觀念薄弱，更不會做生意，不管是繼承祖業或開創個人事業皆不宜，否則最後必關門大吉。
(3) 缺乏收支概念，只懂花費而不善開源，常常先使未來錢，以致很多時候都處於入不敷支的財困狀況之中。

【擊石原有火，不擊乃無煙。】

愛情婚姻：

(1) 法令紋短促是刑剋伴侶之相，未婚刑戀人，已婚剋配偶，不論身體健康或事業工作皆會受影響。

(2) 男性缺乏獨立自主之能力，婚後照顧家庭不力，故男性宜配年紀比自己大五歲以上的太太。

(3) 女性法令短促不明，追求平靜的戀愛和婚姻生活，一生中可能只有一個戀愛對象並與之結婚，婚後甘作家庭主婦。

(4) 女性亦喜歡選擇年長甚至已婚之男士，因對方思想成熟，並擁有一定之成就及財富，能給予自己安全感。

子息：

(1) 大多是早婚之命，故子息早見，雖然對子女愛護、關心，但缺乏正確教導子女方法，有時難免過於溺愛，養成子女不講道理的性格，女命尤甚。

(2) 此相最早中年最遲五十九歲開始運氣轉差，與子女關係也受影響，晚年與子女聚天倫的機會不多。

⑶法令寬廣

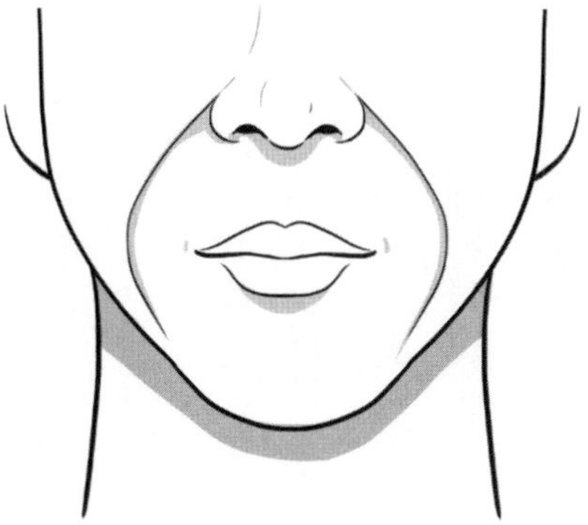

形態：法令紋起始自左右鼻翼上端，斜斜向下延展至越過口角處且接近地閣，與口角的距離超過十公厘，這就是法令寬廣。

性情：

(1) 法令寬廣，心胸也寬廣，從來不會斤斤計較，能夠原諒別人的錯處，願意包容別人的缺點，所以人緣很好。

(2) 性情安定而沉穩，態度嚴肅而認真，不怒而威；待朋友真心誠意、肝膽相照，是十分值得信賴的朋友。

(3) 不苟小節，樂觀開朗，人生態度積極，能坦然面對挫折或麻煩事，懂得在失敗後檢討過失，重新備戰。

(4) 說話坦率，忠厚誠信，待人熱情，不會欺騙他人，對朋友更是有情有義，朋友有難，必定盡力支援。

(5) 處理人際關係八面玲瓏，不會樹敵，在不同社會階層都有朋友，不論貧富貴賤、男女老幼，都對之十分敬重。

(6) 做事乾脆有效率，作風果斷明快，乾脆俐落，不喜歡拖泥帶水；說話多且快，但很到位，不會有多餘或無謂意見，容易令他人信服。

【莫笑他人老，終須還到老。】

(7) 自信心十足，做事有原則，實踐力及堅持力都很強，縱使遇到阻礙，也能勇敢面對和解決，絕不半途而廢。

(8) 凡事皆以平常心看待，不會為自己製造不必要壓力，所以能活得輕鬆又快樂、健康又長壽，晚年生活安逸又自在。

事業：

(1) 工作時工作，認真而嚴謹、一絲不苟；玩樂時玩樂，快樂而爽朗，所以在職場上甚得人緣。

(2) 精神和魄力都很好，經常保持精神抖擻，組織和策劃能力亦十分高，將工作安排得井井有條，讓每件事都能妥妥當當完成。

(3) 此相是官大財旺之命，事業上易得貴人扶持，加入政府部門可居高官而造福市民；做生意則經營得有聲有色客似雲來。

(4) 一生人緣運好，各行各業都有自己的朋友，做起事來自然就會左右逢源，得心應手，所以容易成功。

財帛：

(1) 法令寬廣是富貴財旺之相，工作負責而努力，只要能順其自然，則毋須刻意強求，也能有福、有祿兼有壽。

【但能依本分，終須無煩惱。】

(2) 貴人運十分好，橫財運指數甚高，投資運特別亨通，容易因貴人指路而有意外財來的驚喜。

(3) 善於理財，能夠將賺到的金錢牢牢守住，五十六歲以後財庫更充盈，晚運更佳。

愛情婚姻：

(1) 感情運一般都很順利，在適婚年齡時會遇上一位好伴侶，執子之手，與之偕老，婚後夫妻相敬如賓，家庭生活幸福美滿。

(2) 此相旺夫旺妻，男性可娶得非常賢惠的太太，女性能嫁得品格優良的丈夫，婚後夫妻各自事業順利而有成。

(3) 女性開朗活潑，與人相處不做作，缺點是醋意頗大，看不過眼伴侶與其他女性相處，也要求對方經常陪伴在自己左右，容易令戀人感到吃不消。

子息：

(1) 富貴仁義，能蔭及兒女。子女秉承庭訓，也能發憤圖強，貢獻社會，事業成就可能更大於父母。

(2) 法令寬廣，子息運好，子女健康，兒子俊朗，女兒秀麗。自己與子女的緣分甚好，晚年數代同堂，樂也融融。

(4) 法令狹窄

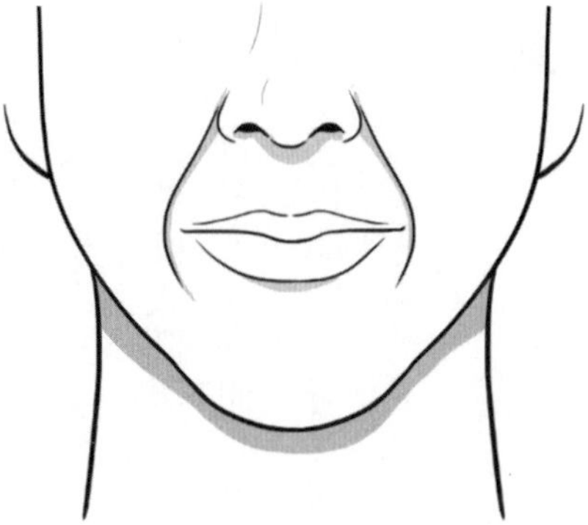

形態：法令紋起始自左右鼻翼上端，斜斜向下延展至越過口角處，與口角的距離少於六公厘，這就是法令狹窄。

性情：

(1) 法令狹窄，心胸也狹窄，事事斤斤計較，不能原諒別人的錯處，不願包容別人的缺點，所以人緣不太好。

(2) 固執倔強，自尊心強，凡事追求完美，處事比較執着，遇上問題容易鑽牛角尖，不自覺地將自己的思想困囿於一個小天地。

(3) 才華洋溢，有極好的審美觀，對文學和藝術的領悟力很高，具有崇高理想，喜歡美麗的東西，但常鬧藝術家脾氣。

(4) 孤傲不群，社交能力差，不善處理人際關係，與朋友情分冷淡，更不懂珍惜友情，常常獨行其道，不管其他。

(5) 有小聰明，但性格執拗而好勝，自我主義極強，不容他人批評或挑戰自己的價值觀，更不願聽取他人意見，故命運難免受阻。

(6) 妒忌心和自私心皆重，疑心亦大，總覺得別人想算計自己，有點神經質和被害妄想。

(7) 做事缺乏魄力，沒有奮鬥心和拼搏精神，容易因少許挫折或障礙而裹足不前、半途而廢。

(8) 法令狹窄，福薄緣淺，財運和健康運都不算太好，先天體質孱弱，容易生病，五十歲以後健康每況愈下。

事業：

(1) 做事缺乏遠見，只看眼前的利益，吃虧的事不願做，職場上難得人和，工作自然不會順利，因而常常更換工作。

(2) 體弱多病，常受疾病困擾，行動力十分低，縱然希望以努力和汗水換取事業成就，也是有心無力，所以此命多主庸碌一生。

(3) 缺乏人生目標及遠大志向，做任何事都提不起勁，除非身邊出現令其燃起鬥志的人，否則事業絕不會有重大突破。

(4) 此相具富藝術天分，對藝術和美好事物有頗高的鑑賞能力，設計和創作力亦往往超越一般人，適合往藝術方面發展，或能取得不錯的成就。

財帛：

(1) 唯利是圖之輩，內心頗有詭計，機心又重，對金錢錙銖計較，絕不會讓自己吃虧。

(2) 法令紋狹窄是貧寒之相，財運低沉，難與財富長久結緣；若然鼻子相理佳，則五十歲以前或可發富，必須居安思危，為以後日子做好準備。

⑶ 理財無道，用錢沒有節制，尤其購物方面，想買就買，不會有儲蓄概念；但面對朋友甚至家人，卻十分吝嗇。

愛情婚姻：

⑴ 在愛情上是完美主義者，擇偶條件訂得很高，除了要求對方外貌吸引，更希望丈夫或太太善解己意，對家庭照顧周全，當現實與理想出現距離時，便會感到失望，繼而提出離婚。

⑵ 對愛情十分執着和認真，一旦墮入愛河，就會愛對方愛到底，若感情失敗，難免受到很大傷痛，無奈的是，他們在愛情路上屢遇挫折。

⑶ 女性法令狹窄，異性緣不佳，甚至會是獨身主義者；縱使有婚緣，夫婦生活也不會融洽。

子息：

⑴ 法令狹窄，子息運有阻，或子嗣稀薄，或有女無兒，或子孫不孝，宜多做善事，助人助己，或可紓緩刑剋之命。

⑵ 此相縱有子女亦無緣，一生常為子女勞心勞力，令自己身體更虛弱，人生更辛苦，晚運最不堪。

(5) 法令如鐘

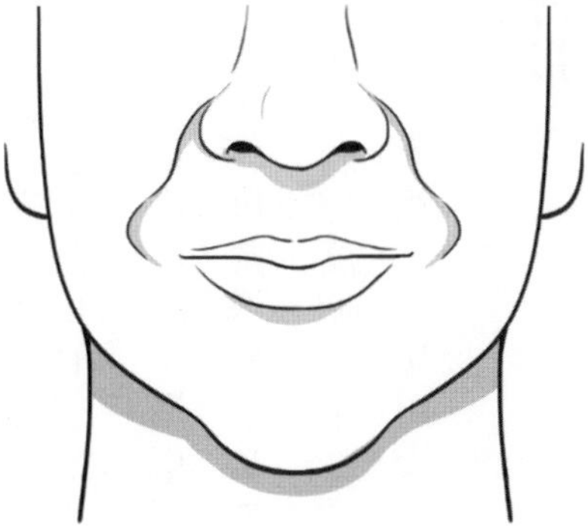

形態： 法令起始自左右鼻翼上端，斜斜向下延至越過口角處，與口角距離約六至十公厘，紋路左右對稱、淡而清晰，遊走路徑平順，形如禪院古鐘，就是最佳的法令紋。

性情：

(1) 正直無私，沉着冷靜，思想縝密，分析力強，容易看到事物的核心，能培養屬於自己一套的良好價值觀。

(2) 個人修養好，自律甚嚴，懂得約束自己的行為和生活，對自己要求甚高，故能贏得他人的尊重和信賴。

(3) 人生態度積極，深信世上沒有絕望的處境，只要勇於面對生活上的挫折，便能擁有快樂的人生。

(4) 主動性高、行動力強，一旦看準或確定目標，便會毫不猶豫開始進行，直至成功。

(5) 做事有始有終、有原則而不固執，在面臨困境與障礙時，處變不驚，決不會自亂步伐，更不會忘卻最終的目標。

(6) 謙恭穩重，待人態度得體、不亢不卑，懂得尊重他人，人際關係甚好，建立廣大人脈網絡。

【人而無信，不知其可也。】

(7) 大多出身自優秀大家庭，背景良好，與父母緣分深，容易得到家庭的助力；一生運勢緩緩上升，多福少禍。

事業：

(1) 法令反映事業運，形態如鐘，事業亨通，從事任何工作或職業都能勝任，並且掌握權柄。

(2) 一生貴人多遇，尤其得長輩提攜和照顧，事業發展較他人順利，並取得一定成就；而法令代表五十六、五十七歲流年，故此相在這兩年的事業應可臻高峰。

(3) 工作積極，辦事能力強，極受他人信服，故不論從政或從商，皆可以成為領導人物，帶領團隊邁向成功。

(4) 若發展個人事業的話，不論創業或打工，都能掌握權柄，成為業內出類拔萃的精英；若有祖業，更可繼承並發揚光大，且能揚名海外。

財帛：

(1) 法令如鐘是良好相理，若能配合理想鼻形，一生必不愁金錢，既能享受家庭給予的資源，也可為自己創造財富。

(2) 除了可以在正職賺取厚薪之外，也會開創副業而為自己增加財富，但原因並非渴望金錢，乃是為證明自己的實力而已。

(3) 雖有開源之力，但對金錢不會斤斤計較，願意出錢出力協助弱小，不計回報。

愛情婚姻：

(1) 此相人緣、異性緣俱佳，戀愛對象雖多，但能自制不放縱；拍拖合則來，不合則分，不會拖泥帶水。

(2) 本身出自大家庭者，伴侶大多也有相似背景，婚前婚後互相扶持，婚姻美滿。

(3) 男性桃花重，卻能心無旁騖，婚後事業、家庭並重，為太太和子女創造幸福生活。

(4) 女性擁有標準法令，能旺夫、助夫，在外可以協助丈夫打拚事業，在內可以將家庭照顧得井井有條。

子息：

(1) 本身健康運好，能養育優秀子女；子女品格好，工作頗有出息，能在業界與人爭一日之長短，只嫌依賴性較重。

(2) 與子女緣分親厚，子女亦孝順自己，彼此相處時能像朋友一般友愛、親切，互相尊重。

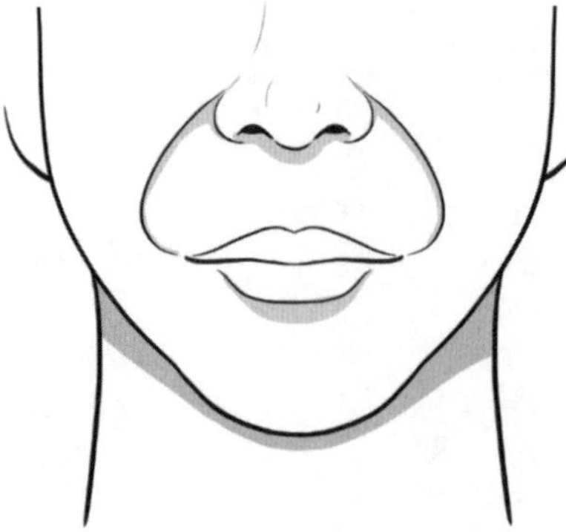

(6) 法令入口

形態：法令末端彎至口角，仿似闖入口中，便是法令入口，相書上稱為螣蛇入口，或稱螣蛇鎖唇。

性情：

(1) 螣蛇入口，口舌招尤，常說人壞話，滿口謊言，說話沒信用，答應了別人的事常常都做不到，甚至不會放在心上。

(2) 情緒不穩定，容易出現焦慮、煩躁和憤怒等情緒，容易發脾氣，很難與人開心相處。

(3) 器量小、心胸狹窄，不容異己，報復心極重，有寧我負人勿人負我的心理，是極難相處亦不易與人相處的人。

(4) 妒忌心重，詭計多端，口蜜腹劍，看見別人過得比自己好，就會編造故事以欺騙對方的財富。

(5) 貪濫成性，損人利己，為了一點小便宜可以作出令朋友難堪的事，所以在社交圈中極不受歡迎，甚至會遭人排斥，變成過街老鼠。

(6) 古相書論螣蛇入口為餓死之相，或五十歲絕食而亡；但在二十一世紀的今天，則代表易得消化系統疾病，腸胃常有敏感問題，嚴重者或得口腔癌、食道癌、胃癌，因而影響

【若爭小可，便失大道。】

飲食，晚年情況更凶。

(7) 左右法令代表五十六、五十七歲流年，法令入口者須防此兩年有一劫數。法令紋也是德行的表現，法令螣蛇入口的人若能多做善事，有機會將法令紋由兩邊嘴角向下延長，形成雙龍出海之相，可享健康長壽。

事業：

(1) 法令入口，自身缺乏耐性，在外欠缺人緣，故一生事業運不穩定，常有轉換工作的情況。

(2) 不顧道義，過橋拆板，不肯吃虧，又愛搬弄是非，縱使有工作在身，也因性情惡劣而招人討厭，工作必不長久。

(3) 機心亦重，在利害關頭時，可以犧牲甚至出賣朋友或同事，也不要自己處於不利位置，所以同事之間關係甚差。

(4) 不學無術，工作懶散，好逸惡勞，不務正業，胡混度日，難免誤入歧途，從事非法勾當；女性則有機會淪落風塵，以出賣肉體謀生。

財帛：

(1) 生性勢利，虛榮心重，重富欺貧。常常以金錢衡量別人的成就高低，與人相處也是從金錢着眼。

(2) 一生顛沛流離，容易淪為鼠竊狗偷之輩，身無餘錢，而且居無定所，五十六七歲以後生

(3) 活潦倒不堪；若下停相理又不佳，恐會餓死街頭。
一生行事邪惡，與財富無緣；若不洗心革面，撥亂反正，謹慎言行，縱不流落街頭，也必三餐不繼。

愛情婚姻：

(1) 在愛情上一直處於被動位置，態度模棱兩可，即使面對喜歡的異性也不會積極表態，導致真愛失諸交臂。

(2) 法令入口，加上紋路太深刻，必主愛情不利，異性緣不佳，戀愛波折多，婚姻也不美滿，女性尤驗。

(3) 在兩性關係中，急躁而隨興所至，不顧伴侶感受，容易令對方反感。

(4) 對愛情和家庭的責任心都不重，享受戀愛卻沒有經營家庭的心態，大部分時間都沉溺於曇花一現的霧水姻緣之中。

子息：

(1) 若人之行為不毒，何來面相之毒？相學以法令入口比作螣蛇，蛇是帶毒的動物，代表此相之人心如蛇蠍，難以想像，為了個人利益，甚至連親生兒女都會出賣和傷害。

(2) 螣蛇入口是極凶之相理，五十六、五十七歲運行左右法令時，與子女關係最差，子女必遠居他方，不作聯繫，故自己終老時必無子息在身邊。

【學者如禾如稻，不學者如蒿如草。】

(7) 法令破承漿

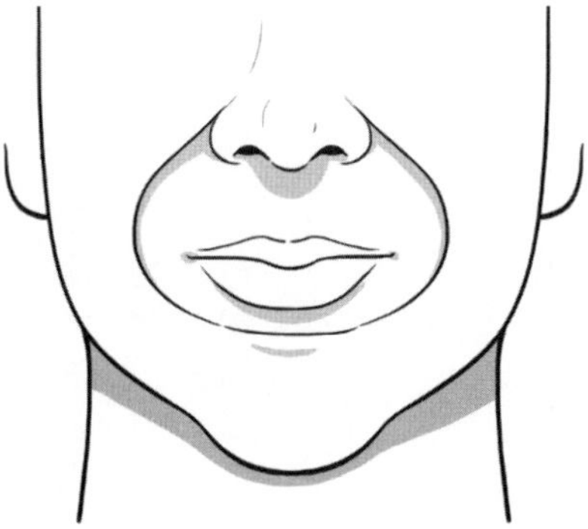

形態：面頰上側與下唇之間略呈塌凹，以致承漿位置出現橫紋；橫紋左右兩端恰好與下垂之法令紋連合，形成包圍口部的形態，就是法令破承漿，亦即法令包口。

性情：

(1) 倔強固執又刻板，不通世務，常以自我為中心，不願與人協調和溝通，在內令家人頭痛，在外令朋友吃不消。

(2) 疑心頗重，不太相信人，器量亦淺，事無大小都要親自過問，所以人緣較差，真正知心朋友很少。

(3) 智商頗高，學習效率勝於人，思想冷靜有條理，做事負責任，只嫌妒忌心重，看不過他人比自己強。

(4) 做事有耐性、有毅力，也願意吃苦，只要遇上好機會，便可以憑一己之力不屈不撓達成目標。

(5) 自尊心重，愛恨分明，不會隨便受人恩惠，但一旦得到別人的幫忙，必銘記心上，時刻找機會投桃報李；相反，對於曾經傷害自己的人，也會想辦法作出反擊。

(6) 承漿被破，容易在飲食上出現問題，例如食物中毒、食物敏感等，到海外旅遊時要加倍小心。

【遇飲酒時須飲酒，得高歌處且高歌。】

(7) 法令破承漿，晚年易有大小病痛纏身，運至七十歲左右主有一劫，恐有性命之危；若能衝過這個關口，則可以再延續十年左右。

事業：

(1) 工作積極，一絲不苟，處事冷靜，野心也大，有不達目的不罷休的堅持，不難在事業上取得成就。

(2) 不願與人溝通合作的性格缺陷，容易在職場上造成人事轇轕，縱使能夠在社會上樹立地位，也會被人孤立。

(3) 法令長至抵達承漿，事業心重，獨立心也強，故適宜長期專注於同一個專業，例如律師、醫生、科技或學問研究等，有機會成為某一領域的權威。

財帛：

(1) 早年事業發展不錯，可憑自力努力在工作上賺取合理回報。

(2) 承漿可察看後天享受和晚年運氣，此部位被法令所破，代表六十一歲以後物質生活每況愈下。

(3) 法令破承漿，晚境甚憂，宜及早做好準備，踏入社會工作後，稍有餘錢便要投資不動產，希望在晚年缺錢時將之換成現金，以應付生活開支。

愛情婚姻：

(1) 法令包口，紋路太長，姻緣運有損，其人易有獨身主義的傾向；尤其女性往往因擇偶條件太高，尋尋覓覓而蹉跎歲月，錯過愛情。

(2) 對愛情十分霸道，妒忌心強烈，醋勁很大，戀愛時不容許伴侶對自己以外的異性多看一眼，更不可能容忍配偶有婚外之情。

(3) 不管男女，感情路上波折多，往往是襄王有夢但神女無心；縱然流年遇婚緣，也恐五十歲以後夫妻感情生變，破緣離婚，以致晚年孤單。

子息：

(1) 法令包口逼於水星，主無子嗣；或只有女兒，沒有兒子。

(2) 縱得一兒半女，亦主兩代無緣，父子之情冷淡，思想各走極端，無法溝通，晚年得不到子女的贍養。

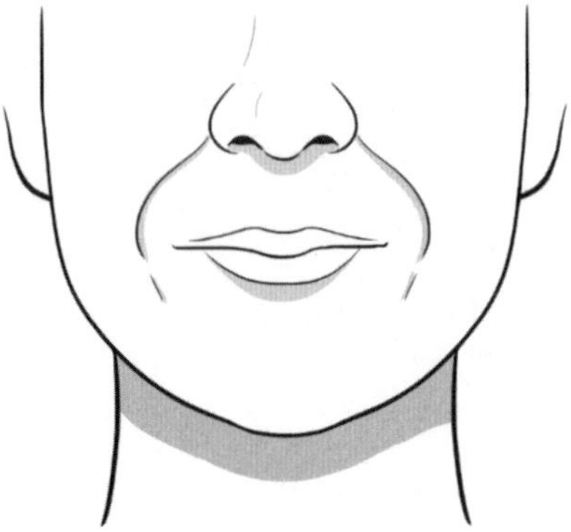

(8) 法令破蘭台

形態：標準的法令紋是上端頂着左右鼻翼向下延展而生，若法令紋起始點低，自左右鼻翼（蘭台、廷尉）開始，相學上便稱為法令破蘭台，亦稱法令紋掛鼻。

性情：

(1) 頭腦機靈，有點小聰明，行為敏捷，但惰性很強，好逸惡勞，守株待兔，終日無所事事，游手好閒，不務正業，心裏總是思量如何佔人便宜。

(2) 說話輕率，缺乏誠信，視承諾為等閒事，答應了別人的事情不會認真辦妥，以致令朋友日漸厭棄，一生沒有多少知心朋友。

(3) 心無奸詐，但優柔寡斷，缺乏邏輯思考，理解能力不佳，無法看清事物的客觀價值，故容易作出錯誤決定或判斷。

(4) 不安本分，做事虎頭蛇尾、眼高手低、輕重不分，遇上不順心的事情，只懂怨天怨地，不知自我檢討。

(5) 缺乏耐性，面對同一件事情容易感到厭煩，做事經常半途而廢，卻不承認是自己的問題，反而抱怨自己懷才不遇。

(6) 行為衝動魯莽，缺乏周全考慮，不聽人言，做事一意孤行，以致成事不足，敗事有餘，把事情愈弄愈糟。

(7) 不切實際，虛榮心重，極愛面子，為怕他人看不起自己，縱使身無長物，也要打腫臉皮充胖子，穿名牌，擺排場。

事業：

(1) 野心很大，常常奢望在事業上做點成績，甚至想當老闆，但無奈但志大才疏、眼高手低、不自量力，徒有夢想而無法實現。

(2) 不宜從事投資金融、股市等高風險行業，恐有先立後破的情況，只怕一朝賺大錢，以為財富易得，結果千金散盡不復來。

(3) 法令破蘭台者，若前額相理佳，或會少年得志，贏得一時風光得意，但踏入中年以後，打工者工作運下滑，營商者業績走下坡而結業，難逃大敗劫數，切記做好一切準備。

財帛：

(1) 鼻為財星，法令直沖鼻翼兩側，金甲被破，代表中年財不聚，故《何知歌》有云：「何知人生不聚財？但看法令破蘭台。」

(2) 鼻翼主管四十九及五十歲的流年運，法令侵蘭廷，這兩年必破大財，大忌投機、炒孖展和賭博，也要提防墮入騙財陷阱。

(3) 法令沖入鼻翼的人特別喜歡投資，但因容易被人影響或誤導而造成重大損失，這就是命

【知事少時煩惱少，識人多處是非多。】

運弄人的現實反映，故此相之人只宜購置保本的不動產，或將現金存於銀行做定存，方保不失。

愛情婚姻：

(1) 重色輕友，覺得愛情重於一切，視朋友為生活上的調劑品，只在失戀或沒事做時才會找朋友傾訴或消遣；一旦身在愛河，就會以戀人為生活中心，絕不會想到與朋友聯誼。

(2) 法令破蘭台乃妻妾相欺之相，男命娶惡妻，一切以妻命為尊，不敢逆其意志；縱使在拍拖時間，也受女朋友處處牽制。

(3) 女性以鼻為夫星，蘭廷被破，夫星受損，婚姻難美滿，女性婚後被夫欺，一生難享夫福，甚至會遭丈夫拋棄，恐是一嫁再嫁之命。

(4) 在現實生活中，愛情與麵包同樣重要，但此相男女常常有寅吃卯糧之煩惱，直接影響感情關係的穩定，所以難免有經常更換伴侶的情況。

子息：

(1) 蘭廷受沖是刑剋之相，恐會傷及骨肉，輕則子女健康不佳，重則子女有夭折之災，尤其男性在四十九或五十歲流年時，太太懷孕防流產、生產防產厄，或是子息會遇禍。

(2) 此相中年破運，不僅本身運勢有損，連帶子息運也受影響，與子孫的關係不好，有等於無。一生宜多行善舉，希望積善之家能有餘慶。

(9) 法令長短不一

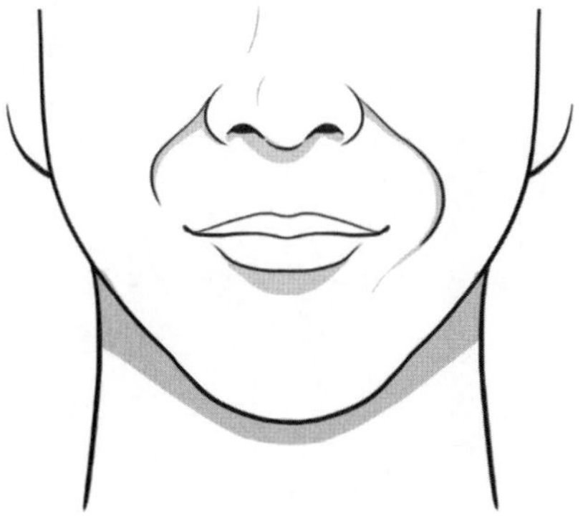

形態：左右法令紋長短不一。

性情：

(1) 性情偏頗，陰陽怪氣，情緒不穩定，舉止和言談曖昧、乖僻，待人態度不真誠，令人難以捉摸。

(2) 脾氣不好，自制力低；對人又挑剔，性格不合群，缺乏協調性，凡事皆有自我主張，常常給人自以為是的感覺。

(3) 容易出現焦慮、憤怒和抑鬱等情緒，且有點神經質，很容易被他人的說話或行為擾亂自己的心情。

(4) 先天體質不好，魄力不足，活動力很低，遇到困難和挫折時，總是選擇逃避而不敢面對問題。

(5) 自私心重，不肯吃虧，不講情義，從不讓人，故容易招惹恩怨糾纏，也必影響工作與生活。

(6) 做人做事沒有契約精神，對於白紙黑字訂明的協議不會切實遵守，口頭承諾更視若等閒，生活上容易失去朋友，事業上更會為此招來破敗。

【強中更有強中手，惡人須用惡人磨。】

(7) 左右法令可反映足部健康，兩邊不等長代表足部有問題，可能是因病導致長短腳，或因受傷以致不良於行等。

(8) 相學有訣：「法令長短不齊，雙親有一早棄；五九若失前蹄，六十不勝噓唏。」父或母早喪或身體甚差；五十九歲時慎防交通意外，令腳部受傷；六十歲時遭遇惡運而哀傷不已。

事業：

(1) 工作因循苟且，得過且過，不求上進，加上缺乏耐性，做事不能貫徹始終，事業上自然難成大器。

(2) 事業運起伏變化多且不順，加上自己耐性不足，很難長久留在一個固定位置做事，所以工作總是一換再換，沒法穩定下來。

(3) 此相的人通常會有兩份職業，左邊法令紋長主業成績突出崢嶸，右邊法令紋長則副業表現出色。

(4) 一生工作無定，可考慮學習一門手藝或技能，或可在這方面發展事業，以減低不穩定的狀況。

財帛：

(1) 法令有長短，工作有主副，其中一份會由於人為因素而屢屢出現危機，因而需要用副職填補損失。

(2) 一生財運反覆，財來轉眼又成空，有三更富四更貧之嘆，所以常常要為生活奔波勞碌。

(3) 法令紋一長一短，若加上鼻翼薄削或露鼻孔，更是久居貧困的面相，一生操勞無功，必須謹慎理財，否則恐會晚年貧苦無依。

愛情婚姻：

(1) 法令長短不齊是刑夫剋妻之相，男命左邊法令紋較短代表太太身體不佳，右邊法令紋較短代表女朋友事業有阻；女命左邊法令紋較短代表男朋友身體欠安，右邊法令紋較短代表丈夫事業有阻。

(2) 愛情路上，男女運不同。男命一生伴侶多，但都難長久；女命異性緣薄，戀愛波折多，可能是不婚之命。

(3) 此相忌早婚，早婚必敗，女宜三十歲、男宜三十五歲或以上訂親；運至五十六七歲時，婚姻終有一劫。

子息：

(1) 六親運不佳，子息緣薄，但養兒一百歲，長憂九十九，此相之人到老仍要為子女之費勞神，晚運堪憂。

(2) 法令有長短，子息性格各異，既有孝義子女，也有叛逆孩子；此相更恐有兒女早夭之劫。

【光陰似箭，日月如梭。】

(10) 雙重法令

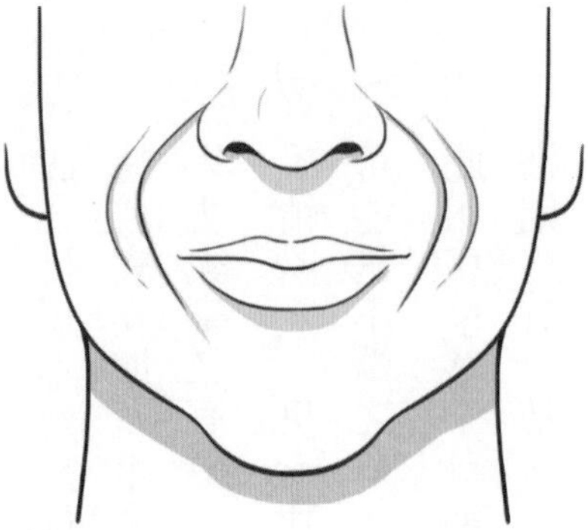

形態：左右法令線旁邊出現副線，與主法令紋並行，長度不必與主線相等，稱為雙重法令。

性情：

(1) 性格隨和，為人厚道、正直、包容性強，願意接受他人意見；修養很好，不會看不起學歷不高或低下階層的人，甚得他人尊重。

(2) 凡事以公義先行，敢做敢當，處理事情善惡分明，憑理智判斷是非與黑白，是出色的領袖人物。

(3) 從不逢迎他人，但為人老實不作為，討厭欺詐行為，以真誠交朋友，故人緣特別旺盛，做事常常得人相助。

(4) 嫉惡如仇，路見不平事，必會見義勇為，挺身而出，為有理的一方爭取合理權益，故深得群眾愛戴。

(5) 分析力及判斷力很強，且富於智謀，處理重要事情時，能比別人更快、更準確看出關鍵所在，所以事事都能早着先機。

(6) 法令成雙，可能因父或母再婚而有雙重父母；或自己有義父或義母。

(7) 法令紋旁邊出現副線，稱為壽帶，代表脾胃健康、脾經脈、胃經脈氣血循環好，身心皆健康，故主壽元高。

(8) 如果主要法令紋長得不錯，在兩邊長出相同形態的副法令紋可稱為捧場紋，代表年紀愈大愈受人喜愛，與伴侶恩愛依舊，晚運吉昌，男命尤佳。

事業：

(1) 法令紋可說是面上的事業線，法令成雙代表有雙重職業，內線代表本業，外線代表副業；兩線皆清晰秀麗，便是主副業的成績都很出色。

(2) 此相之人做事按部就班，也善於把握機會，故適宜自己當老闆做生意，能以小本錢慢慢把生意發展起來，而且愈做愈大，成為行業中的翹楚。

(3) 打工的話，工作積極而有見地，很有氣魄，領導能力高，處事大公無私，可憑個人努力取得成就，事業上是成功人士。

(4) 此相之人對藝術方面的鑑賞力頗高，在文學及藝術領域上也很有天分，故宜走這方面的路線發展事業，既做得開心，也容易做出好成績。

財帛：

(1) 視公義高於金錢收益，堅持「君子愛財，取之有道」的原則，絕不會為五斗米而折腰，鄙視出賣個人價值觀以換取利益的人。

【黃金未為貴，安樂值錢多。】

(2) 人緣運好，能夠接觸貴人的機會甚多，直接提升個人財運，也可留住財富，故一生衣祿無缺。

(3) 具理財智慧，善於投資及管理錢財，賺錢能力也高，少勞多得，得財容易，機會從無間斷，五十歲開始財運逐步高升。

愛情婚姻：

(1) 對愛情沒有太大憧憬，內心也沒有特定的理想伴侶，愛情來時欣然迎接，愛情去時也不會太傷心。

(2) 此相之人事業心很重，不管男女，婚後除非夫妻共同工作，否則仍以工作為首，有時難免會忽略伴侶和家庭。

(3) 女性有此法令紋，要不是遲婚，就是抱獨身主義，不受婚姻約束。

子息：

(1) 長有雙重法令紋的男性，子息運較佳，子孫孝義，晚年享清福。

(2) 女性有此相，子息運較弱，但多是自己選擇不要孩子的。

(11) 法令不明

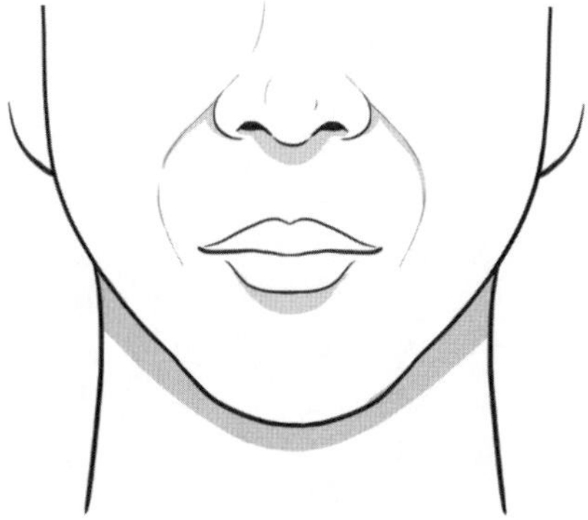

形態： 法令紋偏淺、不明顯、若隱若現、若有若無，就是法令不明。

性情：

(1) 性情偏頗、複雜多變、陰晴不定、喜怒無常，一會兒歡天喜地，一會兒板着臉孔，情緒變化很大，令人難以捉摸。

(2) 資質平庸，智慧不高，心思多而志氣小，辦事能力低，又缺乏主見與原則，一旦遭遇挫折，便會選擇逃避而不敢面對問題。

(3) 自尊心薄弱，自我意識頗為消極，容易受到別人對自己看法的影響，並會疏遠那些給他們負面評價的人。

(4) 自信心不足，膽小怕事，做事沒有原則，實踐力及應變力都較低，不容易堅持到底，遇到輕微阻礙，便會灰心氣餒，半途而廢。

(5) 人生沒有規劃，經常處於被動狀態，凡事得過且過，所以一生都不會有大作為。

(6) 自我防禦心強，疑心很大，妒忌心也重，因自知智慧、能力不如人，容易將事情往壞處想，所以一生大部分時間都活在不愉快之中。

(7) 此相多為體質虛弱、健康不佳之命，踏入晚年，病痛更多，腰疾特別嚴重，壽元不長。

事業：

(1) 法令不明，職業屢變，不喜歡長時間呆在同一個崗位上，所以經常轉換工作。事業沒有牢固根基，自然談不上任何成就。

(2) 處事因循苟且，不求上進，缺乏耐性和毅力，做事不能貫徹始終，故此相多為庸碌之輩，事業乏善可陳。

(3) 《相面秘訣》云：「法令不可不明，不明為官必累」。此相之人統率力、管理能力皆弱，無法管控下屬，在古時最忌當官，在今天不宜加入政府部門，否則市民定必受累。

(4) 法令代表法律與禁令，法令顯淺的人對規律、法紀的意識較低，無法好好約束自己，做事不依規矩，愛走捷徑，所以終身沒有成就可言。

財帛：

(1) 理財能力弱，一生財祿不厚，又不明白量入為出的道理，有錢時亂花，沒錢時惆悵；若法令紋路見斑痣紋，要注意五十六、五十七歲期間會破大財。

(2) 一生行事猶豫不決，不能當機立斷，所以最忌投機炒賣，否則必焦頭爛額，鎩羽而歸；不過，保本的投資計劃卻十分可行，將現金變成不動產，減少目前開支，作為未來保障，

(3) 此相財運不通，切忌向人舉債或賭博，慎防跌入無底深淵或愈博愈輸，無力回天。是為妙策。

愛情婚姻：

(1) 男命異性緣佳，能吸引不少女性青睞，但因心思太多，經常舉棋不定，容易見異思遷，所以女朋友一個接一個。

(2) 男性對感情不專一，對伴侶難長情，拍拖時不能專一，常有一腳踏數船的情況，故戀愛和婚姻關係都不會長久。

(3) 女性法令紋不明顯，特別需要安全感，感情方面也如是，容易戀上年紀比自己大很多的異性，喜歡平靜婚姻生活，婚後甘於做家庭主婦。

(4) 女性法令不明，性格溫婉大方，具備女性含蓄和優雅的氣質，容易贏得異性愛慕，婚緣亦佳，能嫁得條件和能力都不錯的丈夫。

子息：

(1) 男性子息運一般，因自我意識太強，經常強逼子女服從自己的價值觀，造成兩代之間的隔膜。

(2) 女性子息運較佳，孩子聰明，深受長輩寵愛，但慎防寵愛變成溺愛，形成子女過度自我中心的性格。

【羊有跪乳之恩，鴉有反哺之義。】

(12) 法令斷裂

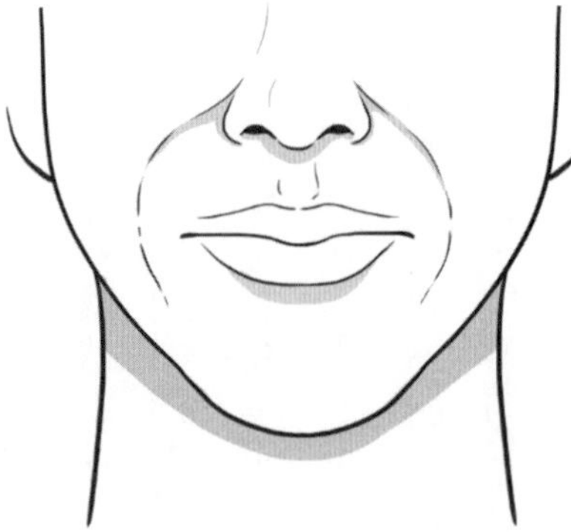

形態： 法令紋起始自鼻翼上端位置，斜斜向下伸延，中途出現斷裂情況。

性情：

(1) 性格軟弱，生平無大志，做事優柔寡斷，沒有自己的看法和見解，容易受人影響及支配；斷裂處愈多，這種傾向就愈強。

(2) 表面隨和，但行事狡猾，愛走捷徑，不能腳踏實地，偶然或會成功，但遇上問題時總是諉過於人，與其交往必須慎防受累。

(3) 說話口沒遮攔，愛說人是非長短，處處挑剔他人毛病，容易開口得罪人；說話不盡不實，不負責任，字典裏沒有「承諾」兩個字。

(4) 追求物質享受，希望過得舒適，住得寬敞，但做人處世沒有方向，少時不用功，大時不上進。

(5) 喜歡自吹自擂，愛聽恭維說話，遇上不喜歡自己的人，會千方百計讓對方在公眾出醜和難受。

(6) 法令反映四肢健康，紋路在中途斷裂的話，男性腳腿不

【你急他未急，人閒心不閒。】

穩，容易摔倒；女性則手部有折傷之虞。

(7) 法令斷裂是刑剋之相，六親緣薄，父母疏離，可能自小與父母異地而居，缺乏長輩之愛。若左邊法令紋斷，剋父親和兄弟；若右邊法令紋斷，剋母親和姐妹。

(8) 法令斷裂亦主個人禍災和關劫，據斷裂的位置判斷發生的年歲，中段斷裂代表二十八歲，前段約四分一位置斷裂代表十四歲，餘此類計。

事業：

(1) 做事堅忍精神，意志力又薄弱，容易受環境或他人的意見左右個人判斷力，難以認真地把一件嚴肅的事情妥善完成，工作發展自然好不到哪裏。

(2) 缺乏人生目標，掌握不到正確的事業方向，不斷轉換職業也無法令自己安定下來；法令紋斷裂處愈多，情況愈嚴重。

(3) 性格略帶點神經質，但對藝術的敏感度頗高，若能培養這些方面的興趣而寓於事業之上，假以時日，不難有理想的成就。

(4) 部分人或可白手起家，創業當老闆，但業務發展也是好事多磨，極其量只能有小規模的成就，難以建立巨大商業王國。

財帛：

(1) 法令紋中途斷裂反映根基不穩，代表小時家庭環境常處於動盪不穩的狀況，生活質素差，多苦多難。

(2) 法令紋斷裂為破財之兆，按斷裂的位置推斷發生的年歲，中段斷裂代表二十八歲，後段約四分三位置斷裂代表四十二歲，而五十六至五十七歲更恐有重大事故導致財富耗盡。

(3) 此相絕不宜投機炒賣活動，更忌賭博，輕則財庫掏盡，重則債務纏身。

愛情婚姻：

(1) 感情上也是優柔寡斷、拖泥帶水，常常戀上不該愛的對象，甘願成為第三者，但最終多是失敗收場，分手告終。

(2) 一生情愛如朝露，易聚易散，故多主遲婚。男命難以一妻到老，女命亦有再婚之虞，嚴重者婚姻難成就。

(3) 此命桃花不重，縱與伴侶結成連理，但早者在法令紋斷裂的年歲離異，遲者五十六至五十七歲的流年期間，婚姻有破裂危機。

子息：

(1) 不論男女，皆主兒女福分淺，若非子息稀薄或無子嗣，則是與兒女聚少離多，感情冷淡。

(2) 此相若能多行善事，多種福田，可望有完婚之福，有子繼後香燈，在晚年享受天倫之樂。

(13) 蛟龍出海

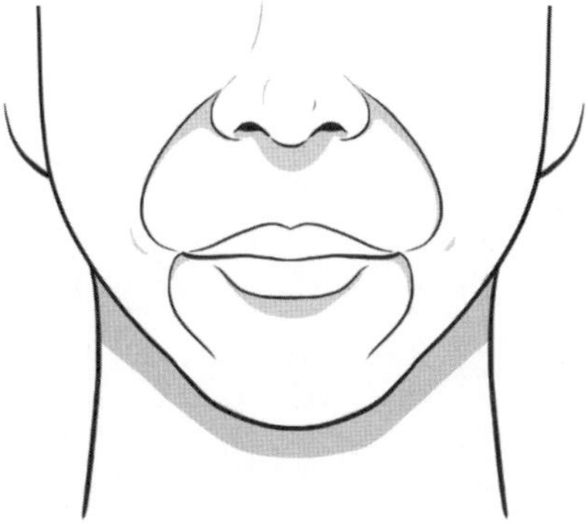

形態：法令末端彎至口角，仿似闖入口中，便是法令入口或螣蛇入口，但紋路入口後復出下彎至下巴，形成清晰的金縷紋，便稱為蛟龍出海，亦稱螣蛇出口。

性情：

(1) 蛟龍出海是法令入口後復出的相理，故此相具備大部分螣蛇入口之人的性格特點（參看第308頁）。

(2) 情緒智商低，容易發脾氣，説話沒口德，好批評他人，又愛在他人背後説壞話，所以人際關係頗差。

(3) 性格主觀，自我中心極強，不願聆聽他人意見，常常因執着於芝麻小事而與他人吵架爭執。

(4) 心胸狹窄、妒忌心重，而且陰沉多疑，不容易完全信任人，常以小人之心度君子之腹。

(5) 固執魯莽、自私自利、見利忘義，對得失看得甚重，凡事只顧個人利益，不肯吃虧，不理他人感受。

(6) 早運至中年運程皆乏善可陳，大半生勞碌，謀事難美滿，生活顛沛流離，幾乎陷入餓死街頭的命局，幸最後絕處逢生，跨過人生關卡，性情徹底改變，命運也因而變得不一

【既墜釜甑，反顧無益。】

樣，格局差者也可有穩定晚年，格局好者可大富大貴。

(7) 相訣有云：「螣蛇入口兮，餓死看定義；蛟龍出海去，陰德化生機。」螣蛇入口之人在五十歲以前常有腸胃疾病，嚴重者會患上消化系統相關的癌症，以致無法進食，健康每況愈下；若能洗心革面，有過改之，積善積德，便可轉危為安，化險為夷。

事業：

(1) 螣蛇先入口，自身性格有缺陷，耐性和毅力不足，不願意在固定崗位上奮鬥，每份工作都不長久，往往經過多次改變，也無所成。

(2) 年輕時不學無術，好逸惡勞，守株待兔，游手好閒，不思進取。除非學得一門技能，否則難言有穩定事業。

(3) 螣蛇入口復出，六十二三歲後人生有轉機，但可惜已屆退休年齡，不易受聘於大部分公司，唯有成為自僱人士如的士司機、小販等。

(4) 法令出口型成的金縷紋，若然伸展開揚，再配其他五官相理皆好，則入大貴格，在古時可封候拜相，在現今也可在社會揚名。

財帛：

(1) 虛榮心重，是典型的勢利小人和拜金主義者，與人相處大多從金錢或物質利益着眼。

(2) 大半生生活艱難，居無定所，寅吃卯糧；晚年痛定思痛，改過自新，重拾生活正軌，家有餘糧，日有餘用。

(3) 蛟龍出海寬廣開揚、下巴飽滿有肉，是晚年大富大貴之相，且願意向弱勢社群伸出援手，廣種福田。

愛情婚姻：

(1) 法令入口姻緣難就，縱然以後出現蛟龍出海的相理，也主中運以前愛情不利，異性不投緣，戀愛波折多。

(2) 六十歲以前，已婚家庭不牢固，容易發生變故，夫婦同床異夢，早婚早離，遲婚也不保長久，必是再婚之命。女性更是非常主觀，自我中心，凡事都以個人意見為依歸，有妻奪夫權之嫌。

(3) 蛟龍出海是化凶為吉的相理，雖然命主二婚或多婚，但六十歲以後婚姻有轉機，夫妻重拾恩愛，相扶相依，牽手到白頭。

子息：

(1) 螣蛇入口是刑剋子息之相，此相早年與子女反目成仇，無緣對面不相識，有子等於無子。

(2) 蛟龍出海解恩仇，六十六歲以後，人生推倒重來，與子女冰釋前嫌，重拾天倫之樂。

【人生知足何時足，人老偷閒且是閒。】

法令詳解

法令之基本意義

在解剖生理學上，法令其實是未有笑容之鼻唇溝紋。（人開心而笑，口頰諸肌即上唇方形肌、笑肌、顴骨肌、頰肌便會收縮，口角拉向上方外側，而在口與頰之間所出現的明顯深刻之溝紋，便謂之鼻唇溝紋。）鼻唇溝紋與法令根本同起於笑肌之生理作用，而兩者的分別在於，前者只是一時的笑容，片刻即逝；後者法令則為歷久不散的紋理。

法令是起始於左右鼻翼上端向下外側伸延的兩道紋理，多在中年以後在臉上形成，少數人在青少年時期已有法令，又或踏入晚年仍未見法令紋，都不是正常的現象。

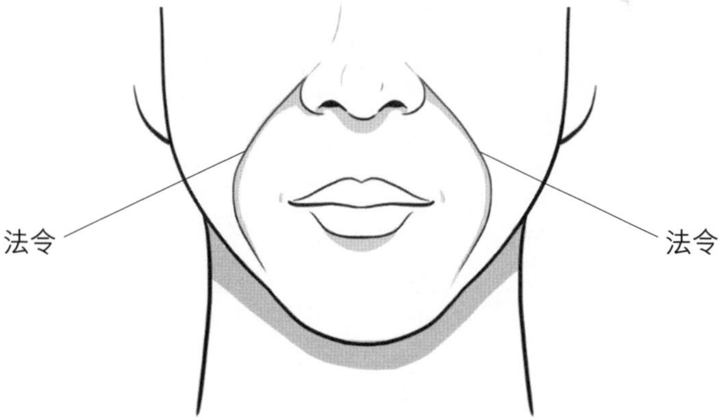

法令在相學上的定義

史彌遠云：「口相有十，鬚眉居七，人中通上濟河，唇厚可注其海源；髭鬚為左右輔，眉口為上下參，齒為口之城郭，聲音為內應，耳珠為外朝，兩頤為幫，地閣為載，法令可鎮岳，瀆之地勢也。」

法令代表流年五十六歲至五十七歲，流年五十六歲男性看左法令，女性則看右法令；五十七歲男性看右法令，女性則看左法令。

在相學上，法令象徵法制、法律、禁令、制令、統御及威嚴。法令對驛馬運也有影響，如果你的工作需要常常出差，有兩個部位不可忽略，一個是邊城，也就是遷移宮；另一個就是法令。邊城部位高，略有隆起，則驛馬運好；法令深，分開的角度大，也是驛馬運好。簡單來說就是：邊城高廣、法令開闊，這樣的人適合到外地發展。

法令的形成和形態，皆受到性格和社會風氣影響。一些社會等級森嚴、階級觀念重的社會中，生活氣氛和壓力都沉重，性格古板和固執的人比較多，因而促使人們形成和加深法令紋。

法令象徵奮鬥

法令紋宜在中年以後出現，明顯而宏開，象徵經過一番努力後奮鬥後有了成果，事業、經濟、名望、社會地位，都已奠定基礎在發展；至於事業無相當成就者，法令紋微乎其微。

不過，在職機構龐大、社會地位崇高的人亦不定有顯著之法令。許多含着銀匙出生的豪門望族富二代，他們幾乎是生而擁有行政總裁、董事總經理等銜頭者，因沒有經歷奮鬥的過程，故沒有明顯法令實不足為奇；另外少數天生運氣極佳者，甫入社會便步步亨通，鯉躍龍門，賺得財富滿盈，地位顯赫，這些人亦不一定有深刻之法令紋。

法令隨際遇變化

法令並非因事業有成就而生，而是因動用腦筋、努力奮鬥而後有成而形成。很多升斗小民都會擁有明顯之法令，就是先苦後甜的成果。

先苦後甜之苦，不必是指勞碌奔波、捱更抵夜；其實，當人思慮多、不斷動腦筋，為工作和事業努力拼搏之時，因精神集中，心有重負，情緒之心理作用便促使上唇方形肌和三角頤肌緊張並集注於口部周圍。如是者過了一段時間的勞心傷神、刻苦經營後，成績漸漸出現，於是口角不揚之不快情緒慢慢紓緩，心情放鬆、壓力頓減的眉開口笑便取而代之。此際，因上唇方形肌、三角頤肌緊張，被拉向口側而鬆垮了之頰肌，便會被因愉快情緒而出現之緊張頰肌拉回頰方。這便導致明顯法令紋的出現。

可是，若不幸地，事業發展至中途遭遇挫折失利，愉快情緒自必減輕，繼而產生失落憂慮心情，於是緊張的笑肌、顴骨肌慢慢鬆垮，法令向外之弧形彎度因而收窄；另一方面，心情憂鬱焦

【莫將容易得，便作等閒看。】

慮，上唇提肌、三角頤肌緊張，使唇合口閉，並把法令尾端拉近口側。此兩方面因素同時發生作用，便使法令彎度弧度漸漸變直，或且接近口角，失去了原來的寬廣八字形。

往後時來運轉，曙光重現，事業重新走上軌道時，苦惱心情又再轉變為輕鬆愉快，笑肌緊張之作用便會把收窄或變直了的法令往左右腮拉開，使其尾端重現八字形。

因此，若事業發展經歷挫折後復興者，其法令中段必有向口折腰之迹象。至於事業一帆順風、無風無浪的成功企業家，其法令紋路必是順勢而自然、尾端寬廣而呈八字形。所以，法令亦是事業發展的里程紀錄。

法令的名稱

法令不是每個人都有，也不是出生至老死時都有。在相學上，法令會按出現的年歲而有不同的名稱。

苦淚紋

法令並非與生俱來的，如果三十歲之前出現，就不能叫法令，而叫苦淚紋。有這種相理的青年人，生活往往都不如意，總是自我封閉，常常顧影自憐，難免產生孤獨感，所以便有了這個名字。若年紀輕輕就有了苦淚紋，代表此人早入社會打拚，前半生亦會為生活操勞，甚至須以打工賺錢繳付學費來完成學業。

法令紋

三十歲之後出現的紋理，叫做法令，顯示其人在社會上已累積了一定的名望與成就。假若中年時仍未現法令紋，意味着他的社會地位尚未奠定。

壽帶紋

六十歲之後才出現的法令，稱為壽帶，象徵神經系統、消化系統的運作良好，故主長壽。

境界紋

從前的女性在家從父、出家從夫，足不出戶，不喜有法令紋，恐會女奪父權，妻奪夫權；但現代的職業女性與男性看齊，同樣要有法令紋。以人中為中心，法令紋的內側代表家族境界，法令紋的外側擴及於面頰為社會境界，故法令紋也稱為境界紋。

【道路各別，養家一般。】

法令外觀相理之啟示

在面相學上，法令紋是經歷奮鬥而取得成就、權力、地位的表徵。從紋路的基本不同形態如長短、深淺、寬窄、痣疵、色澤等，便可透視壽元之高低、晚運之吉凶、說話之分量、事業之好壞等訊息。然相不獨論，看相須綜合整體面部作判斷，以下分析只作參考。

法令之長短

相訣有云：「法令過口，壽主九十」；「法令紋過口，活過八十九」；《何知歌》也說：「何知壽年八十二，法令低垂是」，可見法令長的人壽命都很長久，亦主晚運吉祥。

相學又有訣：「縱弦入口當飢餓，短促由來命不高」，亦有「法令不過口，不過五十九」之說，代表中年以後身體健康每況愈下，亦主運氣走下坡。

法令之深淺

法令紋可以反映一個人說話的分量，以及是否有發號施令的能力。紋路深的人說話很具權威，人人都信服；紋路淺或沒有法令紋的人說話缺乏說服力，沒有人願意聽。法令紋深刻的人事業有成，身體健康；法令紋不明顯的人，事業基礎不穩，乏善可陳。

性格方面，法令紋深者傳統又保守，固執倔強，雖然圓通性不足，但能堅持個人信念和價值觀；法令紋淺者喜怒無常，情緒變化大，率性而行，雖然願意遷就他人，卻嫌缺乏主見與原則。

法令之寬窄

法令寬廣的人心胸寬廣，交際手腕圓滑，辦事能力高，活動範圍廣闊，外出運好，適合到外地發展；反之，法令狹窄的人心胸狹窄，缺乏交際技巧，不善變通，活動範圍較窄，外出運弱，若到外地發展，難有成就。法令開揚亦代表家族人數眾多，法令狹窄則家族凋零、人口稀少。

在兩性關係上，法令寬廣者感情運都比較順利，戀愛時爭執少，婚後夫妻和睦，執子之手，與子偕老；法令狹窄者追求完美愛情，容易為小事情與伴侶計較吵鬧，但能不愛到底，心無二致。

法令之痣疵

法令有紋侵痣破，容易與人發生莫明的爭執，而且手足及腰部容易受傷，男性多應足部，女性多應手部。

法令生痣影響健康，常常因精神受壓而使睡眠不佳。法令紋左邊生痣，代表與父無緣，父早亡；右邊生痣則與母無緣，母早喪。女性法令紋生痣，不甘平淡寂寞，婚姻不美，非離即剋。

【知音說與知音聽，不是知音莫與彈。】

法令之色澤

法令色澤光潤的人運途順利，事業如意。任職大機構、大企業者，升級加薪，前程萬里。從事聲色藝行業的表演者，必然星途燦爛，名噪一時。當老闆的話，亦必鴻圖大展，財星高照。至於法令色澤晦暗，則是事業進展不佳，頭頭碰着黑，運途多舛、財星失明之象。

法令吉凶歌訣

法令安名壽帶紋，最宜長露莫如刀；縱弦入口當飢餓，短促由來命不高。
何知壽年八十二？法令低垂是。
法令過口，壽主九十。
法令紋過口，活過八十九。
法令不過口，不過五十九。
法令宜長，徵乎壽考衣祿。
法令形如鐘，事業定亨通；端整紋寬宏，為官必耀榮。
法令不可不明，不明為官必累；法令不可太深，太深殺酷必多；
二條法令那有現，一生做官真安然。
蘭廷圓正法令通，金匱海角微生黃。
何知人生不聚財？但看法令破蘭台。
法令沖破，米缺柴少；紋理圓長，足食豐衣。

【點石化為金，人心猶未足。】

法令長短不齊，雙親有一早棄；五九若失前蹄，六十不勝噓唏。
法令深狹長，剛愎酷吏郎；公門不修行，終老貧病床。
法令入口，鄧通餓死野人家；螣蛇鎖唇，梁武餓亡台城上。
螣蛇入口兮，餓死看定義；蛟龍出海去，陰德化生機。
法令紋中靨子惡，左邊父死而無覺；右邊母喪亦如然，萬個之中無一錯。
山根青黑，四九前後定多災；法令繃纏，七七之數焉可過。

【信了肚，賣了屋。】

法令相理總論

法令主要看主要看官星、事業、商務文書、權威、命令權、指揮權，掌管五十六至五十七歲流年運程，以寬廣、開揚、圓長、深明、如鐘形、色潤為吉相，以狹窄、短促、不明、過深、長短不一、有痣、鎖口、色暗為凶相。

心性、際遇

(1) 法令紋相理佳，面相學上稱為「印綬帶令」，可掌握命令權和指揮權，具權威；若五官相理亦佳者，主福祿壽富貴皆顯。

(2) 法令紋相理不佳者，容易陷入文書糾紛及人事是非；若再有破顴紋，更易招官訟之禍；若眉眼又帶煞，情況更凶險。

(3) 法令紋最好在三十歲後才慢慢形成，為最吉，主中年運亨通順暢；若紋理太早形成，雖或少年得志，但勞碌奔波難安逸，個性也傾向於傲慢自大，看不起人。

(4) 左法令紋代表父親、正業、正財；右法令紋代表母親、副業、副財。左邊有雙法令紋者，主有雙父；右邊有雙法令紋者，主有雙母。左邊法令紋長得比右邊法令紋佳者，主受父親福蔭較大；反之，則受母親福蔭較重。

(5) 法令長的人自制能力高，說話有節有理，令人信服；反之，法令短的人十分情緒化，自信不足，做事沒原則，平生無大志。

(6) 法令紋左右長短不一者，陰陽怪氣，個性不穩定，做人做事沒有原則，容易隨波逐流。

(7) 「法令長短不齊，雙親有一早棄」，父母其中一方在自己很小的時候便離世，或代表父或母親長年健康欠佳。

(8) 法令紋路過深者，性格十分嚴肅、固執死板，冷酷無情，控制慾強，與人相處不善妥協和變通。

(9) 法令紋路太淺者，自信心不足，膽小怕事，做事沒有原則，容易受人影響而改變主意，經常處於被動狀態，凡事得過且過。

(10) 法令寬廣，心胸也寬廣，不苟小節，樂觀開朗，人生態度積極；反之，法令狹窄，心胸也狹窄，孤傲不群，不善處理人際關係。

(11) 法令紋左右彎度不對稱者，五十六至五十七歲流年之時，最易有意外之災。

(12) 法令如鐘者，謙恭穩重，正直無私，沉着冷靜，個人修養好，自律甚嚴，懂得約束自己的言行，對自己要求甚高。

(13) 螣蛇入口，口舌招尤，滿口謊言，器量小，妒忌心重，詭計多端，心胸窄，不容異己，報復心極重，是極難相處的人。螣蛇入口者一生易招凶險。

【他人碌碌，不涉你足。】

(14) 螣蛇入口而舌中有黑痣或紅痣，面相學上稱為「雙龍搶珠」，是逢凶化吉之相，並主其人有奇特之才華。

(15) 法令龍出海，早運至中年運程皆乏善可陳，生活顛沛流離，幾乎陷入餓死街頭的命局，但最後絕處逢生，跨過人生關卡，性情徹底改變，命運也因而變得不一樣。

(16) 法令包口的人性格倔強，不通世務，氣度淺，恩怨分明，不會隨便受人恩惠，若一旦得到別人的幫忙，務必會找機會回報。

(17) 法令破蘭台，其人有點小聰明，行為敏捷，雖然心無奸詐，但說話輕率，缺乏誠信，而且好逸惡勞，惰性很強。

(18) 法令有斷裂情況者，性格軟弱，優柔寡斷，而且說話口沒遮攔，愛說人是非長短，處處挑剔他人毛病。

(19) 法令有痣，其人一生多是非、犯小人，生活壓力大；若眉頭亦有痣或有刑獄紋者，更難免有官訟之事（你告人家或人家告你），且大多是牽涉刑事問題。

(20) 無法令紋者個性懶散，做事不夠嚴謹、不夠積極，自尊心又薄弱，自我意識頗為消極。

健康、壽元

(1) 法令紋反映消化系統及腸胃健康，法令相理佳者消化機能好，身體較健康，少有頭痛、足傷及神經衰弱等問題，一生病災較少，故主長壽。

(2) 法令紋相理不佳者，手足特別容易受傷或有長期痠痛問題，內心壓力也很大；若山根和眉眼相理亦不佳者，情況更嚴重。

(3) 法令紋長而深淺適中的人深明養生之道，能樂觀看待一切人和事，不會為自己增添無謂心理壓力，所以身心都比較健康，一生病痛不多。

(4) 法令「短促由來命不高」；「法令不過口，不過五十九」，代表中年以後身體健康每況愈下，故主壽命難長久。

(5) 左右法令長短不一者，一生常有頭痛問題。

(6) 法令紋旁邊出現副線，名為壽帶，代表脾胃健康、脾經脈、胃經脈氣血循環好，故主高壽，可兼兩種以上之職業。

(7) 螣蛇入口在古時是晚年餓死之相，在現代則易患不能飲食之症如胃病或咽喉疾病，且有手術之應。

(8) 法令紋鎖口者壽命不長，大都在五十六歲至六十五歲之間因胃癌、喉癌等疾病而導致飲食困難，終於活不過六十五歲。不過，法令鎖口而見蛟龍出海者，則可逢凶化吉，逃過大劫。

(9) 法令紋有痣者，容易與人因無謂事故發生爭執，而且手足易有風濕關節痛、骨折、無力

【莫把真心空計較，五行不是這題目。】

等問題，男性多應於足部，女性則應於手部。

(10) 法令紋有痣的人，不善於紓緩生活上的壓力，因而影響睡眠質素，以致經常表現出精神疲憊的狀況。

事業、地位、財富

(1) 法令紋相理佳者，宜從政、從商，三十五歲後事業漸漸有所成就；法令紋相理不佳者，事業大成的機會不高，宜文化、學術、藝術工作，較有出色。

(2) 法令紋相理不佳者，早運不發，工作上犯小人，是非多，波折多，發展不順，且易陷法律危機。

(3) 法令紋可說是面上的事業線，法令成雙代表有雙重職業，內線代表正職，外線代表副業；兩線皆清晰秀麗，便是主副業的成績都很出色。

(4) 法令紋長而深淺適中者，腦筋冷靜，思路清晰，做事有條不紊，能成為某一領域的權威，受人景仰，名利雙收，一生尊貴。

(5) 法令短促者，理財觀念薄弱，更不會做生意，不管是繼承祖業或開創個人事業，最後必關門大吉

(6) 法令紋過深者，責任心重，雖事業可有成，但對下屬太苛刻及要求零缺點，因而容易造

成人事不和諧。

(7) 法令寬廣的人善於理財，能夠將賺到的金錢牢牢守住，五十六歲以後財庫更充盈。

(8) 法令紋弧度狹窄者，工作勞碌，一事無成，無名無利。

(9) 法令紋左右寬窄不均，其人好高騖遠，不切實際，無論從事何種工作均無法建立良好的聲望。

(10) 法令紋左右長短一致者，能專注於固定崗位的工作，不會經常轉換工作或職業。

(11) 法令紋左右長短不一的人，事業不穩定，常常變換工作，但仍好事多磨，屢轉不佳；若其他五官相理佳者，雖然職業變化多，但事業可成就或有財富。

(12) 法令如鐘，一生貴人多遇，尤其得長輩提攜和照顧，事業亨通，五十六至五十七歲時事業最光最亮。

(13) 法令紋包口，事業心重，獨立心也強，工作一絲不苟，但一生勞碌，到老不得清閒。

(14) 法令紋穿破鼻翼，名為「法令破蘭台」或「法令掛鼻」，一生不聚財，勞多獲少；最忌投資，輸多贏少。

(15) 法令太長破承漿，代表六十一歲以後物質生活每況愈下，晚境甚憂。

(16) 法令紋斷裂或歪曲者，中年運程不通暢，更必遭逢重大打擊，踏入五十六至五十七歲流

【與人不睦，勸人架屋。】

年，祖業、事業恐破敗。

(17) 法令紋不明顯或無法令紋者，為官必累，若為政府官員，既不能造福市民，自己官運也不長，易在官場中丟官失職，故主事業變化多，不會有大作為。

(18) 法令紋有痣者，無法繼承祖業父業，中年時事業遭遇難關、障礙；惟若是活痣，反以吉論，可將祖業發揚光大，或個人事業大展鴻圖。

(19) 法令紋有痣者，工作辛苦、內心壓力大，事業發展屢受阻礙；踏入中年以後，工作運明顯走下坡。

(20) 法令紋生小瘡或突然長出一顆青春痘，在學者有學業煩惱，在職者業務文書易有糾紛或麻煩。

(21) 法令紋氣色明亮者，目前工作運暢通無阻，從商之人業務順利，業績理想。

(22) 法令紋呈現暗黑或赤色者，易犯小人，遭人中傷或有下屬、員工背叛的情況。做老闆的話，業務、文書不順利，更恐公司或店舖遭逢盜賊劫財。

桃花、婚緣、子息

(1) 法令紋長而深淺適中，異性緣好，戀愛順利，婚姻美滿，但子息運略差或子女先天體質較弱。

(2) 法令如鐘桃花重，戀愛對象多，但不會玩弄愛情，合則來不合則分，不會拖泥帶水。

(3) 法令短促，刑剋伴侶，未婚刑戀人，已婚剋配偶，不論身體健康或事業工作皆會受影響。

(4) 法令紋不明顯者，在兩性關係上經常舉棋不定，而且容易見異思遷，見一個愛一個。

(5) 法令寬廣者心情開朗，戀愛運十分好，大多會在適婚年齡時會遇上人生伴侶，執子之手，與之偕老。

(6) 法令紋太狹窄者，老年剋子孫，孤寒貧窮，財運和健康都不佳。

(7) 法令騰蛇入口者，兩性關係中，急躁而隨興所至，不顧伴侶感受，容易令對方反感。

(8) 法令包口，晚年婚姻衰敗或夫妻破緣，與子女之情亦往往發生變卦而各走極端。

(9) 法令蛟龍出海，命主二婚或多婚，但六十歲以後婚姻有轉機，夫妻重拾恩愛，相扶相依，牽手到白頭。

(10) 法令紋侵痣破者，姻緣有阻，婚姻不美，老死子女不在身旁。

女性法令相理專論

法令相理吉凶，一般男女同論。但某些獨特相理，於男性為佳，於女性卻非吉相。以下列出於女性有特殊意義的法令形態，以供大家參考。

(1) 女性二十歲前就有法令紋，表示與雙親緣薄，且具有家運走下坡的惡相。

(2) 女性三十歲前有明顯法令紋者，是事業鐵娘子，工作表現出色，不讓鬚眉。

(3) 女性法令紋太深，相學上稱「犯孤神」，事業心甚重，屬於女強人，但好勝心強，妒忌心也重，不利姻緣，若非有單身傾向，便是夫運不佳、剋夫刑子之命。

(4) 法令或左或右一方中途斷裂者，男女皆主中年時事業遽生變故；倘是女性，將是再婚之兆。

(5) 女性法令弧度十分狹窄而貼近嘴角，異性緣不佳，婚姻不順利，已婚夫婦生活不協調；部分女性甚至會抱單身主義。

(6) 女性法令包口，往往因擇偶條件太高，尋尋覓覓而蹉跎歲月，錯過姻緣，故容易有獨身主義的傾向。

(7) 女性法令破蘭台，夫星受損，婚姻難美滿，婚後被夫欺，一生難享夫福，甚至會遭丈夫拋棄，恐是一嫁再嫁之命。

(8) 女性法令成雙，要不是遲婚，就是抱獨身主義，不受婚姻和家庭約束。此相子息運較弱，縱然選擇結婚，也不會生小孩。

(9) 女性法令不明，容易贏得異性愛慕，婚緣亦佳，能嫁得條件和能力都不錯的丈夫。

(10) 女性法令不明，喜歡平靜生活，事業沒有野心，婚後甘作家庭主婦，在家相夫教子。

(11) 女性法令紋生痣者，不甘平淡寂寞，婚姻不美，非離即剋。

第四章

牙齒相法

牙齒相法有別於其他相法。以整個人相學中的綜合資料庫所見，牙齒和虯髯鬢髫鬚都屬於可補、可修、可調整的部位，習相者可只以牙型齒相的形態作判斷，亦可因應牙型齒相曾作修補而進行具體相法。

相法既是活，自有生老病死之分，更有幼青中老之別，牙型齒相正正就是這個關鍵所在。例如以色澤相之，若曾受後天的四環素影響，自然不在妻財子祿的計算之內；又例如先天牙疏有缺，後經專業修整後，其形態已變整整齊齊，改美觀而修儀容，習相時純以眼前牙型齒相作準不難，依書直説容易。

唇齒相依，相不獨論

但真正的相家，能在眼前一刻判斷眼前人之前的牙齒形態，還可秒看下判斷，當真不是坊間看數本古籍便能掌握的相人功夫。何況，有謂「唇亡齒寒，唇齒相依」，論口相唇型又豈可疏忽牙型齒相的影響？這就是英才常言的「相不獨論」之道理。

以筆者數十年相人經驗所得，口相唇型共有三十八種（不計因病理或基因變種），以心性、際遇、健康、壽元、事業、地位、財富、桃花、姻緣、子息和純女性角度分析而合共一百七十項組合外，論口相又豈能忽視牙相？

牙型齒相純以形態論之共有二十六項，其綜合分析有九十四項。習相者除了需要緊記基本相法外，還要鍛煉在客人不經意下露齒的殺那間來觀察其獨特形態，這種秒看秒組合的功夫，又豈是坊間自稱居士、大師、國師級的後進術家所能掌握？

中國術數的準確性源於大數據的核心價值，而大數據的答案卻因時代變遷、社會進步而不斷修正，而非仍一成不變地以據經引典下搬字過紙作罷。

命理八字也好，紫微斗數也好，河洛理數或奇門遁甲也好，說到底也是計算，當然必定有其神妙之處，否則早早已被淘汰。但現今的術家仍採用千多年前的計算方式，仍用古法去判斷客人的感情取捨、事業功名、生老病死，真的可以嗎？

當然，只要客人對號入座，依所算而行，是耶非耶已經不重要，重要是客人相信人的命運是宿命，是天意，是早早皆有安排便可以，尤其在客人徬徨失措、運氣低落的時候，更會深信不疑。兩者皆歡，後進術家又何須跨越前人數據？大可依書直說。有誰會質疑？

相法的精髓

命理是數，相法是形，既有形必有態，既有態必有聲，既有聲必有神，既有神必有前因後果、輕重取捨之分，所以，真正有心研習中國相法者，就要先堅定「相由心生」的道理，而非因此人起跑線（八字命理）不佳而自怨自艾，更非因此人命盤得天獨厚而沾沾自喜，這就是「相學」的精髓所在。

你可計算人的智慧經驗？
你可計算人的感情觸覺？
你可計算人的人情冷暖？
你可計算人的自省頓悟？

【無錢方斷酒，臨老始看經。】

你可計算人的處事嘴臉？
你可計算人的情緒知覺？

計算是理性，觀察是感性。觀察是一門很奇怪的學問，它會隨着每一個人的成長、經歷、感受和教育而更正。我們在年輕時，總覺得自己的一舉一動都受到他人關注，隨時受到批評，所以才有「人言可畏」這心態存在。當我們步入中年，漸漸學懂不再介懷別人眼光，腦海中浮現「活在當下」。當人到耳順之年，才頓然發現原來根本沒有甚麼人會留意自己，一直以來都只是自己捕風捉影、作繭自縛而已。全球八十億人口，自己只是一個微不足道的小生命，時間一到，誰也敵不過歲月。

如果相法是由觀察開始，那麼，習相者除了具備有完整而正確的相學根基外，還須擁有比常人更廣闊的胸襟和視野，而非墨守成規，自以為是地一成不變去搬字過紙演繹相法。

「傳家有道唯忠厚」，「梅花香自苦寒來」，「千古不作夢裏人」，這都是古有明訓教育後人抵風霜、存厚道及好好靜心看待禍福而非去計算禍福。

英才半百看人，成大業者，誰個不是歷盡千辛萬苦？「成功需苦幹」，世上沒有注定成功的人。人生在世，雖有與生俱來的漂亮與聰明，但無與生俱來的智慧和經驗。昔日漢高祖有白登求和之困，唐高祖有降順突厥之辱，這就是教育，這就是相法。

英才縱使將多年相人心得著書成冊，唇齒相法縱使寫得再精確，亦只可作為後學者一本參考書籍而已，若沒有良師指引，沒有無數現場的實例印證和回饋，以及歲月沉澱的洗禮，單憑一些小聰明，加上利益輸送的群眾學會，來個桃李滿門而洋洋受捧自誇，這就是他們口中的中國相法嗎？

牙型齒相為相法四學堂中的內學堂，一般古籍只是寥寥數句作罷，更談不上各種如「唇齒相依」的組合。李某不才，雖願將平生所悟而著書於天下，但仍有心有餘而力不足之嘆！因為相法精髓在於組合，在於配置是否恰當，更在於習相者人生歷煉多寡、胸襟見解寬狹而定，惟是基本知識總不能免，願後學者能透過此基本唇型齒相分析，理解一二。以下是二十六項牙型齒相及純以專題論説妻財子祿的九十四項詳細分析。

牙譜

1. 牛齒

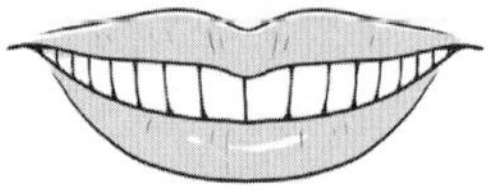

(P.360)

2. 參差有縫隙

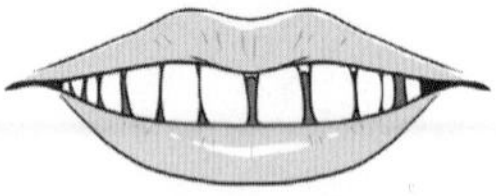

(P.363)

3. 馬齒

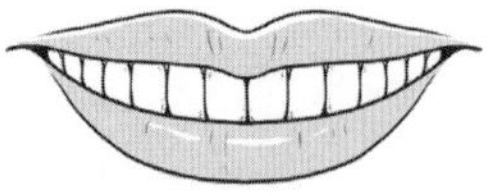

(P.366)

4. 米齒

(P.369)

5. 虎齒

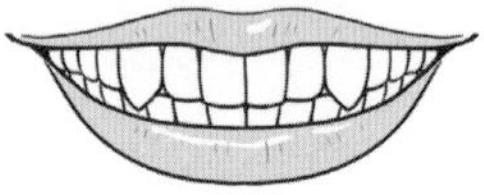

(P.372)

6. 龍齒

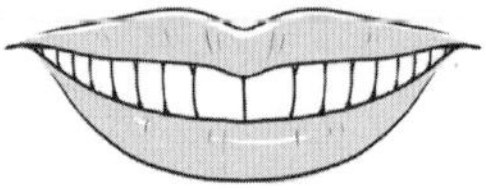

(P.375)

7. 羊齒

(P.378)

8. 榴子齒

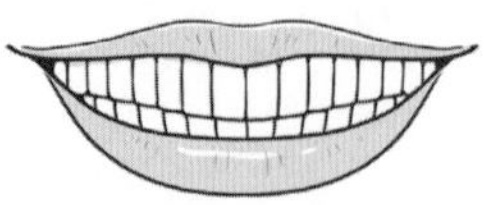

(P.381)

9. 兔齒

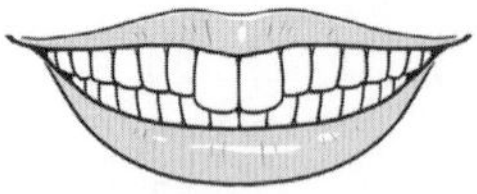

(P.384)

10. 鼠齒

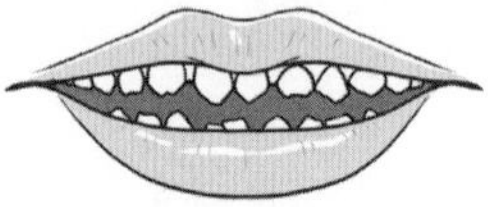

(P.387)

11. 犬齒

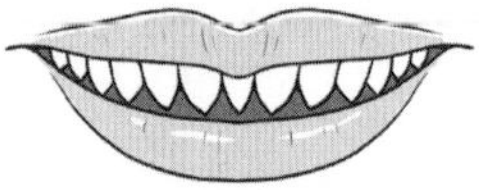

(P.390)

12. 鬼齒

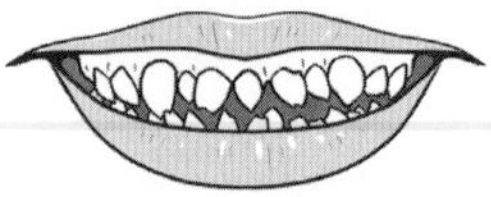

(P.393)

13. 重城齒

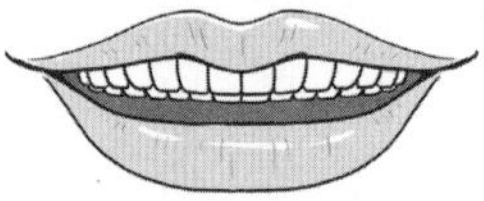

(P.397)

14. 編齒

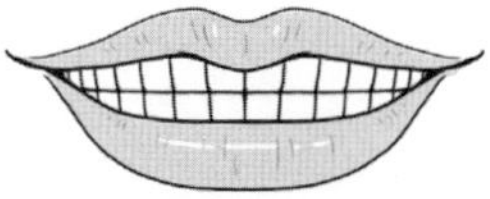

(P.400)

15. 齙齒

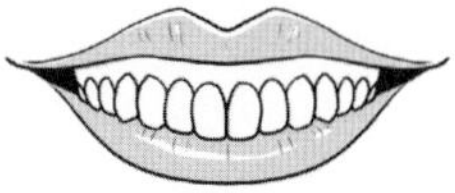

(P.403)

16. 猴齒

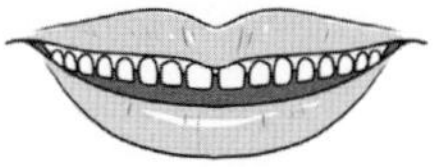

(P.406)

17. 魚齒

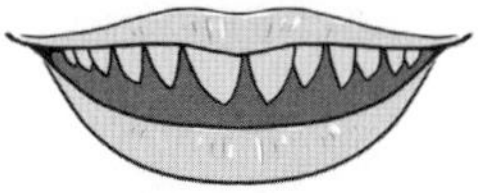

(P.410)

18. 厭齒

(P.413)

19. 兩角齒

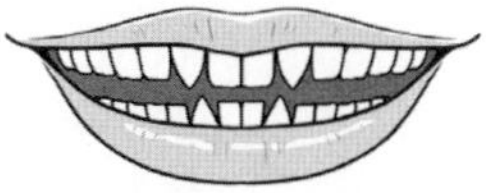

(P.416)

20. 露齒

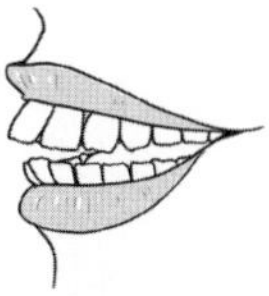

(P.419)

21. 尖齒

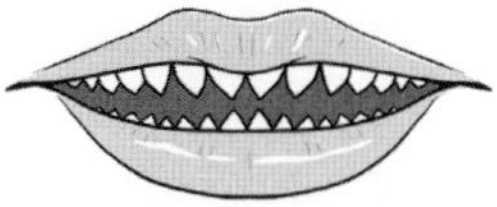

(P.422)

22. 外波牙

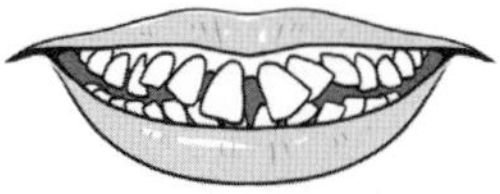

(P.425)

23. 弓內齒

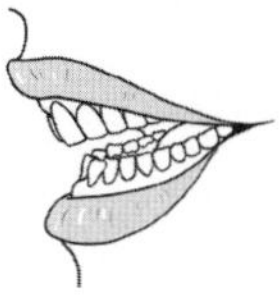

(P.428)

24. 天包地

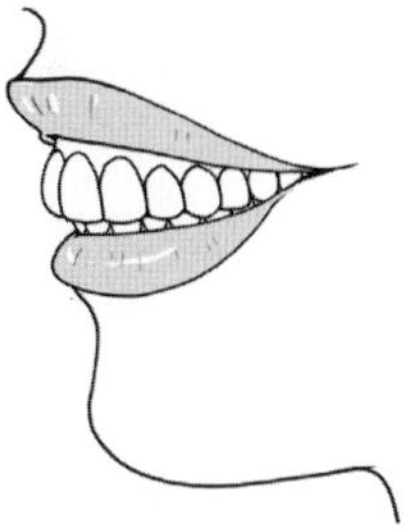

(P.431)

25. 地包天

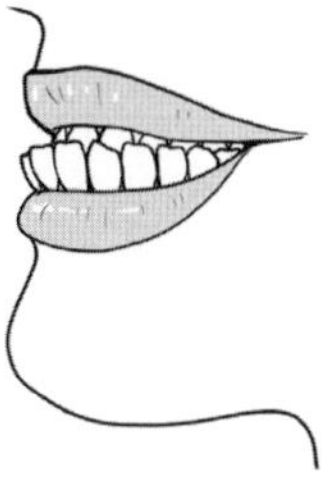

(P.434)

26. 三十六齒

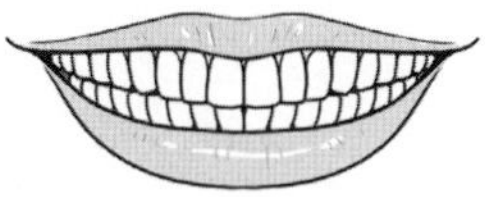

(P.437)

(1) 牛齒

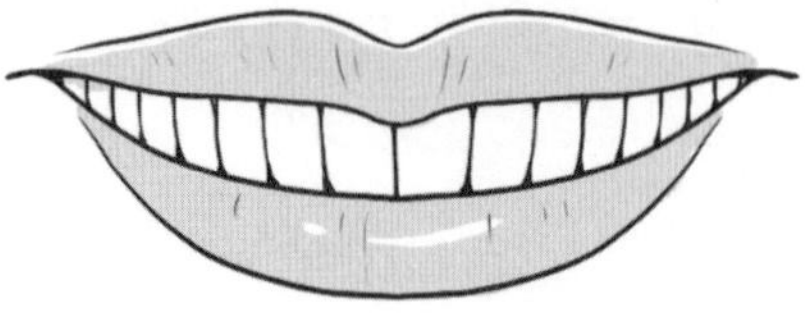

形態： 牙齒長短適宜、潔白而排列整齊，與臉型比例大小適中、堅硬而牢固，稱為牛齒，就是牙齒勻齊。牛齒在相學上是很好的齒相，只比龍齒稍差一點而已。

詩云：

「牛齒端平短卻多，家藏財寶已盈科。
膝前圍繞皆蘭桂，笑看兒孫着錦羅。」

性情：

(1) 大方平和，平易近人，品格高尚，行為端正，自然散發一股由內至外的貴氣，令人樂於親近。

(2) 爽朗率直，樂觀熱情，不拘小節，謙虛隨和，對待朋友真心誠意，推心置腹，所以人緣甚佳。

(3) 牙齒整齊的人笑起來特別好看，能讓人感覺特別溫暖，忍不住想要親近，所以容易交到很多朋友。

(4) 脾氣好，從來不會有過激的情緒。不管是開心還是生氣，永遠都保持着淡定的態度，給人氣度很大的感覺。

(5) 不愛受拘束，但能自我約束；魄力強大，極富行動力，做事主動又爽快，不會拖泥帶水，不會畏首畏尾，故成功機會較大。

(6) 誠實可靠，說話實在，具有很強的信念，無論做甚麼事情都會一幹到底，不輕易放棄。

(7) 牙齒健康與身體鈣質有關。牙齒勻齊、堅固者，筋骨強健，先天元氣充足，抵抗力好，病痛少而享大壽。

事業：

(1) 牙齒勻齊的人大多愛好文學和藝術，加上後天修養，在此領域發展事業的話，可在業內散發光芒，取得成就。

(2) 相書云：「如牛齒者，自身必榮」，此相開運早，貴人多助，憑良好的人際關係使事業發展順利，不必耗費太多精力便可以成功。

(3) 做事有魄力，堅執自己的原則，一旦決定了的事情任誰也不能阻擋或改變，故此相之人容易成為創業者。

(4) 有理想、策劃力強，能堅持信念，朝着目標一步一腳印實踐個人目標，加上親友助力多，所以事業都能遂願成功，名利兼收。

財帛：

(1) 牙齒勻齊是福祿之相，祖上積德，自己能承祖蔭或父業，出身於小康之家以上，平生安享。

【滅卻心頭火，剔起佛前燈。】

(2) 一生衣食豐足，無需為金錢而煩心，但個人對物慾需求不大，不太計較物質和金錢，反而追求知識上的滿足。

(3) 思想能與現實接軌，不會依靠家族財富，信奉「一分耕耘，一分收穫」的道理，能認真工作，為自己賺取財富。

愛情婚姻：

(1) 性格開朗、熱情，容易與人相處，人緣十分好，愛情路上不會寂寞，戀愛和婚姻都很順利。

(2) 結婚年齡不會太早，也不會太遲。男性在自己事業穩定後，便會考慮成家立室；女性遇上合適對象後，便會在適婚年齡時步入教堂。

(3) 牙齒整齊的女性姻緣運特別好，一般會嫁得很不錯，更有機會嫁入豪門或名門望族，享受幸福美滿的家庭生活。

子息：

(1) 六親情分好，父母緣厚，兒孫福祿昌榮，命中早見子女，但數目不多，自己與子女關係和諧而密切。

(2) 子女幼承庭訓，心地善良，既有愛心也有正義感，工作頗有出息，能創業興家，不會依賴父母照顧。

(2) 參差有縫隙

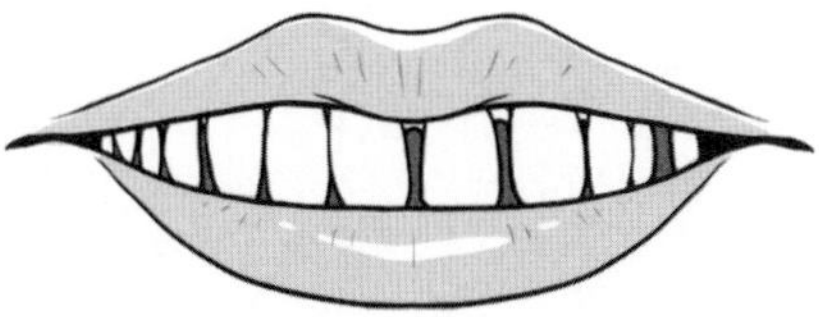

形態：牙齒排列參差不齊、疏密不勻，牙齒之間有縫隙。

性情：

(1) 牙齒長得參差不齊或是牙齒之間有縫隙的人，個性粗野、火爆暴躁，情緒起伏甚大，時常莫名其妙以言語傷害人。

(2) 說話虛偽不真，口是心非，時常以謊話騙人，有小聰明而無大智慧，愛耍小計謀算計別人，故為人所不齒。

(3) 為人自私、器量淺、心胸窄，凡事斤斤計較，又貪小便宜，而且十分記恨，不輕易原諒那些曾經令自己不快樂的人。

(4) 神經特別敏感，疑心很重，杯弓蛇影；常常懷疑有人在背後說自己壞話或對自己挑剔，為自己製造無謂壓力。

(5) 非常主觀，不願接納他人意見，對於別人給予的提點，縱使對方言之有理，也會採取「你說得對，但我不會聽你」的態度。

(6) 做事衝動魯莽，執着力很強，不懂深思熟慮，缺乏理性和耐性，一意孤行，以致成事不足，敗事有餘，把事情愈弄愈糟。

(7) 牙齒有縫隙的人，與父母緣薄，雖然互相關係，但彼此話不多，關係並不是特別的密切；年紀愈長大，距離感愈遠。此情況以門牙有空隙最驗。

事業：

(1) 做事只關心個人利益，不理他人感受，凡事不肯吃虧，即使只是小事一樁，也不願意比別人多付一點時間和精神去完成，故一生事業難有成就。

(2) 早運坎坷，加上好逸惡勞、好高騖遠的性格，很難長久留任於一個固定的崗位，常常轉換工作，工作穩定性甚差。

(3) 智慧不高，思緒混亂，做事顛三倒四、缺乏條理，很難獲他人認同，所以大多只能擔任低下層的工作。

(4) 牙齒不齊若配得良好唇相，則可學得一門手藝或具備專業技能，能夠在這方面發展穩定事業。

財帛：

(1) 「牙齒稀疏，漏財露空」，牙齒有空隙，一生財運不佳，常常無故漏財、破財，縱使這一刻賺到大錢，但很容易被大筆意外開支消耗，錢財總是無法守得住。

(2) 理財觀念薄弱，儲蓄能力差，一旦手邊充裕時，就會找藉口把錢花掉，少作長遠生活打算，中晚年運有日益走下坡之嘆。

(3) 牙齒參差但唇相良好，雖亦主有富貴，但必須要有刻苦之心及勇於冒險才可得。

愛情婚姻：

(1) 牙齒參差有空隙，笑起來的樣子不好看，故其人臉上少帶笑容，讓人感覺不可親近，故一生人緣不好，異性緣也差。

(2) 牙齒參差不齊的人，因性情剛躁、衝動魯莽，不易與人交往，與戀人也難以和睦相處。女性尤其任性，婚後常與丈夫、夫家和公婆發生衝突。

(3) 對感情執着，一旦投入之後就難以自拔，很容易深陷其中，當發現對方背叛自己時，便會承受重大打擊，難以彌補自己受傷的心，甚至不敢再入情場。

子息：

(1) 牙齒代表我們的腎氣與生育能力，參差不齊有空隙代表腎氣不足，精蟲活動力不足，影響生育，有意生兒育女者宜及早請教牙醫，矯正牙齒問題。

(2) 女性有此齒相，不單會提早踏入更年期，更不易受孕，縱使成功懷孕，生產時也有困難，最好安排開刀產子。

(3) 此相子息稀少，縱有子女亦主聚少離多，晚年亦難得兒孫在身邊侍奉，嚴重者更恐孤獨終老。

(3)馬齒

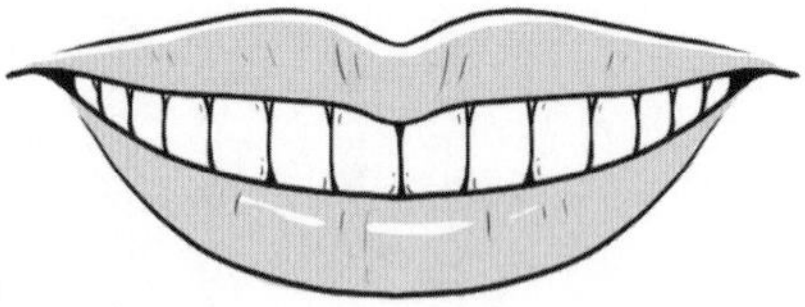

形態：牙齒厚而大顆，即大瓣齒，此相於古時叫做馬齒。

性情：

(1) 心性慈祥善良，愛心滿載，樂於助人，熱愛和平，絕無害人之心，亦不喜歡與人爭執，討厭社會上的爾虞我詐。

(2) 頭腦聰明，領悟力強，學習能力高，容易捉到重點，克紹書香，讀書時期已是同學中的好榜樣。

(3) 誠實忠直，不會説假話，沒有機心，不拘小節，容易與人相處，是典型的樂天主義者，在朋友圈中很受歡迎。

(4) 富有活力，人生態度樂觀而積極，對生活充滿熱誠，能坦然接受不同挑戰，勇於克服各種困難和障礙。

(5) 思想開明，對於新事物的接受力極強，能與時並進，樂意改變自己以適應科技及潮流變遷。

(6) 重理性，腳踏實地，實事求是，能夠在理想與現實兩者之間取得平衡，不會追求不切實際的東西。

(7) 十分愛吃，喜歡四處尋找美食，但不太喜歡較熱的食物。

(8) 牙齒厚大代表身體鈣質充足、筋骨壯健，先天元氣充足，抵抗力強，平生病痛少，多主長壽。

事業：

(1) 大瓣齒的人創作力高，對文字敏感，具寫作才華，若能好好應用於事業發展，必能有一定的成就。

(2) 做事謹慎有恆心、有始有終，工作上必定全力以赴，很少會讓上司與老闆失望，是職場上的最佳員工。

(3) 事業發展方向明確，明白夢想與現實之間有距離，會在可能範圍內爭取最高成績，但因性格討厭商場上的勾心鬥角和爭名逐利，故少有創業念頭。

(4) 此相之人樂於助人，願為人謀幸福，若任職政府部門，必能服務大眾，造福社會；中年以後，事業運明顯上升。

財帛：

(1) 牙齒厚大，福澤也厚，命中主貴，縱使本身家庭背景普通，年少時勞碌多憂，但步入社會後工作發展暢順，財富漸豐，晚福昌隆。

(2) 奉行「君子愛財，取之有道，用之有道」的原則，絕不貪不義之財，也不求不勞而獲的財富，所賺的每一分錢都來得光明磊落。

【欺老莫欺小，欺人心不明。】

(3) 物慾頗強，喜歡購買美麗包裝的東西，幸理財得宜，善於投資及管理錢財，生財有道。

愛情婚姻：

(1) 本性平和，容易與人相處，甚得人緣，不羨慕驚天動地的愛情，只追求細水長流的關係。

(2) 一生善良安分，愛情和戀愛運好，多會早婚，男性娶得賢妻，女性嫁得佳婿，家庭生活溫馨幸福。

(3) 女性不乏才智，靈活性強，婚後繼續在社會打拼，為家庭經濟作出貢獻；也願意放棄事業，在家專心照顧丈夫和孩子。

子息：

(1) 大瓣齒的人多是早婚之命，也早見子息。男是好爸爸，女是好媽媽。

(2) 此相「妻賢夫禍少，子孝父心寬」，子女緣分厚，兩代之間感情好；晚年運高，子息承歡膝下，共聚天倫。

(4) 米齒

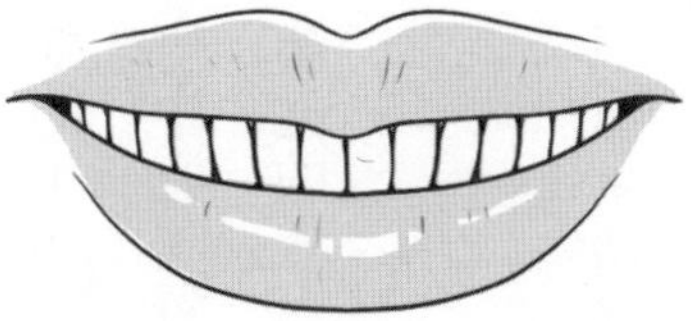

形態： 牙齒細小、排列緊密，即小瓣齒，稱為米粒牙，古時叫做米齒。

性情：

(1) 聰明機智，天資很高，分析能力比較強，能夠舉一反三，觸類旁通，學業成績很好。

(2) 內向慎言，口才很好但說話不多，與人爭辯時卻會口若懸河，辭鋒十分厲害，直至對方心悅誠服才會罷休。

(3) 個性剛強，勇於面對現實，遇上困難和煩惱時，少會向朋友或家人透露或求助，只會自己思考對策。

(4) 自尊心強，凡事追求完美，處事比較執着，遇上問題容易鑽牛角尖，不自覺地將自己的思想困囿於一個小天地。

(5) 做事積極進取，耐性大，受面子，為免在人前掉臉，所以自我要求十分高，每一件事都希望能做到最完全。

(6) 「傲上而和下，矜功而好奇」，驕傲不群，看不起比自己智慧低的人；另一方面勇於嘗新，喜歡探索新事物。

(7) 牙齒細小代表身體鈣質不足、筋骨壯健、先天腎氣弱，故體魄不佳，常有疾病纏身，晚年病痛多，難享遐齡。

事業：

(1) 一生波折風浪多，早運艱辛，但能努力不懈，充滿自信，發憤上進，有機會經過一番奮鬥而取得不錯的成就。

(2) 愛鑽牛角尖的性格適合從事研究、發明、設計、創造有關之行業，特別勝任策劃或分析性強的工作。

(3) 行事小心翼翼，必經過周詳部署，而且防護意識十分高，可成為出色的幕僚或副手。

(4) 小瓣齒的人專長於美術演藝之事，循此方向發展事業能享盛名，但事業生命不會太長久。

財帛：

(1) 大多出生清貧之家，所以會很努力賺取金錢；但聚財能力低，財運亦差，一生難得大富大貴。

(2) 小牙是福祿不足之相，假如唇相亦欠佳，在運至五十五至六十歲時，恐有破大財之災。

(3) 牙齒屬於面相之下停，小牙主晚運艱難，故中壯年時宜及早綢繆，將現金變成保值實物，希望晚年可有所依。

愛情婚姻：

(1) 自我保護意識及防備心太強，不論男女，面對追求者皆不輕易投入感情，所以此相之人大多戀愛遲、結婚遲。

(2) 對愛情十分執着，愛得很深，一旦墮入愛河，就會全心全意愛對方愛到底，若發覺癡心錯付，受傷也深。

(3) 此相的女性自視甚高，常以自我為中心，她們甚至會有看不起男性之心態，認為他們配不上自己，故容易蹉跎歲月，終生不出嫁。

子息：

(1) 小牙是六親緣薄之相，子息稀薄，可能是只有女兒沒有兒子，或是有子如無子，到老不相依。

(2) 子息運弱，要不子女難靠，晚景淒涼；要不壽促早亡，難與子女享天倫。若有蛀牙或缺齒情況，更凶。

(5) 虎齒

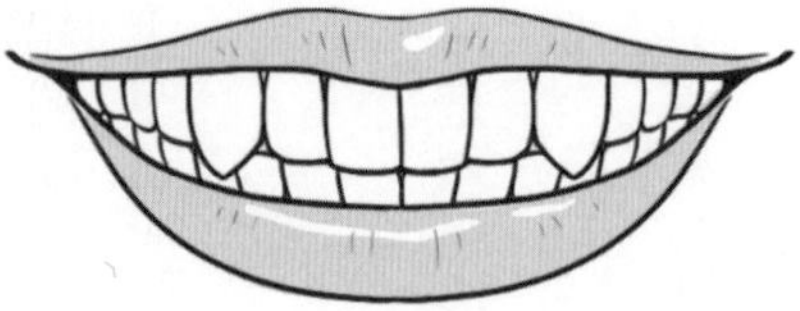

形態：虎齒，亦稱八重齒。虎齒就是我們常說的虎牙，特徵是牙齒亮白、齊整、緊密，形狀方而正，很像老虎的牙齒。相學上以虎齒為吉相，這樣的人有很好的運勢。

詩云：

「虎牙潔白密而方，行了之人任遠翔。
倜儻不群膽志高，一朝際會豈尋常。」

性情：

(1) 心地好，比較外向，豪爽大方，具正義感，樂於助人，特別同情弱小或弱勢社群，對朋友有兩脅插刀的氣概。

(2) 聰明敏銳，有上進心，學習及吸引能力很高，自幼已經表現出眾，是不可多得的出色人才。

(3) 熱情而好幻想，能與潮流接軌，喜歡新奇東西，接受新鮮事物的程度很高，踏入中壯年後，仍能保持新潮思維，所以很受年輕人愛戴。

(4) 魄力十足，敢作敢為，看事審慎，做事認真，能夠運用手段達到自己的目的，行動之前必考慮周全，容易給人一種值得信賴的印象。

(5) 樂觀好動，人生態度積極，能坦然面對挫折或麻煩事，懂得在失敗後檢討錯處，重新備戰，所以做事成功機會比他人高。

(6) 牙齒與身體健康有重大關係，牙齒好，健康佳；有虎齒的人先天體魄強壯，生命力充沛，少與重病結緣。

(7) 有虎齒的男性，一般與父母緣淺，彼此之間感情不密切；或因自己少時赴海外唸書而與父母異地而居，關係生疏。女性六親緣較佳，與父母情分較深。

事業：

(1) 開運早，一生貴人多助，加上後天奮鬥努力，工作上得老闆和上司欣賞，踏足社會不久已可步上青雲，事業有成。

(2) 說話玲瓏，屬於外向型的社交人物，假若從事需要經常與人接觸的工作，例如公關或客戶服務、地產或保險代理、市場推廣等，必有出色表現。

(3) 此相特別有親和力，甚得人緣，適合投身演藝、影視相關行業，發展順利，年少成名。

(4) 有虎齒的人很有食福，常與飲食結緣，有趣的是，他們特別容易找到與飲食相關的工作，加入娛樂圈的話，會被按排主持飲食節目。

財帛：

(1) 大多出身於小康或以上家庭，命主富裕，錢財無憂，這就是命裏有時終須有，不須刻意去強求。

【一人有慶，兆民咸賴。】

(2) 一生貴人助力大，推動事業發展良好而獲得高收益、高回報，財來有方，不請也自來。

(3) 雖然會為追求潮流產品或美麗東西而花費，但也懂得理財之道，不會流於揮霍；運至晚年，當有不錯的生活。

愛情婚姻：

(1) 有人覺得虎牙女性陽剛氣太重，事實卻不然。不論男女，皆是感情豐富，情深義重，對待異性細心而溫柔，不過感情上運氣各異。

(2) 男性面對女孩子有點靦腆、不自然，不太顯露個人情感，容易令戀人或太太產生誤會，故伴侶之間情分總是不太濃厚。

(3) 女性屬於外冷內熱型，不會主動接近異性，但內心溫暖，一旦受到心儀對象追求，就會全情投入。女性亦比男性有福，男女緣分較佳，不管是戀愛或婚姻，都較男性順利。

子息：

(1) 有虎齒的人本身有福有祿，自己亦常行善積德，故其福蔭可綿延世代，子孫也能享富貴榮耀。

(2) 男性面對子女時，感情比較內斂，雖然內心愛護兒女有加，但不太會表露出來，所以感情不會太親切。

(3) 女性多是職業婦女，擁有自己的事業，但仍能把丈夫、子女和家庭照顧得頭頭是道，與子女的關係也很好。

(6) 龍齒

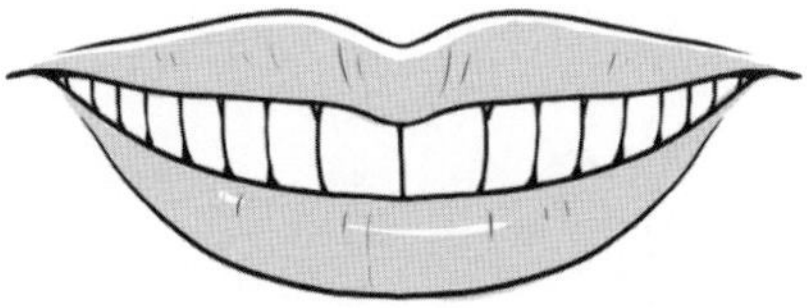

形態： 兩顆門齒特別大、長、亮白，在相學上稱為龍齒，加上牙齒總數在三十二顆或以上，便是齒相中之最吉。男性最佳的相都以龍為名，比如龍眉、龍眼，牙齒也同理，男性最好的齒相就是龍齒。

性情：

(1) 憨厚老實，不懂作偽，作事規矩，剛正不阿，極具正氣，對朋友重道義、重情誼，寬容大度，胸襟廣闊，且能以德報怨。

(2) 口才十分了得，雄辯滔滔，有很強的說服力，具有過人智慧，領導能力也很高，一般在學生時代已是組織的領袖，能夠一呼百應。

(3) 坦白直率，善惡分明，擁有為他人打抱不平的正義感，遇上不公平的事必挺身而出，深得眾人敬重。

(4) 自信心及自尊心都很強，有屬於自己一套價值觀和行為哲學，不易因他人挑戰而改變。

(5) 視野寬廣，思路清晰，看事甚有見地，而且觀察力強，善於辨析四周環境事物的變化，能對大部分事情作出準確的判斷。

【人無千日好，花無百日紅。】

(6) 氣度非凡，膽識過人，行事果斷而謹慎，從不做沒有把握的事情，而且意志很強，有不達目標不回頭的氣魄。

(7) 行動積極，責任感重，做事有始有終，答應了別人要做的事，一定全力以赴，做到最好，很少讓委託人失望。

(8) 在醫學上，牙齒是骨骼的延伸，龍齒既是健康的牙齒，代表其人骨骼強健，精力旺盛。

(9) 嘴大而配龍齒，咀嚼功能特別好，食慾也好，平生也很有口福。

事業：

(1) 領導力強，運籌帷幄，是極佳的管理人才，工作上遇到困難，絕不推卸責任；對下級關懷，也能挺身保護下屬，但若下屬做事馬虎懶散，則不會姑息。

(2) 做事有魄力、敢於冒險，不會畏首畏尾，在古時是將相之才，在現今社會上必是舉足輕重之風雲人物。

(3) 相書云：「龍齒，大旺家聲」，意味着此相之人不單能繼承祖業家業，更能將之發揚光大，家聲、商譽日隆，個人亦享良好名聲。

(4) 龍齒最利男性，配合長面、長鼻、長耳朵，則一生大貴特貴，飛黃騰達，成為人中之龍。

財帛：

(1) 有龍齒的人大多生於小康之家，少時家庭環境安穩，童年生活愉快；長大後在職場上大展拳腳，能成大器，財富滾滾而來。

(2) 對金錢不會斤斤計較，認為只要用得其所便可以了，所以既肯花金錢購買貴重的東西，也樂意傾囊捐助有需要的人。

(3) 龍齒是福祿壽全的上佳之相，雖然工作勞碌多憂，但可名利兼收、富貴兼得，晚運更昌隆。

愛情婚姻：

(1) 此相自然散發一股由內至外的尊貴氣度，能吸引思想正派、行為端正之異性垂青，戀愛運十分好。

(2) 不論男女皆是感情豐富之人，但他們不會輕易墮入愛河，當一旦遇上心中所愛，便會全心全意，並與其他異性保持適當距離。

(3) 婚後生活美滿，家庭和樂，夫妻恩愛相處融洽，共同努力建立幸福家庭。只嫌婚後有時因過度專注事業而令太太或丈夫及子女產生微言而已。

子息：

(1) 相書謂：「龍齒者，子孫顯達」；論命歌訣亦云：「牙如龍齒，必有貴子」。子女健康，兒子俊朗，女兒秀麗，成就驕人，並能造福社會。

(2) 龍齒之人以個人才華致富顯貴，並蔭及伴侶、子息；其仁愛慈孝、尊敬長輩的態度亦令子女受到熏陶。

【乍富不知新受用，乍貧難改舊家風。】

(7) 羊齒

形態：牙齒顆顆飽滿而堅固，排列緊密，有如羊齒，故名之。

性情：

(1) 心善性慈，溫順爽朗又大方，臉上常常掛着愉快的笑容，甚討人喜歡，令身邊人感覺喜悅，親戚、朋友都很樂意接近。

(2) 說話圓滑，口才很好，辭鋒犀利，能列舉大道理說服他人認同自己，但不會貶低他人而抬高自己。

(3) 興趣廣泛，聰慧靈巧，對於新事物、新科技的接受能力很強，故能吸收很多新知識，才華出眾。

(4) 思想縝密而清晰，做事按部就班、計劃周詳、條理分明，絕不倉卒行動，所以較少遭遇挫折。

(5) 天生有一股傲氣，自信心滿滿，不管做任何事都興致勃勃、十分專注，面對困難也能臨危不亂，處變不驚。

(6) 待人真誠，熱心助人，極具憐憫心，只嫌有時過於感情用事，一旦遇上存心不良的人，難免會被利用而吃虧。

(7) 有羊齒的人大多有宗教信仰，而且是虔誠的教徒，一旦感覺人生無助時，便可以依靠宗教解開心靈困惑。

【座上客常滿，樽中酒不空。】

事業：

(1) 談吐得體，說話惹人好感，十分適合從事常要與人接觸的工作，例如公關或客戶服務、地產或保險代理、市場推廣等，必有卓越表現。

(2) 羊齒是元氣充足的表現，其人經常保持精神奕奕、神采飛揚，工作上展現熱枕和創造力，故能受老闆或上司器重。

(3) 擔任公職的話，可以有很好的表現，因為他們會以身作則，激發其他人服務大眾的精神，既可為市民造福，也可取得更高的成就。

(4) 此命隨着年歲的漸長，做事方法愈見成熟，也愈見審慎，五十歲後事業更見亨通。

財帛：

(1) 年少時，可能因為父母或家庭環境的關係，而有一段不快樂的歲月，他們開運較遲，但無阻其力爭上游的堅定意志。

(2) 雖然對物質有點要求，但消費與收入可以平衡，也明白儲蓄保值的道理，所以晚運還是不錯的。

(3) 有羊齒的人田宅運比較好，懂得善用金錢，並將資金變為可以增值的實物，例如購置房屋、店舖。

【屋漏更遭連年雨，行船又遇打頭風。】

愛情婚姻：

(1) 做事專心，對感情亦非常認真，能夠控制個人情感，不會亂搞男女關係，更不會讓自己捲入不正常的愛情之中。

(2) 在愛情和婚姻上都頗順利，與伴侶的關係也甚融洽。不過，若要追求有羊齒的男女，可能要頗費心思和耐性。

(3) 女性溫柔優雅，不乏裙下之臣，對戀人和丈夫體貼入微、關懷備至，只要能拒絕伴侶以外的男性追求，必可享受甜蜜愛情生活，婚後夫妻和睦，婚姻幸福。

子息：

(1) 羊齒是腎水充足的齒相，是生養能力強的命，所以命中兒女早見，而且不止一二。

(2) 相書云：「牙如羊齒兒孫享福」，此相之人子孫賢孝，踏入晚年時，仍得子孫承歡膝下，能夠享受兒孫之福。

【筍因落籜方成竹，魚為奔波始化龍。】

(8) 榴子齒

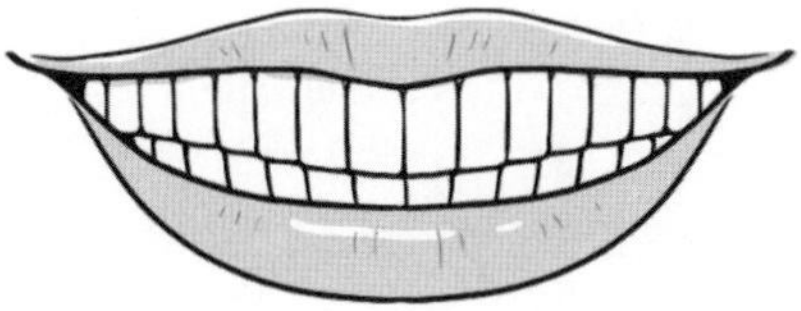

形態： 牙齒短、方、白瑩如玉，排列整齊緊密，既像石榴子一般，也像小貝殼，故名榴子齒，也稱貝齒。牙齒的數目以三十二顆以上最吉，乃是女性最佳的齒相。

性情：

(1) 性格溫順善良，平易近人，善解人意，追求和平，待人友善誠懇，不喜與人爭權奪利，也討厭爾虞我詐、明爭暗鬥的行為。

(2) 聰明敏銳，心思高明，悟性很高，吸收能力強，好學上進，小時候已在學業上顯露鋒芒，成為師長的寵兒。

(3) 心思細膩，對身邊的人和事都十分留意，即使很微小的事情也注意得到，當家人或朋友遇上難題時，總可以在最快時間表示關心，並給予支持和提示。

(4) 説話和氣，真誠不虛，信守諾言，做事循規蹈矩，按部就班，計劃周詳，所以較少遇到挫折。

(5) 黑白善惡分明，絕不因循附和仗勢欺人的一方，更能為受壓逼者挺身而出討公道。

(6) 心胸寬廣，包容度很高，遇上壞事不記仇，遇上好事能

【記得少年騎竹馬，看看又是白頭翁。】

感恩，所以贏得很好的人緣，人際網絡廣闊。

(7) 榴子齒以女性有之為佳，男性長有榴子齒者，性格較為軟弱，優柔寡斷，欠堅忍精神，略帶點神經質，但很有藝術才華，感情細膩，創作力也很高。

(8) 榴子齒緊密而整齊，代表先天腎氣充足，抗病力強，雖然難免有小病小痛，但少患重大疾病。

事業：

(1) 此相甚具貴氣，古時是狀元之才、幕後大臣，在現今社會則是極受公司、老闆器重的高層管理人才，發揮所學所長。

(2) 長輩緣分好，易得貴人提攜，加上個人努力不懈，培養實力，必可在事業上創造非凡成就，名利雙收。

(3) 文學修養高，加上感情豐富，適宜從事文學或藝術工作，能發揮想像空間，創作出色作品，在業界揚名。

(4) 女性事業運勢一帆風順，一生有很多機遇；男性也是功名顯貴，發達聰明，有福有祿，雖然不是大富大貴之命，亦能達致上級階層。

財帛：

(1) 一生運勢順遂，少年衣食無憂，物質充裕；長大後事業出人頭地，財富自然亨通，生活優悠，晚運安逸。

(2) 為人正直，奉行「君子愛財，取之有道，用之有道」的原則，決不貪不義之財，更會以金錢幫助有需要的弱者。

(3) 理財有道，懂得量入為出；雖不善投資，但因一生福分高，縱不能獲利豐厚，也可得合理回報。

愛情婚姻：

(1) 有榴子齒的人大多也是樣子秀麗俊俏，外貌吸引，很討人喜歡，人人都樂意親近，異性緣分很好。

(2) 一生感情運佳，雖能獲不少異性傾心愛慕，但不會玩弄感情，而且婚後能忠於配偶，照顧家庭，男是好丈夫，女是賢內助。

(3) 榴子齒是女性最佳的齒相，她們性格溫良淑靜，大方得體，待人隨和，戀愛和婚姻都順心如意，能找一個適合自己的伴侶，嫁貴夫，入豪門，婚姻生活幸福美滿。

子息：

(1) 榴子齒是生貴子之齒相，子女健康，兒子俊朗，女兒秀麗。自己的成就亦可蔭及下一代。

(2) 子息運好，兒女心地和善，聰明志氣高，長大後多能擁有專業資格，既富且貴。

【天上眾星皆拱北，世間無水不朝東。】

⑼兔齒

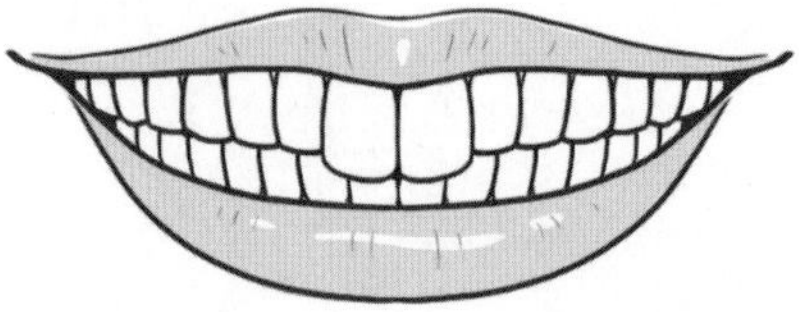

形態：兔齒是指上列兩顆門牙特別大，向外凸出。依據臉型來說，大部分人都因有兔齒而長相特別可愛。

性情：

⑴ 心地善良，心裏藏不住秘密，說話坦率，不管遇上開心或煩惱的事情，總是不吐不快。但若果兩顆門牙有大縫隙，則說話誇大其詞，不單令人產生不信任感覺，更容易得罪人。

⑵ 外表長相天真，但內心並不柔弱，而且膽大心細，遇事不慌、淡定沉着，做事勇敢果斷而思慮周密，絕不畏首畏尾。

⑶ 喜歡幻想，有豐富的想像力、創造力，也正因如此，每每在處理或解決事情方面，總是有出人意表的點子。

⑷ 樂觀好動，人生態度積極，充滿正能量，能坦然面對挫折或麻煩事，懂得在失敗後檢討過失，重新備戰。

⑸ 真心待人，極重義氣，對於任何大小事情，只要自己能幫的，即使自己可能要吃點虧，也絕不猶疑。

⑹ 有兔齒的人長相格外可愛，遇上困難時往往讓人心生不

忍，因而得到貴人相助，人生路上走得相對他人順利。

(7) 兔齒是刑剋父母之相，父親早亡的可能性很大，而且與父母緣分不好，常有衝突；若能在少年時赴笈海外學習，或趁年輕時離家外出獨立生活，便有助解災離難。

(8) 兔齒刑剋父母，父母間易有隔閡，感情不融洽，輕者時常因瑣事爭吵，嚴重者父母分離。

事業：

(1) 人緣很好，職場上容易遇到好老闆、好上司，得到比別人較多的發揮機會，再配合個人積極努力，自然能踏上事業順利之途。

(2) 頭腦靈活，總是能想到一些別人無法想到的問題，排解了工作上的危機，只嫌有時候過於賣弄聰明，以至於聰明反被聰明誤，更防因爛桃花會為事業帶來煩惱和障礙。

(3) 極具獨立和開創精神，做事有條有理，對任何開拓或發展計劃都會考慮周全；創業的話，致勝機會頗大，是很不錯的創業者。但此相的人不擅管理，故只適合獨立經營；合夥反易被有心人利用。

(4) 上天不會虧待積極向上、充滿正氣正理的人，所以兔齒的人生將隨着處世態度而充滿未知數，而變數就牢牢掌握在自己的手裏。

財帛：

(1) 不管出身家庭背景如何，大多是少小離家，自主獨立，學懂了管理自己的財政，不會隨

【忠言逆耳利於行，良藥苦口利於病。】

意揮霍，但也不會錙銖計較。

(2) 腦筋特別靈活，聰明過人，長大後可憑藉個人實力、智慧及人際網絡為自己賺取財富。

(3) 一生財運算是穩定，但在六十歲前後，須提防有破財或受騙的意外，尤其門牙有縫隙者更驗。

愛情婚姻：

(1) 桃花很重，對異性有很強的吸引力，所以一生感情路上並不寂寞，但他們少會選擇早婚。

(2) 女孩子有兔齒外型格外可愛，性格天真活潑，甚得魅力，但所吸引的男性並非都是正人君子，所以必須帶眼識好人。

(3) 兔齒若有大縫隙，婚姻也會受影響，夫妻間容易產生矛盾，若不及時溝通解決問題，感情便會陷於危險境地。

子息：

(1) 遲婚之命，但子女運不錯，主得貴子，而且兒子俊朗、女兒秀氣，健康聰明，只嫌與父母溝通不多。

(2) 子女思想獨立，不會依賴父母照顧，踏入社會後可憑個人才智在事業上取得不錯成就，生活無慮。

(10) 鼠齒

形態：形狀尖而小，兩顆門牙疊在一起，其他一些牙齒也會相互重疊交錯，看起來很像老鼠的牙齒，故稱鼠齒。

詩云：

「尖尖鼠齒最疏稀，縱抱奇才不自如。
若得真形堪小富，兒孫零落賣田廬。」

性情：

(1) 鼠齒是不吉之齒相，其人虛偽不真，不守信約，口是心非，喜歡強詞奪理，以多辯和誹謗他人為能事，又愛說人閒話，以致兄弟姊妹也拒絕親近。

(2) 器量小，心胸狹窄，極貪小便宜，而且記恨心甚重，睚眦必報，小至別人瞪一下眼睛的怨仇也要作出報復。

(3) 自私自利，損人不利己，佔有慾強，眼中只有自己，從不為別人着想，即使面對最親近的人也不例外。

(4) 狡猾多詐，忘恩負義，對於有恩於自己的人，不僅不會感恩圖報，反而會利用別人的善良，騙取更大利益。

(5) 心術不正，城府深沉，心計很重，令人難以摸透其真正

【人為財死，鳥為食亡。】

用心，雖然頭腦聰明，但做事不負責任，容易走歪路，以致聰明反被聰明誤。

(6) 孤獨不群，自我意識嚴重，待人缺乏真誠，不喜與人溝通，大部分時間只活在自我的世界之中，所以朋友不多。

(7) 吝嗇成性，是一毛不拔的守財奴，事事以金錢衡量，身邊大部分的朋友都是工作上或利益上對自己有利的人。

(8) 不學無術，見識淺薄，不辨是非，只懂跟隨他人步伐或依照他人意見行事，隨波逐流。

事業：

(1) 鼠齒之人是典型利己主義者，做事也沒有責任心，工作上，對於不在自己範圍內的事情，即使同事求助，也會拒絕幫忙，所以在辦公室裏人緣甚差。

(2) 惰性甚強，好吃懶做，終日無所事事，常與流氓結伴，不務正業，易淪為鼠竊小偷之輩。

(3) 説話尖酸刻薄，絕不宜任職性質對外的工作如公關、客戶服務、推銷等，必然得罪人多、稱呼人少，間接在人生路上造成障礙。

(4) 在技術方面頗有才能，人也很精明，若鼠齒配搭良好唇相，也可找到穩定工作，維持正常生活條件。

財帛：

(1) 大多出生於貧苦家庭，少小離家，六親斷絕，一生漂泊，不單淪為鼠輩，身無餘錢，而且居無定所，必須勤奮工作才賺得三餐飽暖。

(2) 對金錢十分看重，但可惜目光短淺，容易貪小而失大，命中注定財富不聚，故容易變成金錢奴隸，終身難以發迹。

(3) 相書謂「如鼠齒者，必貧而夭」，其人命途多蹇、辛苦勞碌為生計，一生貧苦淒涼無所靠，晚年無依，孤獨過活，更主壽命不長。

愛情婚姻：

(1) 感情非常自私，只顧自己滿足自己慾望，不理伴侶感受，所以不論拍拖或婚姻，難享和諧的感情生活。

(2) 男命風流，女命淫亂，既不利個人健康，也容易有奉子成婚的情況；不過，婚後仍不改貪色之性格，故不利婚姻，與配偶感情冷淡，相見仿如不見，難以一妻到老。

(3) 鼠齒是容易離異的齒相，感情運及婚姻運十分反覆，夫妻情分甚薄，一生必須經歷多番感情及婚姻破裂。

子息：

(1) 鼠齒是不利子息的齒相，雖早見兒女，但子息情分薄，感情如冰炭，有兒若無兒，或者兒女不孝順。

(2) 一生行事顛倒，注定是老來孤獨之命，晚年生活無依，子女不在身邊，只有自己一個人過日子。

【有兒貧不久，無子富不長。】

(11) 犬齒

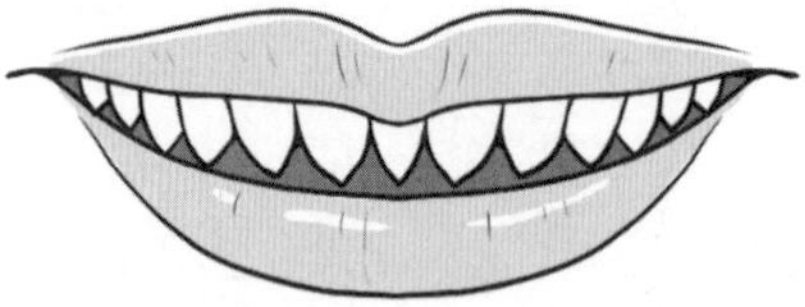

形態： 牙齒呈長三角形，略帶圓尖；門牙的中間還有一顆牙齒，似乎是三顆門牙，這在相學上稱為犬齒。另有兩顆門牙尖銳，看起來狀如犬的牙齒，相學上亦以犬齒論。

性情：

(1) 相書有「如犬齒者，奸狡而多凶」之說，代表其人性情狂暴，狡猾奸詐，刁鑽古怪，待人無情又無義。

(2) 說話苛刻薄情，容易開罪人，人際關係十分惡劣，以致身邊朋友少之又少，更遑論有知己同行。

(3) 貪濫愛佔小便宜，損人利己、不仁不義，遇上不如意之事，便會與人大打出手，寧願玉石俱焚，也不要自己得不到的東西落到別人手中。

(4) 性格陰沉不可捉摸，不論是高興或怨忿，皆不形於色，身邊人總是無法猜透他的心思。

(5) 城府深，機心重，善於工心計，每事必計算得失，不能容忍別人以言語或行動開罪自己，故容易與人結怨，有強烈的報復心，也易招人暗害。

【善必壽老，惡必早亡。】

(6) 自我防禦心強，疑是疑非，不信人言，妒忌心也重，看見別人生活得比自己好，便會敵視對方，內心咀咒對方不幸。

(7) 不負責任，忘恩負義，對於有恩於自己的人，不僅不會感恩圖報，甚至會利用別人的善良，騙取更多利益。

事業：

(1) 自私自利，行為霸道，態度傲慢，凡事斤斤計較，縱使只是吃小虧也會出言埋怨，故不容易獲得同事或合作夥伴的信賴。

(2) 做事衝動魯莽，執着力很強，不懂深思熟慮，缺乏理性和耐性，一意孤行，工作上成事不足，敗事有餘。

(3) 學問和技能皆遜於人，但善於權變，擅長諂媚拍馬屁，在辦公室裏製造事端，播弄是非，是極討人厭的同事。

(4) 聖賢書有云：「得道多助，失道寡助」，犬齒之人違背道義、仁義，必然陷於孤立，得不到任何人的幫助，故事業路上舉步維艱。

財帛：

(1) 犬齒不利財，其人理財觀念差，且愛流連娛樂場所，以致財來財去，基本上在六十歲前都存不住錢。

(2) 對家庭關係看得很淡，對金錢卻看得很重，即使對方是骨肉兄弟，也會因利益紛爭而弄致反目成仇。

(3) 唯利是圖，孜孜以利為重，機心又重，絕不會讓自己吃虧，這種性格注定六親無緣，晚年孤單。

愛情婚姻：

(1) 性情多變，反覆無常，喜怒不定，叫人捉摸不透，故人緣不理想，異性緣也差強人意。

(2) 門齒主宰人生的運勢，乃至性慾能力，有犬齒的人在性慾特別旺盛，渴求超乎一般人，難以在一位伴侶身上得到滿足，所以此相的人會同時擁有一位以上的性伴侶。

(3) 犬齒是叛逆之相，對父母不孝，對兄弟不親，對伴侶不忠，不論男女，婚後生活仍舊不檢點，招蜂引蝶，造成婚姻破裂。

子息：

(1) 生活糜爛，未婚產子而不負責任，兒女寄養於親友家中，有子若無子，終生不相認。

(2) 除非離異的配偶願意獨力照顧兒女，否則孩子命運難斷，大有機會繼承犬齒父母的忤逆因子，成為社會上的害群之馬。

(12) 鬼齒

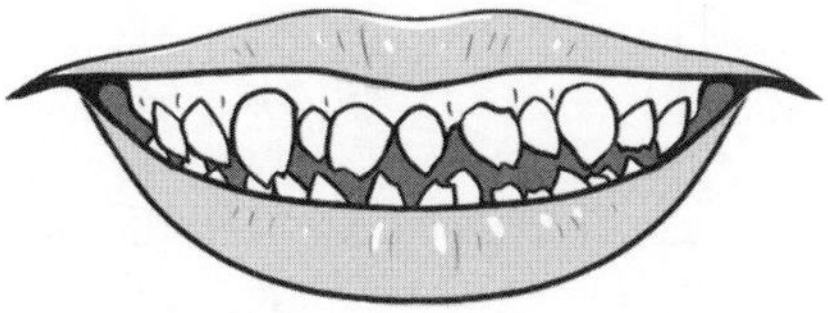

形態： 牙齒淩亂不堪、東歪西倒，驟眼看去真有幾分嚇人，是比較罕見的齒相。

詩云：「鬼齒參差長又尖，掀唇露出性狼奸。平生計巧欺心大，若問言行事不堪。」

性情：

(1) 性急衝動暴躁，情緒變化很大很快，容易發怒，常常因小事而大發脾氣，使得人人敬而遠之。

(2) 口德極差，除非不開口，一旦開口說話，就會變成大嘴巴，說人長短、搬弄是非，刻薄、中傷，兼而有之，令人極度討厭。

(3) 說話言之無物、言不由衷，見人說人話，見鬼說鬼話，謊話連篇，好搬弄是非，混淆視聽，絕不能與之推心置腹。

(4) 奸詐狡獪，貪婪成性，常常思量如何佔人便宜或奪人錢財；為了爭取個人利益，更可以作出損人利己、不仁不

【畫水無風空作浪，繡花雖好不聞香。】

義的行為。

(5) 自我中心極強，完全漠視他人的感受和意見，認為自己所做的都是理所當然，一旦遇到不順意的事，只會覺得他人對不起自己，而不會自我檢討過錯。

(6) 陰險歹毒，處事極端，報復心極重，所以千萬不要開罪這類人，否則他們必定會千方百計，用盡各種毒辣手段向你報復。

(7) 缺乏誠信，「發誓當食生菜」，時常胡說八道，容易泄密，所以決不能與有鬼齒的人分享秘密，否則必被出賣。

(8) 心胸狹窄，嫉妒心重，看見別人比自己好，就會敵視對方，以語言和行為傷害對方，令對方難受。

事業：

(1) 生性懶散，胡混一生，必無所成，多會走入歧途，淪為流氓、盜賊，從事非法勾當，危害社會。

(2) 遇事卸責，忘恩負義，對於幫助過自己的同事，不單不會心存感激，反而會利用對方的善良，將自己的錯誤推向對方身上。

(3) 投機取巧，見風駛舵，過橋拆板，以下犯上，縱使有工作在身，也因性情惡劣而招人討厭，工作必不長久。

(4) 喜歡在工作的地方搞風搞雨，以是非當人情，用八卦換友誼，輕則弄得同事雞飛狗走，重則眾叛親離、惹禍上身。

財帛：

(1) 六親緣薄，少時已經忤逆不孝，離家出走，與壞分子聯群結黨，不務正業，過着居無定所、三餐不斷的生活。

(2) 一生運程不通達，大多時候都處於沒工作、沒金錢的窘境之中，任何人若不想被拖累，就要避免與之交朋友了。

(3) 鬼齒注定無法與財富結緣，多以賭博、盜劫求財，為了侵佔別人的財產，謀財害命，視若等閒，若不及早悔改，洗心革面，恐難善終。

愛情婚姻：

(1) 齒相不好，不利婚姻，加上其人嘴裏從不吐一句真心話，包括對自己最親近的人也如是，所以戀愛和婚姻都不會有好結果。

(2) 思想停留在原始觀念上，不論男女，面對異性時，心中自然泛起色情之事，遇上這類齒相之人時，必須格外小心。

(3) 有鬼齒的人大多長得很難看，所吸引的異性都非善類，男性招惹風塵女子，女性則與江湖人士相伴，從來不會對感情認真。

【爭他一腳豚，反失一肘羊。】

子息：

(1) 心思惡毒，難以想像，為了個人利益和喜惡，甚至連親生兒女都會出賣和傷害，一生難有子息相伴。

(2) 相學有訣：「鬼齒凸眼，老來無依」，鬼齒的人宜認真檢討自己對待感情、家庭和子女的態度，否則難逃晚年孤獨、貧病的命數。

(13) 重城齒

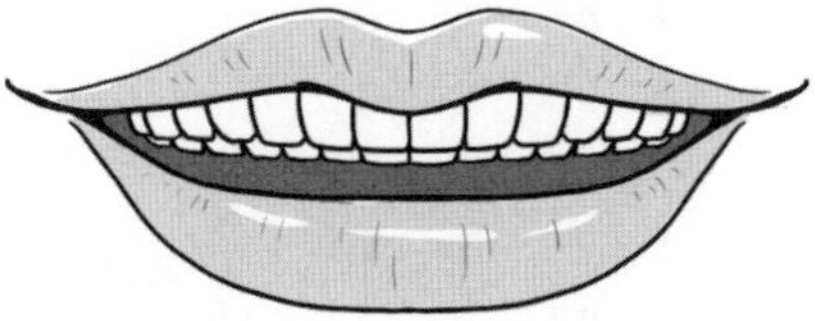

形態： 重城齒即有兩層牙齒，而且內外一樣平齊，是十分罕有的上佳齒相，而且入於奇格之相。

性情：

(1) 性格豪爽、樂觀開朗，宅心仁厚，待人真誠，不重階級觀念，待人處事，不管對方是富有或貧窮，皆一視同仁，故能贏得朋友尊重。

(2) 過目不忘，天賦驚人，才智無雙，擁有淵博的學識，天地之事，幾乎無所不曉，仿如一部會走的百科全書。

(3) 行為端正，光明磊落，認為事無不可對人言，人生態度積極，對生活充滿熱誠，敢於接受各種挑戰。

(4) 志氣遠大，有抱負。領悟力高，靈活多變，不拘泥傳統和古老規矩，故能發揮天賦的創新精神。

(5) 輕財重義，對朋友真心，當朋友有難時，便會竭力幫忙，有兩脅插刀的氣概，絕不會為個人利益出賣朋友。

(6) 守信用，不管男女，皆有「大丈夫言出必行」、「牙齒當金使」的氣概，答應了別人的事情，務必盡力實踐，故深得朋友欣賞和信賴。

【平生只會量人短，何不回頭把自量。】

(7) 胸襟廣闊，氣度恢宏，能包容與自己意見不同的人，也願意聆聽告誡之言，在面對困難和阻礙時，能夠冷靜思考和應付，甚具領袖風範。

(8) 思想獨立，剛直不阿，不隨波逐流，不作不當之行為，更不作貪贓枉法之勾當。

事業：

(1) 擁有非凡智慧，膽識過人，極具遠見，處事剛柔相濟，不拘小節，是幹大事的人物。

(2) 一生近貴，易成名，適宜自主創業，縱使早段阻滯較多，但只要能堅持守成，必得貴人扶持，生意愈做愈大，在業界揚名。

(3) 不創業的話，可在大機構、大集團中擔任重要職位，少年聞達，前途光明，必可成為公司裏舉足輕重的管理層。

(4) 統領能力極高，晉身政府部門可當大官，其正義行為及寬厚之心能為市民造福，其廉潔精神更可贏得好名聲。

(5) 女性長有重城齒，是巾幗英雄，是典型事業型女性，工作表現不讓鬚眉；但嫌霸氣有餘，溫柔不足，下屬不敢親近。

財帛：

(1) 少時家庭環境一般，但隨着年紀漸長，家境也愈富裕，有旺父母、旺家族的氣場，故深受長輩寵愛，物質不缺。

【見善如不及，見惡如探湯。】

(2) 理財高手，眼光獨到，善於發掘具潛力的價值型股票，在投資市場上能翻手為雲，覆手為雨，為自己創造巨大財富。

(3) 富祿壽全之命，開運早，發富早，中年以後富甲一方，晚年時必享大富大貴，而且愈老愈榮華。

愛情婚姻：

(1) 一生感情運穩定，戀愛順利而甜蜜，婚後對配偶體貼入微，夫妻感情細膩，多屬遲婚之命，但早婚不忌。

(2) 在感情路上敢愛敢恨，為了所愛的人及家庭，衝鋒陷陣，在所不計，十分重視丈夫或太太的說話和意見，是責任心很重的好丈夫或好太太。

(3) 自傲自負、不甘聽命於人的性格，對於作為一家之主的男性並沒有大問題，但對於女性較為不利，最好選擇年紀比自己略小的丈夫，夫妻更和諧。

子息：

(1) 重城齒是刑剋子女之相，輕者孩子出生後不久便被寄養在親戚之家，自己與孩子見面機會少；重者子女有夭折之險。

(2) 此命辛苦奔波大賺四方財，自傲自負，自得其樂，但晚年或會受子女拖累而招重大損失。

(3) 子女緣淺薄，情況較佳者，子女自幼離家負笈海外，長年不在自己身旁，晚年時亦只得老伴相陪。

【人貧志短，馬瘦毛長。】

(14) 編齒

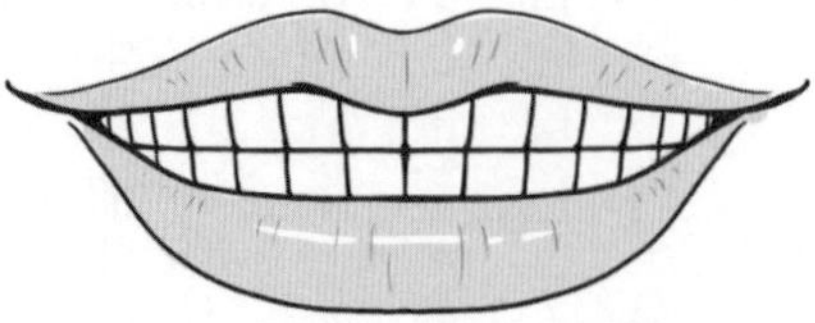

形態： 上下牙齒合起來沒有絲毫縫隙，緊密合縫如編在一起，形成「一」字，是相當罕有的上佳齒相，屬奇格之相。

性情：

(1) 心善性慈，樂觀開朗，心思坦蕩，不拘小節，脾氣又好，對待別人的冷言冷語只會一笑置之，不為自己製造無謂煩惱。

(2) 耿直豁達，以赤誠待人，絕不會欺騙朋友，而且責任心重，極重口齒承諾，答應了朋友要做的事，必想盡方法做到最好為止。

(3) 頭腦聰明靈活，機智善變，富有創造力，對一切事物都很感興趣很好奇，並會努力鑽研，探究底蘊。

(4) 沒有階級觀念，待人處事，不管對方是富有或貧窮，皆一視同仁；對弱勢社群很有同理心，願意盡一己之力扶助有需要的人。

(5) 胸懷遠大理想，意志堅定，能努力上進，要求自己不斷進步，希望能在社會上創造一番成績，實踐願望。

(6) 思慮周密，具有很強的觀察力及分析力，面對困難和障

【自家心裏急，他人未知忙。】

礙，能冷靜分析局面的優劣，從而找出對策及進退之道。

(7) 敢做敢當，反應也快，做事細心、有魄力、有幹勁，一旦設定了目標，必定堅持到底，絕不畏艱難，不言退縮，甚具領袖風範。若處於亂世中，更善於把握機遇而發迹顯貴。

事業：

(1) 具領導統馭才能，作事很勇敢，在古時是霸王之才，能執掌兵權，在現今社會則適宜在紀律部隊發展，例如警隊、消防、懲教、保安等，調兵遣將，運籌帷幄。

(2) 眼光獨到，事事都能早着先機，是出色的大商家，故能白手興家，風生水起，開創遠大前程，成就驚人事業，聲名更可遠揚海外。

(3) 打工的話，憑着大公無私、不偏不倚、廉潔自持的做事態度，讓同事和下屬都能心悅誠服，是非常出色的領袖人物。

(4) 長有編齒的人，不僅是武將之才，文學修養也極高，無意加入紀律行業或自主創業的話，也可考慮以文章揚名社會，留芳後世。

財帛：

(1) 出身於背景顯赫的家庭，是一生富足之命，錦衣美食唾手可得；但思想貼地，明白一切物質享受並非理所當然，不會當衣來伸手、飯來張口的二世祖。

(2) 先天條件優厚，人生道路順暢，機會不缺，加上後天努力付出，必能創大業，立大功，

【貧無達士將金贈，病有高人說藥方。】

得大名，享大富大貴。

(3) 善於管理錢財，投資智慧極高，能把握升跌走勢，為自己累積財富，但不會將金錢置於風高浪急的市場環境之中。

愛情婚姻：

(1) 性格溫順平和，容易相處，甚得人緣，異性緣也很好，愛情路上並不寂寞，更能在眾裏尋他，找到夢中對象，不會讓理想姻緣擦肩而過。

(2) 結婚年齡不會太早，也不會太遲。男性在自己事業穩定後，便會考慮成家立室；女性遇上合適伴侶後，便會在適當時候步入教堂。

(3) 齒相佳主姻緣好，婚姻美滿，男得賢妻，女得貴夫，夫妻恩愛甜蜜，家庭幸福和樂；齒藏於口主晚運，牙齒緊密無隙，晚境舒適無憂，夫妻到老相敬相依。

子息：

(1) 不管早婚或遲婚，子息總見遲，惟緣分深厚，子女幼承庭訓，品格高尚，身體健康，書緣厚，學問好。

(2) 有編齒的人認為人人平等，沒有階級之分，對待子女也如朋友般互相尊重及關懷，無所不談，父子如兄弟，母女如閨蜜。

(15) 齙齒

形態： 上下門齒及上下頷骨向前凸出，放鬆狀態下上下唇多不能自然閉合，笑時牙齦大量外露，外型很不美觀。

齙齒亦叫爆齒、暴齒。

性情：

(1) 很喜歡說話，心思卻膚淺，滔滔不絕所說的都是無聊事，但這類人大多是心地善良，不會有害人之心。

(2) 心直口快，不經大腦，容易得罪人，又藏不住心事，喜怒哀樂的情緒全部寫於臉上，所以社交運一般。

(3) 無法守住任何秘密，不管是自己或朋友視為不可外揚之家醜，亦往往於不知不覺中，喋喋不休，通風泄露。

(4) 富有行動力，但性格倔強固執，對於外界的批評、指摘，甚至是善意忠告，都不在乎，更不會因為甚麼人、甚麼事而收斂自己，所以經常與朋友、親人發生磨擦。

(5) 雖有責任心，但性格急躁而意氣用事，處理事務只憑感情，不依理性，行事又衝動，欠缺周全考慮。面對這情況時，最好不要跟他們辯論對錯，慎防他們會惱羞成怒，幹出衝動的行徑。

【秋至滿山多秀色，春來無處不花香。】

(6) 可能因齙齒外型不美觀而有點自卑，怕被忽略而形成很強的自我中心，為了吸引眾人的關注，常常會做出一些過度誇張的舉動。

(7) 爆齒輕度者，一旦着手辦事，莫不堅持到底，而絕不畏縮或半途中綴；爆齒嚴重者，做事橫衝直撞，不顧前後，最後弄得無法收拾，便要人為他處理善後，令人傷透腦筋。

事業：

(1) 踏入社會初期，因行事作風獨特，極有可能激起軒然大波，使周圍視聽集於一身，而成為核心人物；但必須具體真才實學，才能長久維持好名聲。

(2) 性格過於自我中心容易在工作上造成障礙，人緣不佳，但只要在人際上多加努力，經過一段時間就會看得出成效。

(3) 有齙齒的人大多數是早年易陷困頓、境遇不佳，隨着年紀漸長，運程便會慢慢有所發展，事業蒸蒸日上。

(4) 女性比男性懂得感恩，感謝那些對自己有知遇之恩的人；所以她們會有較好的貴人運，在事業路上也走得較輕鬆。

財帛：

(1) 因個性太過執着，所以與家人難以溝通，與兄弟姊妹不甚和睦，也得不到父母寵愛，故年少時物質生活差強人意。

(2) 隨着事業發展拾級而上，也會激發財運變得亨通，四十歲以後的正財運和偏財運愈來愈進步，財富得以累積。

(3) 要注意的是，齒相不佳難守錢財，且易犯小人，須注意五十五至六十歲時，受人所累或墮入騙局而破大財，宜及早將現金換成不動產。

愛情婚姻：

(1) 齙齒令相貌大打折扣，所以此相之人大多比較自卑，面對喜歡的人也不敢表白，即使談戀愛時也會缺乏安全感。

(2) 相學有訣：「齒凸必剋夫」，女性有暴凸牙齒，必會霸道擅權，母雞司晨，妻奪夫權，影響婚姻；若不知檢討改過，必致離婚收場。

(3) 牙齒過暴，其人性情亦較放蕩、好色，腦海中常常充滿性幻想，沉醉於情色事件之中。

(4) 齙牙顯著者，行為偏差，婚後有越軌行為，而使丈夫或太太蒙受意外損害，因而夫妻反目，動輒起糾紛。

子息：

(1) 齙牙是牙齒畸形的表徵，也是一種遺傳，父母親有齙牙的，孩子遺傳到的機會也很大。因齙牙有礙觀感，父母宜及早為孩子矯正。

(2) 六親緣薄，夫妻關係緊張，故難有子女；縱然生兒育女，也必感情冷淡，溝通不足。

【清清之水，為土所防。】

【濟濟之士，為酒所傷。】

(16) 猴齒

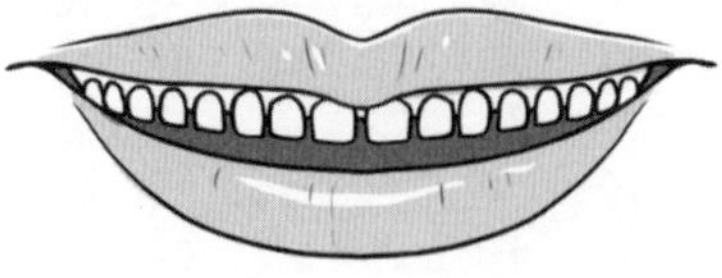

形態： 牙齒細小而疏見縫隙、平整而不紊亂。整體狀似猴子牙齒，故名猴齒。

詩云：

「猴齒細小且疏稀，顛沛猖狂惹是非。
體格精神如妙合，瀛洲早已看芳菲。」

性情：

(1) 本性狡猾善變，詭計多端，常常無故惹是招非；說話、做事每每混淆視聽，只要對自己有利，就會顛倒黑白，指鹿為馬。

(2) 待人不真，行事飄忽，缺乏責任心，對於答應了的事情不會信守諾，難以博取他人信任。

(3) 器量淺，心胸窄，疑心亦大，總覺得別人處處挑剔自己，甚至對自己不利，有點被害妄想。

(4) 貪小便宜，自私自利，自我中心極強，凡事只顧個人得失，不理他人感受；機心甚重，事事計算，不肯吃虧，很討人厭。

(5) 愛慕虛榮，好大喜功，常常抬高自己，貶低他人，故身邊多是酒肉朋友，根本沒有知心人。

(6) 態度輕狂，口裏誇誇其辭，但內心膽小怕事，只敢欺負弱小，一旦遇到無畏無懼的人，便會陣前退縮，走為上着。

(7) 做事沒有原則，實踐力及應變力都較低，一旦遇到阻礙，便會灰心氣餒，半途而廢。

(8) 牙齒平整本主壽元足，可惜形態細小又稀疏，代表鈣質不足、筋骨不壯、腎氣不足，故命雖長久健康卻欠佳。

事業：

(1) 一生事業路上波折風浪多，早運尤其艱難，弱冠之年已在社會上打滾掙扎，在不同行業之間找尋工作機會。

(2) 此相機心過重，在利害關頭時，寧願犧牲甚至出賣朋友或同事，也不要自己處於不利位置；所以同事之間關係不佳，更難得上司扶持。

(3) 此相優點是動作靈活反應快，口才頗佳，若能善加運用，從事公關、推銷、保險或地產代理等工作，可有不錯成績。

(4) 本性決斷力弱，無勇無謀，做事欠周詳計劃，實不宜開創個人事業，否則必是敗多於成。

【蒿草之下，或有蘭香。】

財帛：

(1) 齒小而疏是福薄之相，大多出身貧寒，少年離家，顛沛流離；若不勤奮工作，難求三餐飽暖。

(2) 相書有云：「牙齒稀疏，漏財露空」，牙齒有空隙，一生金錢運反覆，理財能力弱，不明白量入為出的道理，在這一刻賺到大錢，但很容易被意外開支消耗，總之財來財去，不易留住。

(3) 牙齒細小也是福祿不足之相，六十歲左右有破大財之險；假如唇相亦欠佳，則五十二歲起便會步上財帛破耗之路，宜及早積穀防饑。

愛情婚姻：

(1) 齒形細小而有空隙，笑起來邪氣十足，甚至帶點不懷好意，但男性偏偏吸引到不少女性投懷送抱，可惜用情不專，絕非好情人，更非好丈夫。

(2) 猴齒女性的愛情態度是，只在乎享受，不在乎長久；對兩性之事十分隨便，與異性相識不久便可與之同床共枕。

(3) 此相之人的父母大多感情不美，多是離異夫妻。自己在少小年紀便成了單親孩子，形成童年陰影，故長大後亦對婚姻缺乏信心，沒有建立家庭的觀念。

子息：

(1) 牙齒小而有隙，雖然早見子女，但彼此緣分單薄，可能在子女出生後不久便將子女棄於親人之家。

(2) 刑剋子女之相，子女數目雖多，但性格偏執，不受教晦；若不交予可信賴之人養育指導，必為社會製造麻煩。

【無限朱門生餓殍，幾多白屋出卿相。】

(17) 魚齒

形態： 門牙尖而長，其他牙齒形尖而排列錯亂，牙齒色澤暗啞，狀似魚齒，故名之。

性情：

(1) 性情複雜多變、陰暗不定，常常因為周圍因素影響而顯得喜怒無常，令人難以捉摸，也令人有點無所適從。

(2) 說話浮誇，滿口謊言，好搬弄是非，混淆視聽，更不善於保守秘密，絕對不宜與之深交，否則恐被出賣。

(3) 口不擇言，說話缺德，得理不饒人，常常惡語傷人，處處挑剔別人毛病，令人反感。女性在這方面的德行比男性更惡劣。

(4) 心眼小，心胸窄，又貪小便宜，凡事斤斤計較，糾纏不清，愛以小人之心度君子之腹，令人生厭。

(5) 自卑感重，因自知智慧、能力不如人，總覺得別人看不起自己，容易將事情往壞處想，所以一生大部分時間都活在不愉快當中。

(6) 猜疑心大，生性記仇，別人一句無心快語，也會令他長久記恨，並會想盡辦法找機會泄憤泄恨。

【醉後乾坤大，壺中日月長。】

(7) 妒忌心重，討厭比自己優秀的人；私心亦重，見利忘義，貪得無厭，任何情況下都不肯吃虧。

(8) 剋損雙親，父或母在自己年幼時已然仙遊。自身一生運勢跌宕，天不從人，事不從願，徒勞無功，並容易遇到不測意外。

事業：

(1) 一生命途多蹇，運氣比人差，工作辛苦，勞碌奔波；命格低者更要從事勞動性質工作，營營役役為生活打拚。

(2) 性格陰沉難與人協調合作，辦事能力亦低，難肩重任，所以做事成功率低，常常是職場鬥爭中的失敗者，必須自我檢討，否則難免被社會淘汰。

(3) 此相六親無助，少學少成，若不希望晚景淒涼，生活無靠，最宜學習一些傍身技能，腳踏實地工作，憑技術養活自己。

財帛：

(1) 此相大多出身於低下階層，生活條件匱乏，父母為生活奔波，因此忽略了自己，故小時候從沒有任何物質享受。

(2) 魚齒是貧苦之相，一生不聚財，無福可享，必須靠自己辛勤努力工作，才能得到三餐溫飽，甚至到老還是要出賣勞力換取基本生活保障。

(3) 理財觀念十分差，家無隔宿之糧，必須戒掉好吃懶做的本性，並養成儲蓄習慣，否則晚年必主家徒四壁，一無所有。

愛情婚姻：

(1) 愛情不順、婚姻不美是魚齒者的寫照。他們性格多變，反覆無常，故人緣不好，拍拖機會不多，感情也不長久。

(2) 妒忌心重，醋勁很大，不容伴侶多看其他異性一眼，否則必會大興問罪之師，令對方大嘆吃不消。

(3) 魚齒是刑夫剋妻之相，婚後欺夫欺妻，姻緣難美滿，夫妻常有糾紛，故難逃勞燕分飛的結局。

子息：

(1) 天生體質弱，健康不佳，影響生育能力，可能一生無兒無女，或有子女出生時夭折之災。

(2) 此相刑傷親人，亦對子息不利，縱使有子女亦不親近，晚年難有兒孫承歡膝下。

(18) 厭齒

形態：牙齒凹凸不平，排列巖巉不齊，看上去令人生厭，故名厭齒。

性情：

(1) 性格粗暴，行事魯莽衝動，不理前因，不顧後果，容易因好逞強好鬥爭而招牢獄之災甚至殺身之禍。

(2) 有小聰明，但謊話連篇、心術不正、吝嗇小器，目光短淺，易走歪路，因貪小而失大，以致聰明反被聰明誤。

(3) 自私自利，佔有慾強，眼中只有自己，從不為別人着想，往往為滿足個人欲望而不擇手段，甚至不惜出賣朋友甚至親人。

(4) 缺乏耐性，對事情容易感到厭煩，做事經常半途而廢，但卻不承認是自己的問題，反而抱怨自己懷才不遇。

(5) 思想混亂，判斷力弱，分不清黑白是非曲直，容易被事物的外表迷惑和蒙蔽，也容易被他人說話影響，做人處世隨波逐流。

(6) 個人衞生意識薄弱，不愛刷牙，更不注重牙齒保健，牙齒和口腔滿佈肉眼無法看見的細菌，蛀牙、口臭問題普遍，且容易患上消化系統及三叉神經毛病。

【一人傳虛，百人傳實。】

(7) 巖巉不齊的牙齒就好像虎口，而俗語有說「馬路如虎口」，故有此牙相的人特別容易遭遇交通意外，必須小心。

(8) 除了於己不利，此相亦會刑剋雙親。上排牙齒巖巉剋父或與父緣淺，下排牙齒巖巉剋母或與母緣淺。

事業：

(1) 性格暴躁，動不動就張口罵人，容易因禍從口出而招惹危難與麻煩，工作時更必口不擇言而開罪同事和上司，所以絕不適宜任職經常與人接觸的工種。

(2) 生性懶散，不求上進，做事虎頭蛇尾，遇上阻滯、挫折便會主動放棄，甚至辭職不幹，所以做任何工作都不長久。

(3) 凡事計較，在任何情況下都不肯吃虧，即使只是小事一樁，也不願意比別人多付一點時間和精神去完成，故主一生事業無成。

(4) 此相若配眼相不良，必主少年時已淪為太保、流氓，不務正業，偷呃拐騙，無所不為。

財帛：

(1) 牙齒巖巉是天生一副破財相，不單賺錢能力極低，即使金錢到手，也會轉眼散盡，難以留住財富。

(2) 貪婪而愛佔人便宜，詭計多端，表面與人友好，但內心暗藏奸詐，常會諸多藉口向人借債，然後欠錢不還，四處躲債。

(3) 此相多為貧而勞碌之輩，又缺乏節約與儲蓄的理財觀念，若不及早反省為將來綢繆，必主晚年潦倒，甚至要討飯度日。

愛情婚姻：

(1) 牙齒不健康，齒色又黃又黑，有礙觀瞻，令人不願接近；所以不單人緣不好，異性也不愛親近。

(2) 厭齒是鰥寡孤剋、妻遲子晚之相，姻緣不濟，家庭不全。男命妻緣薄，主妻離子散；女命早婚早離，再婚再離，難免形單影隻到老。

(3) 不論男女皆易浸醉色慾之中，影響健康，未及更年期已未老先衰。男性有此齒相，在中老年之時，容易出現陽萎現象。

子息：

(1) 牙齒代表腎氣與生育能力，巉巉不齊有空隙代表腎氣不足，精蟲活動力不足，影響生育，男性難有子嗣。

(2) 女性有厭齒，不單會提早踏入更年期，更不易受孕，縱使成功懷孕，生產時也有困難，更恐孩子夭折。

(3) 厭齒之相子息緣薄，縱有兒孫也主感情疏離，自己晚運多病、孤單無依。

(19) 兩角齒

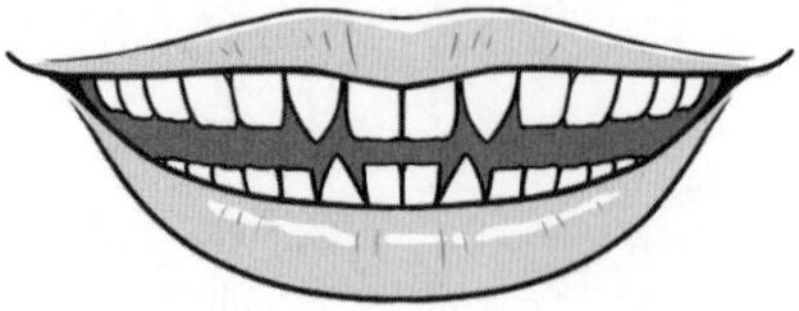

形態：整排牙齒左右兩邊各有一顆尖齒，稱為角齒。

性情：

(1) 性格活潑率直、樂觀開朗，能以正面心態面對挫折和難題時，相信「車到山前必有路，船到橋頭自然直」，不會讓自己陷於憂愁和苦惱之中。

(2) 吸收力強，聰明敏銳，學習及分析能力高，頭腦清晰，足智多謀，自幼在同學之間已有出眾表現，並深得師長寵愛。

(3) 愛好自由，好奇心重，志趣多而廣，對於新事物、新科技的接受能力很高，故能學到很多新知識。

(4) 對待朋友頗重義氣，雖不是兩脅插刀的情誼，但朋友有事時也會竭盡所能伸出援手。

(5) 略嫌有點少爺或小姐脾氣，有時會顯得任性妄為、野蠻無理，要求別人安遷就和順從。

(6) 不愛困於斗室之中，喜歡在外面世界走動，即使人到晚年，也會四處找消遣，不會讓自己成為苦悶老人。

(7) 上排牙齒左右各有一顆角齒者，幼年剋父或缺乏父愛；

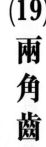

下排牙齒左右各有一顆角齒者，幼年喪母或缺乏母愛；若上下排皆有角齒者，父母早逝，是個孤兒。

事業：

(1) 一生事業穩定發展，工作容易遇到好老闆、好上司，得到比別人較多的發揮機會，再配合個人積極努力，自然能踏上順利之途。

(2) 享受工作，口才好，反應快，是最佳司儀人選；從事公關、推銷、保險或地產代理等工作的話，成績會很卓越。

(3) 平生近貴，作事精明能幹，事業上不會長久居於人下；但因性格不愛受掣肘，故不宜創業，否則「自討苦吃」。

(4) 腦筋靈活，工作上碰到難題時，能想方法應付過去；但有時處事作風不夠踏實，自信心過大，有聰明反被聰明誤之嫌。

財帛：

(1) 此相大多出生於小康之家，雖然自幼雙親不全，亦無富裕享受，但生活基本豐足，家庭和睦。

(2) 一生財運平穩，沒有大起大落，生財能力不錯，收入穩定，不易漏財，亦不喜愛風險性高的投資活動。

【大廈千間，夜眠八尺。】

(3) 沒有具體的理財概念，財政充裕時會享受人生，現金不多時則會省吃儉用，積極賺錢，是晚景康愉之相。

愛情婚姻：

(1) 若上下排牙齒皆有角齒者，姻緣有阻，拍拖易有第三者，對方一腳踏兩船；或在談婚論嫁過程中出現變數。若上排沒有角齒者，不在此列。

(2) 個性開朗活潑，與人相處不做作，人緣很好，異性朋友亦多，但感情上自視頗高，總覺得身邊異性配不上自己，挑來選去不合意，以致蹉跎歲月，是遲婚之相。

(3) 性格崇尚自由，一旦墮入愛河，就會享受戀愛生活，卻不願組織家庭，故可能獨身到老。男性若配大妻，女性選擇年齡比自己大十年或以上的對象，則共諧連理機會較高。

子息：

(1) 子息緣一般，婚後大多選擇二人世界；若意外懷有下一代，與子女感情也親切。

(2) 若有子息，晚年兒孫繞膝，老有所依；縱無子女，也有快樂晚年。

(20) 露齒

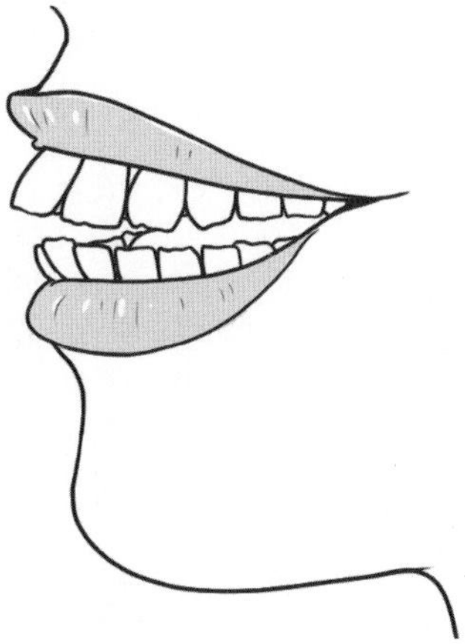

形態：兩唇閉合不緊，牙齒露出。

性情：

(1) 說話口沒遮攔，容易開口得罪人，又喜歡說人長短，因而招惹許多口舌是非，甚至會鬧上法庭，纏訟不休。

(2) 言論膚淺，內容空泛，缺乏深度，喜歡自吹自擂，愛聽恭維說話，妒忌心重，敵視比自己出色的人。

(3) 好管閒事，無風起浪，顛倒黑白，更處處挑剔他人毛病，以惡言批評他人，故易招人反感。

(4) 缺乏口德，除非不開口，一旦開口說話，就會變成大嘴巴，刻薄中傷，兼而有之，更甚者將別人秘密四處宣揚，是極度不受歡迎的人物。

(5) 信口開河，視承諾為等閒事，「發誓當食生菜」，答應了別人的事情不會認真辦妥，連做人最基本的誠信也欠奉。

(5) 好勝心強，作事一意孤行，不愛聆聽他人意見，有點知進不知退，容易令好事變壞事。

(6) 做事態度馬虎，因循苟且，得過且過，不求上進，加上

【一字入公門，九牛拖不出。】

缺乏耐性，做事總是半途而廢，不能貫徹始終，一生少成。

(7) 牙齒常年露出的人一般體質都較弱，腎氣不足，脾胃健康特別差，消化系統經常出問題，病痛很多，少享高壽。

事業：

(1) 一生多惹是非，不管走到哪裏都難得人和，也不願聆聽批評和意見，更不甘於屈居人下，在任何聽命於人的崗位都待不長久。

(2) 做事衝動，欠周密思量和部署安排，故不能勝任要求嚴密細致的崗位，只適宜擔當勞動多、思慮少的工作。

(3) 露齒是勞碌奔波之相，一生運程反覆，多憂多慮，加上人際技巧弱，不論從事任何工作，都難有驕人成就。

(4) 齒相帶刑剋，父母長輩無助力，大多在少壯時便離鄉發展，為口奔馳，一切都要靠自己拼搏得來。

財帛：

(1) 露齒衣食不豐隆，出生時家庭環境不富裕，只在基本條件下生活，命格差者更須於貧窮線之間徘徊。

(2) 理財態度是「今朝有酒今朝醉，明日愁來明日當」。有錢時，用錢如流水，缺乏節制與儲蓄觀念；沒錢時，也要打腫臉皮充胖子，繼續浪費。

(3) 此相一生難聚財，男性易招小人劫財，因貪變貧；女性多言撥弄是非，毫無大志，只要有錢養活自己便可以，但因本身賺錢能力低，若有異性承諾給予優渥生活，便會甘願成為小三。

愛情婚姻：

(1) 男性感情傾向於被動，即使遇上喜歡的女孩子，也缺乏膽量展開追求，歲月蹉跎，容易成為孤獨之命。

(2) 女性容易動情，遇上情場高手時，完全無法招架，也容易陷入多角戀；最適合配年紀比自己大十歲或以上的失婚男士，婚姻較順利。

(3) 不論男女，對愛情皆沒有特別憧憬，內心也沒有特定的理想伴侶，他們很容易墮入愛河，但也容易鬧分手。

子息：

(1) 露齒的人先天體質欠佳，男命腎氣不足，影響生育能力，難有子嗣繼承；女命則難受孕，縱能成孕也有流產之險。

(2) 此相縱有子女，也主情分淡薄，甚至會因自己性格缺陷被子女離棄。踏入六十歲流年以後，大多是一個人生活。

【富從升合起，貧因不算來。】

(21) 尖齒

形態： 齒形尖銳，上排牙齒呈倒三角形，下排牙齒呈正三角形，相學上都屬於尖齒。

性情：

(1) 俗語謂：「牙尖嘴利」，代表齒形尖銳的人伶牙俐齒，但在相學而言，他們愛邀口舌之功，滿口歪理，而且說話尖酸刻薄，令人難堪。

(2) 性格狂暴，易怒焦躁，動輒發爛，兄弟感情不和，朋友之間不睦，是以下犯上的叛逆之相。

(3) 陰險狡詐，口蜜腹劍，絕無慈悲、憐憫之心，更善於以嘻皮笑臉的假相蒙騙他人，以求獲取利益。

(4) 典型的勢利小人和拜金主義者，虛榮心重，常常以金錢衡量別人的成就高低，為了個人利益不惜出賣朋友。

(5) 處事極端，報復心極重，所以千萬不要開罪這類人，否則他們必定會千方百計，用盡各種毒辣手段向你報復。

(6) 缺乏積極進取的毅力和耐性，遇到難題時，只會利用自己的小聰明投機取巧應付過去，而不會認真思考解決方法。

(7) 好管閒事，常常無故惹是生非、説三道四；更甚者顛倒黑白，説話、做事每每混淆視聽，不理事情真偽，指鹿為馬。

(8) 牙齒尖鋭是好肉之徒，喜歡大魚大肉，討厭吃蔬菜素食，容易造成肥胖，多有三高的健康問題。

事業：

(1) 看風駛舵、過橋拆板、以下犯上，又好搬弄是非，縱使有工作在身，也因性情惡劣而招人討厭，工作必不長久。

(2) 機心甚重，在利害關頭時，寧願犧牲甚至出賣朋友或同事，也不要自己處於不利位置，所以同事之間關係十分惡劣。

(3) 不講誠信，出爾反爾，變化多端，很難取得他人信任，故無法在同一崗位穩定工作，更遑論有重大升遷。

(4) 喜歡勾心鬥角，但機關算盡太聰明，以為一切都在自己掌握之中，誰知往往聰明反被聰明誤，最後落得雞飛蛋破，一無所得。

財帛：

(1) 一生財祿不豐，前半生受金錢和現實環境支配，為生活和三餐營營役役、掙扎奔馳。

(2) 生活態度是過一天算一天，沒有長遠打算，理財觀念薄弱，即使明天可能身無分文，但

【萬事不由人計較，一生都是命安排。】

今天也要盡情享樂。

(3) 財來財去財不聚，若是從事投機炒賣，注定必敗無疑，中晚年運程更艱辛，若不及早為自己綢繆，恐怕會落得貧困無依的淒涼晚景。

愛情婚姻：

(1) 虛情假義，對感情不負責任，對伴侶冷漠無情，拍拖只為滿足個人色慾，所以戀愛和婚姻關係都不會長久。

(2) 性格粗暴，刑夫剋妻，婚後家庭不安寧。男命是欺妻、虐妻之惡夫，女命是欺夫、虐夫之惡妻。

(3) 不論男女皆是色心甚重，須防縱慾過度影響健康，尤其腎臟最易出毛病，須自我節制色慾，並及早保養身體，以防未老先衰。

子息：

(1) 男命兒女早見，但骨肉無緣，相見爭如不見。孩子在出生不久便將其寄託於親人家中撫養，孩子難享父母之愛。

(2) 此相一生沉溺於情慾之中，伴侶更替不絕，故兒女多有同父異母的兄弟姊妹，但天各一方，沒有聯繫。

(22) 外波牙

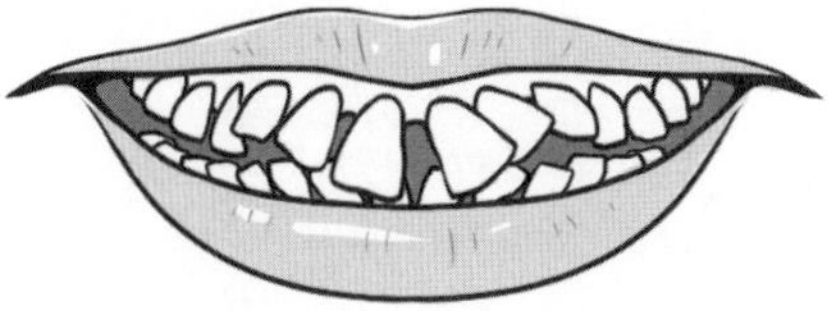

形態： 門牙縫隙大或者兩顆門牙分離生長；從側面看，全部牙齒好像要從牙齦飛出去似的，這在相學上稱為外波牙，是大凶的齒相。

性情：

(1) 性格急躁，做事草率、魯莽；說話不誠實，而且不經大腦、口沒遮攔，常常開口得罪人，令人十分討厭。

(2) 脾氣極差，兇狠粗暴，橫行無忌，攻擊力極強，一旦遇上不如己意之事，便會訴諸暴力，挑戰法紀，故成為鐵窗下的常客。

(3) 情緒起伏大，動輒大發雷霆；思想紛亂，總是不由自主地胡思亂想，注意力不集中，焦慮不安，難以長時間專注於同一件事情上。

(4) 狡猾善變，詭計多端，做事愛走捷徑，不能腳踏實地，遇上問題總是委過於人，與其交往必須慎防受累。

(5) 自私自利，凡事只顧個人利益，不理他人損失；機心又重，做事前必經過計算，從不讓自己吃半點小虧。

(6) 神經特別敏感，疑心亦重，常常懷疑有人在背後說自己壞話或對自己挑剔，為自己製造無謂壓力。

(7) 主觀性強、固執難纏，不肯接受他人批評，做事有勇無謀，亂衝亂撞，只懂逞一時之勇，缺乏周詳計劃，故作事成少敗多。

(8) 此相大凶，一生行事邪惡，積惡甚深，若不及早洗心革面，撥亂反正，恐會橫死街頭，不得善終。

事業：

(1) 行為離經背道，做事斤斤計較，不肯吃虧，不聽他人意見，無法規規矩矩把事情辦妥，即使是小崗位的工作也做不好。

(2) 縱有工作在身，但因本身人緣較差，難與同事和睦相處，加上好逸惡勞的性格，每份工作都不會做得長久。

(3) 心術不正，胡混一生，工作懶散，一無是處，容易誤入歧途，甚至會淪為流氓、盜賊，從事非法勾當，危害社會。

(4) 女性工作能力低，沒有賺錢能力，可能會自甘墮落風塵，為娼為妓，以出賣肉體謀生。

財帛：

(1) 一生福祿不強，貴人運弱，大多出身於貧苦家庭，少小離家，六親斷絕，居無定所，生活漂泊，潦倒終生。

(2) 窮困之命，財不入庫，難聚錢財，必須勤奮工作賺取三餐飽暖，切忌以賭博、盜竊為生，種下禍根，貽禍晚年。

(3) 做人缺乏方向，思想混亂，沒有理財智慧，少許金錢在手便揮霍無度，缺錢時便向人借債或以偷呃拐騙為生，不僅生無積蓄，甚至會橫死暴卒，不得善終。

愛情婚姻：

(1) 此相雖是奸惡之徒，但感情方面十分脆弱，一旦墮入愛河就會全心全意投入其中，一愛到底，不能自拔。

(2) 感情一旦遭受傷害，就會在心裏留下無法磨滅的陰影，失去自信心，而不敢嘗試接受另一段感情；失婚的人更有可能拒絕再婚。

(3) 刑妻剋夫之相，家庭不和，夫妻吵鬧，婚姻不美，容易遭太太或丈夫背叛和拋棄，兼且難逃晚年無依的命數。

子息：

(1) 此命刑剋六親，性情乖戾，難以想像，為了個人利益和喜惡，甚至連親生兒女都會出賣和傷害。

(2) 命中刑剋子女，有孩子夭折的情況。若希望身後能有子嗣相承，必須及早發善心，行善事，洗滌邪惡的性格，才可望得一兒半女。

(23) 弓內齒

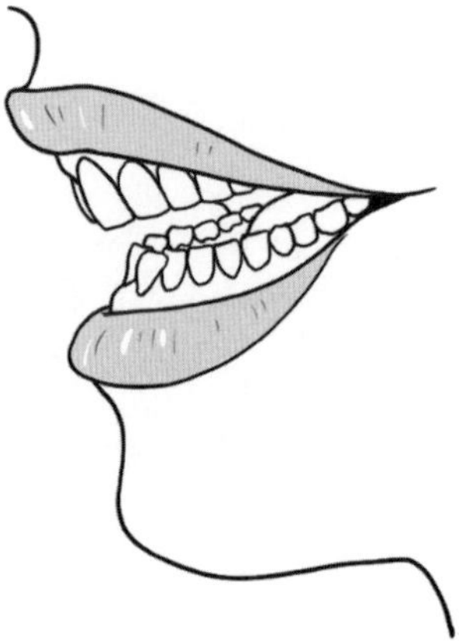

形態：牙齒排列整齊，但向內彎弓，稱為弓內牙或弓內齒。

性情：

(1) 好說他人閒話，喜歡以是非當人情，用八卦換友誼；不過他們內心並不算太壞，只是在閒着沒事做時，嘴裏就禁不住要說人長短而已。

(2) 心胸狹窄、氣量淺，十分記仇，對於曾以說話或行為開罪過自己的人，必定想盡辦法報復，以泄心中之恨。

(3) 私心很重，做事必先衡量個人得失，進一步才考慮大局利益，而且心裏從來不會為別人着想。

(4) 妒忌心重，看不得別人比自己過得好，當看見對方蒙受損失，雖然口裏沒有叫好，內心卻是洋洋得意。

(5) 自尊心強，極愛面子，又好出鋒頭，常常在有意無意之間表現自己，對於身邊的人和事，總愛批評一番，但卻十分吝嗇於稱讚別人。

(6) 機心甚重，事事計算，對大小事情都斤斤計較，甚至會暗地裏耍手段為自己爭取最大好處。

(7) 雖非奸狡之徒，但優柔寡斷，缺乏邏輯思考，加上理解能力不佳，無法看清事物的客觀價值，容易作出錯誤決定或判斷。

(8) 人生在世，他們並沒有太大野心，生活得較為實際，只要能過得溫飽，便心滿意足，不會要求進步。

事業：

(1) 做事不努力，上進心和判斷力不足，往往掌握不到正確方向，容易找錯工作入錯行。

(2) 心眼小，為人小器，沒有度量，在職場裏是不受歡迎的人物，與同事之間關係甚差。

(3) 計謀小算，事事計較，又缺乏魄力、鬥心和拼搏精神，容易因少許挫折或障礙而裹足不前、半途而廢，自然大器難成。

(4) 工作上沒有野心，即使只是擔任大公司裏的小職員，也能安於現狀，完全不會主動出擊爭取成績，所以注定一輩子沒有大成就。

財帛：

(1) 重現實，對物質也比較實際，對金錢看得很重，內心頗有詭計，機心又重，錙銖計較。

(2) 大多出身於中上環境家庭，父母經濟條件好，雖然過不上大富大貴的生活，但絕不用為生計發愁。

(3) 雖然工作能力低，難憑事業名成利就，但自身頗有福蔭，但命中食祿不弱，一生能得衣食豐足。

愛情婚姻：

(1) 對愛情和婚姻沒有特別憧憬，但認為這些是人生必經階段，一切都應該來得理所當然；誰知個人性格不足導致自己感情路上曲折迂迴，因而怨天怨地。

(2) 心態自私，在感情上也是希望對方比自己付出更多，一味要求伴侶善待自己，自己卻不願作任何犧牲。

(3) 人生無大志，思想墨守成規，不能與時並進，戀愛或婚後皆易遭伴侶厭棄，故感情容易以分手告終。

子息：

(1) 命中子息早見，與子女緣分一般，但因思想守舊而無法與子女有效溝通。

(2) 雖然孩子與自己的關係不親切，但為人正直，知孝守禮，能侍奉自己至晚年。

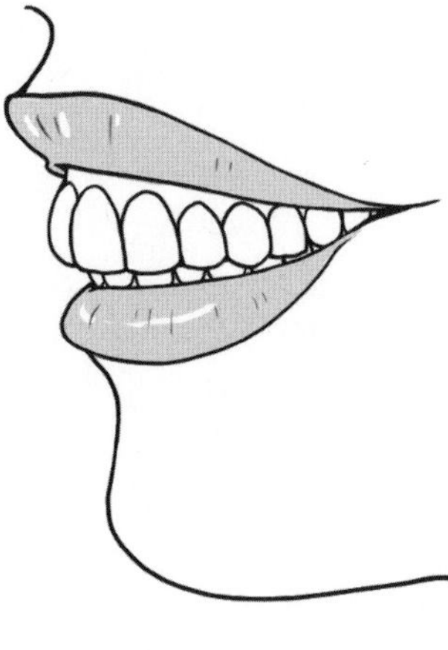

(24) 天包地

形態： 上排牙齒覆蓋下排牙齒，下排牙齒仿似被包裹着，在相學上稱為天包地。

性情：

(1) 下顎牙齒被上顎牙齒包住，下巴有向內凹的現象，對言語功能造成影響，說話難免口齒不清、咬字不準確。

(2) 性格陰沉，孤獨不合群，不喜歡與人打交道；疑心亦重，不容易完全信任人，常以小人之心度君子之腹，所以人際關係不算好。

(3) 城府極深，心計甚重，算人算事，手段高明，善於運用手段進行分化或拉攏，讓人不自覺陷入其圈套之中。

(4) 忘恩負義，每每過河拆橋，與人合作達到目的後，便使計將同甘共苦的戰友一腳踢開，以便獨佔成果。

(5) 性格暴躁，男女皆非和善之人，遇到別人不認同自己或有不順意的事情時，便以行動或言語傷害人。

(6) 女性是悍婦罵街、動手動腳的典型；男性更具暴力傾向，常與人發生肢體衝突，故多招官非與爭端。

(7) 思想偏激，易鑽牛角尖，有被害妄想症，覺得自己被社會和身邊人背棄，所以經常作出違反常規的行為。

(8) 牙齒天包地，上下兩顎位置有偏差，影響咀嚼和飲食，故容易患上消化系統疾病，嚴重者會有慢性胃病痼疾。

事業：

(1) 性格所累，一生事業運低沉，以致親者反疏，恩者成仇，眾叛親離，遇難時只能自求多福；此相多有祖業，但因經營不善，終必破敗。

(2) 說話沒技巧，難交際能力弱，絕不適合從事公關、零售推銷、業務推廣或客戶服務等需要常常與人接觸的工作，否則必是得罪人多稱呼人少，為公司倒米。

(3) 獨立性低，絕不能勝任發號施令的領導崗位，只能擔當聽從指示的執行性工作，按部就班，免於犯錯。

(4) 機心甚重，每每在利害關頭犧牲甚至出賣朋友、同事或員工，所以同事之間關係差，員工表面順從內心不服。

財帛：

(1) 天包地在相學上為濁相，縱富也不貴，雖能繼承前人餘業，但必受六親之累而終必破敗。

(2) 祖上多有財富產業，中年之前生活尚算不普，但奈何本身不是生意材料，又被家人所累，以致家道中落；踏入晚年，必家境敗落，一貧如洗，生活非常慘淡。

(3) 用錢揮霍無度，理財能力不高，踏入五十二歲流年開始，隨時有破大財之災，甚至難得善終。

愛情婚姻：

(1) 相學上，男性為天，女性為地。男性齒相天包地而地受傷，易剋妻；又以妻為財，故財運也較不順。

(2) 男為天，女為地。女性齒相天包地，有無理欺夫、妻奪夫權之虞，或因配偶身喪而再婚。

(3) 不論男女，剋妻欺夫，皆主婚姻不順，一婚難到老，再婚也難言白首偕老。

子息：

(1) 不論男女，子女福分淺，若非子息稀薄，則是與子女聚少離多，感情冷淡，晚年亦難得子女在身邊。

(2) 本性暴躁不講理，對子女也是管教無方，致令子女變成無禮之輩，常惹是非糾紛，令父母受累，更難望子女孝順自己。

【口說不如身逢，耳聞不如目見。】

(25) 地包天

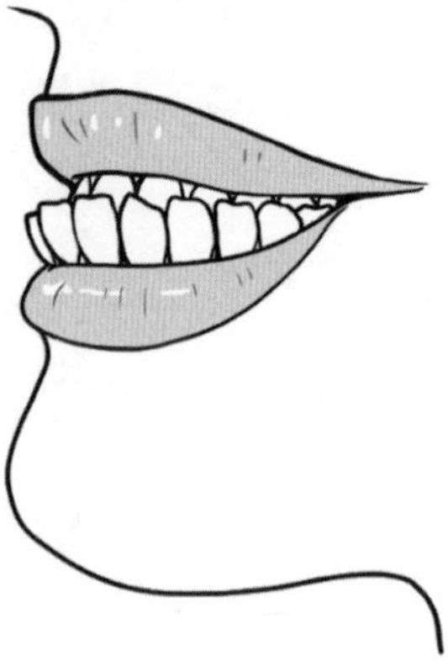

形態：上排牙齒被下排牙齒覆蓋，彷似被包裹着，在相學上稱為地包天。由於下顎牙齒凸出，形成地閣向上兜起的現象，故亦稱兜齒。

性情：

(1) 性情複雜多變，陰暗不定，脾氣暴躁，情緒起伏大，易喜易怒亦易憂，常令親人和朋友感到吃不消。

(2) 説話不盡不實，口不擇言，不知收斂，禍從口出，處處挑剔他人毛病，得理不饒人，容易以言語傷害人，因而樹敵。

(3) 倔強固執，做事一意孤行，認為自己的見解就是最正確，不容易接受他人的意見與批評。

(4) 自私自利，凡事計較，是典型利己主義者，在很多時候都只考慮自己而不顧他人感受，對人際關係造成不利影響。

(5) 城府深沉、妒忌心重、猜疑心大，不輕易相信別人，而且處處對人防範，害怕別人欺騙或傷害自己。

(6) 命格很硬，但因親人的福壽會與自身的遭難互相抵銷，當自身遇上重大難關或危難而避過一劫後，親人可能就要減少福壽了。

(7) 男為天，女為地，天被地所包，代表君被臣欺，也代表家中由女性掌權。女性在幼年和少年時是家裏小公主，父親俯首甘為孺子牛；男性則有一個極為嚴厲的母親，家規甚嚴。

事業：

(1) 事業心很強，辦事能力極高，是公司裏的厲害人物，經常批評公司政策或老闆的管治方法，雖然心態只是對事不對人，但略嫌不夠人情味。

(2) 自我意識很強，不甘屈居人下，所以在工作上比任何人都更拼搏，故容易出人頭地。

(3) 性格不服輸，堅持己見，不肯接受批評，創業的話，必是大成大敗，各走極端，而女性比男性創業成功機會較大。

(4) 男性事業運比女性略為遜色，工作上會遭遇強勢的女同事，成就也會被她們蓋過；幸好地包天地閣朝拱，晚運還是不錯的。

財帛：

(1) 生活上精打細算，有自己一套理財法則，絕不會多花無謂錢，更不會讓自己吃虧，日子過得十分舒適。

(2) 行動力強，賺錢能力亦高，能為自己創造衣食無憂的人生，而女性比男性表現更出色。

(3) 齒相地包天，地勢豐隆，下停圓潤朝拱上停，形成晚福的格局，故晚運亨昌，福澤深厚。

【國清才子貴，家富小兒驕。】

愛情婚姻：

(1) 自我意識太強，在感情上亦以自我為中心，不單影響人緣，也會導致異性緣下降；所以在情場中多遇挫折，夫妻運受累。

(2) 男為天，女為地。女性齒相地包天，陰陽顛倒，代表丈夫長年健康不佳，或丈夫性格懦弱怕事，婚後靠不到丈夫，難享夫福。

(3) 男性婚後多由太太掌權，家庭開支亦主要由太太負擔；而且易娶惡妻，婚姻未美滿而易有婚外情，包養小三。

子息：

(1) 感情和家庭上較自私，不會考慮配偶或兒女的意願，女性在家裏總是以己為尊，所以子女都不愛親近。

(2) 地包天不利六親，子女先天體質較弱，宜小心照料，適時為孩子保養身體。

(26) 三十六齒

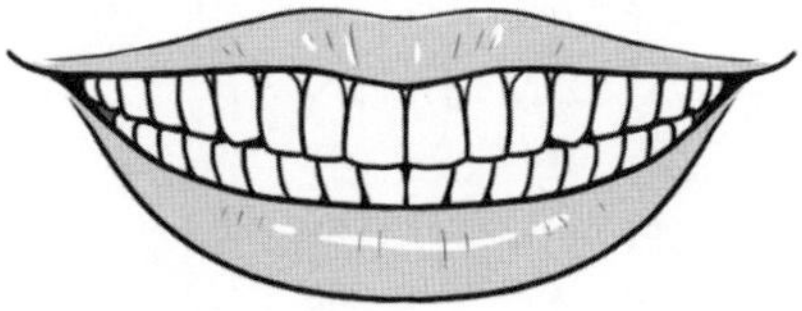

形態：成人的牙齒數量是三十二顆，沒有長智慧齒或已拔除四顆智慧齒，便是二十八顆。若擁有排列整齊的三十六顆牙齒，是福祿的表徵。

性情：

(1) 天性聰敏過人，學問好，智慧高，分析力強，擅於辭令，說話說服力強，容易成為群眾中的矚目焦點。

(2) 正直不阿，具不屈不撓精神，敢於面對困難，克服難關；遇上問題絕不推卸責任，勇於承擔過錯。

(3) 胸襟廣闊，氣度恢宏，深明退一步海闊天空的道理，能包容與自己意見不同的人，做事時不會因個人情緒或小問題而影響大局，所以能得到別人的尊敬。

(4) 極富忍耐力，且有很強的自信心，做事不達目的不回頭；在面對困難和阻礙時，能夠冷靜思考問題關鍵，極具領袖魅力。

(5) 行事作風果斷明快、乾脆俐落，不會拖泥帶水，而且做事極有恆心和耐性，一旦確定了目標，必能堅持到底，不畏艱難，不言退縮。

【公道世間唯白髮，貴人頭上不曾饒。】

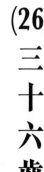

(6) 缺點是主觀性頗強，對很多事情都有自己的見解，除非別人的說法理據充分，否則不易被說服。

(7) 牙齒數量多，代表先天腎氣充足，體魄好、精力旺，能夠以強健的身體去完成工作和生活上的事情，是長壽之相。

事業：

(1) 相學上，三十六齒甚具貴氣，古時為公卿、幕僚大臣，在現今社會則是極受公司、老闆器重的高層管理人才，而且在早年就可獲得功名利祿。

(2) 處事公正公義，對事不對人，絕不偏私，所以工作上得到下屬、同事支持，事業上能遂願成功。

(3) 一生運勢好，且具備高質素的條件，辦事能力很高，善於把握發揮機會，事業上能創造翻雲覆雨的巨大成就。

(4) 精力充沛，一天能工作近二十小時，營商的話，能按部就班，並憑着獨到眼光覷準市場走勢，打造個人品牌，四海揚名。

財帛：

(1) 一生很少缺錢用，富而不驕，不會太看重金錢；只要自己能力所及，更樂於以金錢幫助有需要人士。

(2) 相法上，齒多者主貴顯，享福祿。齒數三十六，官職可達，雖勞碌多憂，但可名利兼收，中年發富，晚運昌隆。

(3) 思維清晰理財有道，踏入社會不久便能積儲豐厚財富，終必大貴，衣祿無憂，生活安定，壽如松柏。

愛情婚姻：

(1) 天生具有吸引異性的魅力，縱使沒有主動向人示好，也能令異性為之醉心傾慕，一生桃花頗旺。

(2) 不論男女，對個人外表都頗有要求，伴侶都是樣貌出眾、很具吸引力的才子佳人。婚姻運很好，夫妻恩愛，只嫌有時過於嚴謹，欠缺生活情趣。

(3) 重情重義，對朋友兩脅插刀，對伴侶心無二致、從一而終，婚後能以家庭為重；但嫌有時工作過分忙碌而使伴侶與子女略有微言。

子息：

(1) 子息緣分好，主有子女兩三，兩代之間感情深厚，遇事有商有量。子女和晚輩都是多才多藝的優秀人才，且能堅持行公義，不為五斗米低頭。

(2) 此相可享遐齡，晚年康泰，子孫賢孝，承歡膝下，老有所依，不愁孤單寂寞。

齒相詳解

牙齒之基本意義

牙齒的基本功能是咬嚼食物，使之容易消化，屬於消化器官之一。食物為我們的精血、肌肉提供營養，牙齒不佳則有礙嚼食，使進入胃部的食物難以消化，影響健康，導致疾病。

在古時，牙與齒分工嚴謹，居前方者稱為牙，如門牙，作用是啃咬食物；居門牙之側、負責咀嚼者稱為齒，如犬齒、臼齒。不過，時至今天，兩者意義已然相通，統稱牙齒。

《實用解剖學》解：「牙齒深埋於上顎與下顎之齒槽內，分門齒、犬齒、臼齒三種；各齒之構造相同，而形狀則異。突出於齒齦部分曰『齒冠』；埋在齒槽部分曰『齒根』；交接於齒冠齒根間之狹小部分曰『齒頸』。齒冠齒根之內部皆為『齒質』；而齒冠外部以有一層硬薄之『琺瑯質』，齒根外部則被以一層若骨類之『白堊

【苗從地發，樹向枝分。】

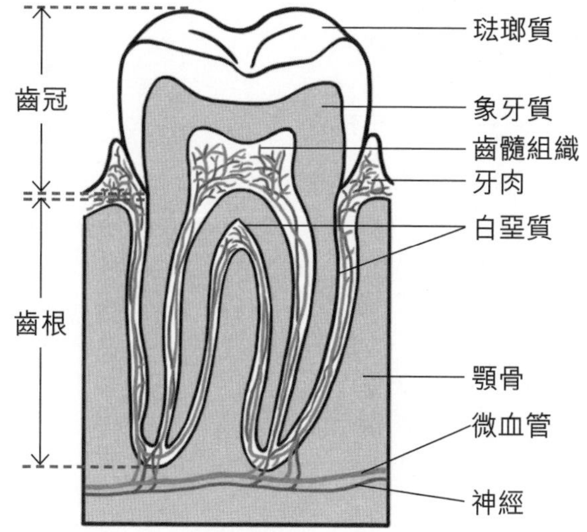

牙齒的構造

質』。齒之中心部分曰『齒腔』，齒腔內藏有軟質之『齒髓』，齒髓中有血管、淋巴管及神經，故感覺特別敏銳。」

簡單來說，人類的牙齒分門齒、犬齒及臼齒。凸出於齒齦的部分稱為齒冠；埋於齒齦內的部分名為齒根；齒冠與齒根之間的狹窄部分叫齒頸。齒冠外面包着一層堅固、由鈣質和磷肥質構成的琺瑯質；中間是齒質，即象牙質，是牙齒主要的身軀；裏面是齒髓組織，即牙齒核心，包含神經腺和血管。齒根包含着白堊質、微血管及神經。

牙齒的名稱

據英才經驗所知，一般來說，人出生後六至十個月便開始長出乳齒，共二十顆，包括：四顆正門齒（六至十二個月時長出）、四顆側門齒（九至十六個月時長出）、四顆犬齒（十六至二十三個月時長出）、四顆小臼齒（十三至十九個月時長出）、四顆大臼齒（二十三至三十三個月時長出）。乳齒長出的時間是由遺傳因素決定，故此是因人而異的。小孩約六、七歲時，另一組牙齒逐漸在乳齒底下形成，把乳齒推出頜骨後取而代之，名為恆齒。

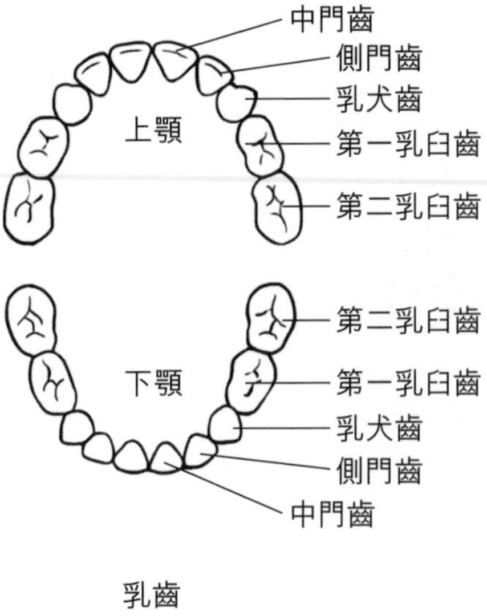

乳齒

【父子和而家不退，兄弟和而家不分。】

恆齒共有三十二顆，包括：四顆正門齒、四顆側門齒、四顆犬齒、八顆小臼齒、八顆大臼齒、四顆智慧齒。恆齒的象牙質通常呈微黃色，因珐瑯質透明度比乳齒高，故恆齒看來比乳齒黃。隨着人的年紀漸長，象牙質會不斷增厚，牙齒亦因而會變得比較黃。

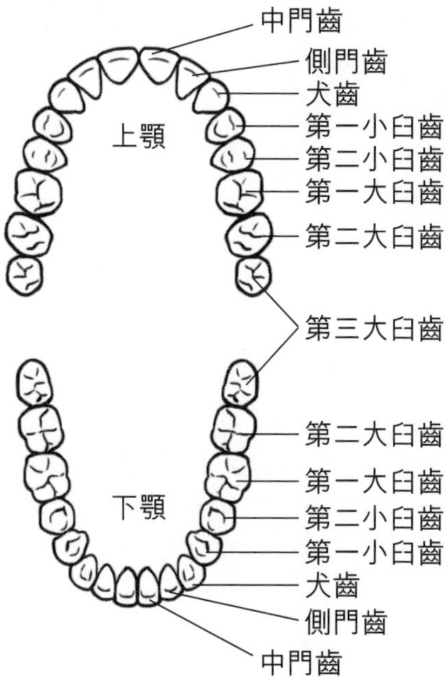

恆齒

牙齒的長度

牙齒長度的結構主要分為牙冠和牙根兩個部分。在醫學的臨床上發現一個現象，身體愈高的人牙齒也就愈長，當然偶爾也有例外的情形。台灣有學者通過實驗探討了人體身高與牙齒長度之間的相互關係，雖然規模小，但仍有參考價值。

（以下資料來源：https://www.shs.edu.tw/works/essay/2008/10/2008103123593274.pdf）

實驗的方法是，以二十至五十歲的男性和女性各五十人為對象，以X光片測量他們的正門齒、犬齒和大小臼齒的長度，對照他們的身高，從而算出男女性平均身高／齒長指數。學者認

【官有正條，民有和約。】

為，實驗結果既可以利用身高預估牙齒長度，同時也可以利用牙齒長度預估身高，父母甚至於可以預測子女未來的身高。

研究的結果是，男性平均身高為169.35±4.45公分，牙齒平均長度為2.78±0.22公分、牙冠平均長度0.97±0.08公分、牙根平均長度1.79±0.13公分；女性平均身高為159.68±3.22公分，牙齒平均長度為2.70±0.22公分、牙冠平均長度0.93±0.11公分、牙根平均長度1.76±0.11公分。身高與牙齒的比例指數是：男性61.53，女性59.83；身高與牙冠的比例指數是：男性176.82，女性175.66；身高與牙根的比例指數是：男性96.27，女性92.45，各指數顯示男性均大於女性。

雖然此實驗對於身高與齒長沒有得出很精確的比例關係，但卻顯示了人體愈高牙齒愈長的相對關係。至於影響一個人身高的因素則包括：父母身高遺傳基因、後天成長過程的飲食營養，以及運動與身體健康條件。

此外，又有牙醫提出一個有趣的標準，認為單顆門齒及上排牙齒長寬如能符合1:1.618的黃金比例，可列入最佳美齒。也就是說，以上排正門齒的寬度為1、長度為1.618是最佳比例；以側門齒的寬度為1，正門齒的寬度是1.618，就是最為美觀的牙齒排列。

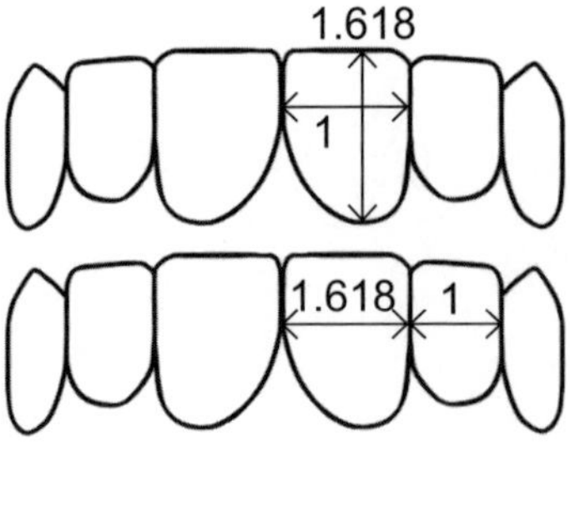

齒司飲食

口唇嘴型一定要與牙齒配合，有所謂唇齒相依、唇亡齒寒的道理。牙齒藏於唇內，兩者一起同司飲食、言語。

食物是養命的根源，為我們的精血、五臟六腑提供營養，維持身體生長。食物經牙齒咀嚼後進入食道、胃部，牙齒不佳則有礙嚼食，使進入胃部的食物難以消化，影響健康，導致疾病。

觀看兩唇與牙齒外觀，便可知飲食情況。唇厚齒尖，好肉食，喜愛山珍海錯；唇小齒平，好素食，只求裹腹，不求美食；唇厚齒大，好飲食之慾，愛研究烹飪技術；唇薄齒小，食慾不強，烹飪技術必然拙劣。肉食類的動物如老虎、豺狼，牙齒皆是銳利而尖，門齒與犬齒發達；草食類的動物如牛、羊、馬，則只有臼齒。人類菜肉兼食，故門齒、犬齒和臼齒俱備。

齒司言語

人之說話言語，亦由牙齒外觀而定。牙齒排列凸出、缺陷、不齊者，好出惡語、出口傷人，這是由於大腦之兩半球、遺傳力與心性力不均之故。若牙齒端正美觀、瑩白整齊，則說話誠實、說服力強，從不吐毒言惡語。牙齒堅固、勻齊，必是忠信之人。牙齒參差、敗壞，小腦、後頭葉必不良好。

此外，語不見齒方為貴，說話露齒結喉是相中大忌，男子如此，骨肉分離。女性如此，妨夫絕子，或死於客鄉。

【幸生太平無事日，恐逢年老不多時。】

牙齒在相學上的定義

牙齒在相學上佔有極重要之地位，英才在教授初階相法時，必先以當門兩顆牙齒被列為四學堂中的「內學堂」（餘三學堂為：額為祿學堂、眼為官學堂、耳門為外學堂）傳之，即可想見。齒相不單與人之健康、壽夭關係至大，觀齒更可斷人之性格、衣祿、信用、人緣、婚姻、子嗣、福澤以伴侶至之賢慧等，所以在五官相理上有重要意義。

中國相書論齒

《人倫大統賦》：「惟壽算之前定，以牙齒之可觀」。其意思：人的壽元乃先天所定，觀看齒相便可知。

《麻衣神相》論齒：「構百骨之精華，作一口之鋒刃，運化萬物以頤六腑者，齒也。故欲得大而密，長而直，多而白者，佳也。堅牢密固者，長壽。」其意：牙齒是骨骼之精華，是口的鋒利刀刃，用以切斷和研磨食物，以供養五臟六腑。牙齒形態以大而密、長而直、多而白為佳。齒質堅固，主長壽。

又云：「齒乃骨之餘，壯則齒堅，衰則齒落」。其意：牙齒是人體最堅硬的骨骼，身體壯健則牙齒堅固，身體衰弱則牙齒脫落。

《壽世保元》：「夫牙齒者。乃骨之萃也。骨乃腎主之。」「腎衰則齒豁。精固則齒堅。」其意：牙齒是人體最重要的器官之一，是人體最堅硬的骨骼，即齒與骨同出一源，腎精能夠生髓，而髓能養骨，故腎精充盛則骨髓生化有源，骨髓充足則骨骼得養，牙齒也就堅固不易脱落。凡腎精衰弱，牙齒便疏而有隙；腎精充足，則牙齒堅固。

《人相學之研究》：「齒藏口內，故主內面，而口與齒；第一司飲食，第二表言語，第三主家庭。……齒壞者，家庭之間難得圓滿，亦以小腦之遺傳力，失其純正也；才略知識，雖極淩厲，而兄弟不睦，妻離子散，終難倖免耳。更以流年論之，耳主初年，齒宰晚歲，故齒壞者，晚運必惡。各齒整齊，遺傳良好，人必優越；各齒紊列，必生變庛，其者犬齒臼齒異狀者，則所生子女，其顏面、腦髓及兩眼、兩眉、兩耳，必各因此而生差異，是因小濫動之結果也。」其大意：齒相不佳的人才疏智淺，與手足不和，與配偶、子女不親；晚運必不好。若犬齒、臼齒形態尖歪，所生子女五官必有異常，智力也不高。

《平園相法》：「暴齒之人，夫妻緣分易生變化。齒列不整之人，腎必虛弱。齒向外出為反齒，主性粗野；齒向內生為內齒，主性陰險。門齒開裂，中間有間隙者，夫妻不和，且易破財。門齒缺一者，剋父母或分離。門齒之間有犬齒者，主性荒淫。門齒尖同犬齒者，主性狂暴，逆上淩下。門齒有三枚者，主性酷毒，多為盜賊。門齒歪斜不正，心邪行偽、好自誇。門齒脱落者，與父母無緣或早別。」其大意：牙齒相理愈差，人生缺陷愈多，婚姻多變、健康不佳、性格粗野、陰險成性、破財難免、荒淫狂暴、欺下犯上、惡毒邪偽、雙親無緣，不一而盡。

英才總結以上相書論述：牙齒與骨骼同源，是血氣盛衰的表徵。血氣盛則牙齒堅固，血氣衰

【池塘積水須防旱，田地勤耕足養家。】

則牙齒易脫落。故此，牙齒的堅固或脫落，可以反映身體的強弱；而根據牙齒相理的好壞，便可以占斷人的優劣：牙齒以細密、長厚、多白、排堅、齊正、瑩潔為最佳。牙齒細而密者主貴，長而厚者主富，多而白者主福，排而堅者主壽，齊正者主善良，瑩潔者主仁義。齒紅如榴子者主福祿；齒白如銀餅者主清貴。形如粳米者，壽量俱大；如列鋸者，粗鄙好食。錐齒者多謀多慮，而一生多疾厄；尖齒者多奸多詐，作事離經判道。門齒有缺者刑剋父母。上齒露者，拂逆人意。左齒缺者，中年必有一劫；右齒缺者，配偶身體不安。重生者，刑傷六親，生性狡詐；橫出者，兇暴成性，多主橫死。疏而有隙者，貧苦福薄；短而歪斜者，愚昧早夭。黃黑者主破敗；焦枯者主橫逆。參差者主虛偽；繚亂者主奸狡。少年牙齒無端脫落，多為不壽；中年牙齒無端脫落，刑傷有劫。中年重新長牙，則主添壽；晚年重新長牙，更屬延年。

西方相學論齒

作者曾涉獵西方相學，發現牙齒在當中亦佔有重要的地位，可斷人的性情、壽夭與命運，相法理論與中國相學基本一致。概述如下：

(1) 齒尖的人好食肉類，齒平的人喜食蔬菜水果。

(2) 齒長者有魄力、有膽色，心思雖不縝密，但反應極迅速，坐言起行，且敢於面對任何波折，故成事者多，僨事者少。齒短者心思周到，遇事謹慎，但魄力不足，體力弱，往往事經三思仍畏縮不前，故成事者不多，敗事者亦少。

(3) 齒主家庭，齒相差則家庭必不和。

(4) 上下排齒數相等，而且整齊相合，有福有祿。若上排齒凸出而覆蓋下排齒，少時必遭困頓；相反，下排齒凸出而掩蓋上排齒者，老年無依，難免鰥寡。

(5) 門齒特大而露出唇外者，男子必不得志，非貧即賤；女子則無福澤，非寡即孤。

(6) 門齒尖者，性情躁急，終身亦無好運。

(7) 女子牙齒朝內者孤單貧苦，朝外者性格兇殘暴戾。

(8) 小兒未滿七月而長乳齒，生命必不長永。男女齒長露出四分以上者，壽數定逾古稀。

(9) 齒主晚年，齒相差劣則晚運必不佳。

【奉勸君子，各宜守己。】

牙齒之外觀相理

《人倫大統賦》又稱：「喬松壽考，瑩如崑玉之堅。」「喬松壽考」語出《戰國策》：「世之稱弧而有喬松之壽」。弧是用木所製之弓，因古時男子生辰，即在門之左邊懸弧；喬是王子喬、松是赤松子，均是《列仙傳》中之人物，仙人照例都屬長壽者。「崑玉」產於崑崙山，瑩然光潔，質地堅硬，用以形容美好的牙齒；故凡長壽之人，牙當必是瑩潔而堅硬。牙齒方長寬大、堅硬緊密、排列整齊、色澤瑩潔的話，此人必定發育健全，身體強壯。牙齒參差不齊，名曰「鬼牙」，其人性格大多倔強怪僻，足以損壽。

因此，觀齒之法大抵應從整齊緊密、方長闊大、色澤瑩潤、數目足夠、長而不露等原則細加辨別，如能一一符合，便可謂極完美之牙齒，能集《書經．洪範》所指的壽、富、貴、康寧（健）、考終命（善終）五福於一身。

牙齒之疏密

牙齒的疏密對一個人的性格、成就和運氣至關重要，是相齒的首要條件。《人倫大統賦》：「康寧者，齊且密；賤夭者，疏不連。」

牙齒排列緊密、整齊，其人天性純厚、為人正直有禮、忠心不二，能守信用、守秘密，能夠設身處地為他人着想，而且精神和骨骼堅強；人生於世，有其一套處世待人和保全自己免於危險的方法；得志之時能夠惠澤他人，失志之時能夠修身養志，故一生命運康寧，享長壽。

至於牙齒參差不齊、疏落間缺，其人父母無緣，財運缺乏，性格必倔強怪僻，任性使氣，不守法度，有學問者大多恃才傲物，狂妄不羈；不學無術者便斷然是好勇鬥狠、膽大妄為之徒，故一生命運坎坷挫頓特別多，甚至遭遇凶險惡運，皆理所必然。

牙齒之大小

談到牙齒的大小，則以當門二齒是內學堂，如果形狀闊大又色澤明潤，其人必名聞天下。整體牙齒大顆的人，精力充沛，有思考力，做事有理性，為人鬥心強，行動大膽，但是不能很好的從細節上觀察和體諒別人。牙齒太大超乎正常比例太多，亦主刑傷父母。

《平園相法》：「齒大之人，陰毛濃密，性慾特強；齒小者反是。……門齒大而整，多受父母寵愛。各齒細小者，吝嗇成性、一毛不拔；各齒不整者，主好說是非，易招口禍。」其意：牙齒大的人，活動力旺盛，性慾也很強烈；反之亦然。（凡用假牙代替門齒之人，不論其年齡如何，其性機能必然減退。）門齒大顆而整齊，享受雙親寵愛。牙齒小顆的人貪財小器；牙齒不齊人好說人長短，多招口舌是非之禍。

整體牙齒大小相約、緊湊成排，其人社交拙劣，反應遲鈍，平素不善鋪張裝飾，更不懂大吹大擂作宣傳。

【弟子規，聖人訓，首孝弟，次謹信。】

牙齒之色澤

相齒之法，色澤十分重要。《人倫大統賦》：「班馬文章，白若瓠犀之美。」其意：「班馬文章」是指漢代兩大文豪班固及司馬遷，泛指一部分有真才實學、文章足可傳世之人。「白若瓠犀之美」，瓠犀是胡蘆瓜裏的籽實，因其密排潔白而整齊，故以此比喻最好之牙齒。「齒如瓠犀」，語出《詩經》，借喻擁有美齒的文人。首兩句的意思就是：凡是有真學問、文章可以傳世之人，牙齒必定潔白、齊整、緊密。

由此可知，牙齒色澤十分重要，但並非單純以色白為貴、黑黃為賤，必須同時注意牙齒本質的精粗與厚薄，以及是否鮮明潤潔。

我們已知，牙齒是由琺瑯質、象牙質與白堊質組成。要識別牙齒的優劣，與識別資質器皿異曲同工，比如某人牙齒堅固色白，但上面一層琺瑯質太薄，以致缺乏潤澤之光彩，這種色白便是枯骨之白，並不足取，其人非但命運困窮，亦主夭壽。又例如，某人牙齒微帶黃色，但質同璞玉而呈現柔和光澤，具有這種齒相的人，大抵平生清閒多福、富貴雙全，多樂少憂。

因此，牙齒宜白，但不宜枯白；不忌黃，但忌焦黃。牙齒焦黃，主一事無成；枯白者，主早夭壽促。無論色白、色黃，總宜色澤鮮明瑩潔，為上乘齒相。

牙齒之數目

一般來說，恆齒連四顆智慧齒在內，總數三十二，偶然有人會多至三十八顆或少至二十四顆。

《麻衣神相》載：「三十八齒者，王侯。三十六齒者，卿相。三十四齒者，朝郎巨富。三十二齒者，中人，福祿。三十齒者，庸流。二十八齒者，貧窮。二十六齒者，下賤。二十四齒者，早夭。」古時相法，擁有三十八顆牙齒的人能當大官，且能官至王侯；有三十六顆牙齒的人可官至卿相；有三十四顆牙齒的人能任職於朝廷重要部門，且擁巨富；有三十二顆牙齒的人兼享福壽；有三十顆牙齒的是平常之人；而有二十八顆牙齒或以下的人皆是貧賤壽促之命。

據現代非正式統計，一般有地位的人，多有三十六或三十四齒。因牙齒數目與體質的強弱有莫大關係，齒多則體強，生命力旺盛，兼享長壽；齒少則體弱，有神沒氣，沒有生命力，齒少至二十四者必夭壽無疑。

不過，單憑齒數的多寡而決定其人地位的高下，說服力不夠強，故還須兼看牙齒其他相理，才有更確切論據。

齒相論命詩訣

齒相之吉凶關係人一生的運勢。古相書對此皆有論述，並編成歌訣，便於記誦。英才以下摘

【父母呼，應勿緩。父母命，行勿懶。】

錄部分供讀者參考使用。

齒密方為君子儒，分明小輩齒牙疏。色如白玉須相稱，年少聲名達帝都。

唇紅齒白文章士，眼秀眉高是貴人。細小短粗貧且夭，燈窗費力枉勞神。

齒密方齊是大儒，奸貪歪類齒牙疏。色如白玉聰明子，年少聲名達帝都。

唇紅齒白好文章，密固堅齊作棟樑。尖大漏疏貧夭漢，休教父母作兒郎。

掀唇露齒總欺心，巧語簧流若五音。怕惹是非應拒絕，不能拒絕是非侵。

齒方端正信行多，露出鬼牙勝六婆。貧漢由來生鼠齒，不為盜賊慾如何。

齒如金玉，受天福祿。齒如榴實，豐衣足食。

齒如爛銀，聰明信行。齒長一寸，富貴絕倫。

齒白而方，仕途無殃。齒潔如霜，騰達榮昌。

鬼齒尖露，譎計奸妒。鼠齒稀疏，勿與同居。

齒黑而疏，常在危途。齒黑而細，迍蹇多滯。

齒露唇掀，客死荒野。齒漏而斜，家破財散。

唇不蓋齒，遭人謗誹。齒齦竅出，每事漏失。

齒疏短缺，貧夭波折。齒牙早脫，性慾衰退。

牙齒發黃，做事發狂。門牙縫大，財富難守。

一口利齒，易惹是非。牙如龍齒，必有貴子。

齒如梗米，長命百歲。齒長無齦，到老孤貧。

牙齒如玉，歡樂一生。牙齦外露，做事不嚴。

牙縫稀疏，財要漏空。壯年落牙，壽命不長。
牙如羊齒，兒孫享福。牙齒黑色，害剋他人。
牙齒卅八，帝王之命。牙齒卅六，官職可達。
牙齒卅四，生意興隆。齒堅壽長，齒糠壽促。
牙齒短缺，做事愚蠢。牙齒稀疏，貧窮一生。
牙齒不齊，滑頭蠻橫。牙齒枯竭，健康受損。

牙齒相理總論

牙齒與身體健康有密切關係，醫學上有某些疾病可從牙齒的外觀辨證。在相學上，牙齒更有重要意義，可窺探人的婚姻、子息、壽元、信用，兼斷性格氣質、運氣福祉，定運於六十歲。論齒吉相：唇紅齒白、牙齒整齊、長、數多、緊密、潔白晶瑩、不露齦；論齒凶相：齒短、數少、黑枯、交錯、外傾、露齦、重生、齙牙、齒縫大、下排凸出、參差不齊。

心性、際遇

(1) 上列兩顆正門齒特別大的人，活力充沛，精力旺盛，說話直率，不會轉彎抹角，做事風風火火，不拘一格。

(2) 門齒大的人樂觀開朗、爽直熱情，很愛喜歡熱鬧，常常呼朋喚友開派對，開開心心享受人生。

(3) 門齒歪曲不正或有缺損的人，與雙親緣分淺薄，或自幼異地而居，或從小與父母之間少交流，或年輕時候便負笈海外升學。

(4) 門牙縫隙大，加上上下列牙齒彷似要從牙齦飛出去似的，在相學上稱為外波牙，是大凶之相，其人總以暴力解決問題，罔顧法紀，主死於非命，不得善終。

(5)《何知歌》：「何知凸睛殺人惡，但看當門兩齒落」，上列兩顆正門齒脱落的人兇惡殘暴，心狠心辣，宜敬而遠之。

(6)牙齒緊密者，個性善良忠信，有憐憫心，能保守秘密，口才很好，説話圓滑，不會因亂説話而得罪人。

(7)牙齒參差不齊、疏密不勻的人，性情粗野狂躁、脾氣不穩、容易衝動，口是心非，常常以謊話欺人，而且疑心很大，杯弓蛇影，一天到晚懷疑有人在背後挑剔自己。

(8)牙齒大瓣而明亮者，心性善良，富同情心，為人守信，一生口福好，運氣也佳，多有貴人相扶。

(9)牙齒小瓣而細密如米，其人內向慎言，心思細密，但心胸承受力有限，嫉妒心頗重，警戒心也強，不容易相信他人。

(10)如果一個人面型肥胖而牙齒很細，便是臉大齒小的相格。這類人一般心機城府重，事事計算，與之交往時需要有所提防。

(11)牙齒短小而有缺齒，多是母親懷孕時腎氣不足所致，所以出生時先天腎虛，不單導致牙齒不固及稀疏，並且腦子不聰明，容易成為頑愚之子。

(12)牙齒形態尖鋭而呈三角形，這是暴躁易怒、破壞力強的人，口蜜腹劍，處事極端，記恨心很重，與其共事或為友，一定要格外小心。

【事雖小，勿擅為。苟擅為，子道虧。】

(13) 牙齒凹凸不平的人有種壞習慣，就是經常以舌頭舔牙齒。這類人性格執着己見，獨斷專行，聽不進別人的勸諫，行事衝動魯莽，不理前因後果，所以容易招來危難。

(14) 牙齒朝內彎曲的人好說他人閒話，喜歡以是非當人情；對於身邊的人和事，總愛批評一番，但卻十分吝嗇於稱讚別人。

(15) 牙齒重生（牙齒後面又長出一顆牙），主少年刑傷，中年易有災厄，此情況以門牙重生最嚴重。

(16) 上列兩顆門牙特別大且向外凸出，名為兔齒。有此相的人心地善良、膽大心細，而且都是重義氣的兒女，生活上無論大小事情，只要能幫的都絕不猶豫、不存私心地盡力幫忙，即使自己可能要吃點小虧，也在所不計，所以極受朋友喜愛，人緣很好。

(17) 虎齒潔白緊密而方正，有虎齒的人嫉惡如仇，極具正義感，面對惡勢力不會低頭，勇於為弱勢社群發聲。

(18) 上下門齒向前凸出，放鬆狀態時上下唇不能自然閉合，名為齙齒。有此相的人性格外向，好饒舌但絮絮叨叨所說的盡是膚淺無聊事，且率性固執，不知收斂而令人側目；雖富有行動力，但往往意氣用事，橫衝直撞，縱有好心卻做壞事。

(19) 牙齒雪白整潔而堅固、大小又與臉型配合勻稱的人，性格開朗、樂觀、熱情，且富有行動力，做事絕不拖泥帶水。

(20) 牙齒大瓣而色澤黃黃的，都是做事膽大、任意妄為、不受約束的人，故一生多招口舌生非，嚴重者更惹官非麻煩。

(21) 牙齒晶瑩而潔白者是有智慧的人，面對世事能夠明辨黑白是非、不被迷惑，並能堅持信念，抱着樂觀心態消除人生障礙，所以才會快樂一生。

(22) 牙齒如珍珠般晶瑩是牙質健康的信號，代表腎氣充足、行動力好，其人謹慎自持，做事有條不紊。這是長命百歲而無災無禍的吉相。

(23) 笑不露齒，說話不露牙齦，這是齒密而腎固的面相，其人定然有智慧、有專長，自然能夠富貴一生。

(24) 平時說話牙齦外露明顯的，即是牙齒外露過多，其人是保守不住秘密的，所以千萬別與其分享任何機密事。

健康、壽元

(1) 小兒的乳齒在七個月後才長出來最吉，太早長出來的話，有損健康，較難養育。

(2) 牙齒堅硬而齒密的人先天腎氣充足，身體好而壽命長。牙齒糟糠稀疏，這是母親在懷胎時出現腎虛所致，其人壽命恐難長久。

(3) 牙齒勻齊、堅固、厚大者，筋骨強健，先天元氣充足，抵抗力好，病痛少而享大壽。

【親所好，力為具。親所惡，謹為去。】

(4) 牙齒牢固、長大、潔白晶瑩者，骨質密度理想，骨骼強壯，身體健康，一生少病災。反之，牙齒齲齒、短小、易掉落者，骨質密度低，骨骼脆弱而容易發生骨折的風險，而且一生病痛較多。

(5) 在牙齒健康正常的狀況下，門齒牙冠（露出牙齦的部分，即肉眼可見的牙齒部分）長度超過一公分，代表腎氣充足，是健康長壽的象徵。相反，門齒牙冠短於九毫米，代表先天元氣不足，是健康不佳、多病壽促的象徵。

(6) 門齒的平均長度大約為一公分，牙齦萎縮會導致牙根暴露，門齒長度便會增至十四五毫米甚至更長，使人感覺牙齒變長了。實際上，這是牙齒衰老的其中一個信號。

(7) 相書云：「臉小齒大，無財壽促」，牙齒碩大而臉型偏小，尤其是沒有腮骨的錐子臉，這是先天與後天腎氣虛弱的象徵，必然壽命短促。

(8) 牙齒向內彎曲，在健康上的訊息是，其人具有惡性病的遺傳體質，但因無法預測遺傳病在何時發作，所以必須小心照顧健康，更要時刻關注身體狀況和變化。

(9) 牙齒在三十歲前便自動掉落，這是後天脾胃病重所致，難以維繫壽命，故主促壽。牙齒在五十歲前掉落者，一生多災難。若在中年或晚年再生牙齒，是大吉之象，主添壽元，晚福甚佳。

(10) 兩唇閉合不緊，牙齒常年露出，代表腎氣不能封藏，故其人體質弱，脾胃健康特別差，消化系統經常出問題，一般病痛很多，少享高壽。

(11) 牙齒慘白而不堅固，有如枯骨，這是腎氣敗絕的現象；若然唾液少甚至乎沒有了，更是油盡燈枯的面相，恐死期不遠。

(12) 牙齦呈黑色是疾病的表徵，多主腎病或內分泌失調。

(13) 一般來說，成人牙齒連四顆智慧齒共有三十二顆，有多至三十六顆者，也有因落牙而少於此數者。齒數多是血氣強之象徵，代表身體強健活力足，壽數亦長；齒數少反映其人血氣虛弱，身體多病缺乏活力，故宜及早養生，否則壽數不長。

事業、地位、財富

(1) 門牙的縫隙明顯過大，這是先天肝氣過盛所致，即使有了富貴，也因為性格過於強悍，而導致傾家蕩產。

(2) 門齒外露，必被劫財，財富因種種緣故而散掉；門齒左缺，中年若官非兼破大財。

(3) 牙齒大而臉型偏小，不僅命主壽促，同時也不能聚財。

(4) 牙齒緊密者不易漏財，財庫能守能聚，可累積一定財富。反之，牙齒稀疏漏縫的人，不但與雙親緣薄，且缺乏蓄財運。無論進財多少，也會伴隨着破財、漏財的命運，一生難聚財，終身貧困。

(5) 牙齒小瓣而細密的人做事謹慎、井井有條，處理工作事項仔細認真，但事業波折多，少

【親愛我，孝何難。親憎我，孝方賢。】

壯難出頭，必須發憤掙扎，才可取得成就。

(6) 牙齒凹凸巉巉是天生一副破財相，不單賺錢能力低，縱有金錢到手，也會轉眼掏空，到老孤貧。

(7) 牙齒向內彎曲的人私心很重，工作上不能公正平等做事，處理任何事宜先會衡量個人利益，往後才考慮大局問題。

(8) 牙齒偏黑，齒不堅密，這是能力不及人的命，只能靠旁門左道的不正當手段獲取金錢。

(9) 厭齒就是指牙齒比較凹凸不平，巉巉不齊，性格兇暴、好勇鬥狠，容易散財，屬破財之相。

(10) 擁有兔牙的人長相可愛，討人喜歡，往往讓人不忍呵責而得到貴人相助，因此在事業和人生道路上比其他人走得較順利。

(11) 牙齒數目在三十二顆以上，排列整齊緊密，事業成就高，古時能官至王侯、公卿，現世可任司局長，坐擁巨富，是非富即貴之命。

(12) 牙齒潔白緊密而方正，名為虎齒。有此相的人一生貴人運好，早運已亨通，事業上風雲際會，創造輝煌，並能回饋和貢獻社會。

(13) 牙齦屬脾經，長年脾胃疾病會導致牙齦變弱不能固齒，不久牙齒將脫落。這在相學上代表親情不足、財富不保。

(14) 上排牙齒覆蓋下排牙齒，名為天包地，在相學上為濁相，縱富也不貴，雖能繼承祖業，但必受六親之累而終必破敗。

(15) 上排牙齒被下排牙齒覆蓋，名為地包天，地勢豐隆，下停圓潤朝拱上停，形成晚福的格局，故晚運亨昌，福祿綿長。

桃花、婚緣、子息

(1) 大門齒是子女難的相格，男性不孕，女性難受孕，生育孩子有困難，但若能成功養育子女，女性則較有子女緣。

(2) 門齒大的人活動力旺盛，性慾也特別強烈，須注意不可縱慾過度，影響健康。

(3) 兩顆門齒有大縫隙，代表父母之間有隔閡，容易產生矛盾，感情不融洽，時常因瑣事爭吵。由此對自己的婚姻也造成陰影，與伴侶之間不能及時溝通談心，引致誤解，置感情於危險境地。

(4) 門齒歪斜的人，性格怪僻，多有異物戀，或因而導致夫妻分歧，婚姻破裂。

(5) 上下正門齒向外分開，距離不均，必主夫妻多口角爭執、婚姻關係緊張。

(6) 門牙在六十歲前掉落，會影響子女運和婚姻運，兩者皆有損。

【諫不入，悅復諫。號泣隨，撻無怨。】

(7) 牙齒細密堅固而潔白，這是先天腎氣充足、身體健康的前提，生育能力強，並且能夠生養有高智商的貴子。

(8) 牙齒參差不齊的人，性情衝動急躁，所以跟伴侶之間無法和睦相處，而且對待感情不能專心一致，容易見異思遷。

(9) 牙齒齊整、緊密、亮白，形狀方而正，稱為虎齒或八重齒。有虎齒的男性在感情上十分內斂，不善於表露內心感情，容易令伴侶產生誤解，致使夫妻情分淺薄。但女性則姻緣運較亨通。

(10) 齒形呈三角者皆是虛情假義之徒，對感情不負責任，對伴侶冷漠無情，拍拖或婚姻都只為滿足個人色慾。

(11) 臉小齒大的人，既無財運也無長壽，更無愛情之美滿。

(12) 牙齒向內彎曲的人認為戀愛和婚姻都是理所當然的人生階段，但心態自私，在感情上總是希望對方比自己付出更多，一味要求伴侶對自己好，自己卻不願作任何犧牲。

(13) 牙齒如羊齒粒粒飽滿一般的，排列固密，這是腎水充足、生養能力強的命，所以能夠享受兒孫之福。

(14) 長相可愛的兔齒人同性異性緣都很好，多招桃花，但所吸引的異性並非都是正人君子淑女，在感情帶來爛桃花外，對工作生活也帶來了不小麻煩。

【親有疾，藥先嘗。晝夜侍，不離床。】

(15) 外波牙是刑妻剋夫的大凶之相，但其人本身感情脆弱，一旦投入墮入愛河就會一愛到底，不能自拔。

(16) 牙齒下列凸出或上列朝內，乃刑妻剋子之相，婚姻失敗，子息無緣。

(17) 齒相天包地，剋妻欺夫，姻緣有阻，一婚難到老。男命天包地，地為妻又為財，故財運也不順。

(18) 男性齒相地包天，易娶惡妻，婚後多由太太掌權，且婚姻不美而易有婚外情。

(19) 牙齒雪白整潔而堅固，多主姻緣美滿，郎才女貌，夫唱婦隨，婚姻幸福。

(20) 唇齒不蓋以致牙齒常年露出，這是先天腎氣不足之相，男性難有子嗣；女性難以受孕，縱能懷胎也防有產厄。

(21) 語不見齒為貴，男性結喉而說話露齒，主骨肉分離，且死於客鄉。

【喪三年，常悲咽。居處變，酒肉絕。】

女性牙齒相理專論

英才常言：貴人無賤齒。牙齒相理吉凶，基本上男女同論。但某些獨特相理於男性主吉，於女性的解釋卻不盡相同；反之亦然。以下列出於女性有特殊意義的牙齒特徵，以供大家參考。

(1) 相書謂：「唇紅齒白，富貴之苗！」女性唇紅齒白，牙齒密合、平整、不凹凸、不歪斜，是貴婦之命，能成為富太太，家庭美滿，得丈夫疼愛，夫妻之間甜言蜜語，婚姻幸福。

(2) 大門齒本指子女難育，但此相的女性則幸運地較有兒子緣，容易生男孩，不過多為兒子操心。

(3) 女性門齒不忌長大，但若其他牙齒也長大便為不吉，是女生男相，骨骼粗大，個性男性化，婚姻不美且勞碌。

(4) 門齒右缺，女性中年破大財。

(5) 相書云：「女人齒列不整者，主換夫」。不管主動或被動，牙齒不齊的女性皆主再婚之命。

(6) 牙齒參差不齊的女人，因剛躁任性、容易衝動，所以跟配偶之間無法和睦相處，經常與夫家及公婆發生衝突，以致家運傾倒。

(7) 女性牙齒參差有縫隙，不易受孕，成功懷孕須防產厄，而且多會提早踏入更年期。

(8) 女性牙齒凹凸巖巉，多與江湖人士為伴，對感情不認真，對性事也很隨便。

(9) 上下牙齒都很小的女性，疑心極重，嫉妒心也大，常常懷疑伴侶背叛自己。

(10) 女性長有虎牙（八重齒）性格熱情，魄力十足，易為人所喜愛，如從事影藝事業必有成。

(11) 牙齒排列整齊緊密，短、方且瑩白如玉，名為榴子齒或貝齒，是女性最佳齒相。多半能覓得良婿，嫁貴夫，入豪門，一生富貴可期。

(12) 女性如是八重齒，戀愛和婚姻都較男性順利，與子女關係也較佳。

(13) 上下門齒向前凸出，放鬆狀態時上下唇不能自然閉合，名為齙齒。女性齙齒顯著者剋夫，貪淫不孝，行為越軌不依常規，容易自招惡果；或使丈夫蒙受意外損失，因而夫妻反目，紛爭輒起。

(14) 猴齒細小且疏稀，女性有此相者，愛情上只在乎享受，不在乎長久，對兩性之事十分隨便。

(15) 女性齒相天包地，有無理欺夫、妻奪夫權之虞，或因配偶身喪而再婚。

(16) 女性齒相地包天，幼時是家裏小公主；大時性格不服輸，創業成功機會較男性大。

【兄道友，弟道恭。兄弟睦，孝在中。】

(17) 女性齒相地包天，陰陽顛倒，代表丈夫長年健康不佳，或丈夫性格懦弱怕事，婚後靠不到丈夫，難享夫福。

(18) 唇齒不能緊合以致牙齒常年露出，女性容易墮入情網，一旦遇上情場高手便無法招架，也容易陷入多角戀之中。

(19) 女性笑而露齒性必淫，妨夫絕子或死於異鄉；若配齒白而尖，心理變態，多淫少子。

(20) 女性牙齦外露，易有刑剋；若下列牙齒露齦，其人個性冷漠、絕情，晚運堪憂。

(21) 女性分娩後落牙，是先天氣血不旺之徵。若要避免此情況，宜在準備懷孕前做健康檢查，及早調養身體，補充不足的營養。

第五章

舌頭相法

舌譜

1. 舌大

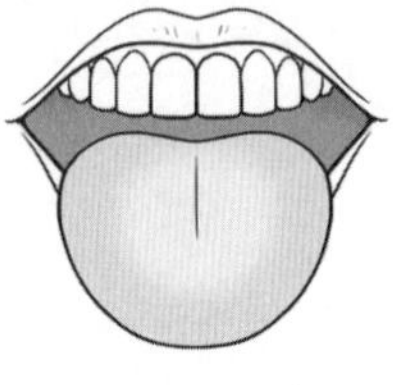

(P.471)

2. 舌小

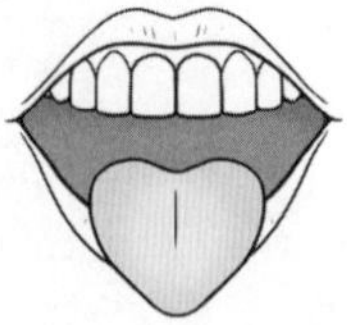

(P.474)

3. 舌長

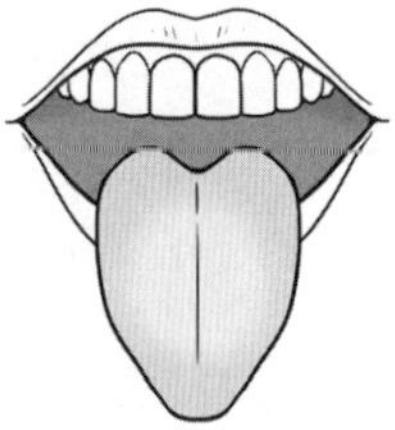

(P.477)

4. 舌短

(P.480)

5. 舌厚

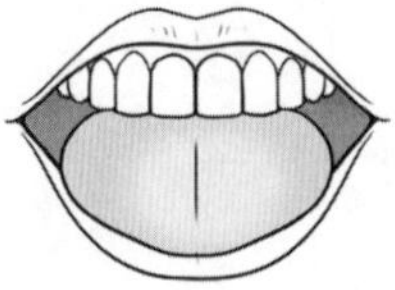

(P.483)

6. 舌薄

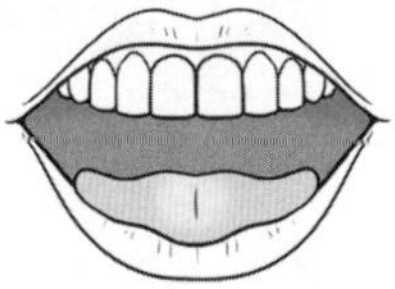

(P.486)

7. 尖舌

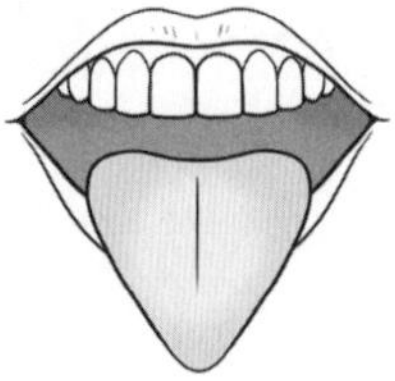

(P.489)

8. 圓舌

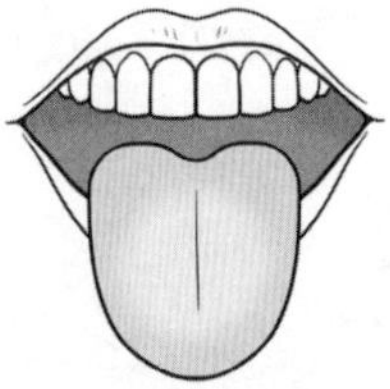

(P.492)

9. 方舌

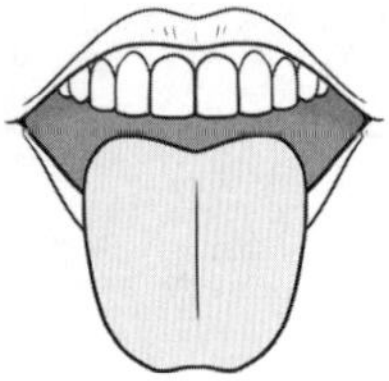

(P.495)

(1) 舌大

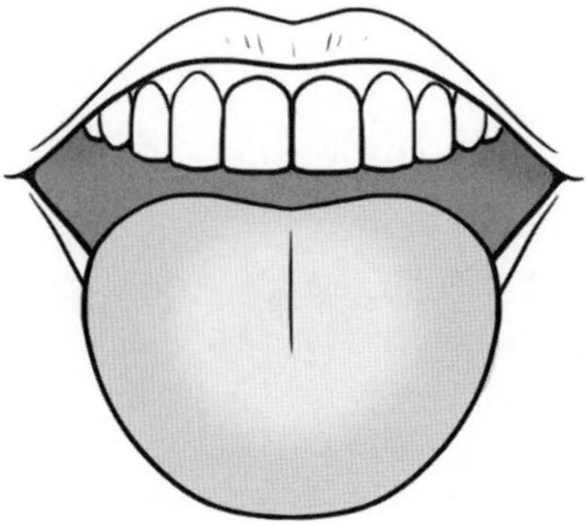

形態： 五官相學貴乎平衡與適中。舌頭大小宜與嘴巴相配，舌大則嘴巴也要大，反之亦然。舌頭太大而嘴巴很小，不是理想之相。

性情：

(1) 大舌頭在嘴巴裏的活動空間較小，說話比較吃力；若舌頭很大而嘴巴很小，其人說話辭不達意，說來說去說不到重點，也就是許負相法所說：「舌大口小，言不了了」。

(2) 為人狡詐，做事不負責任，遇上問題時往往委過於人，自己做錯事卻嫁禍於別人，讓別人蒙受不白之冤。

(3) 固執不認輸，對於自己認定的看法和道理，即使所有人都認為不對，也不會改變主意。

(4) 有小聰明，智慧頗高，但愛搬弄是非，好說他人閒話，但他們內心不算太壞，只是在無聊沒事做時，嘴裏就會說人長短而已。

(5) 不通世務，吝嗇小器，喜歡在瑣碎小事上與人斤斤計較，但目光短淺，容易貪小而失大。

(6) 愛佔他人便宜，常着眼於小恩小利，令人討厭又吃不消，所以在人際關係上非常差。

【或飲食，或坐走。長者先，幼者後。】

(7) 疑心大，終日疑神疑鬼，懷疑他人看不起自己或在背後對自己挑剔，究其原因是自信心不足。

(8) 舌頭肥大，飲食時容易咬到舌頭，代表脾胃疲弱，宜請中醫師處方調理。

事業：

(1) 舌頭大的人口辭不伶俐，轉彎抹角繞圈子，難令人信服，所以不適合從事銷售類型或常與人接觸的工作。

(2) 性格不討好，凡事斤斤計較，看風駛舵，過橋抽板，又好搬弄是非，縱使有工作在身，也會招人討厭，工作必不長久。

(3) 說話誇張失實，亂許承諾，但行動不能配合，結果與預期落差甚大，所以工作上不能被重用，難望有重大晉升。

(4) 舌頭大又薄的人，常常會做出一些別人意想不到的事情，故此類人不宜打工，反而創業做老闆可以為自己打造事業王國。

財帛：

(1) 大舌頭多是遺傳因子所致，有繼承祖蔭之命，但因本身守業能力不高；若祖業不豐的話，恐會中年敗家。

(2) 命格不好而無祖業可承者，一般也可在普通家庭中長大，雖然環境不算好，但生活條件不算太差。

【長呼人，即代叫。人不在，己即到。】

(3) 若舌頭異常粗大，許負評為「主多飢餓」，其人一生衣食不足，到老清貧。

(4) 若舌大而長，為人驕傲狡猾、自私取巧，但會為了達到目的而勇往直前，以堅定意志努力累積日後的財富，故相書謂此相「可富可貴」。

愛情婚姻：

(1) 舌大的人在感情上比較專一，雖然說話不玲瓏，但能以甜言蜜語哄得對方大樂，所以拍拖生活尚算溫馨。

(2) 對愛情投入，愛得很深，若發現對方不值自己所愛或作出背叛自己的行為時，便會大受打擊，墮入情傷中而難以重新振作。

(3) 在男女關係中十分霸道，若伴侶跟自己以外的異性過從太密，便會大吃乾醋，引發爭執。

(4) 此相晚運堪憂，恐會老無所依，若不希望境況淒涼、孤單寂寞，便要好好檢討自己對婚姻和伴侶的態度。

子息：

(1) 性格希望早見子女，但命中妻遲子晚，且子息緣薄，大多是因為自己溝通技巧弱，思想又趨向保守，難與兒女接軌，是故家庭之中常見意見相左的場面。

(2) 舌藏於口，口為水星，定運於六十歲。舌相不理想，代表六十歲流年有厄，或主子女離散異地，少再相逢。

【稱尊長，勿呼名。對尊長，勿見能。】

⑵ 舌小

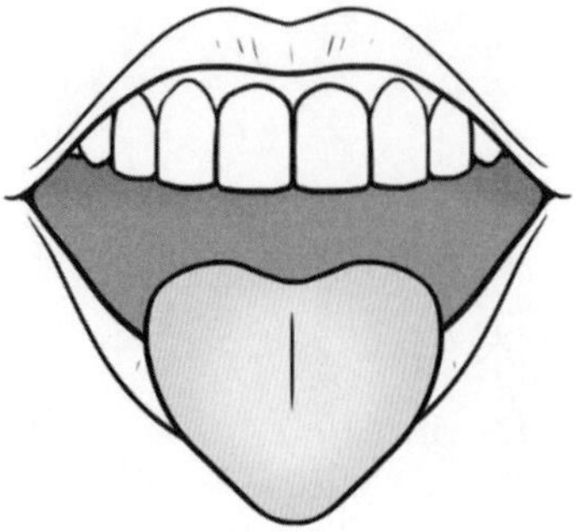

形態：舌頭大小宜與嘴巴相配，舌小則嘴巴也要小，反之亦然。舌頭太小而嘴巴很大，不是理想之相。

性情：

(1) 小舌頭在嘴巴裏的活動空間較大，轉動比較靈活；若舌頭很小而嘴巴很大，其人說話急速，有話直說，但常有失言，容易得罪人。

(2) 腦筋靈活，變通性很大，學習能力相當強，對於新科技、新事物的接受能力也很高，絕不會讓自己落後於大潮流。

(3) 敢做敢當，機智敏鋭，但可惜有勇無謀，做事亂衝亂撞，只顧逞一時之勇，缺乏周詳計劃，故作事成少敗多。

(4) 做事三分鐘熱度，起初充滿熱誠，但雷聲大、雨點小，常常是虎頭蛇尾、有始無終、半途而廢，不能堅持到底。

(5) 頗具小聰明，但意志力薄弱，所以只能跟着別人的步伐，隨波逐流，沒有個人創見和主張。

(6) 愛慕虛榮，好大喜功，常常以說話抬高自己，貶低他人，故人緣並不好，社交圈子愈趨狹窄。

(7) 器量小，私心極重，而且非常現實，對錯觀念皆以個人標準而定，會將個人利益建築於他人痛苦之上。

事業：

(1) 小舌頭的人説話玲瓏，口甜舌滑，適合從事銷售類型的工作，成功説服客人購買產品的機會很大；但不宜任職公關，皆因與人相處愈久，愈易被發現難獲信任。

(2) 工作缺乏恆心和毅力，難以貫徹始終，總是無法堅持把一件嚴肅的事情妥善完成，是令上司頭痛的下屬。

(3) 做事只憑自己的喜惡出發，不知輕重，往往緩其所急、急其所緩，以致本末倒置，常常耽誤了要重要工作，最後落於一敗塗地之境況。

(4) 耐性不足、性格善變，無法長時間待在同一崗位上，常常轉換工作，工作穩定性甚差。

財帛：

(1) 舌小易漏財，財富難聚，投資和理財能力都不強，除了要克勤克儉外，更要避免進行高風險投機活動，否則六十歲前後必然大敗。

(2) 缺乏積穀防饑的概念，有錢時，大手大腳地消費；沒錢時，若不勤懇工作賺收入，便會以借貸或欺詐度日。

(3) 一生風流成性，縱使鼻相得宜而可少年得財，但最終必因性格缺陷而步入逆運，使財富蒸發。

【騎下馬，乘下車。過猶待，百步餘。】

(4) 若舌小而多紋理，則是安樂之相，能檢討及彌補缺失而使扭轉命運，化凶為吉，生活康愉。

愛情婚姻：

(1) 生性風流，愛尋歡作樂，尤其男性常沉醉於燈紅酒綠的花花世界，對待感情並不專一，不能從一而終。

(2) 男好追求，女愛挑逗，一生戀愛經驗多，十分享受拍拖過程，但不嚮往組織家庭，多是遲婚之命。

(3) 桃花重，好情慾，對伴侶溫柔體貼，是個好情人；但玩世不恭，並不是好丈夫或好太太。

子息：

(1) 舌頭小的人一生忙碌，是長壽之相，但命中花果凋零，子嗣稀少，或有女無兒；舌小若配大鼻子，更加應驗。

(2) 子息運弱，縱得一男半女，也與兒女無緣，感情隔膜；或孩子出生時身體弱，不易帶養。

(3) 舌長

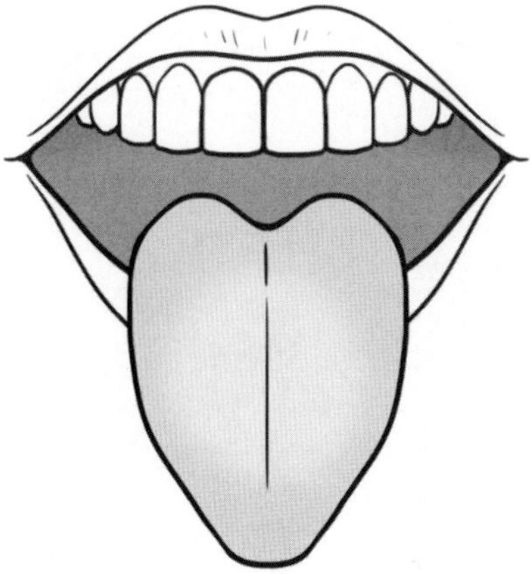

形態：人的舌頭平均長九厘米，若達九點五厘米可視為舌長。外國有舌長至十六點五厘米的紀錄，可以舔到鼻頭和下巴，更有說可觸及眼睛。舌長獨論非吉，若舌長而尖更凶；但若舌長而闊大，則屬佳相。

性情：

(1) 長舌頭的人說話多而流利，「口快過腦」，經常得罪了他人而不自知，而且很容易與人發生口角之爭。

(2) 好說他人閒話，尤其女性更喜歡以是非當人情，用八卦換友誼，是典型的「長舌婦」。

(3) 無法守住任何秘密，一旦聽到他人視為不可外揚之家事或私事，便會拿去與別人分享，通風泄露，頗令人討厭。

(4) 長舌好辯，對任何人的看法都會提出意見，即使對方言論理據充足、說服力極強，都要加以挑剔，絕不讓對方贏掌聲。

(5) 舌長至舔到鼻頭，進食時容易咬到舌頭，久而久之吃東西便會囫圇吞棘，因而造成慢性腸胃疾病。

(6) 若舌長而尖如蛇舌，更是心狠手辣之輩，對於自己憎恨的

【尊長前，聲要低。低不聞，卻非宜。】

人，不僅以說話詛咒他人，甚至會作出傷害對方身體的行徑；眼相亦凶的話，更會殺人不眨眼，宜敬而遠之。

(7) 舌長而闊大者則是佳相，為人不妄語、不說謊話，誠信有加，說得出辦得到，而且智慧聰明，臨危不亂，做人做事優秀而有成就。

事業：

(1) 性格好執拗，常常對身邊的人和事作出批評，自己卻無雅量接受他人意見，是辦公室裏極不討好的典型小人。

(2) 一生多犯小人，多惹是非，在公司裏容易與上司或同事起衝突，與人難以和睦溝通、相處，縱使事業有成也難得人和。

(3) 相書云：「舌長而薄，事多拂逆」；「舌長而薄，萬事虛耗」。舌長本身已非吉，若然又削薄，工作難順境，做事徒勞無功。

(4) 舌長舔鼻而闊大者才華橫溢兼有謀略，擅長辯論，能夠「位隆輔弼」，運用自己機智的頭腦在商場上運籌帷幄，十分適合策劃類的工作，也是出色的管理人，因為他們對付困難時展現出來的魄力會令他人心悅誠服。

財帛：

(1) 性格吝嗇，對金錢斤斤計較，對家人以外的任何人都捨不得付出，整天只想着如果增加自己的財富。

(2) 命中雖有財祿，但受現實環境支配，成為金錢奴隸，一生為追求財富而役役營營。

(3) 若舌長而而闊大則是富貴之相，其人性格驕傲，不達目標不放棄，故容易出人頭地。若舌長而厚，縱不大富大貴，也主福壽同臨。舌長而嘴唇厚，則晚年好運，生活優悠。

愛情婚姻：

(1) 長舌的男女特別愛囉嗦，看到伴侶不順眼之處，便會「日哦夜哦」，把對方嚇跑。可想而知，此相之人的感情運不會好。

(2) 舌長的人色慾強，性生活比較隨便；但他們在床上表現特別性感，是很好的性伴侶。

(3) 女性長舌是剋夫之相，婚後丈夫事業下滑；或丈夫健康變差，甚至體弱而亡；或夫妻同床異夢、聚少離多，分手收場。

子息：

(1) 舌長是非多，也是刑子之相，命中子嗣稀少，或有女無兒，香火不繼。

(2) 子息緣弱，縱有孩子，也難溝通，或子女出生後與自己異地而居。

【事諸父，如事父。事諸兄，如事兄。】

⑷ 舌短

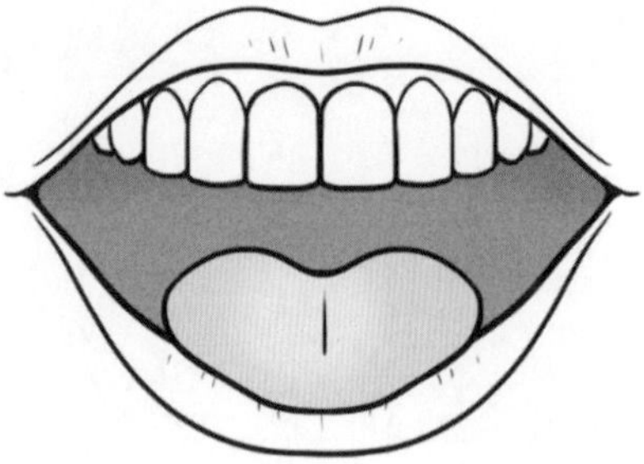

形態：人的舌頭平均長九厘米，明顯短於此標準可被列為舌短。

性情：

(1) 口才很差，不擅辭令，說話笨嘴拙舌、雜亂無章，無法把心中意思有條理地表達出來。

(2) 相書謂：「舌短愚魯」，舌頭短的人大多頭腦頑固，思想愚昧，行事衝動又魯莽，成事不足，敗事有餘。

(3) 常識淺薄，但卻自負、好勝，遇到別人不認同自己或有不順意的事情時，經常以行動或言語傷害人，所以人緣甚佳，朋友都不是真心的。

(4) 做事因循苟且、馬虎了事，決斷力弱、猶豫不決、朝令夕改，做人缺乏目標和方向，渾渾沌沌過日子。

(5) 貪婪而愛小便宜，眼光短淺，只着眼於面前利益，忽略長遠回報，所以縱使做事成功，也只是短暫的小成小就，難以持久。

(6) 舌短的人味覺敏感度較差，辨別食物味道好壞的能力不高，所以對食物的要求不高，但卻很愛吃，故此相大多體型較胖。

(7) 若果舌短而薄，更喜歡談論別人的長短，到處說別人的八卦，並會千方百計打聽人家的秘密，然後四處宣揚。

事業：

(1) 拙於辭令，說話表達能力差，亦不善與人相處，所以並不適合從事公關、零售推銷、業務推廣或客戶服務等工作。

(2) 思想混亂，工作懶散，自律能力低，必須在嚴厲監管之下才可以完成任務，令上司或老闆倍感吃力和厭煩。

(3) 好逸惡勞、好吃懶做，更沒有耐性長時間待在同一工作崗位上，所以連一份穩定工作都難以維持，更遑論有任何事業成就。

(4) 如果舌頭短但形態方方正正，則屬好相，主大器晚成，五十歲後事業有成，晚年運氣會逐漸好轉。

財帛：

(1) 做事不肯腳踏實地，愛「走精面，諗縮數」，因而影響社交關係，不利生活與工作，自然也難求得富貴了。

(2) 舌短漏財，其人賺錢少，花錢多，尤其女性更是好打扮、追時尚，常常先花未來錢，容易陷於財困。六十歲運行水星時，須提防破大財之劫。

【晨必盥，兼漱口。便溺回，輒淨手。】

⑶ 許負相法：「舌小而短，法主貧賤」，舌短已不聚財，若短而小，更主一生貧困勞苦。若舌短唇長，則是「晚年慌忙」之命。

愛情婚姻：

⑴ 舌短是漏情又漏財之相，男命以財為妻，故不論男女，皆主感情波折重重，婚姻運反覆，一婚難到老。

⑵ 生性懶散，男性工作不努力，好逸惡勞，縱使結了婚也不會對家庭有承擔，不單不會分擔家務，甚至連家庭基本開銷也不會負責。

⑶ 女性懶氣甚重，婚後不愛做家務，更不愛做飯，是典型的「無飯」主婦，家裏東西亂七八糟，丈夫自然不願待在家。

子息：

⑴ 子息見遲，加上本身説話溝通能力不足，與孩子易有代溝問題。

⑵ 舌短之人缺乏栽培子女的觀念，所以孩子成就只是一般；但總算能夠自力更生，毋須依賴父母庇蔭。

(5) 舌厚

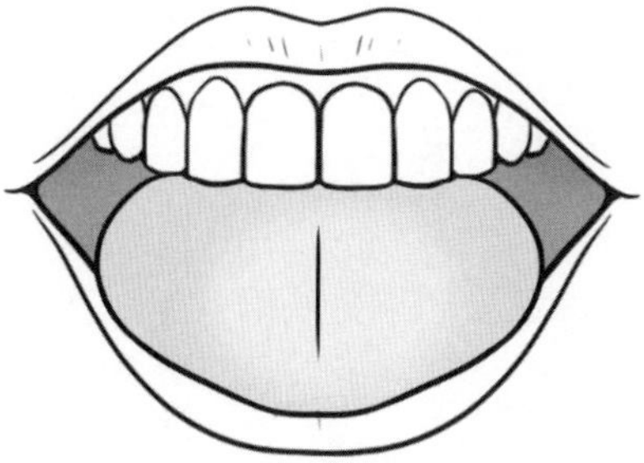

形態：舌頭厚而飽滿，舌邊沒有齒痕。

性情：

(1) 舌頭厚，為人亦敦厚樸實，説話坦率，心地善良仁慈，待人溫和有禮，與人無爭，對生活上的瑣碎事情都不在乎或計較。

(2) 思想不算靈活，反應比較遲緩，但對人沒有機心，不拘小節，容易與人相處，熱心助人，是典型的樂天主義者，也是一等一的大好人。

(3) 心胸廣闊，對人對事不會斤斤計較，即使有人在言語或行為上開罪了自己，也不會記恨記仇，寬容量甚大。

(4) 腳踏實地，凡事親力親為，表面行動看似緩和，實際上精力充沛，非常積極，只嫌總是將一切責任攬在身上，不懂找人協助幫忙，以致一生少有閒暇。

(5) 主張與人為善，屬於「博愛鼻」的類型，對他人的需要很敏感，希望盡量滿足他人的需要，但他們與手足的關係卻不太親密。

(6) 感情豐富而重於理性，容易流於感情用事，若遇上存心不

【置冠服，有定位。勿亂頓，致污穢。】

良的人，難免會被利用而吃虧受騙。

(7) 若舌頭本來厚薄適中，但在某段時間突然變得肥厚，導致進食時容易咬到舌頭，這在中醫角度而言是脾濕造成，宜請教醫師透過食療改善。

事業：

(1) 誠實忠直，做事務實勤懇，因性格不愛與人爭鋒，所以深得同儕歡迎，亦是辦公室裏的好同事。

(2) 工作很有耐性，能堅持完成自己的職責，對工作崗位和公司有一份忠誠度，能贏得老闆和上司信任。

(3) 工作態度認真，忍耐力強，做事能穩打穩紮、按部就班、循序漸進地朝向目標努力邁進，決不會胡作非為走捷徑，更不會妄想一步登天。

(4) 平生近貴，賺錢能力強，適宜創業做老闆，一般能夠在中年時期發迹致富，並因而得享貴名。

財帛：

(1) 舌厚是貴壽之相，利於開闢財源，其人善於理財，不會亂用一分錢，中年至晚景財運佳，福祿俱全，不愁沒錢花。

(2) 物慾不強，對物質要求不高，認為東西只要實用就好，不需追求外觀賣相，賺錢雖多，但花得其所，絕不是財大氣粗、豪花亂用的人物。

(3) 若舌頭厚而且長，縱使不能大富大貴，也主福壽同享。若舌頭厚、長而且方方正正，更是大吉之相，其人必然能享受榮華富貴。

愛情婚姻：

(1) 舌厚的人感情特別豐富，容易對異性心動而墮入情網，當了第三者而不自知；不論男女，皆有機會犯桃花劫。

(2) 對愛情十分投入，為了所愛的人及家庭，衝鋒陷陣，在所不計，十分重視伴侶的說話和意見，是責任心很重的好丈夫或好太太。

(3) 一般來說，舌厚的女性都不會特別漂亮，但卻是端莊嫻淑的標準旺夫相，能協助丈夫推動事業發展。當丈夫的事業處於不順之時，又能夠相助其扭轉劣勢，化險為夷。

(4) 若舌頭本來厚薄正常，但突然變得肥厚，除了是健康有礙之外，也代表這段時間感情出現問題。

子息：

(1) 子息運好，孩子聰穎、子賢女孝，近親近貴，易得長輩提攜扶持。

(2) 舌厚是福壽之相，其人可享健康長壽，晚年子孫承歡膝下，天倫多聚，生活優悠。

【對飲食，勿揀擇。食適可，勿過則。】

(6) 舌薄

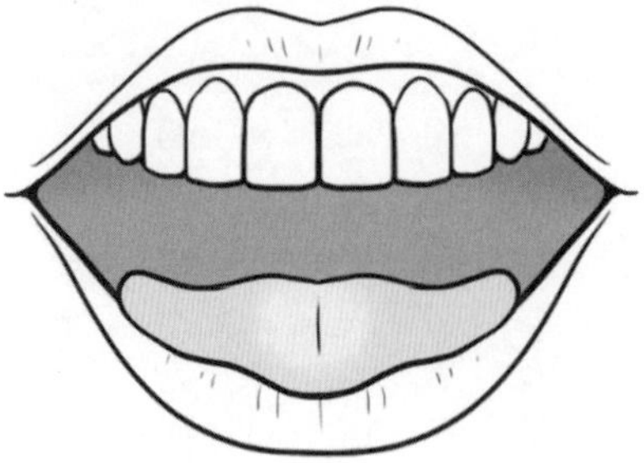

形態：舌頭削薄。

性情：

(1) 舌薄善辯，口才十分厲害，辯論能力很強，詞鋒銳利，雄辯滔滔，有很強的邏輯性，令人無法反駁。

(2) 城府很深，心計很重，精於算計，算人算事，縱橫開合，手法高明，善於運用手段進行分化或拉攏，讓人不自覺陷入其佈局之中。

(3) 好勝心強，自視極高，倔強而自以為是，又好出鋒頭，愛與人競爭較量，不甘認輸，不易向人妥協。

(4) 自我防禦心強，疑心很大，不信人言，與人相處常存戒心，使自己時刻活在高戒備的緊張狀態之中。

(5) 仇恨心和報復心都極重，不能容忍他人以言語或行動開罪自己，縱使只是吃了小虧或被人口頭埋怨，也必定會千方百計，用盡各種辦法報仇雪恥。

(6) 主觀又自我，行事獨斷獨行，不聽他人意見；有很大的佔有慾，對於自己看中的東西或喜歡的異性，都會想盡辦法爭取到手。

【年方少，勿飲酒。飲酒醉，最為醜。】

(7) 舌薄而短的人愛搬弄是非，閒時喜歡談論東家長西家短，到處說他人八卦，更會以別人的秘密換友誼，是令人非常討厭的人物。

事業：

(1) 舌頭削薄不入貴格，大多從事勞動性質、體力消耗大的工作，終日鬱鬱不得志，覺得空有才智無從發揮，卻沒有檢討自己性格上的缺陷。

(2) 主觀很強，一意孤行，在事業上所遇挫折較多，屬少成多敗之命，運至六十歲流年時，多有官非纏身、事業挫敗之災。

(3) 優點是反應快、口才好，若從事零售、公關、市場推廣、保險或地產代理等常與人接觸的工作，或可有小成，但要謹記與客戶溝通時，不可邀口舌之功，否則便是為自己倒米。

(4) 相書云：「舌長而薄，事多拂逆」；「舌長而薄，萬事虛耗」。舌薄本身已非吉，若然又長，更主工作難順境，做事徒勞無功。

財帛：

(1) 愛慕虛榮，對金錢看得很重，是典型唯利是圖之輩，內心頗有詭計，機心又重，絕不會在金錢上讓自己吃虧。

(2) 舌薄福薄，此相之人縱有祖業田產，但富難過二代，唯恐終究蕩然無存，晚年難免貧窮之苦。

【步從容，立端正。揖深圓，拜恭敬。】

(3) 相書謂：「舌薄而小，貧極無聊」，舌薄財弱，若然薄而小，更恐一生貧困，福祿無緣，更主易遭橫禍。

愛情婚姻：

(1) 嫉妒心很重，在男女關係上十分霸道，希望能掌控伴侶的一切行動，要求對方時時刻刻報告行踪，為感情埋伏裂痕。

(2) 舌薄有欺負他人的潛意識，不懂見好就收，即使對待愛人也如是，所以往往在拍拖一段時間後，對方便會忍無可忍提出分手。

(3) 女性要求丈夫對自己充分了解和遷就，丈夫做不到的話，夫妻容易發生衝突，甚至釀成婚姻破裂，或是丈夫金屋另藏嬌，自己備受冷落。

子息：

(1) 生性好與人舌辯，即使對方是晚輩兒媳，也無例外地事無大小多爭拗，所以感情不親切。

(2) 在感情和家庭上較自私，他們不會考慮配偶或兒女的意願，在家裏總是以己為尊，所以孩子都不愛親近。

(7) 尖舌

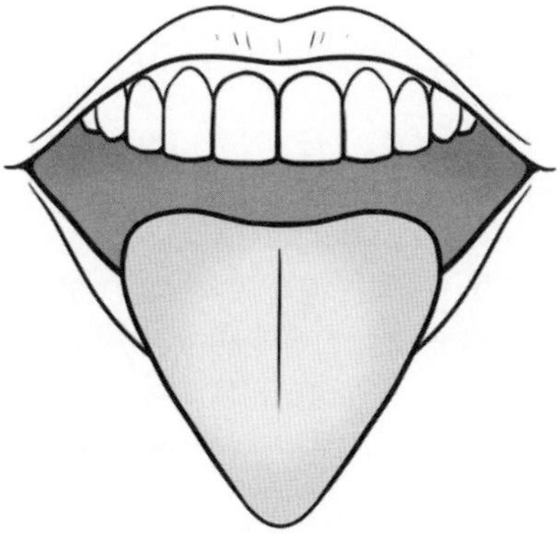

形態：舌頭前端（舌尖部位）尖尖的，長短、大小適中。

性情：

(1) 舌頭很尖的人，具神經質特徵，比一般人更容易情緒化、情緒波動大，且更常有焦慮、擔憂、挫折和孤獨感。

(2) 巧舌如簧，能言善辯，能夠精準描述事物的前因後果，而且能夠把自己的想法切中其中，只嫌有時講話太過誇張，亦怕會禍從口出。

(3) 聲音尖細，對他人的任何事都相當感興致，也就是典型的「八卦」人物，所以跟他們交往要稍為留意，避免成為八卦故事的主角；不過他們對人沒有機心，不會算計別人，不會做出賣朋友的事情。

(4) 觀察力很強，能看出事情成敗的微小關鍵，也善於分析他人說話或肢體動作想要表達的意思。

(5) 好奇心重，凡事愛尋根究底，對於大小問題都會「打爛沙盆問到篤」，有時難免惹是招非。

(6) 想像力和創作力很高，只憑少許資料，就可以編出一個完整而具說服力的故事，所以切不同與此相之人分享秘密，否則秘密就會演變成街知巷聞。

(7) 舌尖而小者是凶相，為人好搬弄是非，而且貪心吝嗇，只問收益，卻不肯付出。若舌尖而長如蛇舌一般，其人更是內心歹毒，任意傷害人，更甚者殺人不眨眼。

事業：

(1) 心思細膩而縝密，具有良好藝術天分，想像力和結構力豐富，從事寫作、音樂、繪畫等行業，可有出色的表現。

(2) 觀察力強，善於辨析四周環境事物的變化，能對大部分事情作出準確的判斷，是企業老闆的最好幕僚。

(3) 有才有智，愛動腦筋，分析能力亦強，只嫌勤勞不足、愛好清閒的性格主導，讓很多好機會白白溜走。

(4) 尖舌的人有點亦正亦邪，比較容易犯小人、惹是非，在公司裏開罪了上司或同事而不知，因而令前途受阻。

財帛：

(1) 一生財運普通，難望天降橫財，只能靠個人努力工作，一分耕耘一分收成，為自己賺取合理回報。

(2) 智謀高，洞察力強，理財有道，可在投資方面創造財富，但因一生財運有起有伏，所以在順運時須注意積穀防饑。

(3) 儲蓄能力頗高，但對金錢十分執着，所以不宜與朋友合作做事或投資，夫妻之間也要盡量避免涉及金錢之事，以免因財失義或失愛。

愛情婚姻：

(1) 尖舌的人很愛説話，朋友圈很闊，社交生活活躍，所以能吸引異性注目，感情路上不算寂寞。

(2) 在愛情與感情戀愛當中，能夠摸透對方的心，及時走進對方的心裏，讓伴侶時時感受愛意與溫暖。

(3) 感情十分豐富，容易將思想沉醉於戀愛世界之中，一旦被情所困，便會大受打擊，影響情緒，影響生活。

子息：

(1) 尖舌是子息緣分薄弱之相，而其人本身對兒女之事也看得很淡，有則好，沒有也不壞。

(2) 若然育得一兒半女，也主彼此情如君子淡如水，既不熱切，也不冷冰。

【事勿忙，忙多錯。勿畏難，勿輕略。】

(8) 圓舌

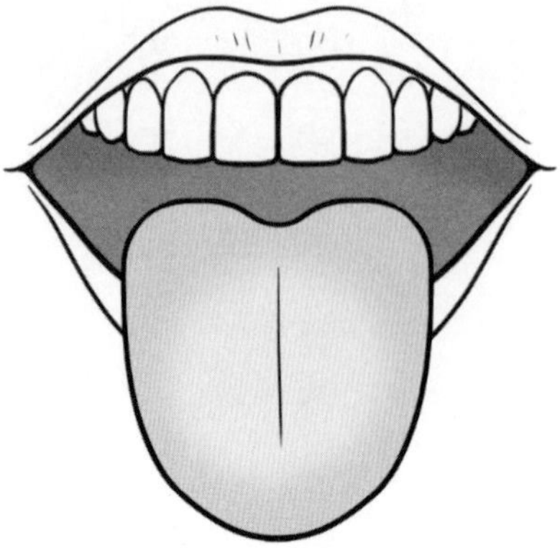

形態： 舌頭前端呈橢圓形或長圓形，但非渾圓。

性情：

(1) 說話坦率，口直爽快，為人忠厚，沒有機心，待人熱情、隨和，不拘小節，與人相處，善在無私。

(2) 明白事理，行事光明磊落，待人溫柔而有耐性，為人責任心重、信守承諾，答應了別人的事，除非遇到無法消除的障礙，否則必盡全力辦妥。

(3) 誠實可靠，絕不會欺騙朋友，而且對朋友有情有義，朋友有難必挺身幫忙，是值得深交的好朋友，所以人際關係很好。

(4) 情緒智商甚高，面對令人沮喪或憤怒的事情時，能夠控制個人情緒及管理自己的行為，不會讓脾氣隨意爆發。

(5) 主張與人為善，對他人的需要很敏感，希望盡量滿足他人的需要；也樂意傾聽他人的故事，為人分憂。

(6) 性格樂觀正向，人生態度積極，能坦然面對挫折或麻煩事，懂得在失敗後檢討過失，重新出發。

(7) 胸襟廣闊，器量大，能容人容物，包容與自己意見不的人，聆聽和接受告誡之言，令人由衷敬佩。

事業：

(1) 生性善良忠厚，長輩緣分很好，工作上易得長輩扶持及提攜，事業發展比同齡友儕更加順利。

(2) 人緣運好，善於交際及與人打交道，容易成為群體的核心角色，領導魅力很強，在管理崗位上揮灑自如。

(3) 工作能按部就班，對於未來可能出現的變化和挑戰，都會預先想好應付方法，只嫌有時做事躲懶而使工作拖延，導致大好機會白白流失。

(4) 舌圓而厚者是富貴多福之相，位階崇高，平生正財豐盛，不論打工或創業，都能享受豐厚的收益。

財帛：

(1) 天生財運平穩，不會大起大跌，幼時家庭環境不俗，長大後自食其力，創業或受薪皆有穩定財源。

(2) 對待金錢的態度有很大的彈性，在經濟充裕時，很懂得以金錢換取生活享受，而且樂意以金錢幫助有需要的人；但當經濟拮据時，也很願意吃苦、省吃儉用，絕不抱怨。

(3) 理財態度正確，懂得量入為出；雖不善投資，但因一生福分高，縱不能獲利豐厚，也可得合理回報。

愛情婚姻：

(1) 談吐得體，風趣而有幽默感，言行舉止在他人眼中甚有磁性，容易吸引異性的注目，故不愁沒有戀愛對象。

(2) 對戀愛認真，十分看重真摯、踏實的感情，縱然是平淡如水，但可以細水長流，執子之手，白頭偕老。

(3) 脾氣很好，擁有浪漫情懷，對另一半專心一致，能夠給予對方足夠信任感，一起創造生活趣味和幸福。

子息：

(1) 圓舌的人一般健康很好，能夠養育健康和品格優秀的孩子，命中亦早見兒女。

(2) 舌藏於口，主晚運。舌相良好，若唇相亦佳，晚年必主兒孫賢孝、承歡膝下，天倫多聚。

(9) 方舌

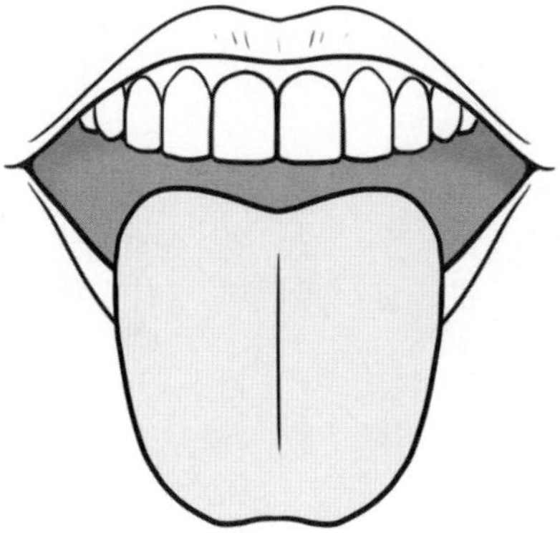

形態： 舌頭前端方方正正、不尖不窄，有厚度，左右兩邊有弧度。

性情：

(1) 聰明智慧高，觀點獨到，具有藝術家性格，腦袋盛載着天馬行空的想法，點子多而充滿創意，能帶出與眾不同的視野。

(2) 充滿正能量，說話坦白而誠懇，不會說人閒話，親和力很強，甚討人喜歡，朋友都樂意親近，人緣好，社交圈子廣闊。

(3) 樂觀熱情開朗，頭腦清晰，感情與理智並重，處事公平、公正，對事不對人，絕不偏私，能贏得廣泛讚譽。

(4) 思想與行為皆十分正派，做任何事都在陽光下進行，光明磊落，並能潔身自愛，遠小人，親良朋。

(5) 胸襟廣闊，心存厚道，與人交往沒有機心，不會算計他人；有情有義，具俠客風範，朋友有難時，必盡力幫忙。

(6) 責任心重，重視承諾，對於自己沒把握的事情，不會輕易答應；一旦答允了他人要做的事，必定言出必行，徹底實踐。

【用人物，須明求。倘不問，即為偷。】

(7) 洞察力強，做人做事有主見、有原則，並能堅持自己的觀點，持之以恆，絕不半途而廢或盲從他人。

(8) 享受自由及私人空間，需要大量獨處時間，所以不時會突然搞「失蹤」，久而久之，家人和朋友都習以為常。

事業：

(1) 性格豪爽，生命力旺盛，積極上進，具有號召群眾的魅力，任職管理高層的話，必能帶領下屬在崗位上表現出眾。

(2) 心思細膩，聰明能幹，敢做敢當，處理事情善惡分明，憑理智判斷是非黑白，是出色的領袖人物。

(3) 工作認真，懂得為自己綢繆打算，在職場上經常保持笑容，待人寬厚大量，不會斤斤計較，故能邁向光明事業路。

(4) 舌方而短，屬大器晚成之相，其人早年艱辛，但能腳踏實地努力工作，至及中晚年運氣逐漸好轉，終能在事業上做出一點成績。

財帛：

(1) 舌頭方而正，其人生性樸實，對物質要求不高，縱使家財豐厚，也只追求簡單而普通的生活，絕不會財大氣粗、揮霍無度。

⑵ 聰明睿智，理財有道，勤儉致富，晚運尤佳。但因缺乏掌握市場走勢的智慧，故不宜投資、投機，以免因小失大。

⑶ 舌頭方正而厚是佳相，既主長壽，更主一生衣祿豐足，小則小康之局，富則榮華盡享，生活無憂。

愛情婚姻：

⑴ 性格大方平和，容易相處，甚得人緣，異性緣也比較旺盛，所以愛情路上不會太寂寞。

⑵ 對感情認真，不會輕易走上愛情跑道，一旦墮入愛河，就會以對方為終身伴侶的心態努力經營，希望開花結果。

⑶ 戀愛心無旁騖，不好高騖遠、不花心，故姻緣運很好，多能一婚到老，執子之手，與子白頭。

子息：

⑴ 此相在適婚時候遇上適當對象就會成家立室，多是兒女早見之命，本身晚年亦佳。

⑵ 子息緣厚，與孩子感情甚好，兒女溫順賢孝、手足情深，面對外侮時，能同心協力抵抗敵人。

舌相詳解

舌之基本意義

英才在《實用解剖學》知悉：「舌為肉質橢圓形，有調節言語及咀嚼之功用。舌體分為舌根、舌背、舌尖三部，更有舌之下面結構及舌之側緣形狀。舌根，頗為廣大，其前部有許多囊狀腺及黏液腺；舌背，成穹窿帶狀，中央有縱溝，並有三種乳頭，即絲狀乳頭、蕈狀乳頭及輪廓狀乳頭；舌尖，狹小而運動自如，知覺敏銳。」《靈樞．腸胃篇》：「舌重十兩，長七寸，廣二寸半。」

舌的基本功能

舌頭是口腔底的肌肉，幫助咀嚼進食、吞咽食物、發音發聲和感受味覺。

吃東西時，我們會進行一系列複雜活動：把食物放入口中，由舌頭支撐食物並將之推向牙齒部位；以牙齒（主要是臼齒）負責咬嚼，過程中舌根會抵住喉嚨通道口以防食物誤進而引起嗆喉；食物經咬碎後，便由舌頭將食物送往喉嚨，最後進入食道。

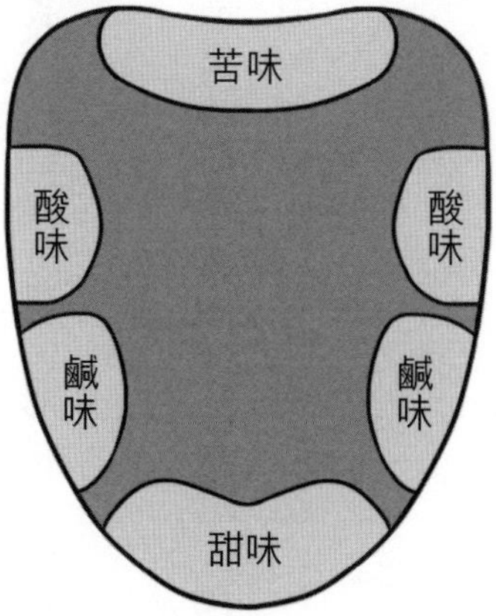

味覺區

【話說多，不如少。惟其是，勿佞巧。】

人的舌頭平均長九厘米，重五十克。舌頭由十七塊肌肉組成，所以非常靈活，在發聲功能也佔着重要地位。自肺部呼出的空氣通過氣管、喉嚨及咽頭產生穩定的氣流；氣流使咽頭裏的聲帶振動，產生聲波；根據嘴唇、下顎、舌頭、軟顎及其他發聲器官的位置與形狀，在聲道中便會形成不同的共振峰，改變了聲波的波形，然後產生不同的聲音。

此外，舌頭表面有很多小結節，稱為舌乳頭，也就是我們常說的味蕾。舌頭上有超過四千個味蕾細胞，劃分為四大部分，可以感受甜酸苦鹹各種味道，故舌頭具有味覺功能。

觀舌知疾病

英才發現，在中醫學的陰陽概念上，心屬於陰，舌屬於陽。而中醫學以「望聞問切」為診症方法，望診就是觀察病人的神、色、形、態和舌象，以測知內臟病變。具體來說，就是觀察目、舌、口、鼻、耳，看眼睛是否有神、眼白有否異常、舌頭是否過紅、舌苔是否過厚、舌苔顏色是白還是黃、口腔是否有炎症、顏色是否過紅或過白、鼻子是否有發炎、鼻涕是稠是稀、涕色是黃還是白、耳朵外形和性狀、有否耳鳴或耳炎問題等等。中醫學以肝主目、心主舌、脾主口、肺主鼻、腎主耳；假若臟腑陰陽氣血有了變化，就必然反映到體表。《靈樞．本臟篇》所說：「視其外應，以知其內臟，則知所病矣。」

以舌頭來說，中醫將舌劃分為舌尖、舌中、舌根和舌邊四部分，分別反映心肺、脾胃、腎和膀胱、肝膽的病變。舌尖紅了說明心火熱，要降火和養心：如果出現瘀血、瘀斑，可能是血循

【奸巧語，穢污詞。市井氣，切戒之。】

環不好。舌中的舌苔發黃，代表脾胃火大，黃色愈淡火愈輕，黃色愈深火愈重；舌苔過白，說明脾胃寒了，多患風寒感冒，畏寒喜暖，要養胃養脾。舌根凹陷，腎陽不足；女性舌根出現膩苔，多患炎症；舌根強硬，言語不清，多是中風的先兆。舌邊紅了是肝膽火盛，多見急躁、易怒；舌質淡而胖、舌邊有齒痕者，不論何種苔色，多屬脾虛或腎陽虛，《中醫病理研究．舌象形成機理探討》謂：「齒印為陽虛、氣虛的臨床表現，多伴見於胖嫩舌與淡白舌」。舌局部見青紫色斑塊或瘀點，在現代人中多見於脂肪肝、肝硬化患者。舌頭伸出來的時候，舌尖微微顫抖的，這是心臟有問題所致。

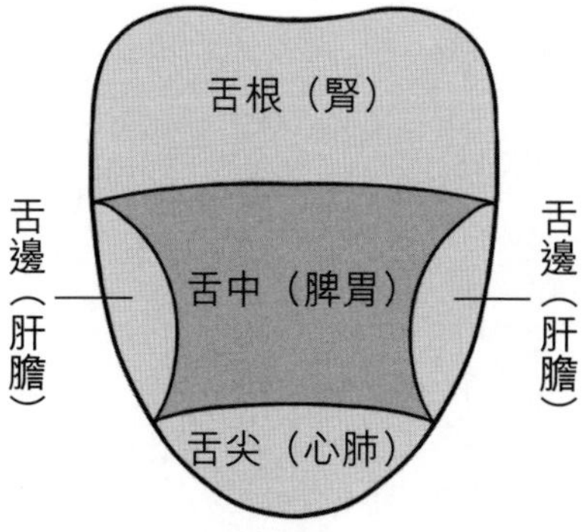

疾病區

健康舌頭的標準是：顏色淡紅至淺紅；厚度和大小合乎比例；舌下兩條靜脈血管隱而不見或只隱約可見；舌苔色白而薄，均勻附在表面，濕度適中；舌頭靈活，說話流利。

《辨舌指南》曰：「辨舌較脈診為確。因脈夾皮內，而舌則親切顯露，且脈隨寒熱變化，真假無定，而苔則不亂絲毫。」舌頭是一個特別微妙的器官，能直觀地反映體內臟腑的運行狀況，故舌診的重要性不亞於脈診。學會舌診，我們就可以自行檢查，發現問題便可以及時就醫。

【見未真，勿輕言。知未的，勿輕傳。】

舌在相學上的定義

《公篤相法》：「舌為心之苗，能發五音，而分宮商角徵羽，是為交際之官、而占應對與衣祿之關係，不可不查也。」

人的五官不僅反映面貌特徵，還會體現出因面相而衍生出來的個性特點。在面相學的理論上，舌為心之苗，心開竅於舌；舌能發五聲，幫助言語溝通，稱為「交際官」；而人的言行和性格直接影響其一生福祿榮辱，故凡占人之命運際遇，不可不觀舌。

中國相書論舌

清朝相士虛虛子（陳釗）：「夫舌，五臟之精華所由生焉。其源通乎氣，攝乎精，變乎神，所以精神健暢，則多食而有味；精神困倦，則少食而不知。又發於聲音之表，見乎言語之間，有乾濕燥潤之別。在修煉家以舌舐上顎，迎湧泉之水，名曰『玉液』，如醴泉赤水，灌溉臟腑之力，調理百脈之功，其理甚大，其益不小，況醫家亦要驗其氣色，知其病源。舌又作一身鋒刃，故古人祖廟著金人之銘，詩書復圭玷之章，平其端醜，戒其妄動也。是以君子避三端：避文士之筆端，避武士之鋒端，避辯士之舌端。」其大意：舌司味覺、發聲，所產生的唾液能滋潤五臟六腑、調理身體經脈，故舌之氣色能反映身體的狀況。舌頭幫助發聲，是言語的重要器官，故能「媲美」文人的筆鋒、武士的刀鋒，實因惡言、文字與武器皆能傷人也。古詩亦有云：「口是禍之門，舌乃斬身刀；閉口深藏舌，安身處處牢。」

《麻衣神相》論舌：「夫舌之為道，內與丹元為號令，外與重機為鈐鐸。故善性靈液也，則為神之舍體；密傳志慮也，則為心之舟楫。是以性命樞機，一身得失，有所托焉。由是古人評其端醜，戒其妄動也。故舌之形，欲得端而利。長而大者，上相也。若狹而長者，詐而賊；禿而短者，迍而蹇；大而薄者，多妄謬；尖而小者，為貪人。引至鼻者，位至侯王。剛如掌者，祿至卿相。色紅如朱者貴。色黑如翳者賤。色赤如血者祿。色白如灰者貧。舌上有直理者，官至卿監。舌上有縱紋者，職任館殿。舌紋有理而繞者至貴。舌艷而唾滿口者，至富。舌上有錦紋者，出入朝省。舌上有黑子者，言語虛偽。舌出如蛇吐者，毒害。舌斷如掘者，蹇滯。未語而舌先至者，好妄談。未言而舌舐唇者，多淫逸。」其大意：舌頭作為食物進入身體的起點，在體內聽命於丹田的元氣，而且對體外各種事物都有靈敏的反應。舌能生成津液，是神魂的處所；靠身體來傳達神魂、意志的命令，是心的船槳，因此人的生命機緣、一生的得失都託附於舌頭。所以，古人斷舌的好壞，以其任意妄動為大忌。

《公篤相法》：「大抵以薄大者，善辯而多才，能應對知機，通今博古，主運籌劃策，而決勝也；以敦厚者，誠信而愚樸，作事穩見，而不妄也；又以尖長者，機巧而多智，作事陰險勇為，而有毒也；橢圓者，忠厚而直快，作事持義守禮，而有信也。凡紅而鮮明者，清閒而有恆，衣祿有餘也；青而枯滑，勞碌而疏懈，常多宿疾也；黑暗不潤者，貪妄而惡疾，淫亂自戕也。雜花不一，吝慳而見小，駁雜受制也。故黃者多俗，而鄙其行為；紫者多夭，而無壽徵。多紋者貴而英明，善交際，及外交政客之例。以薄細而舐準者，主貴而有權，然多勞碌賓士，善籌劃也。

【凡道字，重且舒。勿急疾，勿模糊。】

以粗厚而舐準者，則平常而無用也。」

《蟠龍命相》：「舌之長大寬厚及於鼻尖，又有秀紋深長，配大口，面無沖破，則為鎮邊重將，威及八方。紅潤端方合度，貴至一等，富甲一鄉。周邊如刀刃，善理大財，多為實業企業鉅子。大紅或殷紅均大富；紫紅而有錦紋，則為聖賢，史冊留名。黑舌大凶，性燥如火；灰舌冥頑，自欺欺人。大而短者，言語不清，愚魯不明；若再口小，衣食無告。小而短者，口詞伶俐，但貪嘴饒舌，廢話連篇。大而薄者，妄謬無信，自作多情，方而厚者，雄才大略，執法如山。」

《平園相學》：「舌者，心之舟楫，一身之得失託焉；又為五臟之苗，一身強弱繫焉。故觀舌之美惡，即知身之貴賤。凡長而厚、大而方、色紅而潤、紋多而秀者，富貴福壽，上智也。團而小、短而縮、色黃而枯、紋少而粗者，貧賤孤夭，下愚也。若或長而薄者，萬事虛耗；長而尖者，為人毒狠。短而大者，愚魯而貧。短而小者，窮困而夭。薄小者，奸貪；細長者，狡猾；尖而有鋒者，好辯；斜而有角者，敗家。有黑子者，多祿；有黑靨者，多凶。粟粒者，榮遷；破拙者，蹇滯。尖端抵唇者，淫逸；頭端過粗者，飢寒。有橫筋者，刻薄；有縱紋者，忠直；有十字紋者，端正不阿；有波浪紋者，放蕩無賴。白如灰者，貧賤；黑如翳者，勞苦。青而黑且重者，即死之兆；小而方且赤者，附風之流。惟小而有紋者，則能安能樂也。」

《公篤》、《蟠龍》、《平園》評舌之貴賤：長厚舌極富；長方舌極貴；長尖舌極毒。短方舌大器晚成；短小舌貧乏無壽；短薄舌好說是非。紋多而秀為貴；紋少而粗為劣。舌又與口有關係，舌大而口小者，思想遲鈍；舌小而口大者，言語輕快。

【彼說長，此說短，不關己，莫閒管。】

西方相學論舌

西方相學論舌，以紅白色為上乘，舌身宜長大，不可過尖；舌端宜長圓，不可渾圓。舌身長大者，思想豐富、腦筋靈活、感情深厚、理性充足；舌端長圓者，宅心仁厚、言語敏捷、行為端正、不招人怨。舌端過尖者，出言無序，喋喋為人所忌，實非載福之相；舌端渾圓者，口齒不清、言語不當，言者滔滔不絕，聽者藐藐不為所動，更覺繁瑣可厭。

綜合中西相學論舌相：舌藏於口內，幫助説話發音，非説話、飲食時不可常見，否則列為下格。舌宜端正、長而圓大者為上格。舌身長者具理性分析力、感情豐富；長而尖圓者富同情心、言語敏捷，易得人信任。舌尖宜橢圓、長圓，最忌渾圓，舌尖渾圓者口若懸河，但説話不真，聽者不僅不為動容，反覺可厭；且舌尖渾圓者，口齒必不清晰。若舌尖太尖，亦非載福之人，必是喋喋不休而惹人討厭。舌之氣色宜紅不宜黑，宜赤不宜白。由此可見，中西相舌看法理論頗為一致，兩者可互為參考，習相者不妨多加研究。

【見人善，即思齊，縱去遠，以漸躋。】

舌之外觀相理

舌頭之外觀形態有長短、大小、方圓、厚薄、尖縮；其紋理有縱橫、粗細；其氣有濕潤、乾燥、焦枯；其顏色有黃、赤、白、黑、紅、紫。以其方大長厚、紋多而秀、潤澤不枯、鮮紅而有鋒刃為佳；若圓小、短薄、尖縮、紋理粗糙、色呈黃白、青黑，皆非善徵也。

舌之形態

《秘本相人法》：「相謂舌至準頭，貴不可言，不知舌貴紅；長若白黑，不貴也。舌貴紋；長若無紋，不貴也。舌貴厚；長若薄，不貴也。舌貴方；長若尖，不貴也。可見舌之貴，在長方紅厚也。至若舌至準頭，官星（眼）陷者不貴；準空山斷、口薄角垂，且主大敗。故舌長至準者，得官星乃大貴；得財星乃大富；得祿星乃重祿。區區至準，何足道哉！」

我們經常將好搬弄人是非、終日喋喋不休的女人，稱之為「長舌婦」。事實上，好的舌頭宜長而忌短。舌頭如長至能舐準頭主貴，再配合舌色紅裏透白、紋秀、形厚而方，此人必然長於思想，感情深厚，兼富理性，乃大大的貴相。

舌厚樸實，且多富貴。舌頭偏厚的人，為人忠厚，雖處事不夠靈活，但能夠堅持自己的做事原則，忠於自己的職責，對事業與領導有一份忠誠度，而就是因為這個優點，舌頭厚的人往往都很成功。

《人倫大統賦》：「長方者，咳唾成玉；短小者，皂隸執鞭。」長大方利，乃相舌之第一要訣，須知富貴福壽，盡在其中。有此舌相的人「咳唾成玉」，在詩文方面才華卓絕，且若隨性之所近而選擇職業，皆可出人頭地。舌頭短小薄鈍的人智力低下、意志薄弱，一生無法在社會攀上高位，而只能「皂隸執鞭」，從事體力勞動或勤務侍役等性質的工作。

舌之紋理

《人倫大統賦》：「七星理明，可享千鍾之祿；三川紋足，必食萬戶之田。」七星指星象上的北斗七星，在北天排列如斗或勺形。舌上若長出如此明顯的七星狀粒子，實在不可思議，相信千萬人中難見其一。「七星理明，可享千鍾之祿」，意思是，具備此種異徵的人衣祿無窮。「三川紋」是指舌上有三條形成川字形的縱紋，一般舌上縱紋以一條居多，有三條者實不多見。三川紋宜明秀，一眼可見為最佳，則屬富貴之命；但舌上川字紋是非常鮮見。

至於舌頭有花星紋，有舌燦蓮花之意，代表其人說話很有技巧。舌上有十字紋，人生際遇順心順利，事業有成。舌上有直紋，為人正派，做事光明磊落，不走捷徑，不走歪路。舌上有橫紋者是無賴之徒，做事不負責任，沒有承擔；若橫紋深刻似將舌頭橫斷，此人一生運程跌宕，事事不順，必有大敗大窮的遭遇。

一般來說，舌上多紋路的人辦事能幹，交際手腕高，處事八面玲瓏，是出色的公關人才、外交家、評論家。

【唯德學，唯才藝，不如人，當自礪。】

舌之色澤

相舌之法，色澤十分重要，因與五臟有密切之關係。古相書云：「紅赤其色，乃根於心；剛柔其性，乃根於肝；審識其味，乃根於脾；滋潤其聲，乃根於肺；漱液其流，乃根於腎。」《靈山秘葉》又云：「五臟強健，舌必鮮明；五臟衰疲，定呈黯紫。鮮明者，其質高華；黯紫者，賦性低劣。」《人倫大統賦》：「黯紫，布衣而肘露；鮮明，金帶而腰懸。」

因此，舌之色澤，宜鮮明而忌黯紫，舌頭黯紫之人，好色且淫亂，既無社會地位，亦無隔宿之糧，更是體質衰弱多病之命，一生貧與病相纏。舌色鮮明之人則「金帶腰懸」，縱非貴顯，亦主有財、有名或精神生活滿足。

簡單來說，舌色紅裏透白，必有官祿，富貴可期；舌頭發黑，為人虛妄，一生勞碌，且身患致命重病；至於舌白如土灰者，則一生窮困，憂柴憂米，為生活奔波。

舌之黶痣

相書論舌：「黑子凶惡；粟粒榮遷。」黑子即是暗啞的黑痣，舌上長黑痣，據現代醫學發現，這是身體患癌症之警號。癌症是堪稱是人類健康的頭號殺手，與性命攸關，所以舌上黑子極其凶惡。

不過，若痣色漆黑有光澤，則屬善痣，代表此人能言善辯、機智聰穎、情商甚高，人際關係

【若衣服，若飲食，不如人，勿生慼。】

好，事業成就高，是非富即貴之相。若痣色鮮紅，名為硃砂痣，更是極為罕見之吉相，此人巧舌如簧，異性緣極旺，而且學富五車，見多識廣，能成為傑出人物；傳說孫中山舌上正是長了一顆紅痣，他能夠成為國父，這顆硃砂痣或可記上一功。

「粟粒榮遷」，粟粒是舌上凸起之粟狀物，有稱之為舌乳頭。舌乳頭共有三種，內藏有味神經、動舌神經及舌咽神經，分別司職辨別味道、運動舌體及分泌唾液，若三種神經皆健全，則舌乳頭都是蓬勃凸出如粟粒狀，也就反映其人食慾振奮、神智清明、發音秀潤、口辭伶俐，有助工作順利有序，所以是步向升遷的象徵。

以上是舌上先天有癦痣的相法，若舌頭本無癦痣，但在後天突然長出痣來，一般都不是好徵兆，代表有不好的事情發生，比較多機會是身體出現毛病、破財、姻緣破裂，或是生活、家庭、家居發生事故。

舌相論命詩訣

舌相之吉凶關係人的富貧、貴賤、言語、成就等。古相書及相學家對此皆有論述，並編成歌訣，便於記誦。以下摘錄部分供讀者參考使用。

舌到準頭世所稀，驟然一見便稱奇。身居閭巷何愁窘，自有風雲際會時。
方長闊大色如丹，困頓豪雄不久寒。志氣淩雲終發達，和聲正論立朝端。
無事常將舌舐唇，性情詭譎是邪人。家中婦女如斯相，淫濫不堪禍比鄰。

【聞過怒，聞譽樂，損友來，益友卻。】

【聞譽恐，聞過欣，直諒士，漸相親。】

舌大而方，富貴榮昌。舌小窄方，仕途榮光。
舌小而長，宦途吉祥。舌上繡紋，富比石崇。
舌如朱紅，福祿崇隆。舌有交紋，貴氣淩雲。
舌似紅蓮，廣積田園。舌上長理，位顯無擬。
舌長舐鼻，位隆輔弼。舌小多理，安樂不已。
舌長而薄，事多拂逆。舌小而短，法主貧賤。
舌過粗大，時受饑餒。舌小口大，言語捷快。
舌短而大，愚魯懈怠。舌出如蛇，毒害淫奢。
舌無紋理，尋常之侶。舌上黑子，必無終始。
舌薄而小，貧極無聊。舌大口小，言語不了。
未言舌見，多招人厭。舌上黑翳，貧薄無依。
舌短唇長，晚年慌忙。舌常舐唇，不貧則淫。
舌小窄方，法主公王。
舌上長理，三公可擬。
舌小多紋理，安樂常不已。
舌至鼻頭，必得封侯。
舌長而薄，萬事虛耗。
舌大口小，言不了了。
舌小口大，言語捷快。

舌過粗大，主多飢餓。
舌小而短，法主貧賤。
舌上黑紫，必無終始。
舌語未出，其舌先見，好語他事，必自改變。
舌上繡文，奴馬成群，財帛千萬，富貴淩雲。
舌有支理紋，富貴必超升。

舌頭相理總論

舌頭與五臟六腑有密切關係，所以中醫便有望聞問切之法，觀舌診病。在面相學上，舌頭與人的心性、口才、財運、姻緣、健康及命運等亦有關聯，與水星（口）和牙齒皆定運於六十歲。舌頭以長、大、方、紅為吉，以短、小、尖、薄、灰白、暗黑、暗紫為凶（木火型人舌頭不忌尖）。

不過，英才常規勸習相者謹記相不獨論，觀舌要兼看齒相，相齒又要兼看唇相，三者相通同看，缺一不準。

心性、際遇

(1) 舌大而長，可富可貴，但性情有點狡滑、自私取巧。

(2) 《許負相法》：「舌大口小，言不了了。」舌大而嘴巴很小，說話囉嗦，長篇大論，但表達能力極差，說來說去說不到重點。

(3) 舌大而短，腦筋愚鈍，生性懶散，平生無大志，庸庸碌碌過一生。

(4) 舌薄者能言善辯，說話很有說服力，而且為人世故，精通世情，處事極具謀略。但若舌薄而小，則性格狡猾奸詐，老謀深算，事事計較。

(5) 舌大而薄，做事離經背道，而且做任何事都事倍功半，甚至徒勞無功。

(6) 舌小而長，聰明有智慧，思想靈活，反應敏捷，處事明快果斷，說做便做，敢做亦敢當，但為人頗有機心，做事前必先計算個人利害得失。

(7) 舌小而尖，貪得無厭，吝嗇非常，凡事斤斤計較，只問收穫，不肯付出，令人生厭。

(8) 舌長而尖如蛇舌一般，生性惡毒，心狠手辣，愛以暴力解決問題；面對憎恨的人，輕則動手動腳，老羞成惱時可以置對方於死地。

(9) 舌長主吉，但若太過狹長，則其人言語不真、多虛少實，不能盡信。

(10) 舌短而薄，整天東家長西家短，愛談論別人是非和八卦，好說他人閒話，更喜歡以別人的秘密換友誼。

(11) 舌頭短而方方正正，舌邊有弧度沒有齒痕，其人早歲艱辛，但大器晚成，晚年運氣逐漸上升。

(12) 舌長而唇厚，早運平穩，而運勢會隨年紀逐漸向上，年紀愈大，運勢愈好，晚運尤其亨通。

(13) 舌形橢圓，說話坦率，心直口快，為人忠厚，真誠可靠，做人做事有節有理，交朋結友重義氣、守信用。

【凡是人，皆須愛。天同覆，地同載。】

(14) 舌上有清晰直紋，為人正直、剛正不阿，做事腳踏實地、光明磊落，不會走捷徑，不會行歪路。

(15) 舌上無紋，一生平凡，安常知足。

(16) 說話時常以舌頭舔唇的人膽小怕事，工作缺乏信心，做事畏首畏尾，不敢直視上司或老闆，無法應付任何重大變化。

(17) 舌頭突然長出痣來，近期必有不好的事發生，慎防有家居意外，宜檢查家中水電煤氣安全，平日外出時也要確保門窗已關好。若有遠遊，人在外地時不要單獨行動；如非必要，勿上夜街。

健康、壽元

(1) 舌頭肥大，在口腔活動空間不足，飲食時容易被咬到，這類人大多先天脾胃虛弱。

(2) 舌頭太小而嘴巴很大的人，內臟機能一般都不夠強健，所以容易生病。

(3) 若舌頭本來厚薄適中，但在某段時間突然變得肥厚，導致進食時容易咬到舌頭，這在中醫角度來說是脾濕之症，宜請教中醫師治理之法。

(4) 舌頭能反映心、肺、肝、膽、腎、脾胃的健康狀況，舌尖反映心、肺疾病；舌邊反映肝、膽疾病；舌根反映腎、膀胱疾病；舌中反映脾胃疾病。

(5) 舌上有深刻龜裂紋或舌苔厚膩，這是脾胃毛病的表徵，宜以食療調理。

(6) 舌頭局部出現青紫色斑塊或瘀點，恐患上脂肪肝、肝硬化；若瘀塊出現在舌頭兩邊，更驗。

(7) 舌頭突然發黑，是身患重病、病入膏肓之兆，恐有性命之虞。

(8) 一般黑色素只會在皮膚表層沉淀聚集，口腔中很少會出現黑色素，若舌頭突然長出黑痣，代表身體可能已受到損害，更有患癌的機會，宜盡快往醫院檢查治療，以防耽誤病情。

(9) 舌上突然出現黑色小斑點，除代表近期有官非外，亦要提防口腔病變。

(10) 舌上突然長痣，健康易出毛病，宜多鍛煉身體，飲食也要小心，少吃生冷或辛辣食物，多吃清淡易消化東西。

(11) 舌頭伸出來時，舌尖微微顫抖，這是心臟問題所致，必須盡快請醫生徹底檢查。

事業、地位、財富

(1) 舌頭大的人說話比較吃力，口辭不夠清晰玲瓏，不適合從事銷售類型的工作，在商業社會中也不容易找到理想職業。

【才大者，望自大。人所服，非言大。】

(2) 若舌頭異常粗大，《許負相法》評為「主多飢餓」，代表一生衣食不足，到老清貧。

(3) 舌小易漏財，財來財去財難聚，須有積穀防饑的意識，及早為晚年做好安排和準備。

(4) 若舌小而舌上多紋理，則是安樂之相，其人懂得自我檢討及彌補缺失，扭轉惡運，化凶為吉。

(5) 舌頭小且長，決斷力強，辦事能力高，絕不畏首畏尾，但可惜富貴由天不由人，這類人一生大多兩袖清風，別無所有。舌小而短，也不易聚財。

(6) 舌頭小而鼻子很大的話，也就是五官比例不均衡，雖然工作忙碌，但財來財去，終究難有餘錢。

(7) 舌端方而平、兩邊沒有弧度，一生與財運無緣，只能憑努力工作、勞勞碌碌賺取金錢。

(8) 舌短但形態方正，早年工作艱辛，五十歲後事業漸見起色，是大器晚成之相。

(9) 舌薄在相學上不入貴格，一天忙到晚，大多從事十分疲累的勞動性質工作。

(10) 舌薄、小又短，生性頑劣，教而不善，一生財運不通，大多處於貧困勞苦的時候。

(11) 舌形橢圓或長圓的人對金錢的態度隨遇而安，有很大彈性，有錢時會換取合理生活享受；沒錢時不介意省吃儉用，甘於貧窮。

(12) 舌上有川字紋，紋深細長、清晰可見，是大富大貴之相。

【己有能，勿自私。人有能，勿輕訾。】

(13) 舌上十字紋，謀事順心順意，事業有成，富貴可期。

(14) 舌上橫紋深刻如將舌頭橫切斷開，一生困窘，是大窮之相。

(15) 舌上紋路多而不雜，其人非常能幹，長袖善舞，口才極佳，可成為出色的律師、外交家、政論家。

(16) 舌色硃紅，一生富裕，財富易得。舌色血紅，必有官祿，可享榮貴。

(17) 舌色鮮明潤澤，事業成就高，名利兼收，物質生活豐富，晚景康愉，可享清福。

(18) 舌白如土灰，當主貧賤。舌色黯黑，一生勞碌，難以聚財。

(19) 舌上突然長痣，近期大有可能出現破財之事，必須謹慎理財。有投資習慣的人，勿輕信他人之言而投資於自己不熟悉的產業或項目，也不要借錢予他人，否則人去財散，怨不得人。

桃花、婚緣、子息

(1) 舌相不佳，若然唇相與齒相皆劣，代表六十歲流年有厄，多主兒女離散異地，少再相逢。

(2) 舌大的人對愛情比較霸道，看不過眼伴侶與其他異性交談，常常無故吃乾醋，鬧脾氣。

【勿諂富，勿驕貧。勿厭故，勿喜新。】

(3) 舌小的人生性風流，桃花重，好情慾，對愛情不能專心一致；享受拍拖，卻不願意受婚姻束縛。

(4) 舌小而鼻大，水被土剋，雖主長壽，但子嗣稀少。

(5) 舌長的人色慾強，性生活比較隨便；但他們在床上表現特別性感，是很好的性伴侶。

(6) 舌尖的人在戀愛時，能夠摸透對方的心，及時走進對方的心裏，讓伴侶時時感受愛意與溫暖。

(7) 舌尖的人感情十分豐富，思想容易沉溺於戀愛世界之中，一旦遭受情傷，便會陷於無盡痛苦之中，難以自救。

(8) 舌頭本來厚薄適中，但突然變得肥厚，除了身體出現毛病之外，也代表這段時間感情出現問題。

(9) 舌色暗紫，不僅貪心小器，任性妄為，更且好色淫亂，對兩性關係非常隨便，經常更換性伴侶。

(10) 經常以舌舔唇的人缺乏自信，當愛情來臨時，面對心儀異性不知所措，沒有膽量表露愛意，往往令姻緣白白溜走。

(11) 先天舌頭沒痣，但在某段時間突然長出痣來，可能是婚姻出現危機的徵兆；若此前與伴侶已在鬧意見，便要努力修補關係，否則裂痕愈來愈大的話，就極大機會以離婚結局了。

女性舌相理專論

舌相吉凶應男亦應女，但某些舌頭特徵於女性會有特別意義。觀舌診病，除了可看五臟六肺的健康，更可相婦科之疾。《臨證驗舌法》：「婦女幼稚之病，往往聞之無息，問之無聲，而唯有舌可驗。」由此可知，舌相對女性十分重要。

(1) 長舌者好說他人閒話，尤其女性更喜歡以是非當人情，用八卦換友誼，故被人戲謔為「長舌婦」。

(2) 女性長舌是剋夫之相，婚後丈夫事業下滑；或丈夫健康變差，甚至體弱而亡；或夫妻同床異夢、聚少離多，分手收場。

(3) 女性舌短，懶氣甚重，婚後不愛做家務，更不愛做飯，是典型的「無飯」主婦，家裏東西亂七八糟，丈夫自然不願待在家。

(4) 舌短易漏財，賺錢少，花錢多，若為女性更是好打扮、追時尚，常常先花未來錢，容易陷於財困。

(5) 舌厚的女性都不會特別漂亮，但卻是端莊嫻淑的標準旺夫相，能協助丈夫推動事業發展。當丈夫的事業處於不順之時，又能夠相助其扭轉劣勢，化險為夷。

(6) 舌薄的女性要求丈夫對自己充分了解和遷就，丈夫做不到的話，夫妻容易發生衝突，甚

【人有短，切莫揭。人有私，切莫說。】

至釀成婚姻破裂，或是丈夫金屋另藏嬌，自己備受冷落。

(7) 舌頭與月經的來潮有密切關係，一般經前舌色輕度鮮紅，經行時多呈鮮紅或暗紅，經後則由暗紅漸變成淺紅直至正常。

(8) 舌淡苔白而厚膩，月經量多如崩，淋漓不斷。

(9) 舌色隱然見青，舌下脈絡粗大，多是血瘀之病。

(10) 舌色紅、少苔，伴有腹痛的胎動不安，多為陰虛有熱，宜養陰清熱安胎。

(11) 孕婦舌頭呈青紫，可能是過期流產，胎死腹中而不下。

(12) 《壽世保元》：「產母面赤舌青，母活子死。母面青舌赤，口沫出，子活母死。」懷胎婦女面色赤紅而舌色呈青，這是母親安好、胎兒死亡之徵；孕婦面色透青而舌色赤紅，常流口沫，這是母親命危、胎兒安好之兆。

(13) 《諸病源候論》：「候其產婦舌青黑，及胎上冷者，子已死也。」懷胎婦女舌頭呈青黑色，腹部觸感微冷，恐胎兒已死。

第六章

地閣相法

地閣譜

1. 地閣豐圓

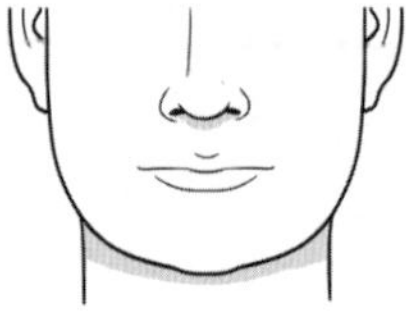

(P.523)

2. 地閣方平

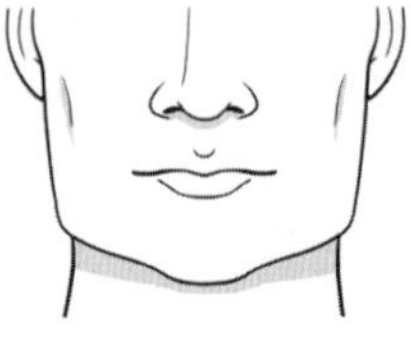

(P.526)

3. 地閣方圓

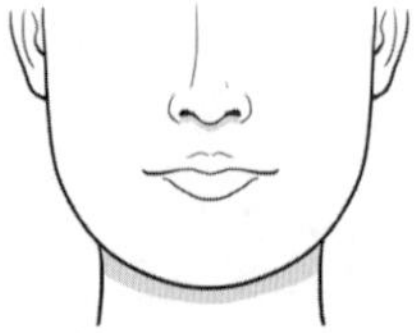

(P.529)

4. 地閣深長

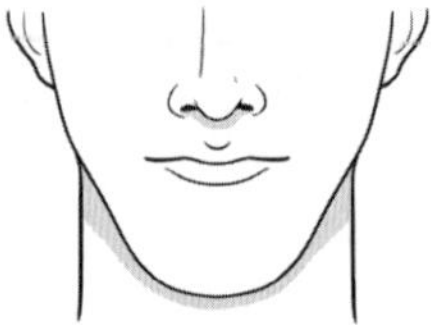

(P.532)

5. 地閣短小

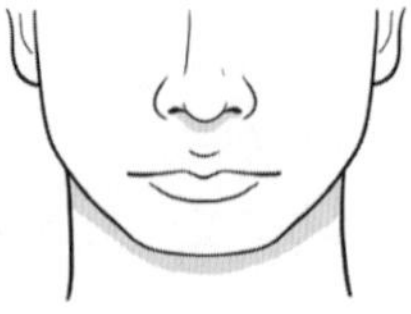

(P.535)

6. 地閣尖狹

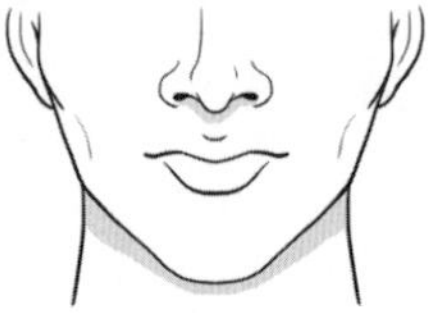

(P.538)

7. 地閣上衝

(P.541)

8. 地閣後縮

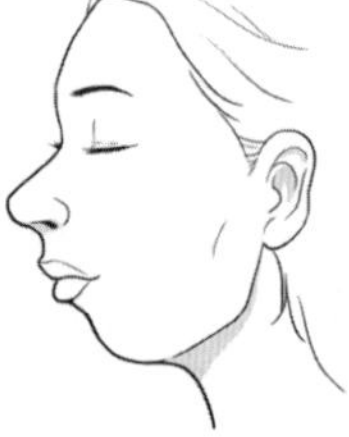

(P.544)

9. 雙重地閣

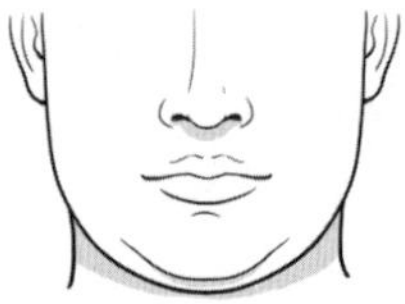

(P.547)

10. 地閣凹陷

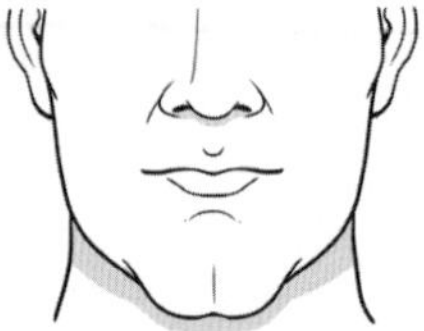

(P.550)

11. 腦後見腮

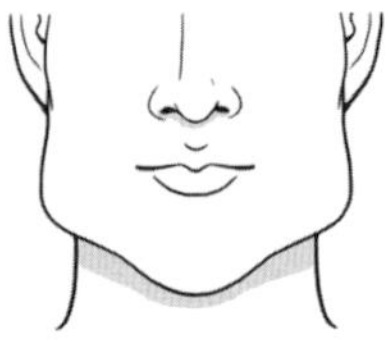

(P.553)

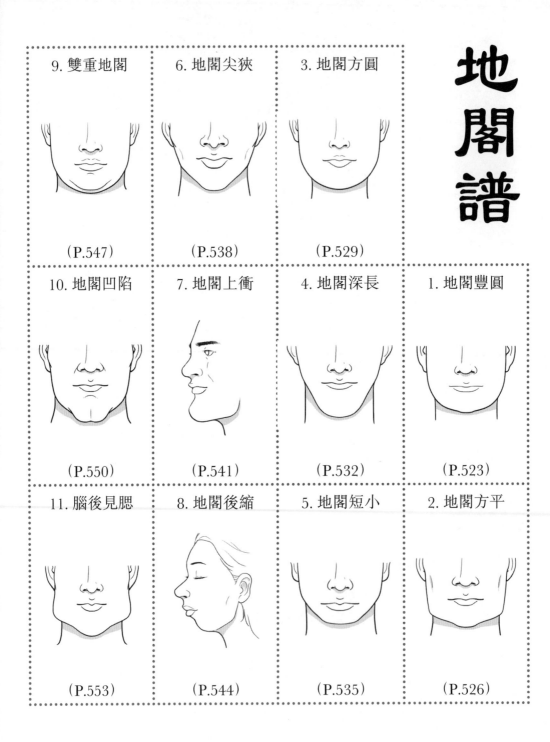

(1) 地閣豐圓

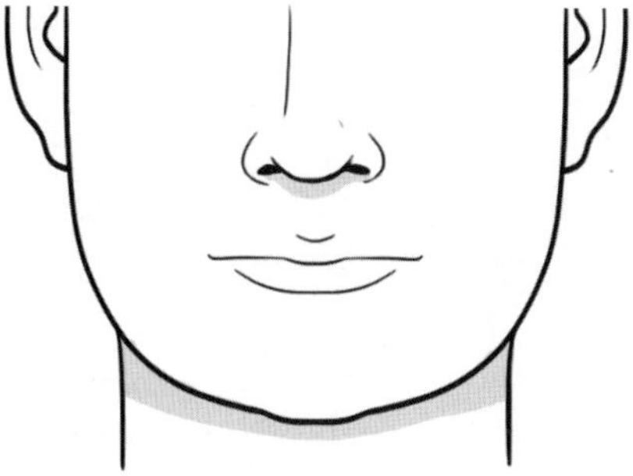

形態：下巴連腮骨寬闊、豐滿圓潤，外緣弧線曲而美，肌肉結實。

性情：

(1) 愛好如平，心地善良，宅心仁厚，待人真誠，熱心助人，具憐憫和容忍的心，樂善好施，樂於服務社會，關注弱勢社群，扶助老弱貧困。

(2) 性格隨和，但生活上比較粗心大意，對很多事情都不會太執着，只是隨便處理一下就算了，有時難免會給人一種敷衍了事的錯覺。

(3) 聰明敏鋭、率直開朗、表裏一致，學習及吸收能力都很強，縱非學富五車，也是博學篤志之人。

(4) 溫和敦厚，言語坦率正直，行為踏實不虛偽；待朋友真心誠意、肝膽相照，一旦朋友有難，必然竭力幫忙。

(5) 和藹可親，既重理性又重感情，懂得人情義理，人情味濃厚，人際魅力強，自然散發一股高貴氣度，令人樂於親近和尊敬。

(6) 愛好自由、興趣廣泛、好奇心重，對於新事物、新科技

【揚人惡，即是惡。疾之甚，禍且作。】

的接受能力很強，故能吸收很多新知識。

(7) 缺點是思想過分單純，太容易相信人，恐會陷入有心人所設的圈套之中，所以對於重要事情最好要找可信的親友商量，方可進行。

事業：

(1) 因對自己的辦事能力足夠自信，不會在事前仔細部署，而是隨事情發展靈活調整計劃，以致給人三心兩意、舉棋不定的印象；但事實上，他們總是能夠把工作的事辦得妥妥當當。

(2) 性格隨和，表現與世無爭，但對事業卻是頗有野心，配合其個人才幹及強勢的工作能力，往往能在不知不覺間成為了眾人的上司，甚至開創一番個人事業。

(3) 命中人緣好，一生貴人多、機緣多，不論生活或工作，每遇困難時就會有人出手相助，所以事業得以平穩發展。

財帛：

(1) 能夠繼承祖上的福蔭，大多出生於小康或以上家庭，經濟環境十分好，生活豐足，不須為金錢煩惱擔憂。

(2) 為人處世謙遜厚道，能夠建立廣闊交際網絡，打好良好人際關係，而好的人緣間接為他們帶來好的財運。

(3) 雖有開拓財源的能力，但不會對金錢看得太重，即使財富豐盈也能富而不驕，更樂於以金錢幫助有需要人士。

(4) 地閣豐圓是晚運亨通之相，即使中年運勢起伏不定，但六十歲後生活漸趨安定，得享清福。

愛情婚姻：

(1) 地閣圓厚的人姻緣運很好，對於自己選擇的伴侶用情專一，對感情非常負責，能夠擁有理想的愛情。

(2) 性格溫柔樂觀，女性是賢妻良母型，婚後勤儉持家，相夫教子；男性是賢夫慈父型，婚後十分顧家，婚姻美滿。

(3) 女性地閣圓厚、均勻有肉，易嫁富有丈夫，結婚成家後，生活條件變得豐足，財庫充盈，享福不盡。

子息：

(1) 早婚適宜，遲婚也不礙，子嗣緣厚，三四子女感情好，自身成就也可蔭及子女。

(2) 地閣豐圓者具仁愛之心，子息運很好，子女也很賢孝，承歡膝下，家運昌隆。

【凡取予，貴分曉。予宜多，取宜少。】

【將加人，先問己。己不欲，即速已。】

(2) 地閣方平

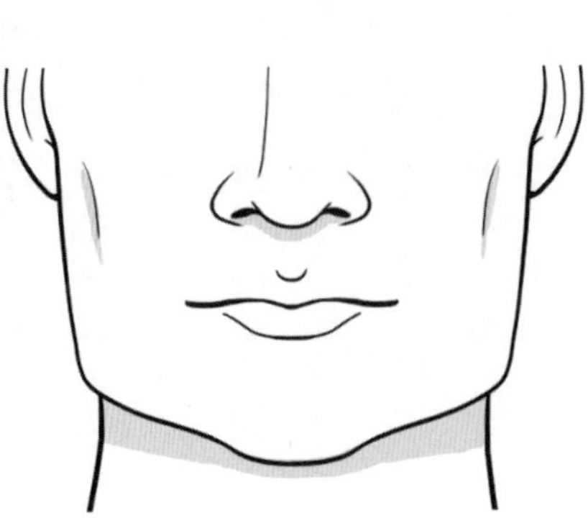

形態：下巴方而平，兩頰肉薄。多見於男性，少見於女性。

性情：

(1) 穩重踏實，待人處世不亢不卑，做事非常有原則，只嫌性格有點倔強和執着，不易接納別人意見，雖不至於因此得罪人，但有時會令他人吃不消。

(2) 典型理想主義者，對很多生活細節都十分挑剔，交朋結友也不會隨隨便便，只要覺得對方不是自己的同道，就不會與之深交。

(3) 果敢進取而耐性高，行動積極，做事能貫徹始終，絕不馬虎，只嫌有時過於武斷而浪費了時間和精神，繞過大圈才能達到目標。

(4) 體魄強健，精力充沛，外向好動，亦有探險精神，勇於作出種種新嘗試，所以常常會有不同方面的新發現。

(5) 觀察力及決斷力強，反應也快，做事細心、有魄力、有幹勁，在亂世中可把握機遇而發迹顯貴。

(6) 地閣方平的人必須要認真學習，吸收知識，訓練邏輯思維，否則容易頑固不化，缺乏理性，以致養成粗暴行為。

(7) 女性若有方平下巴，性格傾向男性化，豪邁任性，溫柔不足，但頗有幹練，思想成熟，處事精明。

事業：

(1) 辦事能幹，積極而具魄力，目標清晰，逆境中可自強，貫徹到底，直至成功，適合成為貿易家、政治家、律師等。

(2) 好勝心強，凡事不服輸，喜歡與人理性競爭，能夠推動自己發憤向上，力爭上游，所以成功機率往往比他人高。

(3) 堅忍倔強，不易向人妥協，但眼光鋭利，手段高明，善於經營，對於環境之形勢、商況之變動反應敏捷，故能早着先機，創造成績。

(4) 男性地閣方平，鬥志很強，有堅毅不屈、百折不撓的精神，若鼻顴得配，古時可成為一人之下、萬人之上的武官統帥，今天加入紀律部隊則可發揮所長，取得重大成就。

財帛：

(1) 性格踏實，能刻苦耐勞，工作態度積極，且懂得勤儉致富，不會亂花分毫，總是從安定生活中尋求更進一步，所以中晚年以後已能積存豐厚財富。

(2) 此相是行動性，很少會讓自己閒下來，縱使不缺金錢，也不會放棄工作而享受生活。

(3) 地閣方平雖非大富大貴之相，但其人賺錢能力不錯，並願意將所得金錢與伴侶分享，但

【恩欲報，怨欲忘。報怨短，報恩長。】

對家人以外者則會斤斤計較。

愛情婚姻：

(1) 感情細膩，追求完美的愛情，對伴侶的要求甚高，不會為拍拖而拍拖，若然遇不上心中的理想對象，便寧缺勿濫，寧願選擇單身，也不會降低擇偶條件。

(2) 一生人緣好，桃花重，戀愛路上不寂寞，但不會到處留情；對於認定了的伴侶能夠用情專一、真誠不欺，決不見異思遷，努力給予對方幸福。

(3) 對愛情十分執着，也能主動為自己爭取幸福，一旦對某人產生愛意，就會排除萬難，努力追求，直至成功。

(4) 女性地闊方平，必是職場的女強人，也是能幹的家庭主婦，缺點是缺乏女性溫柔，不慣談情說愛，婚姻多由親友牽紅線綴合而成。

子息：

(1) 此相多屬早婚類型，子嗣運平穩，命中女兒多、兒子少，自己與子女的關係不親不疏，一般而已。

(2) 孩子性格各異，有孝順，也有叛逆，幸好沒有破壞社會的奸惡之人。自己踏入晚年時，子女少有親近。

(3) 女性地閣方平，有妨子之嫌，不易受孕，生產時易有產厄，也要提防孩子有早夭之險。

(3) 地閣方圓

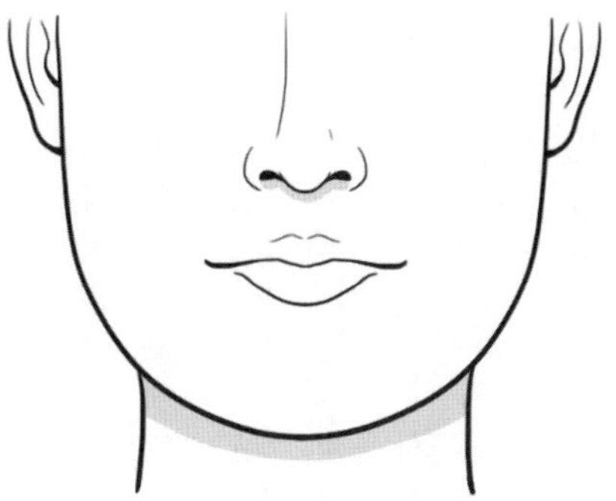

形態：下巴最下方的線條平整而長，連腮骨的外緣弧線圓而美，並有肉包裹，也就是集地閣豐圓與地閣方平兩者之優於一身，格局頗高。

性情：

(1) 典型理想主義者，有自己一套做人信念，對生活細節頗為挑剔，交朋結友也不會隨隨便便，若覺得對方與自己的價值觀不同，就不會與之深交，但也不會與之疏離。

(2) 心地善良，樂觀開朗，不拘小節，說話坦率，待人真誠，具憐憫和惻隱之心，熱心助人，樂善好施，關注弱勢社群，扶助老弱貧困。

(3) 好奇心重，外向好動，精力旺盛，喜歡探索新奇事情，並作出種種新嘗試，所以常常有出人意表的新發現。

(4) 性格隨和，對於無關個人信念的生活小事都不會太執着，遇到麻煩只是隨便處理一下就算了，有時難免給人一種馬虎了事的錯覺。

(5) 老實可靠，肯做肯幹，自信心很強，面對逆境也能處之泰然，懂得在惡劣的環境中找到生存空間，不會灰心氣餒、自暴自棄。

【勢服人，心不然。理服人，方無言。】

(6) 重信義，守承諾，答應了別人的事，除非遭到無法消除的阻礙，否則必堅決辦妥，絕不食言。

(7) 觀察力強，志氣高遠，思想周密而行動積極，做事能貫徹始終，下了決心要做的事，一定盡力做到最好，在亂世中可把握機遇而發迹顯貴。

事業：

(1) 相學有訣：「天庭飽滿吃官飯，地閣方圓掌大權」。凡地閣方圓配合額頭豐隆，其人少年得志，事業有成，有機會晉身官場，在政府部門任大官，位高權重，統馭大局。

(2) 堅忍執着，不易向人妥協，但眼光鋭利，手段高明，善於經營，對於環境之形勢、市場之變動反應快速，故能早着先機，為老闆或為自己的事業創造佳績。

(3) 行動力強，決斷力高，説話與行動一致，處事進退有據，能夠帶領群眾辦事，極具領袖風采。

(4) 男性地閣方圓，鬥志很強，有堅毅不屈、百折不撓的精神，古時可成為一人之下、萬人之上的武官統帥，今天加入紀律部隊則可發揮所長，取得重大成就。

財帛：

(1) 能夠繼承祖上的福蔭，自幼經濟環境已經很不錯，生活豐足，所以很懂得享受，而且也有此福氣。

(2) 地閣方圓，奴僕滿院。地閣代表晚年物質享受及經濟環境，地閣飽滿方圓，六十歲後必享富貴，晚景幸福，奴僕伺奉，福氣綿綿。

(3) 額頭低陷狹窄的人，若配得地閣方圓，就是晚發之相。雖然早年運氣不佳，挫折重重，但晚年聚財，多靠不動產致富。

愛情婚姻：

(1) 桃花重，異性緣和姻緣運都好，但不會輕易動情，一旦墮入愛河，就會對伴侶專一而真誠，不容易變心。

(2) 感情完美主義者，在男女關係中頗為霸道，假如伴侶與自己以外的異性過從太密，便會大吃乾醋，這都是因為自己太愛對方之故。

(3) 對家庭有強烈責任心，把伴侶和兒女照顧得體貼舒適，是家中的好丈夫、好太太，只嫌思想趨向實際，不夠浪漫，缺少生活情趣。

(4) 此相旺夫旺妻，六十歲後生活優裕，奴僕滿院，家庭幸福，夫妻和睦、平安健康。

子息：

(1) 子女不多，但品格好、健康好，孝順父母，小時學業表現各異，但大時工作皆頗有成就，為自己創造美好中晚年。

(2) 地閣方圓者可享遐齡，晚年含飴弄孫，兒女繞膝、晨昏定省，樂享天倫，福壽綿長。

【果仁者，人多畏。言不諱，色不媚。】

(4) 地閣深長

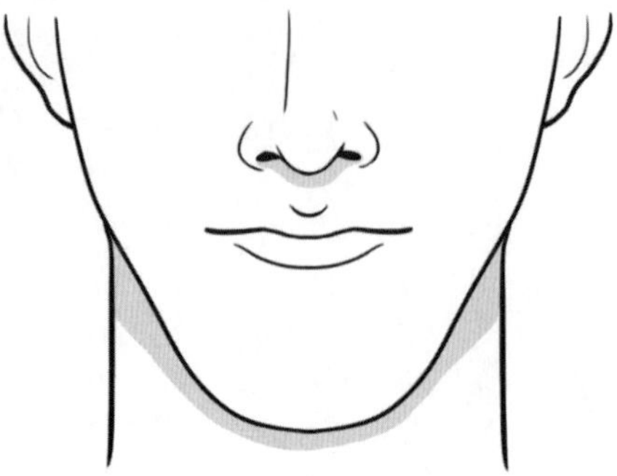

形態：從下唇承漿至臉部最下面的位置，就是地閣的高度，這個高度比一般人高，就是地閣深長。

性情：

(1) 心地善良，側具惻隱之心，對於弱小或被欺凌的群眾，甚具同情心，願意在能力範圍內扶助老弱貧苦大眾。

(2) 待人真誠，對人有情有義，身邊人有難時必挺身幫忙，甚至可以犧牲自己的利益，但嫌有時對人過分討好而容易被人利用，使自己吃虧。

(3) 聰明聰鋭、頭腦清晰，作事精明能幹，是典型的野心家，事業上不甘於長久居於人下，所以會推動自己不斷向前。

(4) 興趣由始至終集中於與自己工作相關的層面上，可以説是寓興趣於工作，也可以説是以務實態度發展個人愛好。

(5) 自信心強，做事有恆心，毅力和忍耐力同樣驚人，對於決定了的事情，絕不因為他人的批評而放棄或退縮。

(6) 下巴長的人，外表看似是厲害人物，其實內心善良，不慕虛榮，樂於在普通家庭中過安定的生活，晚年有福又有壽。

(7) 若下巴長而豐厚，其人心臟強壯，勇敢而果斷，會嘗試挑戰他人認為不可能的事情。

事業：

(1) 事業上有野心，具鍥而不捨的精神，加上實行力強，一旦認定目標，就會堅持不懈，不達目的不回頭，所以成功機率比他人高。

(2) 為人正直，做事積極，並講求實效性，不易受外界的誘惑，不輕易服輸，所以做任何事都往往比別人好。

(3) 此相的人大多有一技傍身，以此賺取金錢，不單能自給自足，更有餘力支援家人；對於家庭，願意貢獻自己的力量。

(4) 地閣長的女性性格堅韌，遇事不慌，做事有條不紊，事業心重，處事幹練，大刀闊斧，可以成為職場上的女強人。

財帛：

(1) 自主獨立性很強，思想及行為皆從實際效益出發，容易把握賺錢的機會，所以一生財運不會太差。

(2) 對生活質素很具彈性，能有豐富的物質享受自然開心，但也甘於平淡，總之不會讓自己成為金錢奴隸。

【不親仁，無限害。小人進，百事壞。】

(3) 善於理財，能掌握收入與支出的平衡，基本上一生衣食不缺，晚運亨通，健康吉祥。

愛情婚姻：

(1) 感情認真而嚴肅、細膩而脆弱，一旦選定了對象，就會全心全意投入，若發現對方作出背叛自己的行為，就會受傷很深，久久不能重新振作。

(2) 戀愛投入，感情專一，婚後能控制自己的感情，對另一半十分愛護，能對家庭盡責，為家人創造美滿幸福生活。

(3) 地閣長的女性外剛內柔、精打細算，婚後對家庭照顧周全，為家人規劃理想生活，是典型的賢妻良母。

子息：

(1) 地閣長是父慈子孝之相，除了自己敬愛父親，子女對自己也能晨昏定省、關懷孝順，晚年得享安樂。

(2) 地閣長的女性對家庭十分愛護，但對子女有嚴格的要求，有時甚至會過度控制子女的行為，令他們感到吃不消。

【不力行，但學文。長浮華，成何人。】

⑸ 地閣短小

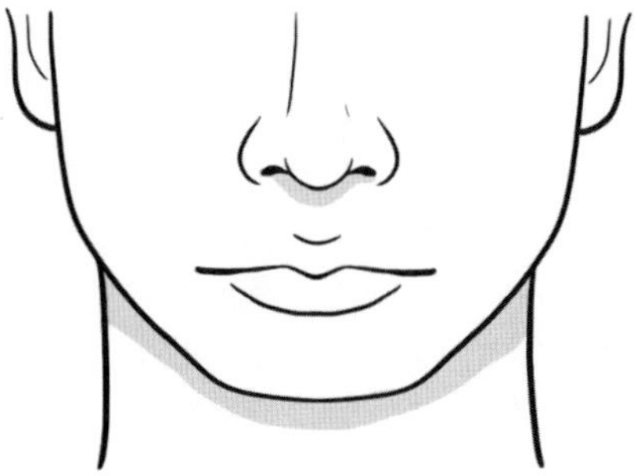

形態： 從下唇承漿至臉部最下面的位置，就是地閣的高度，這個高度比一般人短，就是地閣短小。

性情：

(1) 不擅辭令，不善於以言詞表達自己的感受，所以常常把喜怒哀樂藏起來，不輕易對人泄露心事。

(2) 沉默冷漠，孤僻成性，心胸狹窄，小氣又善妒，不關心他人的事，也不喜歡別人對自己的事多加意見，令人感覺不易相處。

(3) 陰沉自卑，終日疑神疑鬼，懷疑他人在背後批評自己，令自己活在不安的狀態和日子中，壓力很大。

(4) 性格不穩定，情緒智商低，容易受他人影響或因為小事而任性衝動，與人發生爭執，不能也不懂控制自己的脾氣。

(5) 自私心重，事事斤斤計較，跟朋友交往時喜歡佔人便宜，並常常以小人之心度君子之腹，令人不願親近。

(6) 魄力不足，缺乏意志力和忍耐力，做事難以貫徹始終，即使遇上小挫折也會選擇退縮，所以難以成就大事，一

【但力行，不學文。任己見，昧理真。】

生運勢極其量只是中規中矩。

(7) 先天體質差，抗病力弱，多主壽促。四十一歲開始便要特別注意保養身體，固本培元，望能延年益壽。地閣短小但有雙下巴者則無礙。

事業：

(1) 地閣短小者御下無術，只宜打工受僱於人，不宜擔任主管職務，更不宜開創個人事業，否則容易被員工或下屬傾覆一切功績。

(2) 工作自信心低，即使機會來到眼前，也不敢大膽把握；有時又會因延誤判斷而失去良機，以致事業上難有大成就。

(3) 處事極端，沒有耐性，不能長時間待在同一工作崗位上；所以經常更換工作，連一份穩定工作都難以維持。

(4) 實踐力弱，又缺乏膽識，不宜任職競爭激烈的工作，例如財經員、地產代理；又因對文字感受性較高，所以適宜投身出版或寫作行業，或有機會做出點成績。

財帛：

(1) 思想實際，對金錢看得很重，可惜理財能力低，不明白量入為出的道理，有錢時大手大腳亂消費，沒錢時東借西貸度日。

(2) 先天體質不好導致魄力差、實踐力弱，事業上總是高不成低不就，所以賺錢困難，常常要為金錢發愁。

(3) 此相福祿有缺，命主孤貧，最好能在年輕時學習一技之長，憑技術養活自己，以免生活無靠，晚景淒涼。

愛情婚姻：

(1) 愛情完美主義者，在感情方面十分執着，對於自己看不透、猜不透的人，不會假以辭色；相反，一旦對某人產生愛意，就會排除萬難，展開追求。

(2) 地閣短小的男性對異性頗具吸引力，容易被女性全心全意地愛上，成為戀愛路上幸運兒；但婚後生活未必美滿，更可能是夫妻要齊過緊日子。

(3) 地閣短小的女性見異思遷，不安於室，喜歡徜徉於花花世界，已婚後也不愛待在家中，對伴侶沒有依賴感，對家庭沒有歸屬感。

(4) 女性地閣短小剋夫較重，婚後丈夫的健康或事業會走下坡，日子也過得不開懷。

子息：

(1) 地閣短小，子嗣緣薄，男命太太多有流產之劫，女命也易有墮胎經驗，晚年孤單，無子可依；較幸運者縱有女兒間中問候，也難得到關懷照顧。

(2) 地閣短小主壽促，若不及早保養自己身體，縱有子女繞膝，也無享受天倫的福分。

【方讀此，勿慕彼。此未終，彼勿起。】

⑹ 地閣尖狹

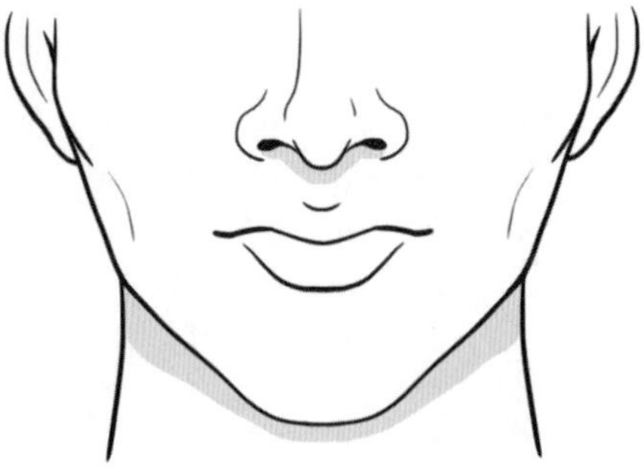

【寬為限，緊用功。工夫到，滯塞通。】

形態： 下巴尖削而狹窄，兩頰亦無肉。

性情：

⑴ 性格傾向孤僻，自我保護意識很強，與人相處時不易敞開心扉、坦誠相對，所以內心常常感到孤單寂寞。

⑵ 情緒複雜多變，略帶點神經質，容易因為很小的事情就大發脾氣，令人難以捉摸。

⑶ 疑心頗重，常常懷疑他人在背後説自己壞話，不輕易相信別人，而且處處對人防範，害怕被欺騙或傷害。

⑷ 心胸狹窄，自私心重，凡事只顧自己利益，不理他人感受，即使對方是親兄弟，也不例外。

⑸ 好奇心重，對於自己不明白的東西都會「打爛沙盆問到篤」，若能將此態度用於追求學問或學習新技能，對人生將有很大的幫助。

⑹ 地閣在五臟之中屬腎，形態尖狹代表腎臟健康不好，抗病能力較差，外在表現是魄力不足，常常顯得有神無氣；年紀愈長，體質愈弱，六十歲以後情況更差，難享高壽。

(7) 若地閣尖狹又歪斜的話，其人虛偽不真，口是心非，心術不正，經常使用小計謀算計別人，甚至會恩將仇報，傷害曾經幫助過自己的人。

事業：

(1) 自我中心很強，是典型現實主義者，做任何事前都會先計算得失，從來不做對自己沒好處的事，也不會為交情而出手助人。

(2) 思慮不周，意志力薄弱，容易因為少許挫折而灰心氣餒，缺乏面對困難和應付逆境的勇氣和能耐，所以一生事業難有大成就。

(3) 性格缺乏耐性，沒法長時間在同一崗位專心工作，常常東家轉西家，難以吸收經驗；若不及早改善問題，事業運將愈益變差，收入落空，晚年悽苦。

(4) 此相優點是思想敏銳、靈活度高，懂得以說話討好他人，若從事經常與人接觸的工作，或可有不錯的發展。

財帛：

(1) 地閣單薄，福緣淺薄，不單祖業不興，更是既貧且賤、勞碌奔波之相，自己需要付出巨大努力才可賺取錢維持生計。

(2) 有點愛財如命，對金錢十分計較，絕不會讓自己吃虧，容易為金錢跟人翻臉，嚴重者會為個人利益而傷害家人和朋友。

【心有疑，隨札記。就人問，求確義。】

(3) 一生財運坎坷，自己計算他人，也被他人計算；生活朝不保夕，多無隔宿之糧，經常鬧窮，甚至以借貸度日。

愛情婚姻：

(1) 地閣尖狹的人一般桃花運都不會特別差，不論男女都不缺乏追求者，但因心意太多而難以對單一對象交付真心，所以婚緣便不佳。

(2) 此相對金錢看得極重，不論拍拖或結婚，都堅持要與對方平分開支，這也是導致戀愛或婚姻失敗的重要原因之一。

(3) 女性對愛情十分憧憬，嚮往與喜歡的人共譜戀曲，但傾向柏拉圖式戀情，追求純浪漫的心靈溝通，抗拒性愛的生活，導致婚姻難成。

(4) 女性地閣尖削配桃花眼是剋夫之相，婚後丈夫事業下滑，或丈夫體弱早亡，或夫妻聚少離多。

子息：

(1) 下巴尖而無肉是子女宮被剋，其人子女運很差，不容易有子女，女性則不易受孕；不論男女，終究是福薄、孤獨終老之相。

(2) 下巴尖狹無肉、兩頤深陷，不單自己晚年運勢下滑，景況不佳，若有子女的話，子女亦容易有意外之災。

(7)地閣上衝

形態：下巴寬而厚、輕微前凸且向上翹起；兩頤有肉包裹。此相多見於男性，女性較少。

性情：

(1) 外表、體格和才能等方面都勝人一籌，足以令人欽羨，所以性格比較自負，自視甚高，並帶點驕氣。

(2) 自信心強，處事冷靜而小心，考慮周詳，縱使身處惡劣環境，也能臨危不亂，處變不驚。

(3) 自尊心很強、高傲而好勝、倔強又固執，事事堅持自己的觀點和看法，不肯輕易改變，通融性很低。

(4) 缺點是感情豐富而重於理性，談論別人的事時可以頭頭是道、理性分析，但當自己面對一樣的問題時，就會流於感情用事，一不小心就會做錯決定。

(5) 主觀意識很強，有時會表現得十分霸道，事事干預，事無大小都要過問，雖然目的是希望把事情弄好，但難免惹人不快，變得吃力不討好。

(6) 女性地閣上衝，性格上陽剛氣太重，缺乏女性的溫柔婉約，而且有點野蠻不講理，所以不太討人喜歡。

【墨磨偏，心不端。字不敬，心先病。】

(7) 下巴翹且厚，其人心臟功能強健，體力佳，持久力強，對於決定了要做的事，不會輕易放棄。此相人生挑戰甚多，但晚年運勢強盛之相。

事業：

(1) 因性格太強而獨裁，此相的人活在古時的亂世中多能成名，但在盛世時則易招嫉妒和不滿，面對的挑戰比較多。

(2) 不論在生活或工作上，常常表現得獨斷獨行，若在上位會以權力壓人，若能在人事方面處理得當，事業發展將會順遂得多。

(3) 地閣看一個人的動力，下巴上翹的人做事有毅力、有幹勁，百折不撓，貫徹始終，所以成功的機率比他人高。

(4) 感情豐富，大多熱愛文學或藝術，適宜從事這些方面工作，能發揮想像空間，創作出色作品，贏得好名聲。

財帛：

(1) 賺錢能力強，適宜創業做老闆，若果鼻顴配合得宜，中年便可發迹，並因而得享貴名。

(2) 命中財運興旺，打工的話，收入穩定，不易漏財，六十歲以後福星高照，財運亨通，既得名利雙收，又復富貴兩全。

(3) 下巴上翹就是下巴向上兜的意思。相學有訣：「下巴兜兜，晚景無憂」，不管其人早年、中年運勢如何（據上停、中停相格判斷），到了晚年肯定是享福之人。

愛情婚姻：

(1) 一般來說，下巴上翹的男士大多儀表出眾、思想浪漫，容易得到女性青睞，必見桃花處處，身邊伴侶不絕，愛情路上不愁寂寞。

(2) 男性有此地閣，精力旺盛，自然比較風流，女朋友一個接一個，但不下流，不會一腳踏兩船；婚後能夠對伴侶專一，對家庭負責。但此相大多一妻難到老，離婚再娶的機會很大。

(3) 女性地閣上衝，男子氣過強，缺乏女性應有溫柔，愛情路上往往是神女有心、襄王無夢，姻緣多番受阻。

(4) 女性有此地閣，自我中心太強，婚後每事都以個人想法為依歸，疏忽丈夫意見，有妻奪夫權之嫌，埋伏婚姻破裂的危機。

子息：

(1) 對家庭負責，子女緣分也佳，雖然夫妻未必可以白首到老，但無損與子女的和睦關係。

(2) 地閣看晚運，下巴上翹且兩頤有肉，不單自身晚年福澤綿綿，更可福蔭子女平安。

【雖有急，卷束齊。有缺壞，就補之。】

(8) 地閣後縮

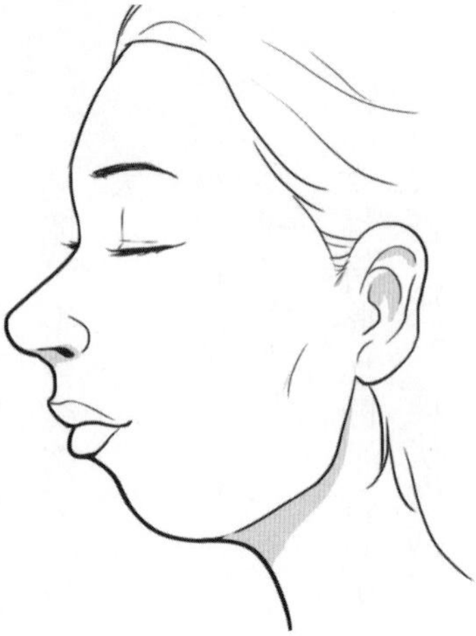

形態：下巴往內縮，兩頤肉削。

性情：

(1) 性格內向心事多，不善表達自我感愛，遇上困難和煩惱時，不會向身邊人透露或求助，只會自己默默承受。

(2) 膽小怕事，缺乏主見和自信，對於自己沒有信心的事情，顯得畏首畏尾；面對比自己強悍的人時，也不敢為自己討公道。

(3) 説話言不由衷，表裏不一，嘴裏説沒所謂，但心裏在意介懷，事事計算，容易形成矛盾的心理。

(4) 意志力薄弱，缺乏耐性和毅力，作事虎頭蛇尾，常常半途而廢、有始無終，總是無法堅持把一件嚴肅的事情妥善完成。

(5) 優柔寡斷，做事沒有堅定立場，加上理解能力不佳，無法看清事物的客觀價值，容易作出錯誤決定或判斷；一旦遭遇挫折，就會選擇退縮或逃避，溜之大吉。

(6) 眼高手低，理想遠大而能力差，而且做事急躁、衝動而欠缺周詳計劃，結果只是雷聲大、雨點小，終究做不出成績來。

(7) 地閣內縮，晚運必惡，五十三至六十三歲間，這十年運氣極壞，破財、疾病、官司、子女運惡等等接踵而來，嚴重者甚至會死於非命。

事業：

(1) 統馭能力很差，下屬不甘於在其指揮之下做事，容易有背叛之心，所以無法勝任管理工作，尤其不能創業做老闆，否則必然兵敗如山倒。

(2) 智力不高，記憶力也不好，處理問題缺乏耐性，只能擔任一般的文職崗位，又或者從事勞動性質工作，怕只怕本身對自己期望太高，結果弄得高不成低不就。

(3) 此相的人一般比較多愁善感，可以考慮從事寫作，將感情投入文字之中，可寫出秀氣文章，但成就不會太高。

財帛：

(1) 工作和賺錢能力低，但命中財運不算太壞，有發大財的機會；可惜太容易敗財，沒有留住財富的能耐，若不是自己揮霍，就是被家人花掉，故宜及早養成儲蓄習慣，以防晚景無靠。

(2) 相學有訣：「下巴後縮，家裏沒窩」。下巴代表不動產，往內縮就是沒有安居之所，生活不穩定。

【勿自暴，勿自棄。聖與賢，可馴致。】

(3) 「地閣不起，老無所依」。地閣是晚運的重要指標，如果下巴往內縮，晚年就容易孤獨過日子，而且經濟狀況不佳。除非其他部位特別好，否則在六十歲之後，就會走下坡運勢，晚景每況愈下。

愛情婚姻：

(1) 感情十分脆弱，對愛情執着，愛得很深，一旦墮入愛河，就會全心全意愛對方愛到底；若發覺癡心錯付，就會受傷很深，需要經過長時間才能重新站起來。

(2) 所謂「貧賤夫妻百事哀」，此相的人常常要為錢發愁，導致家庭經濟出問題，繼而影響婚姻關係。

(3) 女性下巴後縮，對伴侶要求很高，容易產生不滿，婚後諸多埋怨，令丈夫大吃不消，日積月累，最終導致離婚，這也是命運使然。

子息：

(1) 下巴後縮造成下巴短窄，就是子嗣緣薄之相，男命太太多有流產之劫，女命也易有墮胎經驗，晚年孤單，無子女可依，或是有女無兒。

(2) 下巴後縮的人心臟功能較弱，主壽促，宜及早保養身體；否則縱有子女繞膝，也無福分享受天倫。

(9) 雙重地閣

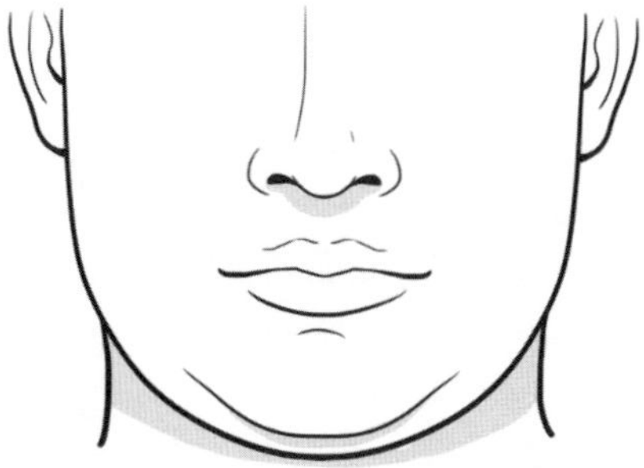

形態： 面頰至腮骨肉厚，下巴之下、頸項之上虛軟無骨的部位有脂肪組織積聚過多，因重力而下垂，從外觀看來似有雙重下巴，故稱為雙重地閣。

性情：

(1) 性格樂觀又開朗，能把心裏的喜悅或煩憂與朋友分享，所以絕不會有內心抑鬱的問題。

(2) 心地善良，隨和大方，待人寬厚，器量大，能包容與自己意見不的人，也願意聆聽和接受告誡之言，故能與人融洽相處，人緣佳，朋友多。

(3) 和藹可親，善解人意，既重理性又重感情，人情味濃厚，關心朋友，也熱衷於款待朋友，吃喝玩樂無所不曉，人際魅力甚強。

(4) 學問好，溫文有禮，個人修養高，不卑不亢，不急不躁，在能力不如自己的人面前能夠保持謙虛，也懂得尊重他人。

(5) 具有非常高的智慧，看人看事十分通透，也有遠見，只嫌有時比較慵懶，做事有點慢條斯理，給人不夠積極的錯覺。

(6) 擁有為他人打抱不平的正義感，對於弱小或被欺凌的群眾，甚具同情心，遇到不公之事必挺身而出，救危扶小。

(7) 一生運勢興旺，波瀾凶險起伏不多，遇挫折可得貴人幫忙，遇危險可化險為夷，在平凡中過着優裕和踏實的生活。

事業：

(1) 智慧高，思維好，做事有條理、有計劃；因面上常掛笑容，使別人難以猜度其心思，所以是出色的幕僚人才，能為老闆出謀獻策。

(2) 工作能力強，一生貴人多、機會多，可在大機構、大集團中擔任重要職位，少年聞達，前途光明，必可成為公司裏舉足輕重的人物。

(3) 心胸廣闊、器量大，在職場上能夠贏得很好的人緣；創業的話，人緣運佳，生意興隆長久，業務大展鴻圖，名利兼收。

財帛：

(1) 天生福氣比較旺，家庭條件優越，物質生活非常富足，而且能夠得到長輩的愛護與提攜，不用操勞太多，就能夠賺得不少財富。

(2) 心胸廣闊，待人圓融，性喜安逸閒靜，一生多具偏財運，雖大方也多能積財，晚景優渥。

(3) 相書有言：「頤生重頷者，賢富」。頤是面頰包括耳旁之腮骨，頷是下巴以下、頸項以上虛軟無骨的部位，此句就是指雙重地閣的人都是賢惠大方的人，財氣旺盛，多擁有自己的房產。

(4) 雙下巴在醫學上稱為下頜脂肪袋，但現代人認為不太美觀而努力把堆積的脂肪消除；但在相學上來說，雙重地閣是大吉之相，家財豐足，甚至有可能成為千萬富翁，而去雙下巴之舉則是把自己的福氣滅掉。

愛情婚姻：

(1) 很重感情，對待感情認真又專一，性格溫和，不會為雞毛蒜皮的小事就大吵大鬧；所以與伴侶的矛盾比較少，戀愛與婚姻皆穩定。

(2) 擁有雙下巴的人是標準好丈夫、好太太，婚後十分顧家，對家人關心照料，並且開暢大度、溫柔寬厚，是能夠相守一生的伴侶。

(3) 相書有云：「豐頷重頤，旺夫興家」。意即下巴飽滿且有雙下巴的女子，屬於幫夫旺夫的福相。

子息：

(1) 雙下巴是晚年衣食無憂、滿載福氣的面相，其人擁有幸福家庭，子嗣運也很好。

(2) 地閣飽滿能兜財，更重要的是兒女孝順、子孫滿堂，自身能享康愉的晚年之餘，兒女的成就亦不低。

【其為人也孝弟，而好犯上者，鮮矣。】

【不好犯上，而好作亂者，未之有也。】

(10) 地閣凹陷

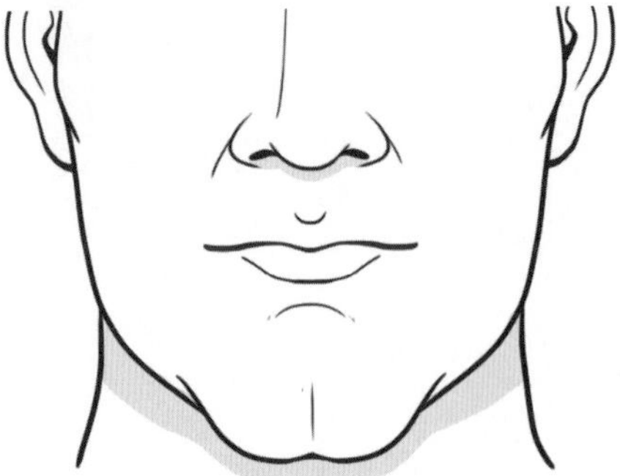

形態： 下巴中央有凹紋，就是地閣凹陷，亦稱W下巴、蘋果下巴、美人溝下巴；又因形態彷如臀部一般左右分瓣，所以又名臀部下巴。在醫學上則稱此為頦裂。

性情：

(1) 心善性慈，富同情心，樂於助人，外表熱情外向，但內心較為軟弱，有時表現更會比較孩子氣。

(2) 舉止溫文儒雅，行為端正大方，自然散發一股由內至外的尊貴氣度，令人樂於親近和尊敬。

(3) 聰明好學且吸收能力強，自小時候開始已在學業上顯露鋒芒，成為師長的寵兒。

(4) 思想細膩，想像力豐富，具有獨特的藝術眼光、美感天分及敏銳的潮流觸覺，能夠掌握流行趨勢，讓自己處於時代前沿。

(5) 心思縝密，做事認真、努力不懈，並能夠按部就班、循序漸進，絕不衝動魯莽，所以多能達到目的。

(6) 野心不大，但對物質享受十分在意，容易被物質的外表吸引，希望擁有漂亮的東西，人生態度略嫌不切實際。

(7) 感情豐富，缺點是情緒多變，人生有點隨波逐流，使生活不太安定，宜努力設定目標，並實踐貫徹到底，為自己打造穩定的人生。

事業：

(1) 具有豐富藝術細胞和創造力，若能在這些領域上加以發掘和培養，大有機會爆發出潛藏的天分和特質，創出驚人的事業成就，成為出色的作曲家、寫作人、演藝人等。

(2) 多愁善感，依賴性強，缺乏主見和獨立能力，遇上重要事情總要請別人出主意，所以不適宜在充滿競爭的商界工作。

(3) 臀部下巴（俗稱屁股下巴）左右分瓣，既代表兩種事業，也代表兩個家庭，其人大多擁有兩份職業，可能既是打工仔，也擁有個人事業；又或者是經營兩種不同業務的老闆。

財帛：

(1) 此相財運普通，幸好大多出生於小康之家，雖無富裕享受，但物質及親情豐足，不用為金錢發愁。

(2) 物慾很強，對物質要求很高，而且追求高享受，雖然賺錢不多，但花費很大，所以存錢較難。

(3) 理財能力不高，不善於量入為出，但能夠根據自己財政狀況調整消費態度，不會讓自己陷入財困之中。

愛情婚姻：

(1) 多情善感，非常嚮往拍拖的甜蜜；但對戀愛要求很高，渴望付出的感情可以得到相應的回報，一旦感覺對方不夠愛自己，就會陷入苦惱之中，受傷很深。

(2) 對異性甚具魅力，戀愛機會很多，對感情百分百投入；但因疑心較重，常常懷疑伴侶不夠愛自己，為對方造成無形的壓力，甚至會把對方嚇走，所以姻緣路上走得並不輕鬆順利。

(3) 具有W下巴的男性，若再配上高挺的鼻子和深邃的眼睛，就相當性感迷人，必能吸引無數女孩子的注目，戀愛路上不愁寂寞。

(4) 下巴代表家庭，左右分瓣有兩個家庭的意思，即是感情容易出現障礙，也容易離婚再婚；所以有這種下巴的人宜盡量晚婚，或有破解的可能。

子息：

(1) 地閣屬水，代表腎臟與生殖系統。地閣凹陷的女性一般生殖系統較弱，不易受孕，即使成功懷孕，也要提防有流產的風險。

(2) 長有W下巴的人大多有兩段或以上的婚姻，但子嗣運一般，若非子女數目不多，就是子女不在自己身邊成長，所以晚年比較孤獨。

(11) 腦後見腮

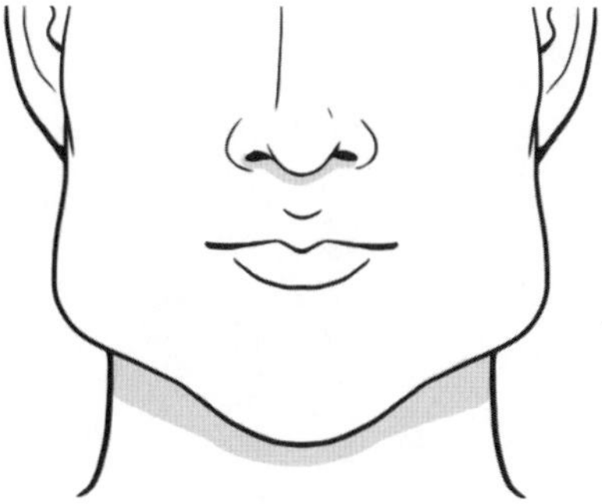

形態： 耳旁之腮骨左右凸出且呈方角形，稱為腦後見腮或耳後見腮。

性情：

(1) 自私自利，凡事只為自己打算，只計較個人的感受和利益，不會考慮別人的得失。

(2) 缺乏自知之明，依賴性強，抗壓能力差，遇到挫折或不順意的事時，只會埋怨他人不幫忙，不懂檢討自己的過失。

(3) 自我保護意識很強，與人相處時不輕易敞開心扉，不習慣與朋友分享喜怒哀樂，所以內心常常感到孤單寂寞。

(4) 生性冷漠，與任何人包括至親都不太親近，不愛理會他人的事，更不喜歡別人對自己的事多加意見。

(5) 自我中心很強，不願屈服於他人；思想保守倔強，做事固守既定原則，不善變通，所以難以與人溝通合作。

(6) 心胸狹窄，破壞力和報復心極重，是難纏的敵人；一旦被開罪，就會千方百計用盡各種手段破壞你的成就。

(7) 優點是能熬肯幹、刻苦耐勞，具有恆心和毅力，身處逆境時可以掙扎生存，不會灰心喪氣。

事業：

(1) 人際技巧弱，既無自知之明，亦無知人之明，故不宜從事在前線與人互動的工作，否則必定是得罪人多、稱呼人少，經常與人發生磨擦。

(2) 脾氣暴躁，遇事衝動，不能坦然面對挫折和挑戰，不懂在失敗後檢討過失，事業難有大成就。

(3) 主觀意識太強，對工作有不切實際的幻想，每隔一段時間就會向上級或老闆提出無理的要求，一旦被拒絕，就會萌生離職的念頭，結果每一份工作都不能持久。

(4) 優點是做事肯努力、能堅持、有耐性，若從事技術勞力的工作，例如建築、運輸、土木工程等，可發揮本身的長處。

財帛：

(1) 腮骨橫張，財富無緣，難享豐裕人生；但可憑勞力賺取金錢，換取穩定的生活。

(2) 思想實際，重視金錢，理財尚算謹慎，不會隨便花掉一分錢；但也不是守財奴，只要是自己享用的東西，不會太過斤斤計較。

(3) 對金錢執着，所以不宜與伴侶合作做事或投資，夫妻之間也宜盡量避免涉及金錢之事，以免因財失愛。

愛情婚姻：

(1) 腮骨外凸，結婚必遲，婚後只能過平凡的生活質素；若希望改善情況，必須夫妻同心，努力工作，刻苦節儉。

(2) 佔有慾和控制慾很強，對於自己喜歡的異性，絕不想別人多看一眼，也不願意讓自己的伴侶與其他異性有太多接觸。

(3) 女性腮骨凸出是妨夫之相，其人性格強悍、霸道，主見極強，凡事不服輸，時時干涉丈夫的言行舉止，丈夫忍無可忍的話，就會導致離婚收場。

子息：

(1) 腦後見腮是刑剋之相，兒少女多，六十四歲以後子女陸續遠離自己身邊，可能是移民，可能是工作太忙，總之就是相見機會減少。

(2) 相由心生，若能及早改善性格上的缺點，對人友愛，對伴侶親愛，並努力工作，則晚年或可時來運轉，克享兒女之福。

地閣詳解

地閣之基本意義（頰、頤、腮、頷、頦）

地閣即是下巴，這是普遍人的理解，但這個說法只是對了一半。嚴格來說，地閣是頰、頤、腮、頷、頦的統稱。「頤」者，即面部下方兩旁的面頰及耳旁之腮骨的合稱；「頦」者，即嘴巴以下至兩頰的下緣位置，俗稱下巴；頦下頸上虛軟無骨的部位叫「頷」，亦稱「下頷」。也就是說，面頰、腮骨、下巴及下頷等部位合起來，就是地閣了。

因此，地閣的準確定義就是指嘴巴以下的整個部位，包含了面相中心線十三主部位（天中、天庭、司空、中正、印堂、山根、年上、壽上、準頭、人中、水星、承漿、地閣）中的承漿；而與承漿平行的宮位則有：地庫、陂池、鵝鴨、金縷、歸來、頌堂、地閣、奴僕及腮骨，這些宮位都屬於地閣的一部分。

【弟子入則孝，出則悌，謹而信，汎愛眾，而親仁。行有餘力，則以學文。】

【賢賢易色，事父母能竭其力，事君能致其身，與朋友交言而有信。】

地閣在相學上的定義

腮、頤、頦、頷在面的下部，統稱地閣，在相學上有其獨特意義，在三停為下停，在五嶽為北嶽，在六府為下府，在十二宮為奴僕宮。

地閣為下停

在相學上，面部分為上停、中停、下停三部分。上停是眉毛至髮際的區域，代表十五至三十歲的早年運勢；中停是眉毛至準頭的區域，掌管三十一至五十歲的中年運勢；下停是準頭至下巴的區域，反映五十一歲以後的晚年運勢。

三停平均，代表一生衣食無憂。地閣豐隆、圓厚、有朝，就是晚年運通、吉祥晶盛的象徵；反之，地閣尖削、露骨、內縮，必主晚年運蹇、孤寡貧賤。

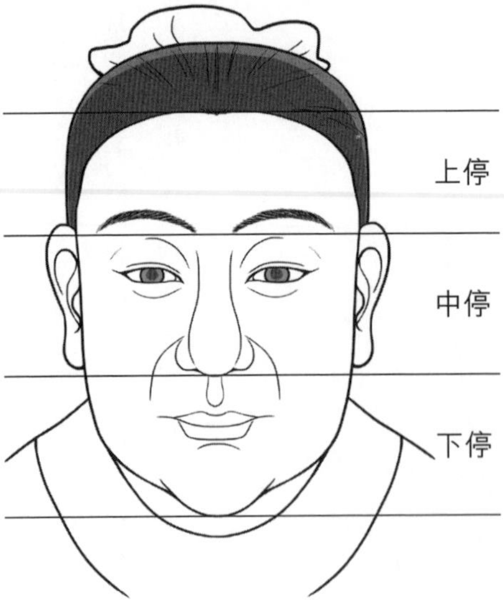

地閣為北嶽

面相有五嶽。五嶽者：東嶽左顴，西嶽右顴，南嶽額頭，北嶽地閣，中嶽鼻也。東西嶽（左右顴）要周正適中，最忌粗露傾塌；南嶽（額頭）要平潤正中，忌低陷凹窄；北嶽（地閣）要方圓豐隆，不能尖削歪斜；中嶽（鼻子）要方方正正、高高聳起，上接印堂。《相經》：「北嶽豐隆，功名見於晚景；地庫盈滿，富有定在中年。」

地閣為下府

人以養生之本，古人便從天人合一的思想觀念出發，將六府之說引入相學，作為面相學中六個部位的別稱，並認為從這六部位的虛實盈虧可測斷人一生的祿命財運。六府者，天蒼為上二府；顴部為中二府；頤位為下二府。

《神相全編．十觀》注云：「六府者，天庭、日月二骨為天府；兩顴為人府；地閣邊腮為地府。」具體地說，兩天府的位置是左右輔骨，包括天倉至髮際的區域；兩人府的位置是左右顴骨，包括命門至虎耳的區域；兩地府的位置是左右兩頤骨，包括地庫至地閣的區域。

《靈台秘訣》云：「上二府自輔角至天倉；中二府自命門至虎耳；下二府從肩骨至地閣。六府充直，沒有缺陷斑痕者，主財旺。天蒼峻而突起，此人多財祿；地闊方停，有萬頃田。缺者與此不合。」

《太清神鑒》云：「若一府好乃富十年，故六府欲其充實相輔，不欲支離孤露。」一骨氣充實，豐隆飽滿，色澤明潤，而無缺陷瘢痕者，主財旺。「天倉峻起多財祿，地閣方圓萬頃田」。若六府支離孤露，其相不佳；有缺陷、瘢痕、黑痣者不吉。

《太平廣記》記載，唐代李嶠在武則天掌政時拜相，但家中一直過着清貧的日子，武則天認為堂堂宰相之家物質匱乏，實在有失國體，便賜予絲織的床帳。誰知李嶠夜夜寢之不安，難以入睡，猶如染疾，只好硬着頭皮奏請免用，重置舊床鋪。武則天以相理推之，認為李嶠是六府不全之命，縱踞高位，也只能清貴，難享富貴錢帛、錦衣羅帳。

地閣為奴僕宮

前文第二章提過，面相學將面部分為十二宮位，即：命宮、福德宮、官祿宮、遷移宮、兄弟宮、疾厄宮、財帛宮、田宅宮、子女宮、夫妻宮、奴僕宮、相貌宮。

奴僕宮位於下巴兩旁，主要關係朋友與下屬關係吉凶。若下巴豐滿、多色紅潤、無疤痕黑痣、頦圓頤豐，主官運亨通、奴僕成群；相反，若下巴尖陷、偏斜、窄削或有傷痕、黑痣，主官運蹇滯，縱使能行官運，也必與部下關係緊張，難獲支持和擁戴，更甚者晚景淒涼。

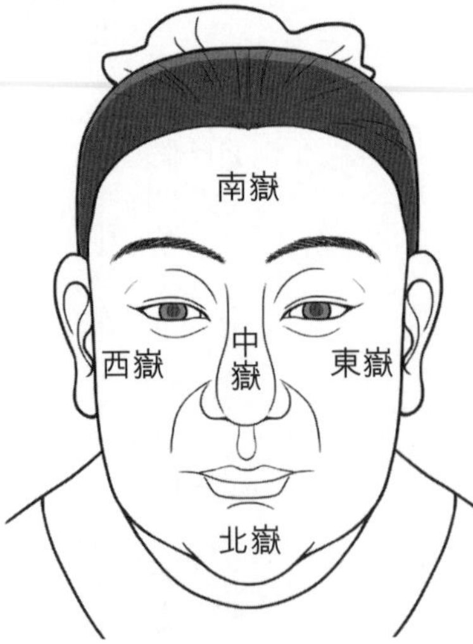

【君子不重則不威，學則不固。】

地閣斷晚運

從面相學而言，流年六十一歲起便進入地閣運，亦即承漿、地庫、陂池、鵝鴨、金縷、歸來、頌堂、地閣、奴僕及腮骨的部位。《面相流年百歲歌》：「承漿正居六十一，地庫六十二三逢，六十四居陂池內，六十五處鵝鴨鳴，六十六七穿金縷，歸來六十八九程，逾矩之年逢頌堂，地閣頻添七十一，七十二三多奴僕，腮骨七十四五同。」

承漿（六十一歲）：位於水星口唇之下的正中位置。此部位凹陷、深明有氣、無紋侵痣破，代表子孫昌盛，自身一生少遇食物中毒等問題，亦代表可以鍛煉酒量。承漿暗淡不明、紋痕交雜，則晚景多憂多慮，飲食也要加倍小心，提防食物所帶來的疾病。

地庫（六十二、六十三歲）：位於水星口唇之下、承漿的左右位置，在面相學上是藏金納銀之地。此處愈豐滿、寬廣，就代表財庫愈豐盈；若偏歪不平及短縮無氣，晚年難得財富。

波池、鵝鴨（六十四、六十五歲）：位於地庫之旁、左右口角之下，陂池居左，鵝鴨居右。此兩處宜平而寬，代表晚年吉祥；若削而狹，則晚運不安。兩處位置飽滿亦代表家畜無恙；若有酒渦則代表家畜不寧，易患疾病相繼死亡。

金縷（六十六、六十七歲）：即是嘴角左右兩條紋，用以察看正職以外

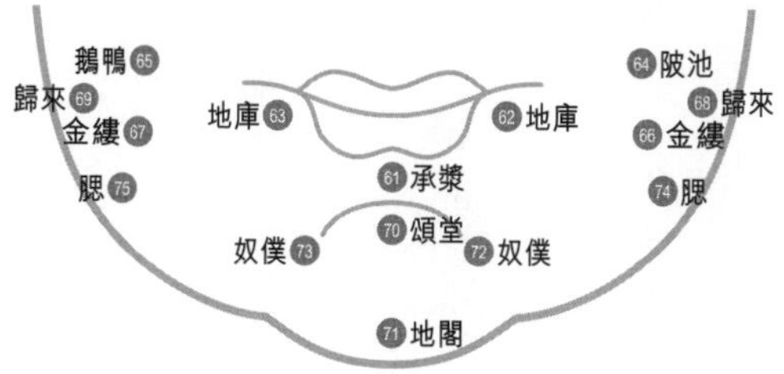

【主忠信，無友不如己者，過則勿憚改。】

的事業，亦是晚年運氣吉凶所在、長壽與否之部位。金縷紋宜寬闊且與嘴角略有距離、氣勢外伸，代表一生除正職外必然還有其他很多賺錢的途徑，晚年安樂，可享清福與高壽；若金縷紋狹窄困口、氣勢內衝，恐有凶危、貧困之嘆。

歸來（六十八、六十九歲）：位於陂池、鵝鴨之下，亦即酒渦位置下方，用以察看晚年時子女會否歸來，若寬闊有餘、飽脹有肉，代表晚年兒女承歡膝下；若削狹無地、凹陷無肉，則子女無緣，縱有財富亦難免內心失落。

頌堂（七十歲）：位於承漿之下、距離下唇正中約七八英分不滿一吋的位置，宜豐滿向前、超然有氣，代表身體健康享長壽；若短縮無氣、朝內不朝，則多生疾病，甚至不到此年。

地閣（七十一歲）：位於面部最下端，亦即面頰最下緣位置。此處是人生的大關卡，若長於常人且向前朝拱、厚肉隆起，代表家運興隆，且是身強、多福的長壽之人，八十歲屬平常，百歲也不稀奇；若短促內縮、尖削無肉，則是少壽少福之命，晚年孤獨，子女無緣，夫妻亦難白頭偕老。

奴僕宮（七十二、七十三歲）：位於地閣左右兩旁，用以察看能否駕馭下屬、僕人之部位。此處豐滿有肉，代表有車代步，有華宅可居，並有駕御下屬之能力，能得到下屬的愛戴，晚年有僕人可供使喚，晚福甚佳；若平狹無肉，縱高壽，亦少福。

腮骨（七十四、七十五歲）：即是左右耳旁的腮骨位置，宜骨寬肉豐、闊而有地，代表福澤綿綿、子孫發富；若骨狹肉削、腮尖無地、無廓無邊，則福壽早止矣。

【父在，觀其志；父沒，觀其行；三年無改於父之道，可謂孝矣。】

中國相書論地閣

人生起伏，原是永恆。事實上，九成以上的人，人生中都會經歷高高低低。有人早年順利，學業一帆風順，受師長寵愛。有人中年成就，事業、婚姻皆順遂，羨煞旁人。有人大半生辛勞奮鬥，老年才得福，兒孫孝順，家宅興隆，自身安樂。無論順境的歲月在何時，相信每一個人都希望晚年好運，享受康愉的日子。

在面相學上，地閣位於下停，正好反映一個人的晚運。希望預知自己踏入耳順之年後的運勢，不妨看看中國歷代相書對地閣的精闢見解。

《太清神鑑》面部一百二十部位詳解：「地閣主土地屋宅，平厚者，多田宅而富；狹薄者，必貧苦。頦頤主貧富，圓厚光澤者必富，尖陷者貧窮，尖長者主剋害骨肉。」凡天庭飽滿得乎天，地閣方圓得乎地；得乎天者必貴，得乎地者必富也。

《蟠龍命相》：「頤頦表示人之心機，亦可稱為控制力、把握力、忍耐力，其象徵老運。今人喜女性為瓜子臉，誤以尖臉如芙蓉，未悉紅顏薄命即由此而來。人生健康狀況佳者，壽過六十，則六十以後運方重要，下巴若無，有大災厄，不過六十歲，但必須細察切推方可。」瓜子臉型者，不論男女，皆是寡情薄義之輩，雖則少年運佳，但六十歲過後，難免過着蕭條寂寞的日子。

《平園相法》論地閣：「（頤頦）因與小腦之關係密切，故性慾旺盛之人，小腦必發達，而頤頦亦必發達。頦與腮骨相接，形成顏面下部一帶之骨骼發展有關；所以對於體質如心性質、筋

【信近於義，言可復也；恭近於禮，遠恥辱也。】

骨質、營養質等，亦因而有所分別。尖頤，屬『心性質』，主重思想、知識高超、感覺敏銳，但對家庭則頗為冷淡。方頤，屬『筋骨質』，主意志及決斷力堅強，重現實，有忍耐，故對事業頗有發展潛力。圓頤，屬『營養質』，主愛情厚、度量大，頗得下屬之信賴及愛戴。頦，俗稱下巴。凡下巴突出如杓子型者，其人自視甚高，好權勢，其才能、體魄，有優美之魅力；但如過分自信，成為頑固之人。下巴後縮者，乃因幼年腦膜發炎，致使小腦發育不完全。此型之頦，主愛情薄弱，意志不堅，個性孤僻，易於衝動，老年生活困乏。下巴長厚者，主有忍耐力、愛家室。凡是牙床骨大而且突出之人，其心臟之跳動必然穩定而有力，其人必勇敢果決，且具恆心與毅力，猶能控制感情，不輕易衝動。若下巴長而薄，則缺乏財運，一生勞碌，無多大成就。頤骨突出，耳後可見者，主執拗倔強，報復心重、個性殘忍、私慾強烈。倘腮骨愈橫張，成為三角形者，則極為奸詐，有反逆之行動，此骨又名『忘恩骨』，不可不注意。凡腮骨突出之人，以筋骨型居多，智慧型甚少，營養型間或有之。」凡頤頦飽滿而形成重頤，即雙下巴者，中年事業已成，晚運更佳。性格方面，必是溫和有禮、純樸淳厚、胸襟廣闊，德望高。

西方相學看地閣

英才覺得，西方相學論地閣，與中國相學有相類之處。西方以頤頦與小腦有關，可反映一個人的意志、智力和道德觀念，以及愛情、健康和家庭狀況。

西方相學將頤頦大概分為三個形態：尖頤、方頤、圓頤。尖頤屬心性質，其人重理想、智力豐富、感覺敏銳，但對家庭比較冷漠。方頤屬筋骨質，其人重現實、意志堅定、決斷力強，對事業之發展頗有潛力。圓頤屬營養質，其人愛情厚、胸襟廣、性格隨和、領導力高，頗得下屬之信賴與愛戴。

一般來說，頦長者，有耐性、愛家室；頦薄者，多勞碌、少成就。頦向前衝者，自視頗高、獨裁專權，性格頑固、不易妥協，但晚運好；頦向後縮者，愛情薄弱、意志力低、做事衝動，老運艱辛。頤骨凸出者，性格執拗倔強，報復心重。腮骨橫張，就是所謂腦後見腮，腮骨愈橫張者，其人破壞性愈強，性格必極奸詐，常有叛逆之行為。

【不患人之不己知，患不知人也。】

地閣之外觀格局

地閣之好壞，不單與一個人之晚年運及親屬、部屬之間有密切關係，同時亦關係意志之強弱、愛情之厚薄、健康之優劣、智力之深淺、家庭之美惡、道德之有無等等。這些都可以從地閣的形態、紋理、痣瘢等外觀格局判斷。

地閣之形態

長與短：地閣長的人，多半心地善良，待人真誠，熱心助人，外向好動，有冒險精神；六十歲後運程漸好，壽元也高。地閣短小者，自私自利，事事計較怕蝕底，報復心重，甚至心狠手辣，如果地閣短小而眉毛低、眼睛內陷，大多是殺人搶劫無所不為的大惡人；而且在五十至五十五歲幾年間，容易有大破財、意外事故、身體染恙的煩惱出現。

方與圓：

地閣方或圓，男女命運不同。地閣方者屬陽，宜男性；地閣圓者屬陰，宜女性。男士地閣呈方形，其人意志力強，有堅忍不拔的精神，在紀律部隊工作可發揮其性格優勢，必有很好的成就。女士生有方形地閣則屬於命硬之人，剋夫妨子；至五十五歲以後，若不剋夫，自己必患嚴重疾病，甚至有性命之危。

男女地閣肥圓，晚年財祿豐裕，有利於子孫。男性額闊而地閣圓肥，一生福祿齊全。女性生有這般下巴，事業心重，辦事能力高，中年有成，但晚年運勢則不可測；若加上嘴角下垂，便是百分百的孤寡剋夫之命相。

朝拱或內縮：

地閣必須要適當的上翹朝拱，內豐厚，不露骨，代表晚景豐隆，家庭美滿，子女賢孝。地閣偏削、後退、內縮或騰蛇入口，則晚運必惡，五十三至六十三歲這十年間，運氣急走下坡，失業、破財、官司、婚變、子女運惡等事接二連三，甚至會身染惡疾而喪命。

雙重或尖狹：

雙下巴的人性格樂觀，氣度恢宏，有耐心，人緣很好，凡事有貴人相助，通常能在事業上有所成就，中年時已為自己奠定良好基礎，晚年生活十分安逸，是很有福氣的格局。下巴尖而狹窄的人頭腦靈活，擅長交際，但性格有點神經質，嚮往柏拉圖式的愛情，性生活方面則表現冷漠；六十歲以後運勢下滑，尤其是兩頤深陷者，不單晚景不佳，子女更易有意外之災，自身壽元也不高。若上中停豐隆而下停地閣偏削薄弱，多是中壯年紅極一時而晚年一落千丈；若聲音隨着年齡增加而變得明顯沙啞，便是先甜後苦、晚運蕭條之命。

【志於道，據於德，依於仁，游於藝。】

地閣之紋理

地閣上的橫紋或直紋稱為「破福紋」，其人縱然地閣豐隆亦無福氣可言，七十歲後在健康或事業上必有一差。

地閣上有橫紋或疤痕，代表其人父親身體有恙或早逝，自身易有水厄，或者曾被水淹過。如果是明顯的波浪紋，百分之百被水磨淹過。若下巴橫紋與法令紋相交，在六十一至六十五歲期間，恐有車禍、血光之災，而且是關乎生死之關卡。

至於頌堂位置出現帶紅絲的亂紋者，這是夫妻、子女生離死別之相，代表自身孤獨終老。

地閣之瘻痣

英才研相數十年，發現不同部位的痣都有一定的寓意，各主吉凶。一般來說，痣生於隱處（身體上看不見的地方）多吉，生於顯處（如臉部、手部等看得見的地方）則多凶。此外，痣有善痣、惡痣之分，以顏色黑亮或朱紅，輕微凸出，其上生毫為善痣；以顏色灰褐、暗淡無光、平而不凸，其上無毫為惡痣。

地閣包含了面相中心線十三主部位，不同部位有痣便有不同意義。

下巴左方有痣：

下巴左邊有善痣者，可繼承祖業及遺產，自身投資房地產、不動產可得利；有惡痣者，兄弟

【富而可求也，雖執鞭之士，吾亦為之。如不可求，從吾所好。】

身體較弱，賺錢能力不高，投資不利，易破偏財。

下巴右方有痣：

下巴右方有善痣者，具領導才能，能握權勢，掌實權；有惡痣者，姊妹身體較弱，工作不順，難剩錢，易破正財。

下巴上方有痣：

下巴偏上方的痣多為善痣，其人愛好美食，也有食福。

承漿有痣：

承漿是指下唇以下正中間凹陷的位置，在面相定位流年法中代表六十一歲上下的運程，此處無紋侵痣破，代表衣食豐足，晚年可享兒孫之福。若承漿長痣，其人居無定所；若為惡痣，須防醉酒、水險及夫妻感情不睦。

地庫有痣：

地庫是口唇之下、承漿之左右兩邊。所謂「地庫有黑痣，富裕幾輩子」，這個部位有痣的人就像手握打開財富之門的鑰匙，財富豐厚，不僅自身活得風光，更能福及後代，子孫也能跟着享福。

頌堂有痣：

承漿之下便是頌堂，定運七十歲，此處無痣、氣色白潤透紅，代表運勢順遂、好事連連。頌堂有善痣，象徵財運亨通，不僅正財順暢穩健，更有意外得財之喜，是富人的格局。頌堂長惡痣，其人晚年離鄉別井，移居外地；若此處氣色枯黑、削陷無肉、鬚枯眉落、聲沙破氣，恐是壽終之象。

奴僕宮有痣：

奴僕宮在面相十二宮中代表統率下屬的能力及自身的官運、升遷運。此處若有黑痣，其人的官運必差強人意，而且缺乏統馭下屬的能力；即使身踞高位，也難得下屬信服，不單常常自尋煩惱，還容易惹起諸多不滿等麻煩事。另一方面，奴僕宮的痣亦稱「食祿痣」，代表其人衣食豐足，物質生活非常理想。

地閣有痣：

此地閣專指頌堂之下、面部最下端、面頰最下緣的位置。地閣有痣，雖然代表運程順暢，晚年生活無憂，但不利感情運，易有外來誘惑。若是惡痣，主晚年生活、家庭、物質、財富皆不安定，更要提防水險及酒精之傷害。

腮骨有痣：

腮骨是耳朵兩旁的位置，此處有痣者，堅持力、忍耐力較差，遇到挫折時會選擇逃避，朋友有難時則會溜之大吉。左腮骨有痣，對新朋友不忠，右邊腮骨有痣對老朋友不義。

地閣論命詩訣

何知此人水中喪？地閣有癦鬚眉重。
地閣不朝頤又尖，邊地不分無所冀。
頤頦端方，福祿榮昌。頤頦尖長，成敗無常。
頤頦平厚，富貴長壽。頤頦削小，辛苦到老。
地閣豐朝，富貴榮耀。地閣不起，老無所依。
地閣豐滿，德高心善。地閣狹薄，執拗孤獨。
頤頦端隆晚景亨，天揖地朝富且榮。最怕偏削還尖破，枉用心機百無成。
天庭飽滿吃官飯，地閣方圓掌大權。若是兩者皆可顧，一世繁榮一世昌。

【不義而富且貴，於我如浮雲。】

地閣相理總論

英才半生論相，總發覺一個人辛苦奔波數十載，無非為求生活舒適。中年過後，隨着年紀漸長，精神和體力會日漸走下坡；踏入退休年齡後，當然希望可以放下工作，安享晚年。

而地閣可斷晚年景況，所以在面相學上至關重要，觀其形態、氣色、紋理、痣瘦等，可窺探其人性向善惡、意志強弱、耐力大小、下屬關係、婚姻好壞、居所變遷及晚運否泰等的玄機；相理上，以豐隆、圓滿、有骨有肉、天地有朝、下頷雙重等格局為吉，以破損、短小、過長、尖削、凹入、橫紋、直紋、惡痣、腦後見腮等為凶。但謹記相不獨論，以下只以地閣單一元素做分析；看相必須綜合整體面部、配合三停五官六府作判斷，方能準確。

心性、際遇

(1) 面相上停看思想和智慧，下停看意志力和行動力。地閣相理佳，其人意志力必堅強，做事積極，是一個能夠坐而起行之行動家；若上停相理又佳者，人生成功的機會將比別人高許多。

(2) 地閣飽滿圓厚，其人性格溫順、樂觀，表面看來單純而有點傻氣，但心思細膩，充滿智慧，不單工作態度認真，而且具有仁愛之心。

(3) 地閣方圓有肉，性格寧靜，隨遇而安，生活安逸，晚年運勢甚佳，頤養納福，日子優悠。

(4) 地閣寬闊的人為人坦率耿直，執行力很強，但做事略為衝動，缺乏應有的自我保護機制，所以容易被有心人利用而令自己吃虧。

(5) 雙下巴的人一生運勢興旺，波瀾凶險起伏不大，而且貴人運強，遇厄可化險為夷，在平凡中過着優裕和踏實的生活。

(6) 下巴有善痣又長毛者，家庭擺設華麗。下巴有惡痣者，居無定所，常常搬家。

(7) 地閣短小而內縮者自信心不足，不擅長表達個人感受，判斷力也弱，做事思慮不夠周詳，常常意氣用事；晚年無靠，仍要自食其力。

(8) 地閣皺縮，即下巴像梅子一樣呈凹凹凸凸形態，其人性格固執又倔強，有潔癖；若鼻樑削薄無肉、準頭又尖，必是晚年孤清之命。

(9) 下巴呈W形的人感情豐富，但情緒多變，易喜易怒，而且人生有點隨波逐流，使生活不太安定。

(10) 下巴尖銳又歪斜的人，通常心術不正，交朋結友都會帶着目的，不會與跟對自己沒有好處的人做朋友；而且忘恩負義，恩將仇報。

(11) 地閣內縮，晚運必差，五十三至六十三歲期間運氣極壞，破財、疾病、官司、子女運惡，嚴重者甚至會死於非命。

(12) 地閣似有若無，其人自私心極重，狡猾奸詐，待人冷漠少情，處事欠缺恆心和毅力，晚年難有好運氣。

(13) 左右腮骨呈現不規則形態者，機巧多計，喜怒無常，好惡不定；做事缺乏毅力，往往半途生變，無法長久持續，晚年運勢難望穩定。

(14) 腮骨凸露的人秘密性強，不易向人透露內心感覺，意志力很強，能在逆境中掙扎生存，不會輕易灰心喪志；但破壞力也很強，一旦被他人唾棄，就會想辦法破壞對方的穩定。

(15) 下巴發青者，家裏進水或者屋子曾被水淹過或者屋內潮濕。

健康、壽元

(1) 地閣寬闊、有肉包裹，為人敦厚，心地善良，是有福之相，不單晚運佳好，而且可享健康長壽。

(2) 下巴上翹且肉厚，其人心臟功能強健，體力佳，持久力強，對於決定了要做的事，不會輕易放棄。

(3) 下巴承漿處凹陷的人通常酒量了得，可以千杯不醉；反之，承漿處平滿或凸出的人酒量不濟，多飲多醉。

(4) 地閣圓小的人性格急躁，容易對社會產生不滿感覺；健康上，循環系統比較弱，小腦發育也不良好。

(5) 地閣短小，先天體質差，抗病力弱，多主壽促。四十一歲開始便要特別注意保養身體，固本培元，望能延年益壽。地閣短小但有雙下巴者則無礙。

(6) 因幼年腦膜炎而致小腦發育不健全，容易形成地閣內縮之相。此相之人性格孤僻，意志薄弱，做事衝動，老年生活困乏。

(7) 地閣在五臟之中屬腎，形態尖狹代表腎臟健康不好，抗病能力較差，外在表現是魄力不足，常常顯得有神無氣；年紀愈長，體質愈弱，六十歲以後情況更差，難享高壽。

(8) 地閣之七十一歲部位有疵痕或痣癦者，宜加倍注意身體健康，尤其要留意心臟及血壓問題。

(9) 下巴有惡痣者，容易得急性胃炎或吃壞肚子，除了日常要小心飲食外，也要注意個人衞生。

(10) 地閣有黑氣或長青春痘，其人下焦系統不佳，易有消化及排泄系統方面的毛病，例如腸胃或膀胱疾病。

事業、地位、財富

(1) 奴僕宮在面相十二宮中代表統率下屬的能力及自身的官運、升遷運。此處飽滿多肉的人多是體恤下屬、關照下屬的好老闆，麾下人人歸屬感強，自身事業自然容易取得成功。

(2) 雙下巴是有福有壽之相，一生貴人運好，做事多遇貴人相助，故能在事業上打好基礎，累積資源，有所成就；運至晚年，生活安逸。

(3) 雙下巴代表一個人的財運和不動產。長有雙下巴的人偏財運很好，容易因投資致富，一生不用為錢發愁，生活康愉，年紀愈大愈富有。

(4) 腮頤部位特別隆厚圓滿者，相學上名為「地如翼」，亦稱「暴腮」，其人五十歲後必發晚運，而且愈老愈榮昌；若配面色白潤紅潤，更驗。

(5) 男性地閣方平，鬥志很強，有堅毅不屈、百折不撓的精神，若鼻顴得配，可成為一人之下、萬人之上的武官統帥，加入紀律部隊必可發揮所長，取得重大成就。

(6) 地閣方圓，奴僕滿院。地閣飽滿方圓的人，六十歲後必享富貴，晚景幸福，經濟富裕，奴僕伺奉，福氣綿綿。

(7) 地閣與前額成一直線，相學上名為「天地朝揖」，其人不富即貴，事業縱無大成，也有小就，同時晚年福壽雙全。

(8) 地閣寬闊或呈方形，做人做事有原則，不畏失敗，統馭能力極強，對工作執着而有責任感，能適應任何工作環境。

(9) 地閣呈W形，即下巴中央有凹紋，亦稱臀部下巴，其人對物質追求甚殷，愛享受，愛消費，但賺錢不多，所以不易累積財富。

(10) 下頷圓小的人具審美眼光，很有藝術才華，最適宜投身演藝界，應有頗佳發展；但不宜從商或任職軍公界，往往有懷才不遇的感覺。

(11) 下巴又凸又彎的人性格堅強，自信心大，對於自己喜愛的東西，一定要爭取到手，尤其是要抓緊屬於自己的財富。

(12) 地閣豐厚圓滿，但若上停尖薄不相稱，相學上名為「火星受剋於水星」，其人一生困窮，財路難通，事業難成。

(13) 地閣長而薄，一生勞碌，事業沒有多大成就，財運也不濟，財來財去難剩錢，故宜在中年開始及早為晚景籌謀打算。

(14) 奴僕宮尖削露骨之人，是尖酸刻薄的老闆或上司，難得員工忠心，有被彈劾之風險。

(15) 地閣正中有痣者，無祖業可享，縱有亦主終究破敗。但自身若為養子，則不在此列。

【奢則不孫，儉則固。與其不孫也，寧固。】

桃花、婚緣、子息

(1) 地閣相理好，代表子嗣運佳，其人必是子孫繁衍；又因其遺傳優良，兒孫都是孝賢之輩。

(2) 女性地閣飽滿圓闊，感情細膩，非常顧家，是戀愛的勝利者，不單能夠擁有美滿的愛情，子女也很賢孝，可以享受幸福的晚年。

(3) 地閣上翹的人充滿感性，愛好文藝，感情上追求浪漫與情調，所以很受異性歡迎。

(4) 雙下巴的人很重感情，對待感情認真而專一，性格溫和，不會為雞毛蒜皮的小事大吵大鬧，所以戀愛與婚姻皆穩定。

(5)「豐頷重頤，旺夫興家」。意即下巴飽滿且有雙下巴的女子，屬於幫夫旺夫的福相。

(6) 地閣寬闊的人思想單純，異性緣深厚，不乏戀愛機會，但因欠缺一定的心計，情感上來者不拒，可惜真心真意的異性不多，容易被欺騙感情。

(7) 地閣有偏斜，家庭生活受影響，夫妻感情不睦，易離異再婚；若牙齒地包天更驗。

(8) 地閣尖細，晚年運勢走下坡；尤其是兩頤深陷者，不單晚年淒涼，子女更容易有意外之災，自身壽命也不長，六十歲以後難延壽。

(9) 地閣尖小，一生事業難有成就，而且愈老愈困；子嗣運更弱，兒女不孝，晚年難享子女福。

(10) 兩腮橫張即是腦後見腮，俗稱「反骨」之相，其人恩怨不分、恩將仇報，夫妻之間爭執怨懟，感情破裂，各走天涯。

(11) 下巴如臀部般分成左右兩瓣，代表兩段姻緣、兩次婚姻、兩個家庭，其人頗受異性傾慕，桃花運佳，但一婚難到老，終將離婚再嫁再娶。

(12) 地閣太長再加口部偏歪，必是晚年刑剋子女之命。

(13) 腦後見腮是刑剋之相，兒少女多，六十四歲以後子女陸續遠離自己身邊，相見機會減少。

(14) 男性地閣偏右，代表妻家破耗，包括妻家財產、妻家兄弟不利或無兄弟；若偏左，恐是老年經濟貧寒，身患疾病。女性同論，但左右反觀。

(15) 女性地閣偏左，若眉毛又稀短，娘家財產破敗，親情冷淡，有兄弟必剋，可能是兄弟只有養子。

(16) 女性以地閣為貴，若地閣豐隆、圓滿者，個性賢良，婚後能孝順翁姑、相夫教子、持家有道。

(17) 方下巴的女性為人踏實，做事乾脆果斷，有責任心，但脾氣頗為倔強，缺乏浪漫情趣，所以不易遇上拍拖對象；若一旦找到合適的戀人，感情都能維持長久。

【敖不可長，欲不可從，志不可滿，樂不可極。】

(18) 女性腮骨單薄、兩頤無肉，多剋丈夫，事業失敗，生活落魄，最終夫妻勞燕分飛。

(19) 地閣呈方形的女性頗為幹練，但屬於命硬的相格，五十五歲以後必剋夫剋子，若不剋夫，自己必患嚴重疾病，甚至會失去生命。

(20) 地閣屬水，代表腎臟與生殖系統。地閣凹陷的女性生殖系統較弱，不易受孕，即使成功懷孕，也易有流產的風險。

第七章

鬍鬚相法

鬚譜

1. 虬

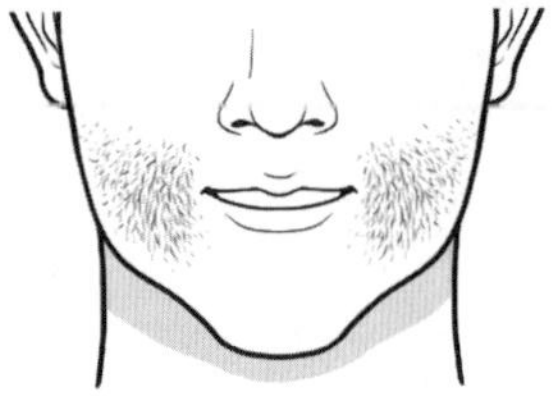

(P.583)

2. 髯

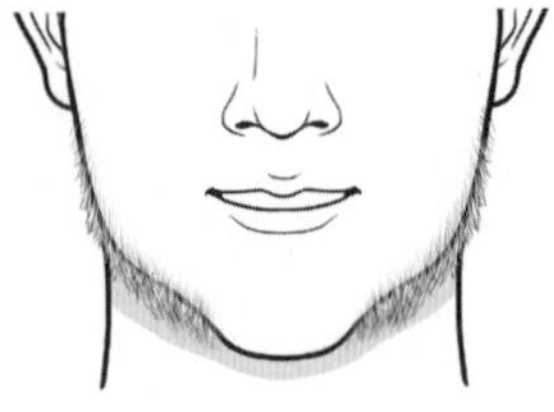

(P.586)

3. 鬢

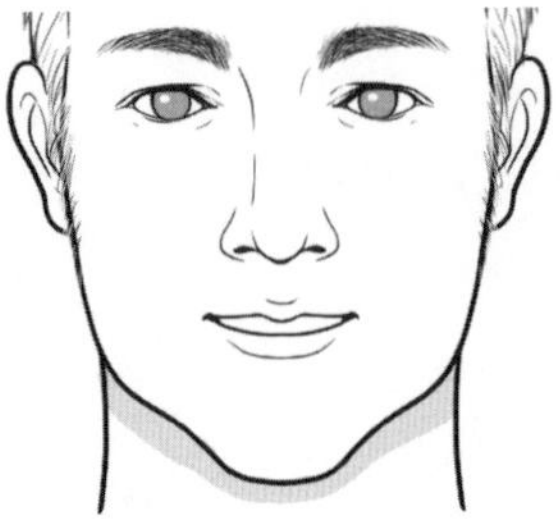

(P.589)

4. 鬍

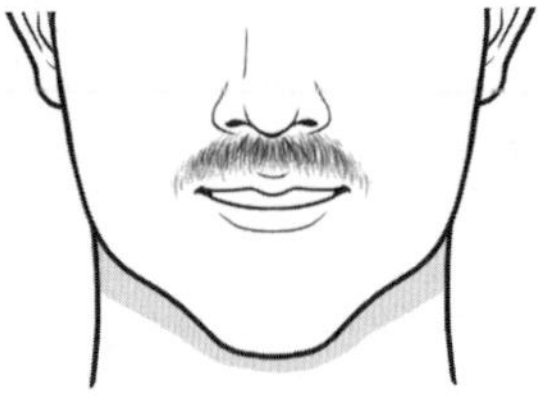

(P.593)

5. 鬚

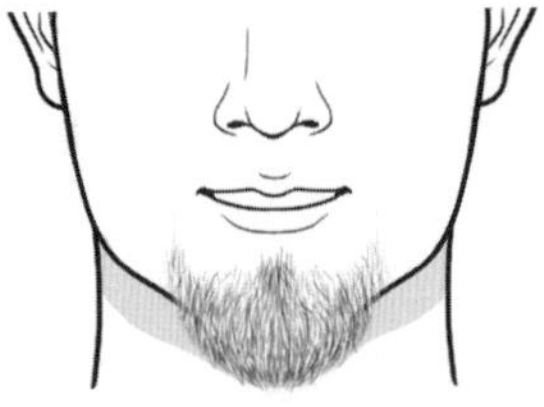

(P.597)

(1) 虬

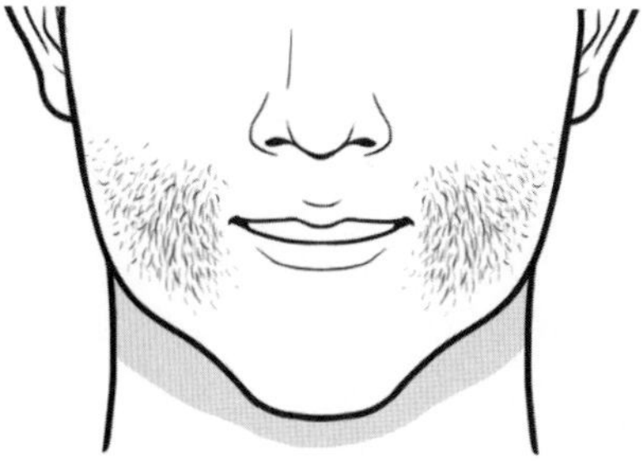

形態：生於臉上的毛髮統稱為鬚，亦稱鬍鬚，也就是虬、髯、鬢、鬍、鬚的合稱。虬就是生於面頰酒渦部位的毛髮，是威嚴的象徵。

性情：

(1) 虬髮形色俱佳，是不怒而威之相，號召能力極強，做時事一呼百應，眾志成城。

(2) 虬髮明亮潤澤、柔軟如絲，其人心腸軟、宅心仁厚，對待小動物和弱勢之人甚有同情憐憫之心。

(3) 虬髮柔順，性格沉穩，做事踏實，心思縝密、考慮周詳，每事皆能以大局為先。

(4) 虬髮鬈曲之人能承祖德的蔭澤，遇驚不險，化凶為吉，只嫌中年運勢不穩，波折多生。

(5) 虬髯鬢鬍鬚長得多，而頭髮也濃密的人，人生態度積極，性格熱情好動，坦白直率，說話不轉彎抹角，忠誠有義氣，十分好客。

(6) 有鬚無虬的人，親情比較冷淡，與父母、兄弟關係疏離，性格大多是獨來獨往。

【將臨財毋苟得，臨難毋苟免。】

(7) 酒渦無蚪而唇色呈紫，若長期如此，一生易有水險；若唇色一向正常而突然變紫，則短期內將有水厄，唇旁有黑子者更驗。

(8) 中醫學謂：「髮為血之餘」。蚪為毛髮，故能反映血氣狀況。蚪髮粗濃是血氣旺盛之相；反之就是氣虛血弱的體格。

(9) 中醫學亦有「髮為腎之華」之説。從蚪髮形態可看出腎臟健康狀況，蚪髮明潤代表腎強，蚪髮暗枯代表腎弱、腎虛。蚪髮色枯日，恐有痼疾，久久而不癒。

事業：

(1) 蚪髮柔軟者，品性優良，待人真誠，好人好報，貴人多助，一生收穫多、成就高。

(2) 蚪髮長得清秀均勻、色澤明亮如閃閃發光，這是少年得志的上佳相格，年紀輕輕已經事業有成。有志從政者，可成為政壇上舉足輕重的人物。

(3) 只蓄下巴鬚子而不留蚪髯鬢鬍的人，説話沒分寸，容易得罪人而不自知，人際關係比較差，做事難得人和，事業不易有成就。

(4) 蚪髮根根見底、濃疏有致的人，腦筋靈活、主意多而實用，適合從事創作性質的工作，作品常常令人眼前一亮。

財帛：

(1) 蚪髮濃密有度、色潤亮澤者，膽識過人，敢於冒險，善於把握機會為財富增值，而且往往能夠取得好成績。

(2) 虬髮烏黑無雜色、明亮如油而有光、疏勻見根，這是富貴順遂之相，其人財運亨通，一生安閒，衣祿豐足。

(3) 虬髮焦枯不潤、錯亂而生，其人好吃懶做、貪婪成性、分毫計較，可惜一輩子與財富無緣，且中年早逝。筆者昔日收過此相的學生，其於中年肝癌病逝。

愛情婚姻：

(1) 虬髮鬈曲生長、分佈均勻、清秀見底，其人性格開朗，胸襟寬廣，不僅是一位好朋友，更是一位好情人、好丈夫，能兼顧家庭與事業，不失為一個好相。

(2) 虬髮無光澤的人性情反覆不定、喜怒無常，人品卑劣，是刑妻之相。虬髮濃密則是任性蠻橫之徒，對待異性缺乏體貼之心，所以戀愛及婚姻運大多不順。

(3) 有鬍無虬，其人性情冷漠，與父母、兄弟關係疏離，性格大多是獨來獨往。

子息：

(1) 虬髮明亮潤澤、柔順如絲，虬鬍相配、疏密勻稱，既旺自身，也旺子女，子息滿堂。

(2) 有鬍無虬、虬髮亂如草，這是勞碌破敗之相，刑妻剋子，六親無緣，晚年孤苦貧賤。

【禮，不妄說人，不辭費。】

(2) 髯

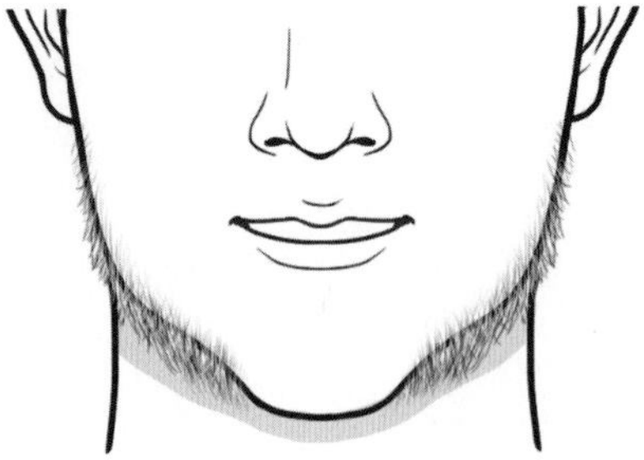

形態： 兩頰酒渦所生為虯；腮旁所生便為髯，能反映一個人的智慧。在面相學上，可看出一個人的做事膽識及應變能力。

性情：

(1) 髯子色黑，潤澤有光，柔順而生，其人聰明十足、有智有謀，生性勇敢，富冒險精神，喜歡接受挑戰，所以往往能開創新局面。

(2) 髯子濃密者，外表不怒而威，遇事不輕言退縮，做事不畏難，有愈艱難愈不服輸的意志；而且野心大，不易滿足於眼前成就，努力不懈力求更上一層樓。

(3) 髯子稀疏者，身體虛弱，精神和魄力不足，性格膽小怕事，做事畏首畏尾，實踐力和應變力都比較差。

(4) 不論是髭髯鬚髫鬢，皆以純粹一色為合格，若是幾色合成，黑白棕黃不一，必然煩惱、糾紛不絕。

(5) 若腮旁所生的髯子上接耳旁的鬢髮，便是壽祿之相。雖然中年遭遇挫折一不離二，但晚運平穩，身體安康，生活無憂。

【禮，不逾節，不侵侮，不好狎。】

(6) 鬍子前清後疏，即近下巴地閣部位濃密，愈近耳旁愈稀疏，這是貴氣有餘、魄力不足之相，晚年易有氣血衰弱及腎氣不足問題，宜在年輕時開始保健身體，勿讓自己過度操勞。

(7) 除非鬍子形色俱佳，蓄留可使運勢順遂，但不蓄亦無妨害；鬍子若有缺憾，蓄之不單無益，更恐招破敗。

事業：

(1) 鬍子整齊柔順、不粗不糙、根根見底，是為貴相，對事業有抱負、有目標，懂得有計劃地去實踐，所以大多能達致成功。

(2) 腮鬍上接耳旁的鬢髮，其人能繼承祖業家業，發揚光大，也可憑藉個人才幹開創自己的事業，在業內取得不錯名聲。

(3) 鬍子枯焦不潤、沒有光澤者，行動往往比思想慢，行為暴躁又魯莽，只能從事體力勞動工作，一輩子辛苦勞碌。

(4) 鬍子散亂、疏密不勻，近耳鬢處尤其稀疏，其人心思難決，左搖右擺，做事眼高手低，且好虛浮自誇以吸引他人注視，所以一生少成多敗。

財帛：

(1) 腮鬍上接耳鬢，這是祖上有餘蔭之相，其人能繼承家財，基本生活無憂無愁，晚運也吉祥昌隆；若配上鬢如銀條，更是萬中無一之貴氣之相。

【修身踐言，謂之善行。】

(2) 鬚子多而亂、濃黑橫生、長短參差，為人虛偽，貪婪成性，對金錢斤斤計較，卻與財富無緣，生活總是朝不保晚，這可謂是相由心生，此相絕非先天所成。

(3) 鬚子散亂者福祿不多，財來財去，金錢往往左手來右手去，縱使自己不是揮霍成性，也會因突發事件而破財。

愛情婚姻：

(1) 鬚子濃而不亂、不枯不燥、清潤而有光彩，氣質高潔，感情細膩，人緣好，異性緣亦佳，戀愛順利而甜蜜，夫妻緣分深厚，適宜早婚。

(2) 腮鬚黑無光澤、多而參差亂生，姻緣運薄，與伴侶感情不親切，縱有婚緣也主夫妻關係疏淡，七十四五歲流年時，夫妻生離死別。

(3) 腮鬚散亂而又疏密不勻，為人好色，愛情、婚姻皆不順，戀愛時常有感情煩惱。結婚後夫妻冷淡、爭吵多，且多會以離異告終。習相者多留心眼神與氣色之交替。

子息：

(1) 腮鬚上接耳鬢，形色兩俱佳，其人必旺子息。子女運勢好、身體好、人緣好，一生平安少煩惱。

(2) 鬚子稀薄、似有若無，這是妻遲子晚之相，晚年得子；因此相陽氣不足，命中子息必是女多男少。

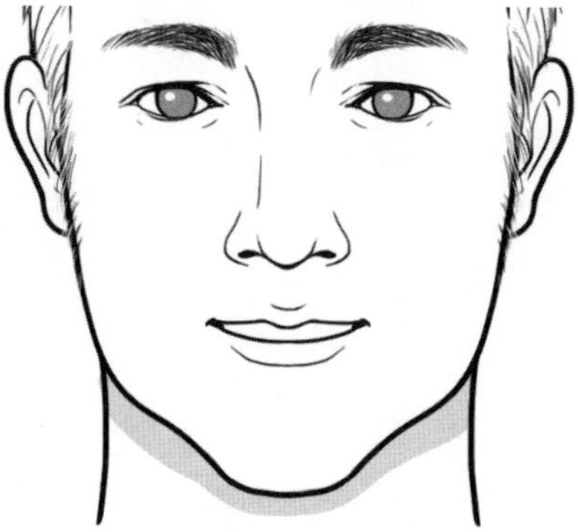

(3) 鬢

形態： 兩頰酒渦所生為虯；腮旁所生為髯；耳旁所生便為鬢，能反映一個人的貴氣、地位高低。在面相學上，可看出一個人的官運。虯髮色澤銀如白者，更甚。

性情：

(1) 不論男女，皆喜鬢毛清秀光彩、柔軟而順、近看根根見底，命格主貴，受人尊崇，早年可得榮耀。

(2) 鬢毛粗硬，其人性格剛愎自用、固執己見、自以為是、我行我素，鮮會接受他人意見，不易與人相處。

(3) 古相書有「不欲鬢侵驛馬，主初年多滯」之說。驛馬是指眉尾向後斜上逼近髮際的部位，宜寬敞，利遠行。若鬢濃侵壓驛馬位，其人必無祖蔭，出身微賤，早年困頓，難成大事。

(4) 鬢毛形色俱佳而長過命門（耳朵風擋前的部位，約一個拇指大小）者，是賢德之人，心地好，與人為善，對待朋友有情有義。

(5) 鬢毛太長或太多，會影響目前之行運，使本身之運氣變差，且色心甚重，一生因色而亡身。

【禮聞來學，不聞往教。】

(6) 鬢毛逆亂而生至面頰，名為野狐鬢，其人懷疑心重、狡猾多詐，說話不真，善於以嘻皮笑臉的假相蒙蔽別人的思想，以求獲取利益。此相若道行高者，藏神而不露。

(7) 鬢毛焦赤、叢雜亂生者，性情孤獨、有怪癖，而且刑剋父母，父或母早亡，自身體質亦差於常人，且多不得善終。

(8) 鬢毛散亂的人脾氣很壞，心性頑劣、狠毒、無情，做事強蠻，思想恨多於愛，常為雞毛蒜皮的小事而大發雷霆，對世界充滿不滿情緒。

事業：

(1) 鬢毛與兩頰鬍子相接，其人能繼承祖業家業，發揚光大，也可憑藉個人才幹開創自己的事業，在業內取得不錯名聲。

(2) 鬢毛、鬍毛、眉毛皆濃，名為三濃格，其人精力旺盛，少年得志；中年顯達，光耀門庭；中晚年財祿豐盈，晚運興隆，稱之為武將之高。

(3) 鬢毛疏散的人不易與人相處，容易與人起衝突，工作上難有大發展；若然有顴無鬢，其人更是自誇自擂，好吃懶做，一輩子一事無成。

(4) 女性鬢毛長至耳垂者，十分感情用事，不能理性處事，容易把工作問題愈弄愈複雜，影響自己的判斷，恐有中年因色而大敗業之劫。一般來說，女性極少見鬢相所現。

財帛：

(1) 鬢毛下接腮旁的鬍毛，這是祖上有餘蔭之相，其人能繼承家財，基本生活無憂無愁，晚運也昌隆。此相是屬男性獨有。

(2) 鬢濃侵壓命門位，其人必無祖蔭，出身微賤，六親無助，年少時便要自食其力，打工養活自己，一生反覆奔波。

(3) 古籍有云：「鬢毛不長少錢糧」，若鬢毛太短、疏散，眉毛又稀疏，此相一生挫折多遇，勞碌奔波，財富無緣，早歲艱辛，晚年孤貧。

愛情婚姻：

(1) 男性鬢毛長度超過耳朵一半，為人好色，愛酒色財氣，對愛情氾濫，對性愛有過人的需索，恐會因色而亡身。

(2) 男性鬢毛太濃、頭髮又粗糙的話，一生工作勞苦不安閒，婚緣也不佳，婚後夫妻感情不睦，易受太太所累而惹得一身麻煩。

(3) 女性鬢毛不宜過耳一半，女性鬢毛愈長愈好淫，好床笫之樂，伴侶疲於應付以致體力負荷太大，影響健康，故是剋夫之相。

(4) 女性鬢毛稀疏、命門入鬢毛，其人自私自利、刻薄寡恩、冷漠陰險，與伴侶感情疏離，甚至會連累丈夫。

【君臣上下父子兄弟，非禮不定。】

子息：

(1) 鬢毛與腮旁的鬍子相接，鬢鬍形、色俱佳，必旺子息。子女運勢好、身體好、人緣好，一生平安少煩惱。

(2) 鬢色枯黃是多病不安的象徵，其人非但壽元不長，更是刑剋子息，嚴重者恐會絕嗣。男女不宜所見，多主體質遺傳不佳，宜多運動及食療補之救之。

(4) 髭

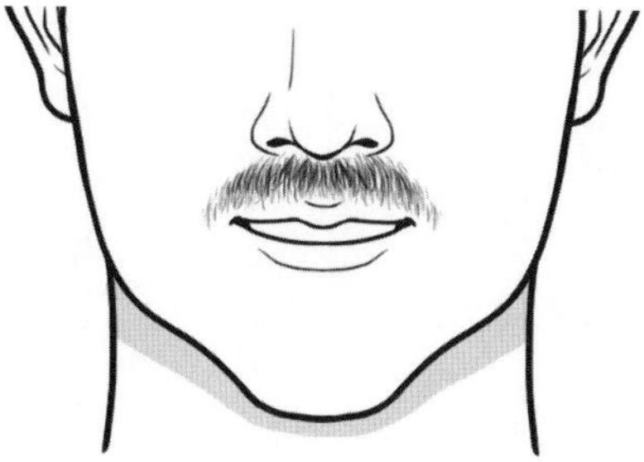

形態： 面頰酒渦所生為虬；腮旁所生為鬍；耳旁所生為鬢；人中、鼻孔下所生便為髭，是精神、魄力，也就是健康的象徵。在面相學上，髭子主祿，代表一個人的祿運，亦即是財富的運勢。

性情：

(1) 髭子喜烏黑明亮、清秀潤澤、柔順均勻、疏密有致，代表其人性格隨和，心地和善，做事責任心重，重信義，守承諾，答應了別人的事情，總會盡心盡力做到最好。

(2) 面頰酒渦所生為虬；腮旁所生為鬍；人中、鼻孔下所生為髭。酒渦、腮旁、人中鼻孔下都留有毛髮，即同時蓄有虬、鬍、髭，其人極重情義，具有犧牲小我而成全大局的精神。

(3) 髭直而硬的人真誠坦率，待人沒有機心，行為端正，只嫌做事有點衝動急躁，直來直去，容易得罪人。

(4) 髭子生得稀疏，若有若無，常犯小人，一生是非多，人際關係比較差，六親關係也比較疏遠冷淡。

(5) 鼻毛接髭子是不吉、倒霉之相，一生做事不順利，多遇挫折；體質弱，病痛自然多，亦多主破財。

【今人而無禮，雖能言，不亦禽獸之心乎？】

(6) 中醫學理論：「髮為血之餘」。鬍為毛髮，故能反映血氣狀況。鬍子長得雜亂逆旋，多有血氣不通的問題；鬍長得稀少，氣虛而血少。

(7) 中醫學亦有「髮為腎之華」之說，故鬍子亦能透示腎臟健康。鬍子潤澤則腎強，鬍子枯晦則腎弱。

事業：

(1) 鬍子長得烏黑、明亮而柔順的話，可在商場上發展，成就不錯；選擇投身文藝甚或勞動性質為主行業的話，也可有勝人一籌的表現。

(2) 鬍子清秀而不枯者，處事公正廉明、信守承諾，是十分可靠的僱員。若為老闆的話，必是良心僱主。

(3) 鬍不過人中者，也就是人中沒有毛髮的人，天生頗有才幹，但一生事業運程崎嶇，不宜在政府部門工作，也不宜在單純商業性的公司打工，否則多犯小人，做事吃力不討好。此相之人只適宜從事非學術性行業的工作，稱之「有勞無功」；惟須留心五十一歲之運勢變化。

(4) 鬍子尾端彎曲，事業發展處處受制，愈掙扎愈失利；工作上只宜低調隱晦，默默耕耘，切忌張揚或高調發圍，否則必敗無疑。

財帛：

(1) 鬍子與眉毛要濃疏相配，始有意義。兩眉清秀者，少年得志富貴。鬍子潤澤亮麗者，晚年福壽雙全。

(2) 在面相學上，鬍代表祿運，鬚則主官貴。「有祿無官，尚主富貴；有官無祿，注定孤貧」，也就是說，有鬍子的人，可享富貴；有鬚無鬍，則財散人離，必主孤貧。

(3) 鬍子生得十分稀疏、似有若無，祿運低微，一生難有好財運，只能靠自己努力賺錢儲錢，絕不能奢望天降橫財；更忌井灶露，更驗。

(4) 人中代表五十一歲流年。鬍不過人中者，五十歲前有勞無功，難以聚財，故宜及早綢繆，有餘錢時購買保值實物如黃金、房產，以防年老仍要艱辛謀生。

(5) 鬍短不蓋唇者，財帛耗散，一生難聚。鬍短而連口角者，稱為「垂簾」，其人一輩子東奔西走卻一事無成，飢寒敗業，受窮捱餓，且腸胃多主不適。

愛情婚姻：

(1) 鬍子清秀潤澤、疏密均勻，其人甚有威儀，能吸引異性青睞，身邊不乏女性傾慕者。若配唇厚，能對伴侶專心一志，必有幸福婚姻與家庭。

(2) 鬍短不蓋唇者，姻緣運弱，戀愛易散，婚姻易離。究其原因，總是其人寡情冷酷所致。

(3) 鬍子過分濃密且色黑如墨者，一生運勢浮沉反覆，謀事難遂，更須注意妻緣之動盪，多為一婚難到老之命。

【禮尚往來。往而不來，非禮也；來而不往，亦非禮也。】

子息：

(1) 鬍粗而濃、密不見底，是人丁旺盛之相，代表子息繁衍，子女福旺；只嫌個人運勢反覆而勞碌多憂。

(2) 鬍不過人中者，子孫不得力，養兒一百歲，長憂九十九。鬍短不蓋唇者，亦是子息無緣，父子不親。

(3) 晚年鬍子白潤如銀絲，這是助旺子息及家宅之相，代表子女成材、田宅豐富。若配以五柳長鬚，自有人外人之相格。

(5) 鬚

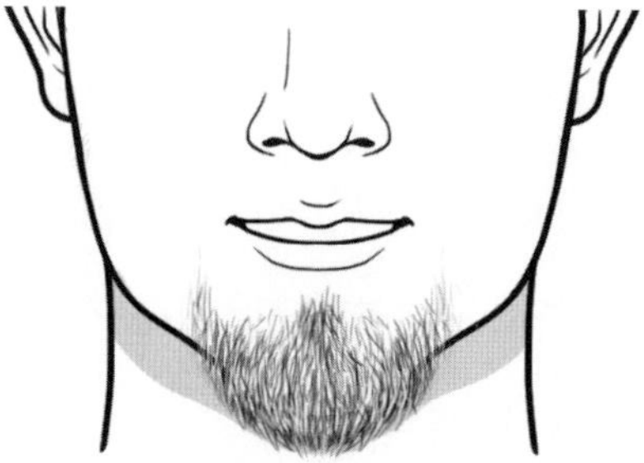

形態：酒渦所生為虯；腮旁所生為髯；耳旁所生為鬢；人中、鼻孔下所生為髭；下巴地閣所生便為鬚，能反映生活是否清閒、安逸，是福壽和晚運的象徵。

性情：

(1) 地閣鬚子疏密有致、形色俱佳者，其人精力旺盛，多福多壽，晚運吉祥；性格正直無私，坦率爽朗，不說假話，是值得信賴的人物。

(2) 鬚子以烏黑明亮為吉，並與眉毛相配，為人具正義感，喜打抱不平，對家人、朋友重情重義。

(3) 鬚子勁直如草，個性剛烈而倔強，固執而不妥協，一輩子勞碌奔波，少成多敗。

(4) 鬚子呈赤色，性情孤僻，刑剋六親，與父母、兄弟不睦，與太太、兒女不親，自身際遇也不佳。若夾雜多色，一生煩惱多、是非多。

(5) 鬚子枯槁不潤、燥而無光，乃器小量淺、嫉妒心重之人；此相亦是先天不足之徵，多有頑疾或慢性病，久不痊癒。

【富貴而知好禮，則不驕不淫；貧賤而知好禮，則志不懾。】

(6) 下巴鬚子連至脖子，名海底松，其人鄙吝俗濁，討人憎厭，孤獨離群，不與人伍且量窄。

(7) 中醫學有「髮為腎之華」之說，腎強則鬚髮華麗，腎弱則鬚髮枯槁。近代科學已證實，第二次性徵之鬚髮之發育生長，與副腎分泌素之盛衰有因果的並行關係，正好與「髮為腎之華」之說相符合。

事業：

(1) 鬚子疏密有致、形色俱佳者，必主事業成就高，在公司裏的地位極其重要，無可取替。

(2) 紅碧鬚即紫鬚，或鬚子紅如珠砂，皆為上等奇相，主大貴，在古時能成霸業，在今天則有機會躍升為紀律部隊高層，也能開創一番偉大事業，流芳後世。

(3) 鬚子長至脖子的人事業心重，野心也大，希望能幹一番大事業，但嫌辦事時量窄欠周詳，常逞匹夫之勇而壞了大事，宜剃之清之。

(4) 年老而不落鬚髮，代表到老忙碌，縱使事業有成，也主一輩子身不安閒。

財帛：

(1) 鬚子生上唇者為官，下唇為祿，鬚子生下巴者亦稱為閒。鬍鬚柔順，晚運衣祿豐足，身體安康，生活清閒安逸。有鬚無鬍，晚年兩袖清風，健康稍遜，但仍可享閒逸；有鬍無鬚，官運有餘，魄力充足，但身心不閒。

(2) 鬚子粗濃而不見底，縱非大富大貴，也能衣祿豐足，但難免勞碌挫折，更恐有危險暗害

(3)之事。

《柳莊相法》云：「鬚生承漿，多得外家財產。」意思就是，承漿連頸生鬚子，有機會繼承母親外家（例如母親的兄弟或父母）的財產，但性好揮霍，晚年恐落得孤苦下場。

愛情婚姻：

(1) 鬚色紫、紅之人氣宇軒昂，對女性極具吸引力，姻緣順利，能娶得賢內助持家，但自身常為事業而勞碌。

(2) 古相法訣：「右眼大鬚少偏左，俱主懼內」。也就是說，右眼睛大、鬚子稀少而生偏左的男士十分怕老婆，甚準。

(3) 鬚子細長而鬈曲，為人風流多情卻不淫亂，同一時間只會專注於一份感情，對伴侶溫柔，甚有情趣；可惜其熱情不能維持太久，很快就會轉換目標。

子息：

(1) 鬚子形、色俱佳，旺妻旺兒，子息眾多，皆是非凡之輩，享有頗高的社會地位。

(2) 晚年臉色虛白，臉上無紋，而鬚子尾端呈黃色；晚年鬚髮嚴重掉落，兩者皆是刑剋子女之相。

(3) 鬚子長成兩綹分開，名為開燕尾，是晚年剋子息之相，兒女易有刑傷，事業破敗、運勢不通、健康欠安，甚至有性命之危。

【三十曰壯，有室。四十曰強，而仕。】

鬚相詳解

鬍鬚之基本意義

現在我們所說的鬍鬚是臉上虯、髯、鬢、鬍、鬚等的總稱。《中國醫學大辭典》解釋：「鬢者，耳際之髮也。髭者，口上之毛也。」嚴格來說，生於兩頰酒渦者為虯，生於兩腮者為髯，生於耳旁者為鬢，生於上唇者為鬍，生於下巴地閣者為鬚。

鬍鬚可以說是男士獨有。一般進入青春期後，男性就會開始長鬍鬚，只視乎個人喜好，有些人選擇每天把它刮淨，有些人則選擇讓它慢慢生長。蓄鬍鬚的人對這個男性性徵又有不同態度，有些人會悉心修剪、勤加清潔；有些人則不理不管，任其隨意生長。

【五十曰艾，服官政。六十曰者，指使。七十曰老，而傳。】

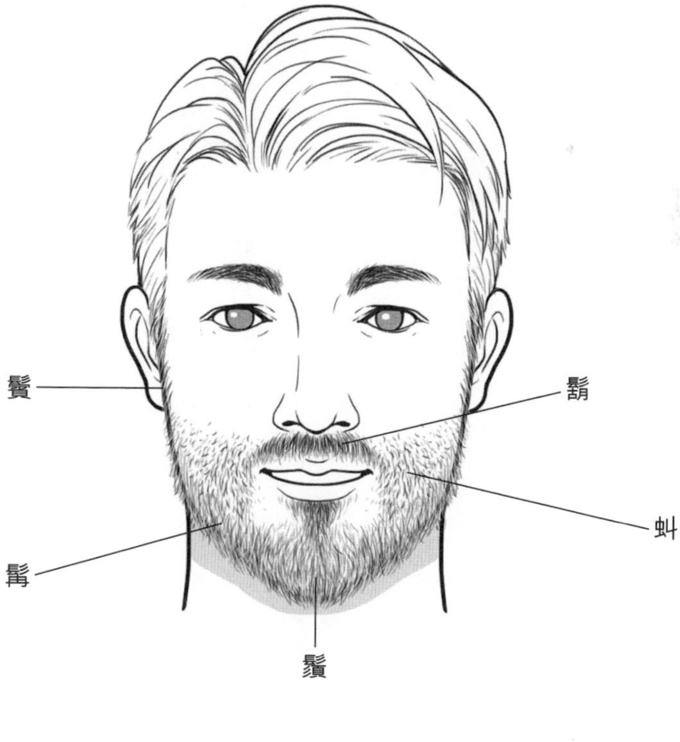

有資料顯示，男士鬍鬚平均有七千至三萬根。鬍鬚生長的速度因人而異，除了受遺傳因素影響外，若體內雄激素水平高，鬍鬚會長得比較快；若體內雄激素水平低，鬍鬚則長得比較慢。在正常情況下，它的生長速度每天不會超過零點四毫米，略快於頭髮的生長速度（每天約零點二至三毫米）。

鬍鬚的功能

鬍鬚是男性性徵之一，這令我們聯想到，長鬍鬚的原因是否與求偶有關呢？英國廣播公司英倫網在二〇一六年五月刊登了一篇文章，探討男士長鬍鬚的真正原因，頗有趣味，現節錄如下。讀者可在 https://www.bbc.com/ukchina/trad/vert_fut/2016/05/160502_vert_fut_the-real-reason-men-grow-beards 找到完整文章。

當我們看到男人非常注重自己的外表時，很容易推斷出，他們這樣做只是想吸引伴侶。但通過我們對鬍鬚和聲音的研究表明，鬍鬚的進化極有可能是來幫助男人提升他們在同類中的地位，至少在一定程度上如此。

平均而言，與許多其他靈長類物種的雄性和雌性相比，男性和女性在外貌上有着很大區別，而這至少在一定程度上和男人濃密的面部毛髮有關。並且，在我們研究男女之間存在的這種差異時，很多人往往將其歸咎於進化過程中的性選擇，即人們會更加偏愛能夠增加交配機率的個人特徵。

【八十、九十曰耄，七年曰悼，悼與耄雖有罪，不加刑焉。】

但有趣的是，女性似乎對鬍鬚似乎並不是那麼的感興趣。雖然有一些研究發現，女人喜歡男性留一點、甚至是一大把鬍子，但其他的一些研究卻認為，女性更偏愛鬍子刮的乾乾淨淨的男士。由於這些結果缺乏一致性，意味着我們不能得出這樣的結論：鬍子是因為女人喜歡才進化出來的。

因此，研究人員提出了另一種性選擇傾向，或許能解釋這一現象。想要繁殖後代，僅僅具有吸引力是不夠的，在求偶時，你還得與同性競爭。與其他膽大的兄弟們比起來，那些躲在後面的、古怪的、害羞的傢伙們是沒有機會的。有證據顯示，鬍鬚的進化正是幫助男性進行競爭。

在男性比例遠高於女性比例時，求偶時有鬍鬚的男性就顯得更為時尚。

一位男性能否長出茂密的鬍子，其實和他體內睾酮水平的高低並沒有絕對的關係。儘管如此，許多研究表明，男人和女人都一致將鬍子視作成熟、強壯、和具有攻擊性的象徵。那麼佔這種支配優勢的人就能脅迫競爭對手靠邊站，從而為自己贏得更多的交配機會。

無論是在現代社會，還是在整個人類歷史上，這一點都是始終成立的。較高的支配地位為男性贏得交配機會提供了非常驚人的捷徑：基因證據顯示，今天約有百分之八的亞洲男性是成吉思汗（Genghis Khan）及其家族的後代。

英才所知，在奈吉爾·巴伯爾（Nigel Barber）進行的一項研究中，他將英國在一八

【百年曰期，頤。】

四二年至一九七一年間的鬍子修剪時尚潮流與婚姻市場上的男女比例聯繫了起來。結果顯示，每當男性對女性的競爭比較激烈時，鬍子就會變得流行起來。

鬍鬚與健康

置身於人口稠密的地方，街道上車水馬龍，汽車不斷排放廢氣，使空氣之中充滿有害微粒；人在呼吸之間也會排出一些沒用的氣體，二手煙成分也包含被認為致癌或間接致癌的尼古丁（菸鹼），鬍鬚正好可以吸附部分這類物質。

澳洲有大學曾對鬍鬚做過一些研究，得出的結果是，鬍鬚可以阻擋百分之九十以上的紫外線，間接有助減緩頸部和臉部的皮膚癌變。英國一間毛髮學中心的醫學專家亦提出，濃密的鬍鬚可以為下停（人中至下巴）至頸部保暖，避免這些部位受寒，間接減低患上感冒的機率。

英才再翻查資料，在二〇二一年八月二日，英國廣播公司中文網刊登了一篇題為《人體與健康：鬍鬚中鮮為人知的衛生功效和潛在醫學奧秘》的文章，很有參考價值，現刊錄如下。讀者可在 https://www.bbc.com/zhongwen/trad/science-58056657 找到原始文章。

近年來，世界不少地方的男性蓄鬚的時尚又有回潮之勢，不論是小八字鬍，山羊鬚，還是美髯絡腮鬍，均不乏追捧者。當然，也不乏厭者。

不喜歡鬍子的人指出，這種相對男性專屬的面部皮毛妨礙人們相互親近，特別是當鬍子男與人擁抱貼臉或親吻的時候。更有人認為，鬍子很難清洗乾淨，很可能棲藏有大量病菌。

上述說法不無道理。有隨機抽樣化驗結果顯示，鬍鬚中竟然藏有一般只在糞便中才有的腸桿菌。

有些報紙甚至推出悚人標題：「鬍子裏的屎或多於馬桶」。

如此話來，留着鬍子當真是不衞生的行為？

然而，美國和英國醫學界一些更加科學的研究則得出了非常不同的結論……

此項研究發表在這期《醫院感染雜誌》，研究者先後對四百零八位醫護人員剃鬚乾淨之後的臉和蓄有鬍鬚的臉分別用棉棒取樣。

研究者最初取樣的目的很簡單，因為近年來在世界各地的醫院中，患者因住院期間傳染、感染疾病而導致死亡的比率很高，而人們一直不清楚問題出在哪裏？消毒很嚴格的地方為甚麼會出現這種狀況？是洗手不乾淨，白色醫護服或醫療器具沒有消毒完全，還是有的大夫有鬍子？

研究結果讓人大吃一驚。每天刮鬍子的醫護，臉上竟然比不刮鬍子的醫護攜帶更多病菌。

每日鬍子刮淨的醫護人員，面部攜帶的一種很難治療的具有抗藥性金黃色葡萄球菌（又稱超級細菌）的數目是留着鬍子醫護人員的三倍多。而這種超級細菌正是導致很多

【勝人者有力，自勝者強。】

病患感染並最終無藥可治死亡的病源之一。

這究竟是怎麼回事？研究者的一種假設是，剃鬚刮臉很可能局部破壞了面部表皮，導致細菌乘虛而入並大量繁殖。

這只是一種假設。另外一種可能的解釋是，鬍鬚原生帶有消滅病菌的功能。

建立在美國科學家的研究基礎上，英國倫敦大學學院微生物專家亞當・羅伯茨博士（Dr Adam Roberts）也對鬍子中的奧秘展開了進一步研究。

通過隨機鬍鬚取樣，羅伯茨博士從取樣中培養出百餘種細菌，包括腸桿菌。不過，羅伯茨博士並不認為這些細菌來自糞便。

除了發現大量細菌之外，更令人羅伯茨博士驚訝的是，在幾個培養皿中，他發現了多種天然抗生體——殺死其他細菌的微生物。

專家解釋說，人類往往把微生物當作「敵人」，而其實它們的「敵人」卻不是我們。因為真正與細菌競爭生存資源與空間的是其他細菌，而它們之間經常互用的殺手就是我們常說的「抗生素」。

羅伯茨博士認為，人類鬍鬚中的這些我們還認知不多微生物，很可能也產生天然抗生素——可以殺死很多細菌的毒素。

羅伯茨博士認為，鬍鬚中的這種天然抗生素很可能屬於表皮葡萄球菌一族——滋生於生物體表皮上的一種革蘭氏陽性球菌，存在於人體的皮膚，陰道等部位，因常堆聚成葡萄串狀，故命名為表皮葡萄球菌。

他把鬍鬚中培養出來的表皮葡萄球菌與常見大腸桿菌放在一起，結果大腸桿菌被消滅殆盡。

羅伯茨博士同時指出，淨化、分離、測試以及最終批量生產一種全新的抗生素是曠日持久的工作，不是簡簡單單剪下幾根鬍子就可以的問題。不過，他認真呼籲醫藥研究機構，應該嚴肅對待人類鬍鬚，因為其中很可能會藏有新一代抗生素的秘密。

另據專家介紹，全球每年因病菌抗藥而感染無治死亡的人數高達七十萬，由於現有「消炎藥」濫用導致抗生素無效，預計到二〇五〇年每年死於超級病菌感染的人數將可能高達一千萬。過去三十年中，人類一直未能找到新的抗生素。

羅伯茨博士的研究團隊表示，從鬍鬚入手以及很多被人們忽視的體表微生物群入手，很可能會有助找到下一代的有效抗生素。

中醫看鬍鬚

從中醫學角度，鬍鬚屬腎，腎水潤下，故生毛髮；而外腎管口，內腎管陰、腋。女性有內腎，所以陰部及兩腋有毛；但無外腎（即睪丸），所以口際無鬚。男性內外腎均有，所以下陰、兩腋有毛，口畔也有鬚；古時太監割去睪丸，便無生鬚。

【誰言寸草心，報得三春暉。】

鬍鬚屬腎，凡消化、排泄系統正常，則鬍（人中）鬚（地閣）必然柔順。血氣不通者，鬍鬚雜亂逆旋；血多氣少者，鬍鬚也少；氣血均少者，則甚至鬍鬚皆無。

我國《黃帝內經．靈樞．陰陽篇》有說：「血氣盛則口多鬚，髭美，髯美長，腋毛美。下毛長於胸，脛毛美長。血少氣多則髭惡、髯短、脛毛少。血多氣少則髯少，下毛美短至臍，脛毛美短。血氣皆少則無髭、無髯，脛毛無，下毛無，有則稀枯。」由此可知，凡面部、身體以至四肢所生毛髮，皆與血氣有關，這亦是英才常言的「醫相本是一家」的道理。

鬍鬚在相學上的定義

所謂鬍鬚，即是虯、髯、鬢、鬍、鬚的統稱。虯生於面頰酒渦位置，髯生於兩腮之旁，鬢生於兩耳之側，鬍長於人中、鼻孔以下，鬚乃下巴地閣的毛髮，在中國相學上各有所指。大抵虯代表威儀，髯代表智慧，鬢代表官貴，鬍代表健康，鬚反映晚年生活閒適，亦即「殺、智、貴、康、閒」。

中國相書論鬚

《人相大成》：「鬚髯為一面之華表，乃丹田之氣，濃濁、黃枯最不宜；羊髯、燕尾必刑傷。毛毫有別，各有分辨，粗硬而短者毛，不拘生於何處，主賤。」簡而言之，鬚宜清疏，根根見底為合格；最忌濃濁焦枯，主多災破敗，刑妻剋子。故《金鎖賦》云：「髭鬚要黑又要稀，依稀見肉始為奇；最嫌濃濁焦黃色，父在東頭子在西。」

宋代《月波洞中記》：「鬢疏美者，富貴得助。」「不欲鬢侵驛馬，主初年多滯。」驛馬是指眉尾向後斜上逼近髮際的部位，宜寬敞，利遠行。若此處連太陽穴飽滿，代表貴人驛馬，其人可享高官厚祿。若鬢濃侵壓驛馬位，其人必無祖蔭，出身微賤，早年困頓，難成大事。若鬢髮逆亂而生，其人生性懶散，財運不通，老來孤貧。鬢清則貴，鬢濃則賤。

【人不可以無恥，無恥之恥，無恥矣。】

《秘本相人法》：「鬢以滋潤為福，故紺光則祿厚；黃疏則命蹇。又可以輔顴，無鬢者，雖有顴而無權；閉命門者，雖有顴而不達。故相顴不可無鬢。又可以觀人心性，耳無鬢則心毒；過命門則性慈，故擇交亦可觀鬢，不獨司一面之丰采也。少年富貴在眉；老年福壽在鬚。譬如滿月之面，鬚若鎖喉，敗家惡死。又若白麻子，面色深沉，鬚若紫潤，祿厚壽高。鬚之關係可知矣。滋潤則發，枯暗則敗。鬚不在多，依稀見肉為貴。宜與鬢衡，要與眉配；眉散鬢禿，雖有美鬚亦孤。」這就是相不獨論的道理。凡觀相論命，不能以單一元素斷之，必須與其他部位互為印證，才能得出準確答案。

《冰鑑》論鬚眉：「少年兩道眉，臨老一林鬚。此言眉主早成，鬚主晚運。」許負相法：「晚境以一鬚定吉凶，復催五十年前之人財福祿。」眉毛挺秀是秉性賢能之人，給人良好印象，易得客觀助力，所以能少年得志。然而，眉毛雖主早成，但仍要鬚髯盛美，否則魄力無以為繼，縱有善始，鮮克有終。鬚主晚運，仍須兩眉照應，否則猶如久旱逢雨露的花果，縱有收成，果實也不保證鮮甜味香。故《麻衣相法》論相眉，便有「水星羅計要相參」之說，即是此意。

蓄鬚改運增運

蓄鬍鬚除了可以改變外觀形象，也可以根據自己的面相需要，留鬚以彌補面相之不足，達到改運增運的效果。當然，這還須視乎個別人士是否有鬚緣。

提升財運

相書有說：「井灶露，留鬚救之」。鼻孔外露沒有遮攔，其人運行四十九至五十歲時恐有破財損財之憂，嚴重時可能會家財散盡，宣告破產。此相的人可以在四十九歲前開始在上唇留鬍，略掩鼻孔，就像給井灶加蓋子，以此擋災，避免漏財。

提升權力

相書又說：「法令不明，留鬚救之」。法令紋象徵威嚴，沒有法令紋或法令紋不明顯的人說話缺乏說服力，比較難服眾，事業基礎不穩，乏善可陳。此相的人可以蓄留上唇的鬍子，做法相當於延長了法令紋，使自己看來較具威嚴，有助增加別人對自己的尊重。

提升際遇

所謂「口角無棱，留鬚救之」。上下唇棱角不明的話，人中、仙庫、食祿倉、地庫、水星皆受影響，五十一歲至六十歲的運程多見阻滯。此相的人在五十歲或之前開始留鬍子，可以強化口部的棱角，有助改善運勢。

「虎耳不脹，留鬚救之」。虎耳是在耳朵近上下顎開合之處，若此部位凹陷，其人五十八歲至五十九歲運勢晦暗不明。此相的人可在五十七歲或之前開始在兩腮及耳旁留髯鬢，可改善這兩年的流年運。

【以銅為鏡，可以正衣冠；以古為鏡，可以知興替；以人為鏡，可以明得失。】

又有說：「法令不過口，唔過五十九」。如法令紋不明顯，而又沒有開刀動過手術，則應在五十六七歲或之前開始留鬍子自救。

此外，腮骨不明顯的人面對挫折不易重新振作，可留髯鬢以加強克服逆境的能力，提升運勢。

增子息運

人中淺或人中狹窄的男士一般子息運較弱，可以在上唇留點鬍子，但是要注意的是把人中的位置空出來，使人中部位看來比較寬闊，從而增加子女運。

提升晚運

「地閣不朝，留鬚救之」。下巴（地閣）向內縮或有缺陷，其人晚年運勢欠佳，宜蓄留鬚子，最好可以修剪成鬚子向外朝，這樣將有助提升晚運。要注意的是，尖下巴的人不宜留鬚，可留鬢角以達致相同效果。

以上是可以蓄鬚的情況，蓄留之後可使運程略有改善，但事實上不留也無妨礙。相反，在不宜蓄鬚的情況留鬚子，不單破壞運氣，更有刑剋人口的禍殃。是故《公篤相法》有云：「面無善痣，頭無惡骨，鬍鬚敗多益少，此三項皆簡單要法也。凡宜蓄留者，蓄之小有順遂；不蓄亦無妨害。不宜蓄留者，不蓄亦無妨害，蓄之破敗立至，或刑人丁而傷子女，或遭暗害而受危險，或受株累而招官訟，或損財祿而多疾病。」

因此，除非經相家指點，需要以蓄鬚補救面相上的缺陷者，否則一般格局都不宜勉強蓄鬚，而且蓄鬚改運還是有學問的，尤其要注意以下幾點：

一．鬚子不可困口，否則坐困愁城，長期陷於財困，且有腸胃不適的苦惱。

二．鬍子不可與鼻毛相連，否則是水被土剋，倒霉之相，一生做事不順利，多遇挫折；體質弱，病痛自然多，恐難享高壽。

三．髯子不可生長至頸以下的位置，否則一生是非不斷，運程反覆。

四．下巴有缺陷者，宜在地閣位置留鬚子，更要在四十八歲以前蓄留，並留至七十歲以後才可刮掉，否則煩惱不止，晚年倒運。

鬍鬚之外觀格局

鬍鬚的外觀格局可分為：清秀、柔細、潤澤、疏勻、枯燥、濁滯、焦亂、一色、雜花、黃色、白色、黑色、紅碧、粗濃、海底松、不過溝、直如草、串腮鬍、硬如鐵。《公篤相法》認為各有吉凶所指，分錄如下：

(1) 清秀：鬍鬚清而不枯，秀而可愛也，其人富貴而壽考，平安而厚福，又主清廉正直，慈良守信也。

(2) 柔細：鬍鬚柔而不燥、細而不粗，其人慈和大名，明敏多壽，衣祿充足；家中人丁亦旺，持久有恆也。

(3) 潤澤：鬍鬚清潤如油而有光，代表氣血充足，可享大壽，又主平安多祿；子女均強能有為，宏恢門第，而進田宅也。

(4) 疏勻：鬍鬚清疏而根根見底，其人公平正直，心無積垢，慎細拘節，事無阻礙；一生多安閒，有完善之晚景，享大壽，衣祿足。

(5) 枯燥：鬍鬚枯燥無光而滯手，其人先天不足，後天戕賊，量窄器小，憂思勞心，有定根之痼疾，久而不痊；又刑人丁，百事不成。

(6) 濁滯：鬍鬚不清而濁，令人厭惡，縱有祖業也必耗盡散盡，一成一敗。多是平常寒賤之人，一生庸碌勞苦，挫折不立，恩怨不明，憂愁度日。

(7) 焦亂：鬍鬚焦枯不潤、錯亂不順，其人心多而貪婪，處事疑慮多而不決，弄巧反拙。六親多累，內外均有顧忌，一生做事掣肘繁多。

(8) 一色：鬍鬚純粹一色可稱合格，蓄之可使運勢略有改善，由逆變順，使煩惱之糾紛得以消除。

(9) 雜花：鬍鬚由幾種顏色合成，黑白斑棕黃不一，其人刑妻剋子，家中人丁不旺。一生危險招嫉，作事不遂，驚惶疾厄，勞心失敗。貴者減其權而受制，富者減其祿而受欺。雖有智能。亦難免挫敗。

(10) 黃色：鬍鬚黃明光潤如金，其人運勢大起大落，刑人丁而貴名，見危險而發達。如臉色呈銀白而配金髮，則主有奇貴之事業，少年早顯達，享負盛名。

(11) 白色：鬍鬚白潤如銀絲，相貌慈祥，性格和藹，為人穩健持重，耿介心平，有遠慮之預謀、充分之準備。子女成材，田宅豐盛。

(12) 黑色：鬍鬚黑潤如漆，可得衣祿，蓄之可助運，不蓄無妨礙，對運程影響關係不大。

(13) 紅碧：鬍鬚紅碧即是難得一見的紫鬚也，屬奇品之相格。紅如硃砂者大貴，紅如碧玉者清貴，紅如棕色者中貴，皆可事業可流芳，盛名一時。

(14) 粗濃：鬍鬚又粗又多，濃密而不見底。其人富貴足，衣祿豐，但多危險暗害，勞碌挫折，內有欺詐連累，外有淩虐侵犯，煩擾不休。鬍鬚粗濃亦旺子女，家中人丁日多。

【唯仁者能好人，能惡人。】

(15) 海底松：海底松即下巴之鬚子與兩腮之髯子十分濃密，並且生長至喉結上，名為鎖喉鬚，主刑人丁，兄弟姊妹有刑傷，感情不睦。自身擅長技藝美術，享大壽，但妻遲子晚，五十歲或以上才有子嗣。

(16) 不過溝：鬍不過人中溝洫，其人勞碌不休，驚惶不安，衣祿不豐，財源不聚，虛浮耗散。

(17) 直如草：鬍鬚如亂草、蒿草，主貧賤孤苦，勞碌破敗，刑妻剋子，外受箝制而內受欺侮。

(18) 串腮鬍：兩腮髯子長至耳旁而接鬢毛，其人可承祖蔭家業，有祿有壽，又旺子女。雖中年有挫折一二度，但晚年平穩安康。

(19) 硬如鐵：鬍鬚堅硬有力，性格剛躁驕悍，勇敢衝動，不畏辛勞，在古時為草莽英雄，在今天能見義解為，可惜作事大多以失敗收場，沒有好結果。

鬢相論命詩訣

髮細如絲，榮貴之資。髮疏而細，有名有利。
髮細潤澤，宜求官職。髮黑而澤，多能多達。
髮長細秀，富貴悠久。髮短如拳，立性強悍。
髮粗如麻，貧苦堪嗟。髮黃而焦，不貧則夭。
髮低侵眉，多見災危。額髮亂垂，妨親之災。
髮中赤理，必遭兵死。頭小髮長，散走他鄉。
鬢髮不齊，剋害妻子。鬢髮亂燥，憂愁到老。

鬢髮粗疏，財食無餘。鬢髮亂生，狡詐人憎。
鬚長過腹，滿堂金玉。髭鬚秀清，終育成名。
鬚如鐵條，好勇性豪。鬚亂如草，常受波濤。
鬚赤而枯，不窮必孤。髭不蓋唇，難為六親。
髭鬚枯乾，必受貧寒。髭鬚犯空，刑剋孤窮。
髭鬚清秀必富貴，髭鬚乾燥定貧寒。
鬚疏光潤具天聰，秉性仁慈亦渾融。若得眉清兼目秀，早步雲梯意氣宏。
配合髭鬚髮與眉，稀濃敵得任施為。三般不稱多辛苦，碌碌無成事可悲。
自古銀鬚志氣雄，漢君封號美髯公。丈夫氣象長過乳，貌得奇形不畏空。
渾濁焦黃最不良，形如燕尾有刑傷。清清出肉稀疏者，堪與皇家作棟樑。
輔鬚先長終不利，人中不見一世窮。鼻毛接鬚多晦滯，無髭遮口餓終身。（見注）

注：輔鬚，指生於下巴以下頸部位置及兩腮邊的毛髮。

【道雖邇，不行不至；事雖小，不為不成。】

論鬍鬚形態

【儉，德之共也；侈，惡之大也。】

(1) 鬍鬚代表官運，人中毛髮代表祿運，喜烏黑、明亮，是為吉相。書云：「寧可有祿無官，莫使有官無祿。有祿無官者，富而且壽；有官無祿者，財散人離。若官祿雙全，乃五福俱全之相也。」

(2) 鬍鬚相理佳者，主精力旺盛，身體健康，多福壽。地府鬍鬚多者，主為人正直、重義氣（鬍多者更驗），最宜眉毛也多，相對稱為吉。

(3) 一般來說，鬍鬚黑色者勇敢，富有行動力。鬍鬚稀疏者文職發達，富有理性。鬍鬚粗硬者則性格單純、正直，但性急而容易招怨。

(4) 鬍鬚濃密者任性蠻橫、性慾旺盛，缺乏體貼心，尤其鬍鬚缺乏光澤者，更是品格卑劣，性情不定、喜怒無常、反覆多變。

(5) 鬍鬚具光澤、柔細而富有彈性者，性格高貴，多得人助，且正在大運之中。

(6) 鬍鬚濃密粗硬，並長至喉嚨位置，是智小謀大、心亂妄負的野心家。

(7) 鬍鬚色潤而黑、柔順而茂密，代表身體健康、活力充沛。此相的人只要肯努力，一定會成功。

(8) 蓄山羊鬚的人多孤芳自賞，帶一些矯揉造作。除年長者外，中年蓄之者為人自命不凡，自視太高。若此鬚配上鬢長，而鬍兩側又長鬍者，稱之「五柳長鬚」，乃屬清貴文人相局，尋常者難可蓄之。

(9) 智慧型的鬍鬚於古時大為流行，蓄之者多；時至今天，仍有許多學者、教授及醫師喜歡蓄留此形態的鬍鬚。此相多是足智多謀的人物。

(10) 蓄幼八字鬚的人愛做作，屬於花花公子類型。此相的男士的女性緣特別旺，也就是此種鬍鬚的魅力所在。

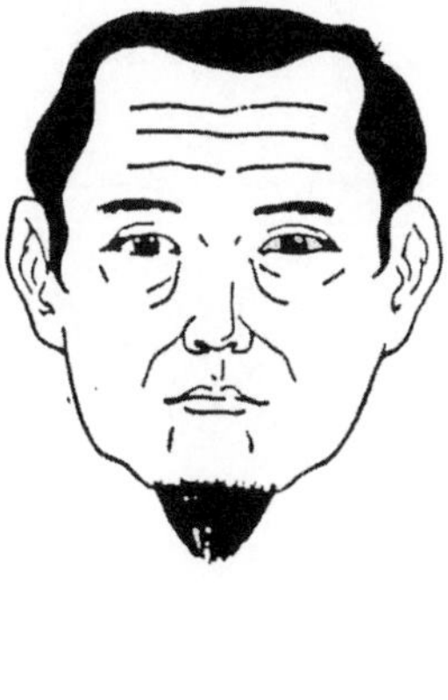

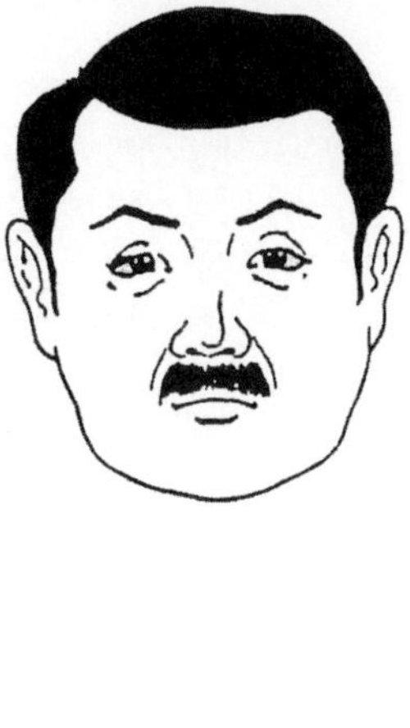

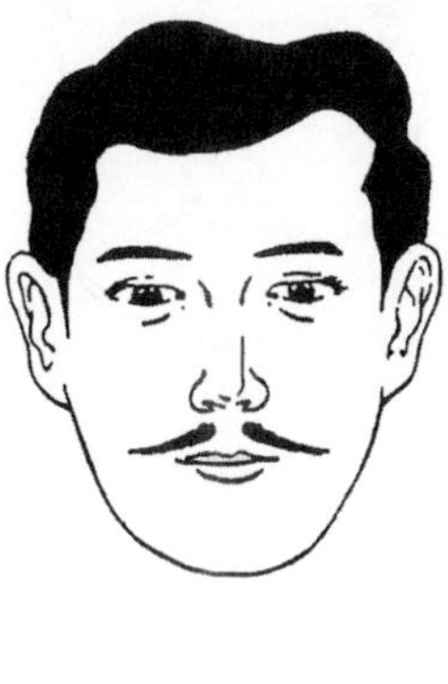

【路漫漫其修遠兮，吾將上下而求索。】

(11)

蓄厚八字鬚者容易引人親近，其人在經濟上的能力也很強。此相的特點就是歡笑中卻帶有幾抹憂鬱氣質，頗能吸引他人，這亦是此相能保住社會地位的原因之一。

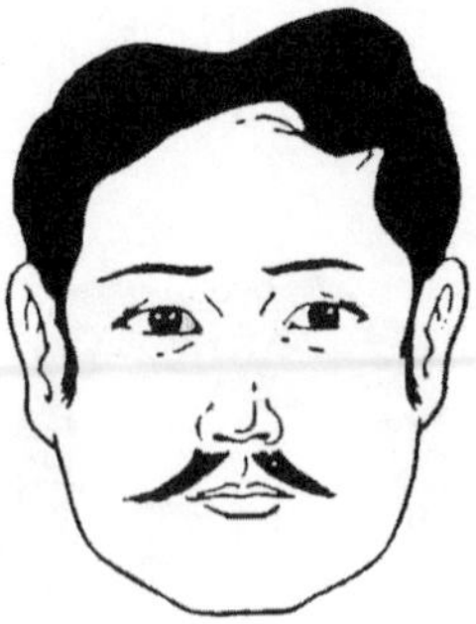

(12)

蓄有絡腮鬍者，外型討好親切，較令人容易親近；但若配眉骨低凹而眉毛疏薄者，佛口蛇心，善於貪謀心算，便宜計盡。此類相格對金錢利益和人脈關係，可因一己私慾而反臉無情。筆者昔日亦曾遇此相，悔不當初地交託信任，此乃魔高一丈的教訓。

(13)

蓄仙人鬍的人性格超脫於世，能看破滾滾紅塵，能看穿世間百態。他們特別精於解決難題，處理難事；性格和善，人品很好，對物質幾乎無貪求欲望。許多藝術家、畫家都喜歡蓄留此形態的鬍鬚。

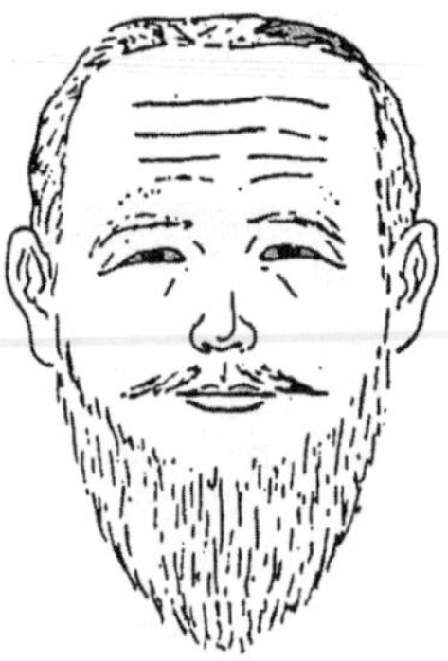

(14)

人中左右兩側有垂直但狹窄的鬍子，像人中無鬚的模樣，蓄留這款鬍子的人，在中國佔少數，在日本則較多見。他們太多是輕浮膚淺，愛表現自己；性情方面，是典型主觀大男人，並不討人喜歡，屬自我中心型，所以不適合留之蓄之。

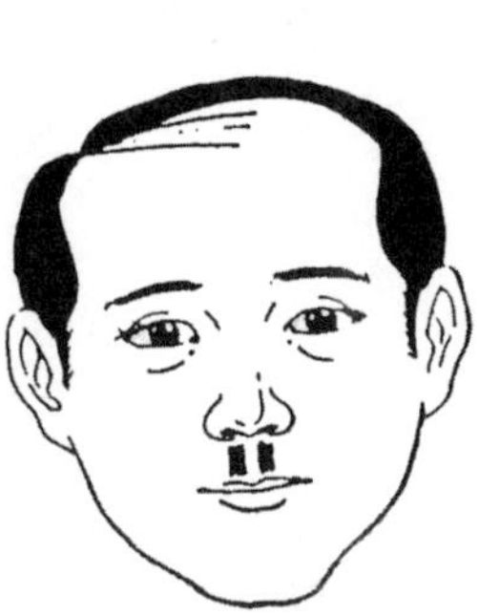

鬍鬚相理總論

鬍鬚者，虯、髯、鬢、鬍、鬚的統稱也。此五者是男性獨有；女性則無，有則入男命格局，剛陽有餘溫婉不足，多主一生運蹇阻滯。男性則不可無鬚，無則流於女命格局，缺乏男子氣概，意志薄弱，優柔寡斷，左搖右擺，不能當機立斷。縱有聰明睿智之人而無鬚，但也只擅長策略計謀，運籌帷幄，而缺乏執行的勇氣和毅力，沒有這方面才能的人輔助決不能成功。

在古時，身體髮膚受諸父母，不會輕易剪髮或刮鬚，而鬍鬚則被人們視為成熟男士的象徵。時至今天，思想有別於傳統，人們將頭髮剪裁或電燙成不同款式，男士也是各有所好，有人選擇蓄鬚，有人選擇刮淨，皆屬尋常。

前文提過，酒渦虯鬚代表威儀，兩腮髯子代表智慧，耳旁鬢髮代表官貴，上唇鬍子代表健康，下巴鬚子反映晚年生活。大抵五者並看，當可發現其人性格、健康、事業、地位和晚年境況的奧秘。然而相不獨論，以下只是基本意義，未可執一而論，還須兼察五官其他部位，互相印證，方能作準。

心性、際遇

(1) 鬍鬚呈鬈曲狀，濃疏分明，根根見底，其人聰明有智慧，腦筋靈活，常會想出有用的怪主意，為身邊人帶來驚喜。

【出淤泥而不染，濯清漣而不妖。】

(2) 鬍髯鬚相配，鬢髯又相連，五者俱備，形色亦佳，疏勻有致，名為仙人鬍。其人秉性甚好，幾乎無欲無求，思想渾然超脫於世，尤其精於解決難題，處理難事。許多藝術家和思想家都喜歡蓄留這種鬚子。

(3) 鬍鬚色黃乾燥，其人時運不通，阻滯重重。鬍鬚色赤者刑剋六親。鬍鬚色雜不一，一生是非不斷、煩惱多。

(4) 鬍鬚及頭髮皆稀少、雙眉亦清秀，一生運通，縱遇障礙，也能化險為夷。至於鬍鬚及頭髮皆濃密者，性情積極，待人熱情，活潑好動，忠誠坦率，是一位極佳的朋友。

(5) 鬍鬚稀少而頭髮濃密者，性格消極，凡事總往不好的方向想，所以最後落得一事無成。

(6) 上唇蓄鬍、兩腮留髯、耳旁留鬢，其人守信用，講義氣，重情義，具有犧牲小我、成全大局的精神。

(7) 鬍子勁直者性格剛強坦率，做事直來直去，只嫌急躁衝動，容易得罪人。鬍子順軟者性格柔順，與人為善，顧己及人，富同情心，責任心也重。

(8) 雖然男子忌有鬚無鬍，但鬍鬚太多又雜亂，亦非所宜。若口之四周有粗硬毛髮蓄長，除了外表有欠雅觀之外，更難顯貴顯達。

(9) 鬍子滋潤有光澤者易得貴人之助，事業順遂，主富主貴。鬍子乾燥者運困窮途，小人多遇，波折叢生，難享衣祿。

【取之有度，用之有節，則常足。】

(10) 上唇鬍子生得稀疏、若隱若無的人是非多，也沒有甚麼財運，人際關係也一般，故不宜蓄留。

(11) 下巴的鬚子一直延續到脖子上，但未至喉結位置，為人比較量窄，處理事情常逞匹夫之勇，缺乏深思熟慮，所以成敗不定。

(12) 滿臉長着濃密絡腮鬍的人被稱為大鬍子，生性豪爽，辦事俐落，善於解決複雜的難題，能大事化小，化難為易。

(13) 鬢毛如亂草而生至面頰者名為野狐鬢，其人生性狡猾奸詐，常使計害人，且猜疑心重，面對親人也不會百分百信任。此相不得不防。

(14) 鬢毛清潤、長至耳長一半的人品性善良，以助人為樂；若配鬚清、眉清，是為三輕格，其人一生貴人多遇，好運連年。

(15) 鬢毛長度超過耳長一半且濃密，這是鬢毛過長過厚，為人色慾心重，喜歡酒色財氣，且工作辛苦勞碌。

(16) 輔鬚（生於下巴以下頸部位置及兩腮邊的毛髮）比鬚子和鬍子更早長出來，這是本末顛倒之相，為人缺乏孝心，六親緣分薄弱。

【人孰無過？過而能改，善莫大焉。】

健康、壽元

(1) 中醫學理論：「髮為血之餘」。鬍鬚為毛髮，故能反映血氣狀況。鬍鬚長得雜亂逆旋，多有血氣不通的問題；鬍鬚長得稀少，氣虛而血少。

(2) 鬍鬚要與眉之濃疏相配，始有意義。兩眉清秀者，少年得志富貴；鬍鬚滋潤者，老來福壽雙全。

(3) 鬍鬚清疏而根根見底，為人公平正直、不拘小節，一生衣食足、多安閒，晚景歡愉，更享大壽。

(4) 鬍鬚清潤如油泛光者，代表氣血充足，精力充沛，自身平安多祿、享高壽，兼旺子息。

(5) 鬍鬚柔而不燥、細而不粗，其人仁慈和藹、好行善、聰明敏銳，一生衣祿足，能享高壽，家庭人丁亦旺。

(6) 鬍鬚枯燥無光，梳之滯手，其人先天不足，後天憂思不絕、勞心傷神，易有沉疴之疾，久治不癒。

(7) 鼻毛接鬍為土剋水，是破財之相，不單一生做事不順利，多遇挫折，更兼體質孱弱，病痛多生，恐難享高壽。

(8) 兩腮的鬍子上接耳旁鬢毛者，不單祖上有餘蔭，自身也有衣祿，兼且健康長壽。

事業、地位、財富

(1) 中醫學上，鬍鬚屬腎，故亦能透示腎臟健康。鬍鬚潤澤則腎強，其人精力充沛，多是事業心重之人，意志堅定、毅力足、自信心強且具創業精神。

(2) 鬍鬚形態俱好，黑亮又柔順，代表有官有祿，如果再得前額、眼睛、顴骨配合得好，則事業必有重大成就，加入政府部門可任高官，創業或打工者可在商界叱咤風雲。

(3) 鬍鬚呈鬈曲狀，疏密有致，根根見底，其人頭腦聰明，胸襟廣闊，適合從事創意或統籌性質的工作，做事很有遠見，不會只着眼當利益，可以成為出色的領導者。

(4) 鬍鬚及頭髮皆稀少、雙眉亦清秀者好思考、具理性，適宜任文職，從事分析或學術性工作，因而揚名顯貴。

(5) 有鬍無鬚謂之有官無祿，如果鬍子生得濃密均勻且柔順，其人可在商業或者異路行業求發展，財運也不錯。

(6) 有鬚無鬍謂之有祿無官，亦謂之「空亡」。如面型佳、五官得配，其人尚可衣食無憂；如面型劣、五官缺陷多，則主到老孤貧，人離財散。

(7) 鬍不過人中者，也就是人中沒有鬍子的人，頗有才幹，但一生有勞無功，不宜正路（即公職或純商職）發展，否則易犯小人，常吃力不討好，五十歲前勞碌不休，難聚錢財，子孫亦不得力，最宜在異路行業發展。

【天將降大任於斯人也，必先苦其心志，勞其筋骨，餓其體膚。】

(8) 人中左右兩側蓄留垂直但狹窄的鬍子，像羅馬數字II的形態，其人態度輕浮，愛出鋒頭，很不討人喜歡，屬於孤獨型。蓄留此鬚的人不適合當公務員，也不適合打工，最宜從事自由職業，發展較順利。

(9) 鬍子天生尾端彎曲者，立場困苦，事業失利。此際切勿急功近利，宜做事踏實，隱步求進，以待時機可成，最為上策。

(10) 短鬍連口角者，東西奔波，事業難成，晚年飢寒交困，境況堪憐；且腸胃長期不適。

(11) 蓄着濃密髯子的人性格豪爽，仗義疏財，對金錢不太在意，朋友有難時，願意主動慷慨解囊相幫。

(12) 只留下巴地閣的鬚子，而上唇不留或者沒有鬍子的人，一生財運疏淡，人際關係也比較疏離，親情關係也比較淡薄。

(13) 鬢濃、鬚濃配眉濃，是為三濃格，其人發迹早，未及中年已飛黃騰達；三濃格宜髮清，最忌髮濃，髮濃則破格，為不吉之相，事業難成就。

(14) 鬢濃而無鬚的人，古時多為戲子、衙役、獄卒之流，在現今社會則從事勞動工作，以勞力換取金錢。

(15) 鬢毛光禿配眉疏，這是老來孤貧之相，大抵年輕時因脾氣暴躁而令六親不親，朋友疏遠，工作不持久，財富無緣。

【海不辭水，故能成其大；山不辭土石，故能成其高。】

(16) 鬢毛長至耳垂（耳珠），其人感情用事且色慾心重，影響所及，以至中年敗業，但入三濃格者不在此限。

(17) 下巴以下位置粗毛叢生至喉結上，稱為繁鬚鎖喉，其人性格偏激，交際能力弱，一生事業蹇滯，難以通達。

(18) 輔鬚（生於下巴以下頸部位置及兩腮邊的毛髮）比鬚子和髯子更早長出來，為人脾氣很差，工作時常會冒犯上司或老闆，以致事業前途受阻，終究難成大器。

桃花、婚緣、子息

(1) 從中醫學角度，鬍鬚屬腎，柔軟順生代表精力旺盛，其人必多子嗣。中國傳統觀念以子息繁衍為佳，晚年能以子孫繞膝為樂。

(2) 鬍鬚像螺絲般鬈曲，根根見底，濃疏分明，能推己及人，為他人設想，是一位好朋友、好情人、好丈夫。

(3) 鬍鬚白潤如銀絲者為人敦厚、沉穩，作事思慮周詳，事業必有成就；子息緣好，子嗣多，子女優秀又出色，實乃萬中無一之貴相。

(4) 鬍鬚鬈曲呈紫紅，名為紫鬚也，屬奇格，其人祖德極佳，得承餘蔭，遇險呈祥，化凶為吉；子嗣運好，主生貴子，自身享高壽。

【仁者不憂，知者不惑，勇者不懼。】

(5) 鬍不蓋唇者六親無情，朋友無助，而財帛耗散，子孫無緣。

(6) 若鬍之兩旁長如燕尾，而中間短促者，運氣難通，屢遇挫折，亦少子嗣。

(7) 鬢濃而髮粗，其人不僅一生工作勞苦，妻緣也弱，夫妻感情不睦，而且容易受太太所累。

(8) 耳旁無鬢毛者自私自利、內心惡毒、冷漠奸險，常藏害人之心；刻薄寡恩，六親情薄，夫妻感情疏離，易受太太連累。

(9) 鬢毛長度超過耳長一半者屬於鬢毛過長，為人富正義感，愛鋤強扶弱；但頗為好色，身邊鮮少缺乏女伴。

(10) 女性鬢毛不宜超過耳長一半，愈長者色慾心愈重，淫亂而剋夫。

虯髯鬢鬍鬚存在的條件

虯髯鬢鬍鬚五法的相格，基於三個條件存在。

一．要看自己是否有鬚緣。讀者須知，並非世上所有男士都可以隨心所欲地蓄長虯、髯、鬢、鬍、鬚，也就是說，並非所有男士都擁有長鬚的權利。

二．所有虯、髯、鬢、鬍、鬚都會隨人之運氣，體質和生理周期而產生不同色澤。換句話說，條件之一是先天性，條件之二是後天性。縱使自己得天獨厚，天賜機緣擁有少見的虯、髯、鬢、鬍、鬚的鬚緣，但若後天不足者，亦難持久。

但英才孜孜不倦、鍥而不捨的研究並不是甚麼有沒有鬚緣，抑或毛色、質地如何？而是究竟甚麼相格配搭甚麼形態的虯、髯、鬢、鬍、鬚，才可以幫得到客人的心理需求，又或令他可以增添信心和能力，以加強其妻財子祿之不足。

鬍鬚之相可經修飾，亦可藉後天調理而達到偷天換日的目的。

三．條件之三亦是最重要的關鍵，就是依靠經驗豐富而閱人無數的相家才能實踐。相家綜合客人的相格和精氣神，指引對方何鬚可蓄，何鬚可捨，鬚子要甚麼形態才能錦上添花，又或令人刮目相看地達致相法轉移。

「相學」乃通過觀察，而觀察是雙向的。樣貌是第一眼，有時適當的加減，確有神妙之處。英才曾偶遇一奇相，雙眸綻射着攝人光芒，五官散發着親切可人的嘴臉，聲音清柔大度，舉止動作帶從容自在而悠然，配上鬚鬢銀光見白，一副濁世清泉、倨傲不群之相，但鬚髮間的蠻悍霸氣卻是不怒而威。這就是鬚鬢毛髮帶給人的力量。

白髮如銀，老態龍鍾，一臉的皺褶總帶着教人看不通的心話，但慈祥關注的眼神卻令人心悅誠服。人如其相，相如其貌，一生經歷盡現臉龐；天賦為貌，物受為性，然其器識高爽，風骨魁奇，姚興睹之而令李某刻骨醉心。

中國相法並非像八字命理般紙上談人生，聽天而由命，而是以閱人之廣累積，以實踐之法斷證，過程中在乎正確的相學知識和正知正見，而非搬字過紙說數句古文而了事，又或自誇大師、國師之流，欺世盜名。

天地一旅，人生過客。若今生有幸與術數結緣，就應該好好踏實做好每一個階段的學問基礎，而非譁眾取寵；虬、髯、鬢、鬍、鬚雖則為小道相法，若善用之亦可化腐朽為神奇，萬古不磨意，中流自在心，戶納禎祥，能解眾生之困，同增福慧，才是術數核心的價值，共結善緣，而非妄言神鬼之說、太歲駭言之話，願後學者自省之。

第八章

頸相淺論

頸項之意義

頸項俗稱脖子，與地閣相連，可說是地閣的延續。《中國醫學大辭典》：「頭與身相連處之前部曰頸，後部曰項。頸者，徑也，以其為呼吸、飲食之路徑也；項者，睡時受枕處也。」又云：「頸項內通聲息、水穀之道，飲食必因於口，至喉則嚥使入胃；喉大則聲大，喉小則聲小。」在古時，頸與項嚴謹有別，但現在則合而稱之。

頸項是頭的莖，前部叫頸，後部叫項，是支撐整個身體的重要部位。頸為食道及氣管之所在，頸為頸椎及大動脈之所在。食道及氣管是人維持生命之關口，頸椎則有支撐頭顱及使血管暢通之作用，當頸椎失去此兩項功能時，謂之「天柱倒」，其人即便死亡。

古相書云：「頸項者，上扶一首，下據四體，乃全身之棟樑，又當咽喉之所在，宜其正而直也。」

頸項上接頭臚，下接四肢，是身體的主幹，有左右思想和行動的作用，所以頸相在相學上實不容忽視。頸項宜方、圓、堅、厚、直，主福壽兩全；忌側、小、弱、薄、曲，主貧苦夭壽。肥人宜頸短，瘦人宜頸長，反之則壽元有損。這就是相書所說：「肥人頸短瘦人長，自是聲名播四方。項弱應知年壽促，縱然富室莫商量。」

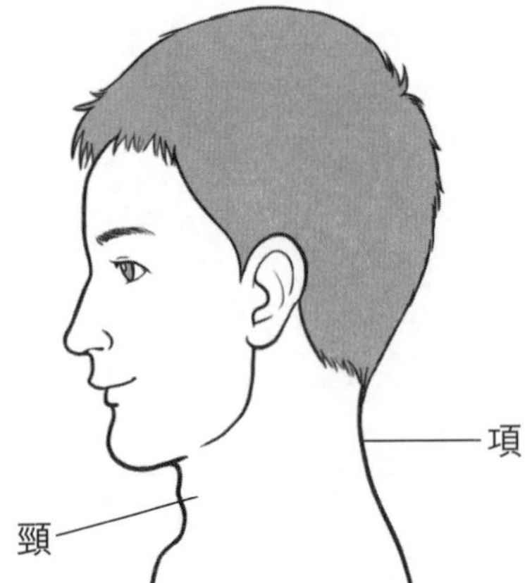

【人必先自愛也，然後人愛之；人必先自敬也，然後人敬之。】

頸項之相法

頸項雖不在五官、六府之列，但察相時必須兼而論之，才可達到最準繩的效果。以下摘錄先賢及古相書對頸項之相法，供讀者參考。

中國相書論頸相

《公篤相法》：「項為流通之地，上下之關鍵也，故以長大為合格。女人鳳頸，必配君王。鳳頸者，言其項長也。又《相法經》云：『肥人不忌項短，而忌項小也。瘦入不忌項長，而忌項弱也。』刻下無論男女，皆宜項長而合格，豐足衣祿，而刑剋亦少。至於女格，尤不可項短。蓋長者主貴而多子女，性和順而無疾苦；短者主賤而少子女。性浮躁而多病疾。此其不流通故也。」簡單來説，女性頸長、潤澤而有肉，表示家世清白，為人正直高尚，很有藝術氣質，能嫁得好丈夫，相學上以此為貴。至於肥胖人頸短，整體看比較配合；肥人頸小，就像是支撐不住大頭；瘦人頸長，整體看也比較相配，好像是鶴立雞群；瘦人頸短就不像鶴，而有點像雨中雞了。

袁廷玉（柳莊先生）：「男人瘦者項欲長，肥者項欲短。若瘦人項短，三十前後促壽。肥人項長，四九不能保身。凡頸項一忌結喉，二忌浮動，三忌露骨，四忌動氣，此四忌俱為貧賤之相。」

雲谷山人《相頸論》：「頸為天柱，宜分形局以定短長，以配肥瘦。瘦人宜長忌筋，肥人宜

【愛人者，人恆愛之；敬人者，人恆敬之。】

短忌筋。筋露者性暴，喉露者性急。色白多貴，色黑多賤。圓潤者富貴並享。項傾則壽絕，項健則壽長。頸後無肉多貧賤，頸有餘皮定顯榮。頭歪者謂之頸無力，壽命難長。頭正者謂之頸有神，福祿必永。頭小頸大，頭大頸小，皆妨壽。結喉財必滯，太長貧而壽，斑雜者貧寒。」

《秘本相人法》：「項為天柱，故能定壽；又為一身之主，故可定祿。瘦宜長，女亦宜長，面長者亦宜長，否則刑子。身長者亦宜長，否則無壽。惟肥宜短，隆者貴，方者富。色白者榮，光潤者發，餘皮者壽。斜則貧，曲則毒。一忌結喉，二忌肉堆。筋露性暴，喉露性急。勢若前臨者吉，後偃者凶。項皮乾枯，少年窮，老來死。」

頸相常見形態

頸項常見外觀形態有以下幾種，初習相者可以此為基礎，當相法日臻成熟時，便會洞察到各種形態並不一定只是單一存在，而可能是同時具備兩種或以上的特徵，屆時只要將各項解釋融會貫通，便可得出最圓滿和準確的判斷。

（一）圓長

頸勻圓而直長，為人圓滑外向，善於交際，旅遊萬里，見多識廣；並能把握適當機會而發達成功。女性頸項勻圓而直長更是心地善良，器量宏大，不僅能助夫立業，更是教子而成器。

【鍥而捨之，朽木不折；鍥而不捨，金石可鏤。】

（二）短頸

頭與肩相連，頸短彷如不見，其人器量小、愛嫉妒；待人處世欺善怕惡，遇惡人便隨時軟化。男性頸短大多困苦勞碌，後繼無力；女性婚緣不理想，也有運勢愈益走下坡的現象。

（三）縮頸

縮頸比短頸更差，彷如豬一般沒有頸似的，代表其人心理不正常陰險卑鄙，貪婪庸俗，機心很重，終日都在盤算如何在他人身上取得利益；而且面目可憎，言語無味，男性必是好色之徒。縮頸之人若身軀瘦削，尚可保一命；一旦身體發胖，恐是惡貫滿盈，死期將至。女性有此相實屬不幸，工作多不順意，不單生活沒有保障，姻緣運也不佳。

（四）壽條

頸上有兩三條橫紋環繞而不斷，名為壽條，其人心性慈善、隨遇而安、知足常樂，能安享晚福，子息運好，子孫個個賢良、發達成大器，不必為他們掛慮操心。但壽條紋最忌只得一條，是死不見血之相。

（五）餘皮

頸項皮膚鬆弛而多，就是餘皮，表示先天的元氣充足，所以能享大壽。頸項皮膚細膩而光潤的，一生平安而多壽。若皮膚粗糙而澀滯，則是奔波勞碌之相，遇事多困，難展所長。

【知之為知之，不知為不知，是知也。】

（六）頸大

頸圓大而有力，無論器量、志向、智慧都高，事業有作為，運通而沒有障礙，但嫌做事過於冒進，缺乏周詳計劃，否則成就更大。如果頸項皮膚凹凸露筋，就失去優點，容易與人鬧不和，工作辛苦勞碌。

（七）頸小

頸細少肉，就好像樹幹幼弱無力支撐樹頂，代表一個人健康有損，身體虛弱，做事有心無力；自我防護意識低，容易輕信他人之言，遭受誘惑，以致令自己吃虧。此相的人器量、志向、思想、見解、成就都小或少，依賴性很強；若頸上皮膚凹凸露筋，情況更差。若為男性，柔弱的性格就顯得過於女性化。

（八）結喉

結喉是指頸上喉管凸出的現象。結喉凸出十分明顯而不收藏，對運程不利，工作辛苦勞碌，屢遇挫折和阻滯；六親緣薄，父母、兄弟姊妹皆無助力，須靠自己奮鬥努力，才有機會獲得成就；生活上煩心事也多，多憂多慮；健康不佳，易招疾病或血光；但多壽。此相最嚴重者，恐會流落他鄉歸不得。

如果結喉收藏或毫不明顯，其人倒是可以安閒生活，工作發展較為順利，縱遇困阻也可迎刃而解；財運和健康亦算穩定。女性在正常情況應該沒有結喉，若有的話，必難享安逸。

頸相論吉凶

從古至今，健康與長壽都是熱門的話題。有人説：「脖子愈粗，壽命愈短」。是耶？非耶？下面我們從頸項的外觀形態探討頸相的吉凶。

頸項的長短：

《人倫大統賦》：「瘦人項短致災殃，肥人項長必夭亡。」凡論相皆以相配、適中為上格，瘦人頸長、肥人頸短，才能與體型相配、相稱，也是身體發育的自然規律。瘦人頸長適中、肥人頸短相配，生活和工作都比較順心順意，而且有貴人機遇而促進事業發展，家庭亦溫馨美滿，自身可享高壽。

瘦人頸短，就是違反正常的形相，也就會產生不正常的命運了，生活和工作上屢遇不如意事情，而且容易與人發生爭執和矛盾；十八歲時恐有災禍。肥人頸長，中年易大敗，三十六、三十七歲這兩年間恐有災禍，自身壽元亦打折扣，這裏《人倫》所説的「災殃」，正是壽夭的意思。

此外要注意的是，頸長不宜曲，頸短不宜縮，否則仍屬下等格局。若脖子如鵝頸般長而曲，其人性格野蠻暴戾、急躁衝動、剛愎自用，得意之時必殘民自肥；失意之時必欺壓鄰里，終究不得善終。至於脖子如豬頸般短而縮者，內心奸狡、貪婪成性、鄙俗不堪、言語無味、思想膚淺，不單面目可憎，更是好色之徒。故曰：「似鵝似豕皆不令」。

【石可破也，而不可奪堅；丹可破也，而不可奪赤。】

頸項的粗幼：

頸粗而肌肉細膩，為人正直，不説假話，不欺詐，助人為樂，而且精神充沛，體力強盛。若頸粗而缺乏彈力，其人生性慵懶，健康不佳，做事難成，壽元亦短；女性尤忌此相，女性頸粗而肌肉粗糙，代表脾氣大，容易鬧情緒，婚姻有阻，子女運不佳。

若頸項幼小，恍如腹大口小的瓶子，一望而知並非吉相。此相的人身體孱弱，精神頹喪，不能勝任繁重的工作，也缺乏勇氣與逆境抗衡；縱有理想與抱負，也是心有餘而力不足，注定一生隨波逐流，非貧即賤。故曰：「如缶如瓶總非吉」。

頸項的厚薄：

頸項豐圓厚實，更有餘皮，便是富貴、平安之象徵，其人精力旺盛，具領導才能，能縱橫事業，晚年福祿很厚。頸後豐隆、背厚腰粗、聲音洪亮者，精神健壯，坐如磐石、穩如泰山，行亦不動身；此相必為厚福之人，事業輝煌。故曰：「項後豐起，定為厚福之人」。

頸細肉薄的人性格無常，易喜易怒，而且有點神經過敏，對於他人的説話和行為都十分介意；身體方面，體質虛弱，做事有點力不從心。

頸項之斑紋：

相書謂：「光隆溫潤，足權柄」，頸項皮膚光滑明潔，事業發展亨通，富領袖才能，能居高位，掌權柄；身體健康，壽高康泰。若頸項皮膚粗糙色暗者，必主貧賤，運勢不通。

頸上有斑的人性格卑鄙，人生多阻滯。頸上有癬的人，目前運氣受阻礙，願望難成功；而且一生運勢不穩，驚險之事特別多。

頸上有明顯之橫紋，名為「壽條」或「壽帶」，最佳者有三條，其人性慈和善，而且能享高壽，有晚福，子女發達而賢良，無憂而少慮。故曰：「頷下條垂，永保遐齡之慶」。

但要注意的是，壽條不可處於喉結之上，否則運途蹇滯，一生事業難以發迹，終日有坐困愁城之嘆。此外，壽條紋太多，至於四五條以上，也不可言吉，代表血氣弱，精力不足，做事往往感到力不從心。

頸相論命詩訣

項有餘皮，足食豐衣。項下豐起，富厚根基。
項有皮條，壽命堅牢。頭大頸小，貧苦早夭。
項多污斑，性鄙偃蹇。頭白過面，萬頃良田。
喉嚨方圓，富貴悠遠。喉嚨扁大，多食貧下。
瘦人結喉，不過困守；肥人結喉，壽命難留。
喉頭一結，人多歇滅；二結三結，財離親絕。
肥人頸短瘦人長，自是聲名播四方。項弱應知年壽促，縱然富室莫商量。
棟樑不正性情偏，落魄無依在晚年。鄙吝經營休問福，須知富壽兩難全。

【學而不思則惘，思而不學則殆。】

頸項相理總論

頸項相法為內相最重要的一個環節。初學頸相者，不妨把頭比喻做樹頂，手腳是樹枝，那麼頸項就是其樹幹，自然明白到，樹幹粗的植物，表示它能成長得很茂盛；同樣地，頸項相埋佳的人，便是健康、長壽和福祿的象徵。由此可知，相五官不相頸，必有所失。可惜絕大部分相學家總是忽略了此部位的重要性，實是極大的遺憾。

以下列出頸相的最基本解釋，供讀者參考對照。

(1) 頸項方隆光潤，頭相、面相、體相、四肢相再配合得當者，是大貴之相，其人最宜為官，既可造福大眾，自身也大有成就。

(2) 頸項豐圓堅實，頭相、面相、體相、四肢相再配合得當者，是大富之相，其人最宜營商，既可為市場打造優質產品，自創企業也大有收益。

(3) 女性頸項豐圓而長，相學上謂之為「鳳頸」，貴不可言，其人必嫁有成就之丈夫，富貴、美譽、幸福，不一而足。

(4) 身高頸長而有肉，不論男女，皆是家庭背景良好，自身品格高尚，富文學及美術細胞，並能在這方面展露才華。

(5) 頸項之肌肉色白過於面者，此乃吉相，一生運程順多逆少；反之，面之肉色白於頸項，便為凶相，一生運勢逆多順少。

(6) 頸項「上扶一首，下據四體」，是整個身體的主幹，若在頸上紋身或穿孔，都會對自身運程不利。

(7) 頸項多黑痣斑點及肉瘤，其人個性不良，只宜從事異路行業，否則一生運蹇難有成就。

(8) 頸項肥大，其人器量宏大，志向遠大，最宜武職，必有所成就。但頸大而露筋者，則代表一生勞碌而又多刑剋，不利六親。女性頸項肥大而露筋，刑夫剋子，姻緣不利，子嗣運差。

(9) 頸項細小而扁側，其人疑心重，胸襟狹窄，一生運蹇，難有成就，不貧則夭。

(10) 肥人頸項要短，瘦人頸項要長，否則其人一生運程有阻，屢戰屢敗，難有成就，不貧則夭。若頸項顯然過長或過短，與體型完全不相配，就是畸型現象，亦為不吉之相。

(11) 頭小而頸項長，代表其人有藝術細胞及才華，適宜從事演藝事業。女性有此相更宜，演藝事業可發光發熱，但長如鶴之頸者仍忌。

(12) 頭大而頸項過小，不論男女，其人體質虛弱，身帶隱患，性格悲觀、多愁多憂，是短壽之相。

(13) 頸項瘦長如鶴，其人一生清貧，生活困苦，難與財富結緣。女性有此相，不利婚姻，難嫁有成就之夫。

【禍兮福之所倚，福兮禍之所伏。】

(14) 頸項肥圓如燕頷（即頤骨寬廣、地閣豐闊、頤下有肉上翹、兩腮飽滿）之勢，是大貴之相，其人個性優良，一生運吉，並可贏得美名。

(15)《神相全編》：「頸勢前臨者，性和而吉；頸勢偃後者，性弱而凶。頸立端直者，性正而福薄。」意思即是，頸項略向前傾的人性格溫和，運順吉祥；頸項向後仰動的人個性不良，易招凶險；頸項端正而直的人性格正直，但嫌福氣不足。

(16) 頸項端直而圓厚者，品性優良，一生福厚，並能享高壽。

(17) 頸項細曲如蛇，其人心狠性毒，一生難有成就，貧賤如洗，壽元不長。女性有此相，福薄命薄，難嫁有成就之丈夫。

(18) 頸項薄扁如馬頸，是刑剋六親之相，大多是一個人過生活，一生事業難有成就。

(19) 頸項細長而斜曲，其人性格懦弱，膽小怕事，缺乏才能，難有成就，是一生貧苦之命。

(20) 後項之皮肉豐起，是有福之相，其人一生康裕，無需為錢發愁；命途少災厄，縱遇凶險亦能化吉，而且晚運甚佳，如意吉祥。

(21) 後項之皮肉橫起成二條者，生性仁慈，富同情心，愛助人，福壽兩全，子女亦是賢良之輩，可發迹致富。

(22) 後項肉厚成堆者，個性兇狠暴戾，任何問題都傾向以暴力解決，而且有殺人之心態；此相之人一生作惡，終必橫死。

(23) 木形人及火形人之前頸均有喉結，但一看之下顯然過大者，乃勞碌之相，代表其人六親少助，一生運蹇，難有成就，且會客死他鄉。如喉結有二結三結者尤忌，代表其人個性不良，刑剋六親，並有呼吸系統之隱疾。女性有此相者，刑夫剋夫，婚姻不美滿。

(24) 金形人、水形人、土形人之前頸不宜有喉結，如有喉結者，一生多招橫禍凶險，客死外鄉。

(25) 六十歲開始前頸之皮肉成條者，乃上壽之相。若皮肉又細膩光潤者，更是晚運亨通之相；若皮肉粗糙駁雜者，雖享高壽，但生活奔波，工作辛勞，孤獨貧苦。

作者按：頸項相法對下停（地閣）確有一種牽一髮動全身的感覺。一般研習面相者只注重面上五官和面型的關係對比，但疏忽了內相的重要。

「面相好不及內相好，內相好不及骨相佳」，頸項上承於地閣，下接於腰、臍、腹、背，正如內文所言，頸項有如樹幹，而面上有如樹枝花果，相不獨論，在內相影響之下，必有加減乘除之別。

英才特意將各種頸項分析收入此書中，讓後學者明白甚麼叫做相法，而非單純以部位作好壞標準而定。在往後的日子，英才將再以螳臂之力著寫一套關於內相的作品。肩相、膊相、腰相、胸相、腹相、臍相、乳房、臀相和恥毛形態、肛門穀道和男女下陰相格，當中還包括皮膚、四肢和肌肉的注解，好讓一些後學俊賢有一個好台階研習更深層相法。

「凡所有相，皆是虛妄」。若習相之人能跨越面相層次，真正的相學自然可以流傳更廣更遠，精氣神是修為，但內相骨格是起步根基，而面部及五官形態則是遺傳，是生活上的表徵，以上種種，何者是最重要？

這就視乎其相師用甚麼角度去解決及指引眼前人的問題。若只論眼前吉凶，一套精氣神配以五官相法已經綽綽有餘；但若相師能將眼前人脱胎換骨、破繭成蝶的話，那就要深層的分析和了解。

這正正是英才在序言所説：你在甚麼層次？你自然有甚麼努力和態度。相法無邊，要將一套流傳千年的學問層層疊疊剖釋到相法的起步點，再以文字和經驗著書立説，這並非只顧追求名和利的研習者可以做到。術數相法陪伴英才接近半世紀，台上為師也三十多年，若擁有這番經驗的人也不去做，誰做？

李某不才，頸項只是一個序幕開始，接下來就是內相系列的誕生，吾之夢想為相法，演繹相法而令後學者行得更遠更高，就是英才的夢想。

相學家的使命，是在沒有陽光的地方創造陽光，使有需要的人多一分光芒、多一分希望，而非事事聽天由「命」。

後記——論文采，我不如古

「夫千里之遠，不足以舉其大；千仞之高，不足以極其深。」一套面相五官部位的專題系列，自二〇〇四年完成第一本《耳蘊玄機》專書，至今相隔十八年，不忘初心下終於實踐這一本《口相唇型集》。在執筆的過程中，不斷溫故知新，深深感受到昔日莊子之言，何謂不足其大！何謂不足其深！

人的臉龐除了有其先天父母的遺傳基因外，還有後天知識和見識的總和結合，精氣神也好，氣色行為動態也好，總不離開本身的選擇。若論相者不偏不倚，遠離怪力亂神之說而告諸眼前人，固喜難得，但眼前人卻聞而不行，聽而不改，猶如說食不飽矣。相學的核心價值在於真相，術數的核心價值在於教育，而非單單滿足眼前人的一己貪慾。中國術數的知識，可以憑個人聰悟而得知一二，甚至引用台灣朱振藩先生的一席話：「沒有師傅指引明路，沒有同儕切磋共勉，完全自己摸索，一切以古為師。不介意多讀古籍，竟也能觸類旁通，打通任督二脈，另有一番天地。」後進可以無常師而啟悟相法，相學知識表面上是掌握在手，但相學智慧如何？運用如何？組合如何？當中要經過無數的臨床實戰，有錯有過兼有愧之心，不斷修正和不斷修行才能稍加明白箇中分毫之別。

恩師黎峰華曾言：「習相三年，相在眼前；習相七年，相在心田；習相十年，相在心慈」。今日愚昧的我始知真諦。中國相法非去證明自己如何雄姿歷落；如何引經據典；高高在他人之上，做一個萬人仰望的國師；而是如何令眼前人了解事出其因，撥亂反正下自覺覺他，自利利他而為。「萬相唯心」就是令眼前人懂得一水四見之法，慈之釋義：相為心，道為骨，貌為表，大度看眾生；技在口，法在眼，慈在情，扶危助社群。

相法的知、識、明、通、精

任何術數學問皆離不開「知、識、明、通、精」這五個階段。文字再精湛也是紙上談兵。相學比其他術數更需要面對面，人前人來判斷，而非子平八字或紫微斗數般單純以文字作分析；換句話說：相是活，人是生，反應談吐表現和一切的微表情，也可以左右相家判斷妻財子祿的標準。還有一點最重要，同一個五官，同一個骨格，甚至同一個相同的流年部位，但相隨心轉，在一秒間的感觸足可推翻所有的重要性，這就是人，這就是「相」。

相家的背後，除了需要擁有一套精密完整的正確相學「知識」之外，還極需要極廣闊的「見識」。「見識」是從悠長的歲月和不同的階層環境累積而來的。英才常在課堂上說：知識不及見識大，相學是憑「視覺」、「聽覺」、「觸覺」、「嗅覺」、「感覺」和各人不同擁有程度的「十二度直覺」所成，若相家只靠一些古籍如《冰鑑》、《人倫大統賦》的粗疏演繹，以搬字過紙模式，就以為能掌握相法精要，難免有瞎子摸象、穿鑿附會的感覺。有些後進者更強調萬變不離陰陽五行中，不理甚麼形態名稱格局，加插八字中的喜忌用神，使中國相法淪落為似是而非的把戲。

英才試舉一個簡單的例子。以「視覺」為例，相法第一步的接觸就是看，但同一個部位或同一個形態，在不同歲月歷煉的相學家中，感受和角度已經不同，「低手看人，高手看心」，一個三十歲出頭的研習者，既無專師指引，再用有限時間內博聞強記，再透過傳媒的協助令仕途進升，財源廣進，再來教學相長的一套方式，既傳授命理八字、文王占卜、堪輿風水、掌紋面相，更涉及三世書秘學，稍有常識的人都知道是不可能的。但世人癡愚，總有人認同，這就是現今術數界常見的怪現象。

「知、識、明、通、精」裏面，何謂「明」？就是跨越紙上談兵的表面功夫，用歲月去感受相學中每一個部分的深層領悟。經過錯，經過體驗，才明白到「人」原來可以有許多陰暗面，可善可惡，可以在妻財子祿的位置有不同標準，可以在酒色財氣有不同價值，絕非蓋棺定論而辨黑白忠奸。昨日是，今日非，相學不是一條數學公式，並不是甚麼都在五行的計算之中。人為甚麼要受教育？就是要憑所學所識去改變命運。

啟發的教育，在於師徒的潛移默化。
感化的教育，在於師徒的身教言行。
指導的教育，在於師徒的啟蒙思想。
呵斥的教育，在於師徒的慈愛警惕。

研習相法，有誰可以無師而自明？氣色的五層界別，一層三色和時間分野，就憑閱覽《冰鑑》一書便能明？聲音的宮商角徵羽，就憑閱覽《人倫大統賦》一書便能懂？

要達到「明」的境界，只可隨歲月一步一腳印和個人的歷煉起伏，才能略知一二。道崇而自謙退，虛己者，進德之基，退步原來是向前，愈接近「明」的位置，愈了解自己的卑微程度。老實話一句，坊間自稱明師、大師、國師的一群人，當真明白「術數」這兩個字和生命有甚麼關係嗎？

當術家到了「明」的領域，就不會人前人後自誇明師、大師甚至國師。芸芸眾生，我輩中人只不過去演繹一套源遠流長、古人留下來的學問而已，談不上欺世盜名，自誇己能。

弟子作序

在《口相唇型集》中，我找了何淑玲、吳惠芳及林樑旭三位弟子作序。何淑玲是芸芸學生中極少數擁有非常高度耐性的一位門生，她在二〇〇六年接觸筆者所教的學員為她分析相格之後，驚為天人，用了兩年時間明查暗訪下，才於二〇〇八正式走入筆者的課室，開始研習相法。低調而具耐性的她，一星期六天，每晚三課，從不間斷地吸收知識；十多年間對待後學者，從不以師姐自稱，謙遜、禮讓的學習態度，一一都讓筆者看在心內。

十多年的師徒相處，她參與了無數的大型戶外公開論相活動，從不缺席，且熱心提攜照顧後進者的臨場不足，身為職業會計師的她，在百忙中亦能兼顧工餘的一份興趣，確實難能可貴。

學海無涯，淑玲能為自己的興趣而不言心累，不炫耀，用心及時間去沉澱積累一份內心渴望的知識，十多年來我與她的師徒互信，就是這樣培養出來的。

坊間的相法，總是教人用眼去觀察，但淑玲卻學懂了用心去看人。每次堂上的實例嘉賓演繹，她皆融會貫通，一點一滴、一步一腳印下領悟氣色的時間分野、一層三色的距離，是課堂上少數能精確掌握的學員，筆者亦喜懷心寬。

筆者常言：研習術數者，要的不是甚麼天賦，甚麼聰明；要的是癡迷，要的是耐性。現今社會甚麼都要速成，甚麼都要快捷。在課堂上，新一代學員追求的只是對或準繩，但淑玲這位學員，她的耐力卻令為師眼前一亮，自古習相之路是察人之難，補人之短，揚人之長，扶人之急，解人之困，而不是只顧追求利慾之心，富貴之路，而不求所因，但求結果。一篇序文，看得出淑玲的心，為師無憾矣。

認識吳惠芳時，她已是一名忙個不停的編輯。她由工作認識從而步入為師課堂，轉為學生身份，回想已是二〇一〇年之事。一張清水臉、一對會說話的眼睛、高雅率真、明達可愛的笑容、柔婉服善的談吐、難得才筆之艷，皆非尋常操觚家所有。昔日為師還封她一個雅號「校花」。

與芳芳相處這十二年間，看着她拍拖、結婚、生孩子，一幕幕就像昨天的事。她既是我之前的編輯，亦是台下的學生，自然和她較一般人接觸多一些，由工作夥伴到學員至朋友，非常順理成章，猶記得當年芳芳在禮堂大婚之日，為師破例百忙中出席，之後數年看着她的愛兒出世，姓名亦交由我推劃，可想而知，彼此的關係已到了亦師亦友的階段。正如前文所說，人的關係是由時間和認識而來，而非以甚麼「草蘆」、「兔舍」、「國師會」的利益關係維繫。芳芳接觸過很多知名的術數家，由她手上編輯的術數書亦為數不少，課堂上的人夾人緣就是那麼奇怪，筆者門下學生無數，能私下深交而無利益存在，人數亦不少，芳芳絕對是其中一個。

細閱芳芳序文提及：氣色的五層區分和一層三色的分野，在秒看秒答地如數家珍，將當事人的事項和盤托出，相信一些在課堂稍長的學生不難做到，但若要綜合整個精氣神和劃分「常態」、「時態」、「情態」、「形態」、「姿態」、「狀態」和一刻中的「心態」作歸一答案，確有一些難度。在三十多年的學生群中，能做到以上相法，不多於十人。

相法之難，在於閱人歲月之廣、精細密度之深，加以人生歷煉起伏，才能從容不迫地悠然道出層次分明的「真相」。這份功力就像，一個年輕人憑努力去學習彈奏琵琶名曲《十面埋伏》一樣，若無歲月洗禮，奏出來只有「譜」，但缺少了「韻」。相法就是這樣。八字、紫微可以單純透過天干地支以文字作演繹，但相法是活，氣色、聲音、眼神是生，瞬間變化在於心，能捕捉而掌握當中要訣，絕非一個三十出頭、自稱大師的人能夠領悟得到。

芳芳是一個慢熱而有恆心的人，今天因俗務纏身而疏於聽課，但筆者和她的關係已遠超越師徒，天涯若比鄰，相學仍在她身旁，已轉化成良朋好友。

林樑旭這個門生，隨師習相只不過由二〇〇七年至今，他算不上是十分勤力的學生，一星期只上兩課，但從不間斷，有機會是跟他在大學的教學工作忙碌有關。在英才三十多年的教學生涯中，學士、碩士、博士以至教授級、院長級多如繁星，並不罕見，但樑旭卻是一個較為非常佻皮而口才了得的博士級人物，他從未在為師面前自稱博士，更從未言過在某大學教授專科，只是數年前，在轉堂途中，有一新學員正正是他大學的學生，驚訝相認後林氏還佻皮地說，在大學裏我是你老師，但在師門下，我是你師兄，相談說笑，從容自在，箇中氣度確令為師另眼相看。樑旭本性不拘細節，往往在課堂上妙語連珠，反應勝人一籌，理解能力極強，實為課室中難得的笑口棗。我倆師徒緣分就是我一句，他一句，無拘無束下建立深厚感情起來，博士學歷身份、教授名銜從未阻礙他的真性情表達，既尊師亦重道。當日閒聊之間邀請樑旭作序，他二話不說，短短數周序文就出現眼前，細閱內文，確有一些感嘆。

「涼亭」是筆者在近十年間的教學中常用的一個比喻詞，想不到樑旭會受到那麼大的觸動。昔日的我確是很緊張客人、學生是否按指引而趨吉避凶，但三十多年的經驗令筆者明白，每個人都有其福分，真的不用太介懷，放鳥返林，放魚入海，放下是一種尊重，亦是相家術家的一種靈性的覺醒，做好本分已足夠。

「涼亭」就是緣分。「涼亭」就是提醒自己，提醒初學者，不必自視過高，亦不須高人一等，每句話都像聖旨般，令眼前人服從吩咐聽令而為。

教學多年，曾有不少人建議筆者創辦一些甚麼學生會，巧立名目地廣收不同階層的學員，再以不同高低的權力位置來讓他/她們對後學者有高不可攀、高高在上的感覺，既有綠葉襯托李某的身價，更可令早入師門者有一份榮耀，就是這個利益權力的輸送，坊間就出現不同形形式式、冠冕堂皇的學會，有正副主席，有左右護法，甚至有財務有總監等等職位。說穿了，只不過是創建此會的人名利心作怪。

「涼亭」就是讓學生們知道，人人平等，偶遇一聚，可長可短，不區身份，更不須自褒自貶，甚麼「草廬」、「兔舍」、「國師會」，全不需要。在課堂學喜歡的知識，和喜歡的人相處，無師兄無師姐，更無某些特別人物存在，像在「涼亭」之中舒舒服服，自由寫意地吸收做人道理、相人學問便可。

在櫟旭序文中，看得出對「涼亭」一詞的深解，吾實感得慶此人。

術數傳承

二〇二〇年與恩師黎峰華閒聊間，恩師打趣問作為弟子的我：「你在教台上傳授掌紋、面相已經有三十多年，是時候指導弟子關於八字命理的知識了。」老實說，在這數十年來，我的確比

較專注於掌紋、面相的學問，但兒時所學的命理八字、堪輿風水及姓名學等術數，從未遺忘，差不多每天見客時都應用於工作上，只是在課堂上特別鍾情於掌紋、面相而已。

恩師的一句話，讓我連忙花了三個月時間整理出一套多年見客的八字心得，編寫成一套令學生由淺入深的講義。

在教授命理八字時，我仍採用現場實例分析，所不同者，以示公正下只用學生所提供朋友們的天干地支作例子，論其一生之妻財子祿，猶幸至今仍座無虛席。

命理八字的模式是計算，是命定。李某性格卻喜歡「行無愧詐心常坦，身處艱難相自如」，命運是有，但說到底人生之禍福標準，從來都是由心態決定，而非妄言亂話「此劫難逃」，又或「天意難違」等等喪志說話。

在中國數千年的歷史長河中，各種術數均代代人才輩出，前人的文采學問，足以曠古爍今而流芳百世；今日的我自知不足，難以相比，但亦非並無寸進。論文采，李某確不如古人，但論癡迷創新、鑽研精神，筆者絕不弱於古人。在一九九九年，我將相法學問化整為零，創建一套名為「十二道直覺相法、八大區域領悟相法」，並開班傳授，以實例證明此相法的神效，春風化雨，令更多人能進一步了解每個人的內在潛質，及後更推展於社區傳技教授，至今仍令各學員嘖嘖稱奇。

承先啟後，文化傳承是我輩中人應有的態度。李某走過半生教席，走路看花，花看路人，所謂大師，所謂國師，無非是沽名釣譽、譁眾取寵之輩。千年術數的價值，真的只有禍福高低利害之分？若千年術數的流傳僅止於此，未免侮辱了先賢的智慧和能力，完全忽略其背後所傳承的文化意義，例如中國傳統的道德觀「因果論」？每人的生命取向、思想教育？昔日「了凡四訓」的故事就是讓後人知道，世事並非只按出生的身份處事，醒悟和修行，並非甚麼都可計算出來的。

塵埃拂身，終歸潔淨之道；蓮出淤泥，亦能不染其身。以往傷過痛過都是經歷，半生好事壞事全屬往事。研習術數者若能體驗人生起伏、禍福吉凶，經品嘗，能承受，這刻才知曉，禍福只是人間養分，藉事練心，唯遇挫折才可令自己更看得透自己的不足。

一套六本的五官著作，如是我聞下傳承於紙上。明心見性，相法就是讓我們了解和學習做回自己命運的主人，讓自己活得更開心更自在。相是從心而生，心有境界行必正，腹有詩書氣自華。五官再美，只是花開艷陽，令人驚艷一刻；但精神之美，卻似暗香浮動，具內涵，備修養，藏經歷，帶胸襟才能呈現。

五官相法形態只是凡夫俗子所要求的相法，如淑玲的序所言，精氣神和內相骨格才是相法精髓所在。李某不才，接下來編寫的作品，就以內相骨格作專題，讓坊間及自命大師、國師之後進者能夠明白，流傳千年的相法並非憑三數古籍便能登堂入室。論才智身份，李某不敢攀附古人，但論深研專注，李某敢於朝聞道，夕死可矣。

李英才

[李英才]

壬寅年夏於春江

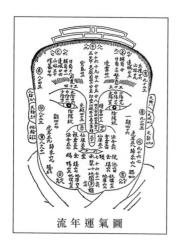

李英才

口相唇型集

著者
李英才

責任編輯
Danny、Karen

裝幀設計
Ami

插圖
C.Y.

出版者
圓方出版社
香港北角英皇道 499 號北角工業大廈 20 樓
電話：2564 7511　　傳真：2565 5539
電郵：info@wanlibk.com
網址：http://www.wanlibk.com
　　　http://www.facebook.com/wanlibk

發行者
香港聯合書刊物流有限公司
香港荃灣德士古道 220-248 號荃灣工業中心 16 樓
電話：2150 2100　　傳真：2407 3062
電郵：info@suplogistics.com.hk
網址：http://www.suplogistics.com.hk

承印者
中華商務彩色印刷有限公司
香港新界大埔汀麗路 36 號

出版日期
二〇二二年七月第一次印刷

規格
16 開（230 mm × 170 mm）

ISBN 978-962-14-7436-0